Descubrir
y crear

Descubrir y crear

José Almeida
The University of North Carolina at Greensboro

Stephen C. Mohler
The University of Tennessee at Martin

Robert R. Stinson
The University of North Carolina at Greensboro

TERCERA EDICIÓN

1817

HARPER & ROW, PUBLISHERS, New York

Cambridge, Philadelphia, San Francisco,
London, Mexico City, São Paulo, Singapore, Sydney

Photo credits

Page 3: Menzel, Stock, Boston / pp. 7, 9: © Stuart Cohen / p. 17: Peter Menzel /
p. 30: © Peter Menzel / p. 46: © Stuart Cohen / p. 57: Peter Menzel / Stock, Boston /
p. 59: © Stuart Cohen / pp. 71, 73: © 1983, Menzel, Stock, Boston / p. 87: © Beryl
Goldberg / p. 93: © Peter Menzel / p. 106: © Stuart Cohen / p. 110: © Peter Menzel /
p. 117: © Edinger, Kay Reese & Assoc. / p. 126: © Peter Menzel / p. 140: © Beryl
Goldberg / p. 142: © Peter Menzel / p. 153: © 1979, Peter Menzel / p. 170: ©
Watriss-Baldwin/Woodfin Camp / p. 172: Thompson, Taurus / p. 179: Thompson,
Taurus / p. 190: © 1980, Peter Menzel / p. 220: © Skytta, Jeroboam / p. 211:
Thompson, Taurus / p. 221: AP/Wide World Photos / pp. 227, 235: © 1980, Peter
Menzel / p. 253: AP/Wide World / p. 267: AP/Wide World / p. 281: © 1983, Peter
Menzel / pp. 313, 319: © 1983, Peter Menzel / p. 317: Bettmann / p. 330: American
Musuem of Natural History / p. 332: United Nations / p. 343: © Beryl Goldberg /
p. 345: © 1983, Lambert, Kay Reese & Assoc.

Sponsoring Editor: Robert Miller
Development Editor: Marian Wassner
Project Editor: Brigitte Pelner
Text and Cover Design: Suzanne Bennett & Associates/Graphic Design
Cover Photo: Merrim/Goff, Monkmeyer
Text Art: Kiki; Vantage Art, Inc.
Photo Research: Mira Schachne
Production: Delia Tedoff
Compositor: York Graphic Services, Inc.
Printer and Binder: R. R. Donnelley & Sons Company

Descubrir y crear, Tercera edición

Copyright © 1986 by Harper & Row, Publishers, Inc.

Library of Congress Cataloging in Publication Data

Almeida, José, 1933–
  Descubrir y crear.

  Preface in English.
  Includes indexes.
  1. Spanish language—Textbooks for foreign speakers—
English. 2. Spanish language—Grammar—1950–   .
I. Mohler, Stephen C., 1937–   . II. Stinson, Robert R.,
1932–   . III. Title.
PC4129.E5A46 1985   468.2'421   85-8420
ISBN 0-06-040222-9
89 90 91 92 93 10 9 8 7 6 5 4

Contenido

Preface   ix

░░ Módulo 1   La realidad inmediata

Lección 1   Un día de clase   2
    La definición de un objeto   4
    El género: masculino y femenino   4
    Posesión con **de**   4
    La identificación de una persona   5

Lección 2   ¡Una clase magnífica!   12
    Los números de cero a treinta y uno   14
    La fecha   14
    Hay   14
    Plurales: sustantivos y artículos   15
    El alfabeto español   15
    El acento escrito   15

Lección 3   Al principio del semestre   26
    ¿Dónde está . . . ? Allí (aquí) está . . .   27
    Ser y **estar**   27
    Los pronombres personales   28
    La concordancia: sujeto y verbo   29

Lección 4   Pase Ud. a la pizarra   36
    El presente de los verbos del grupo **-ar**   38
    Las preposiciones de posición   39
    El artículo definido con **señor, señora, señorita, profesor, profesora**   39
    Posesión: **de, del, de la, de los, de las**   40
    Hay y **está**   40

░░ Módulo 2   La realidad personalizada

Lección 5   Un grupo simpático   52
    El presente de los verbos de los grupos **-er** e **-ir**   53
    El adjetivo descriptivo   54
    Frases negativas con **no**   55
    Se impersonal   55

Lección 6   Mi casa y mi familia   66
  El presente del verbo **ir**   67
  Contracción **al**   67
  Adjetivos de posesión   68
  Frases interrogativas y exclamativas   69
  El acento: combinaciones de vocales   69

Lección 7   La universidad   80
  Verbos con cambios en el radical: **e > ie, o > ue, e > i**   83
  El verbo **tener**   84
  Expresiones con **tener**   84
  El pronombre como complemento directo   85
  Una persona como complemento directo: la **a** personal   86

Lección 8   Una señorita moderna   98
  Verbos con una sola forma irregular en el presente, **yo: pongo, vengo,**
    salgo, caigo, hago, traigo, sé, doy, veo, exijo, traduzco, conozco   100
  ¿Cuándo . . . ?   100
  ¿Qué hora es?   101
  El presente de **oír** y de los verbos en **-uir**   101
  El infinitivo después de preposiciones y después de **tener que** y **hay que**
    102

Módulo 3   La extensión en tiempo y espacio

Lección 9   Los deportes en la América Latina   116
  El pretérito de verbos regulares   118
  Cambios ortográficos en el pretérito   119
  El pronombre como complemento indirecto   120
  Comparaciones y superlativos con **más**   120
  El sufijo **-ísimo, -ísima = muy, muy**   121

Lección 10   El censo y los hispanos   132
  Verbos irregulares en el pretérito: **ir, ser, dar, andar, decir, estar, hacer,**
    poder, querer, saber, tener, traer, venir, conducir   134
  Los números después de 31   134
  ¿Cuál . . . ? y **¿Qué . . . ?**   135
  Comparaciones: **menor, mayor, mejor, peor; más . . . que, menos . . .**
    que; tan . . . como, tanto . . . como   136

Lección 11   Recuerdos de mi niñez   148
  El imperfecto   150
  Dos pronombres como complementos   150
  Los demostrativos   151
  Los números ordinales: **primero (primer), segundo, tercero (tercer),**
    cuarto, quinto, sexto, séptimo, octavo, noveno, décimo   152
  El sufijo diminutivo: **-ito, -ita**   152

Lección 12   Un viaje al sudoeste   164
  ¿Pretérito o imperfecto?   166
  El pretérito de verbos con cambio en el radical   167

Los adjetivos con forma abreviada: **un, algún, ningún, buen, mal, primer, tercer, cien, gran**   167
El sufijo adverbial: **-mente**   168

Módulo 4   Perspectivas en acción

Lección 13   Los americanos   178
Acción en forma progresiva: **estar + -ndo**   180
Otros verbos auxiliares con el gerundio   180
El tiempo   181
El infinitivo después del verbo auxiliar   182

Lección 14   Los hispanohablantes en los Estados Unidos   196
El pretérito perfecto   197
Pronombres con el infinitivo   198
Pronombres con el gerundio   198
Pronombres preposicionales   198

Lección 15   El Álamo y las calles de San Antonio   210
Verbos reflexivos   212
Acción transitiva y reflexiva   214
Hace con expresiones temporales   214
Calificativos del sustantivo   214
Introducción a la poesía hispánica (Parte 1ª)   222

Lección 16   Impresiones de México   226
El tiempo futuro   228
El condicional   229
Probabilidad   230
Formas posesivas enfáticas: **mío, tuyo, suyo, nuestro, vuestro**   230
Poesía hispánica (Parte 2ª)   237

Módulo 5   La realidad subjetiva

Lección 17   La Revolución Mexicana   244
El concepto de indicativo y subjuntivo   245
El modo subjuntivo: tiempo presente   246
El subjuntivo con expresiones de voluntad   247
La omisión del sustantivo   248
Poesía hispánica (Parte 3ª)   254

Lección 18   Un drama de vanguardia   258
Expresiones de emoción con el subjuntivo   259
El pretérito perfecto del subjuntivo   260
Palabras negativas y su contraparte afirmativa   260
Usos de la forma neutra **lo**   261
Poesía hispánica (Parte 4ª)   266

Lección 19   El viajar   272
Expresiones de duda, incertidumbre e imposibilidad con el subjuntivo   274

Expresiones impersonales con el subjuntivo   274
Mandatos con **Ud., Uds.** y **nosotros**   275
El pluscuamperfecto   276
Poesía hispánica (Parte 5ª)   285

Lección 20   La leyenda negra   290
El imperfecto (o pasado) del subjuntivo   292
Correlación de tiempos   293
Mandatos con **tú** y **vosotros**   294
Pronombres con los mandatos   295
Poesía hispánica (Parte 6ª)   301

Módulo 6   Estilo y situaciones

Lección 21   La conquista (primera parte)   308
El imperfecto del subjuntivo después de **si** y **como si**   310
El condicional perfecto   310
Usos de **para** y **por**   310
Los pronombres relativos **que** y **quien**   311
Introducción a la prosa hispánica (Parte 1ª)   318

Lección 22   La conquista (segunda parte)   324
Conjunciones de tiempo con el subjuntivo   325
El participio como adjetivo   326
El adjetivo relativo **cuyo, -a, -os, -as**   326
Uso impersonal de **haber**   327
Prosa hispánica (Parte 2ª)   333

Lección 23   La mujer en Latinoamérica   338
Conjunciones que requieren el subjuntivo   339
Expresiones de sucesos accidentales con **se**   341
Pero y **sino**   341
Pronombres recíprocos: **nos** y **se**   341
Prosa hispánica (Parte 3ª)   347

Lección 24   Mañana regresamos   352
El antecedente indefinido o negativo con el subjuntivo   354
Frases con dos o más verbos en el subjuntivo   354
Omisión del adjetivo posesivo con ropa y partes del cuerpo   355
Las conjunciones **e** y **u**   355
Prosa hispánica (Parte 4ª)   361

Apéndices   A. Verbos regulares e irregulares   366
                 B. Spanish Pronunciation   375

Diccionarios   Diccionario español–inglés   379
                 Diccionario inglés–español   403

Índices   Índice del suplemento de vocabulario   425
                 Índice de materias   426

Preface

Descubrir y crear, Tercera edición, is a program designed to teach Spanish at the university and college level. Its title expresses our concept of language learning: discovery and creation—intelligent recognition of the language followed by imaginative self-expression on the part of the student. *Descubrir y crear, Tercera edición,* seeks to develop the four skills essential to communication in every language: listening, speaking, reading, and writing. Its all-Spanish approach to achieving these goals is based upon our belief that language must be heard and understood before it is spoken. These oral skills may then be reinforced as students learn to write and read, in that order, in the early stages.

Descubrir y crear, Tercera edición, is a student- rather than text-centered program. Students take an active role as the instructor calls on them to respond in meaningful contexts. Active communication is stimulated as the instructor asks individualized questions that call for personal response and which gradually encourage a free and creative use of the language. Vocabulary, structure, and reading all emphasize the conversational aspects of the language.

The material in *Descubrir y crear* progresses in a careful, controlled manner, beginning with the simplest unit of language and building the vocabulary and structure in systematic steps, gradually increasing the student's knowledge and confidence. The natural, question–answer format we use allows each step of classroom learning to be accomplished in Spanish, without the interference of English.

There is a careful progression, too, in the themes and content of the book. The early lessons concentrate on the immediate surroundings and things familiar to the student: the classroom, other students, home, friends, family, university, personal experiences. This is followed by a gradual widening of interest, which includes cultural material related to the Spanish-speaking world. The module titles correspond to this progression.

Organization

The third edition contains 24 lessons, divided into six units or *Módulos.* Each of the lessons is organized as follows:

- *Introducción* consists of example sentences, usually in question-and-answer format, that provide a contextual, inductive presentation of grammatical topics introduced in the lesson.

- *Explicaciones* are the formal grammatical explanations of the examples presented in the *Introducción*. Four or five new grammatical topics are taught in each lesson.
- *Ejercicios orales o escritos* contain a variety of drills, exercises, and activities to practice the grammatical material and build mastery.
- *Lectura* is the reading material that combines and expands the vocabulary and grammatical material new to each lesson. Beginning in Lesson 9, the *Lecturas* weave in cultural information concerning life-styles, traditions, and daily life in the Spanish-speaking world. The *Lecturas* are followed by reading comprehension questions *(Preguntas sobre la lectura)*, conversational questions *(Preguntas personales basadas en la lectura)* and material for class discussion or written composition *(Composición oral o escrita)*.
- *Vocabulario* is a list, organized by part of speech, of all words and expressions introduced in the lesson.
- *Suplemento de vocabulario* is a full-page illustration at the end of every lesson. It provides supplementary materials for vocabulary acquisition in an attractive format that encourages the direct association of the Spanish word with the object. These materials are completely optional.

Additional optional material is included as follows: Lessons 16–20 contain an *Introducción a la poesía hispánica* and Lessons 21–24 contain a section titled *Prosa hispánica*. These literary passages have been carefully selected to fit the student's level of preparation at the point of introduction. They are designed to acquaint students with authentic Hispanic literature, and to serve as a step in the transition toward a more sophisticated level of language study.

Changes in the Third Edition

In response to suggestions from instructors who were using the second edition, we have made important changes in the lesson format and grammatical organization of this edition while adhering to the methodology that has made *Descubrir y crear* successful. We have reduced the number of lessons from 26 to 24 without sacrificing content or emphasis on the four skills. We have modified the lesson format by placing the grammatical explanations immediately after the introductory dialogues that exemplify them, thus making the presentation a truly inductive one. The sequence of grammatical content has been significantly revised in order to provide a more balanced pacing of material throughout the text and to present grammatical points in a more cohesive manner. For example, regular present tense verbs are introduced earlier and the preterite tense is introduced before the imperfect tense and contrasted with it in the lesson immediately following; object pronouns are now presented in two lessons and combined in a third. Many drills and exercises for grammatical material have been modified or newly created.

Numerous additional changes have been made in the content of the third edition. All *Lecturas* have been revised; two are new and a third has been rewritten. We have added a section of personalized questions after each *Lectura* in order to expand this material in a conversational context. Several new poetry and prose selections have been added to the literary units in the last two modules.

The art program has been expanded and revised. New photographs replace most of the old ones. In response to instructors who have told us how useful visual material is in their classrooms, we have added several new illustrations, including a map of Spain.

Supplementary Materials

Descubrir y crear, Tercera edición, may be used in conjunction with the following supplements:

- **Audio program.** The all-new audio program contains pronunciation practice, oral structural drills, listening practice provided by selected readings from the *Lecturas,* and listening comprehension exercises. Writing exercises are also included in order to reinforce the oral work.
- **Manual de laboratorio y de ejercicios escritos.** This combined laboratory manual/workbook includes, for each lesson, (a) laboratory exercises that are coordinated with the taped material; (b) writing exercises, in the form of self-tests, designed to allow students independently to review grammatical material and gain additional practice in areas where they may be weak.
- **Computer Software.** Written and programmed by Stephen C. Mohler, the *Descubrir y crear Software* consists of diagnostic self-tests, supplementary exercises for added practice, and tutorial material.
- **Instructor's Manual.** The *Instructor's Manual* has been revised and expanded to include pointers on teaching the *Lectura,* cultural notes, and tips to give your students on word study. It also includes a complete tapescript with an answer key.

We would like to acknowledge our debt to Yvone Lenard, whose *Parole et Pensée* originally inspired *Descubrir y crear.* We have adapted to the needs of the Spanish classroom the "Verbal-Active Method" that Professor Lenard developed to teach French.

We would like to thank the following instructors whose suggestions and constructive criticism have been invaluable to us in preparing this edition of *Descubrir y crear:* John C. Akers, St. Mary's College; Maritza Almeida, Guilford College; Merrilee Antrim, San Diego Mesa College; Ricardo Arias, Fordham University; Kathleen Bulgin, University of North Carolina at Greensboro; Marilyn Douglas, Prairie View A&M University; Emilio F. García, University of Southwestern Louisiana; Karl C. Gregg, The University of Arizona; Ed Hopper, University of North Carolina at Charlotte; Ligia Hunt, Guilford College; Kathy Kish, University of North Carolina at Greensboro; Juan Cruz Mendizabal, Indiana University of Pennsylvania; David L. Shields, Indiana University of Pennsylvania.

To the editors and staff at Harper & Row we gratefully acknowledge continued assistance and support.

José Almeida
Stephen C. Mohler
Robert R. Stinson

Módulo I

La realidad inmediata

Lección I
Un día de clase

INTRODUCCIÓN

I. La definición de un objeto

¿**Qué es esto**? Es **un** libro. Es un zapato. Es **otro** libro.
¿**Qué es eso**? Es **un** lápiz. Es un anillo. Es otro cuaderno.
      Es un cuaderno. Es un dedo.   Es otro anillo.
      Es un papel. Es un periódico. Es otro periódico.
      Es un teléfono. Es un coche.
      Es un sombrero. Es un brazo.
      Es un televisor. Es un sobre.

¿**Qué es esto**? Es **una** puerta. Es una ciudad. Es **otra** ventana.
¿**Qué es eso**? Es **una** ventana. Es una silla. Es otra silla.
      Es una mesa. Es una carta. Es otra llave.
      Es una pizarra. Es una clase.
      Es una llave. Es una pluma.
      Es una casa. Es una composición.

II. El género: masculino *(m.)* y femenino *(f.)*

El señor se llama Juan.
La señorita se llama María.
El otro señor es José.
La otra señorita es Carolina.
Juan es **una** persona.
El libro es **un** objeto.
La llave es **otro** objeto.

2

III. Posesión con **de**

PREGUNTA	RESPUESTA
¿Qué es esto?	Es un libro.
	Es el libro **de** Pepe.
¿Qué es esto?	Es un anillo.
	Es el anillo **de** Isabel.
¿Qué es esto?	Es un lápiz.
	Es el lápiz **de** José.
¿Qué es eso?	Es un coche.
	Es el coche **de** Alicia.
¿Qué es eso?	Es una silla.
	Es la silla **de** Juan.
¿Qué es esto?	Es una carta.
	Es la carta **de** Rosa.
¿Qué es esto?	Es una llave.
	Es la llave **de** Paco.

IV. La identificación de una persona

¿Quién es él? Es Jorge González.
Es un estudiante.
Es el profesor.

¿Quién es ella? Es Susana Ramírez.
Es una estudiante.
Es la profesora.

Estudiantes de la Universidad de México en la Ciudad de México

EXPLICACIONES

I. La definición de un objeto

    ¿Qué es esto?   Es **un libro.**
    ¿Qué es eso?   Es **una puerta.**

La pregunta es: **¿Qué es esto?** o **¿Qué es eso?**

La respuesta es: **Es un . . .**
                 Es una . . .

II. El género: masculino *(m.)* y femenino *(f.)*

    Es **un libro.**
    Es **un papel.**

libro es masculino, **papel** es masculino: **un** libro, **un** papel
un: artículo indefinido masculino
Un sustantivo *(noun)* con la terminación *(ending)* **-o** es (generalmente) masculino.*

    Es **una mesa.**
    Es **una ciudad.**
    Es **una composición.**

mesa es femenino, **ciudad** es femenino, **composición** es femenino: **una** mesa, **una** ciudad, **una** composición
una: artículo indefinido femenino
Un sustantivo con la terminación **-a, -ad, -sión** o **-ción** es (generalmente) femenino.**
En español, un sustantivo es masculino o femenino.

    Es un cuaderno.   Es **el** cuaderno.
                     Es **el** cuaderno de Felipe.

el*: artículo definido masculino: **el** cuaderno, **el** periódico, **el** coche

    Es una casa.   Es **la** casa.
                 Es **la** casa de María.

la: artículo definido femenino: **la** casa, **la** ciudad, **la** composición

III. Posesión con **de**

    Es un coche.   Es el coche **de** Roberto.****
    Es una idea.   Es la idea **de** María.

La palabra *(word)* **de** (+ el nombre *(name)* de una persona) indica posesión.

---

* The principal exception is **una mano.** The gender of nouns with other endings must be learned through usage.
** The principal exception is **un día** *(day).*
*** **él** = *he;* **el** = *the*
**** *'s does not exist in Spanish.*

▨ IV. La identificación de una persona

La pregunta es: **¿Quién es él?**
                  ¿Quién es ella?

La respuesta es: **Es + el nombre de la persona**

Es Pablo.   Es Pablo García.   Es un estudiante.
Es Anita.   Es Anita Martínez.   Es una estudiante.

▨ EJERCICIOS ORALES O ESCRITOS ▨

I. *Complete con* **un/una** *y* **otro/otra.**

Modelo: Es <u>un</u> libro.   Es <u>otro</u> libro.
           Es <u>una</u> silla.   Es <u>otra</u> silla.

1. Es _____ cuaderno.
2. Es _____ casa.
3. Es _____ periódico.
4. Es _____ zapato.
5. Es _____ coche.
6. Es _____ ventana.
7. Es _____ llave.
8. Es _____ televisor.
9. Es _____ ciudad.
10. Es _____ anillo.
11. Es _____ composición.
12. Es _____ lápiz.

II. *¿Qué pregunta corresponde a la respuesta?*

Modelo: Es un sombrero.   ¿Qué es esto?
           Es Pablo.   ¿Quién es él?
           Es Susana.   ¿Quién es ella?

1. Es un teléfono.
2. Es Jaime Martínez.
3. Es una puerta.
4. Es Marta Chávez.
5. Es un brazo.
6. Es Arturo Valdés.
7. Es Juanito.
8. Es Anita.
9. Es una carta.
10. Es Oscar Osuna.

III. *Complete con* **de** + *el nombre de una persona.*

Modelo: Es el libro (Luis).   *Es el libro de Luis.*

1. Es el papel (Miguel).
2. Es la llave (Ana).
3. Es el anillo (Roberto Sánchez).
4. Es la casa (Marta Sánchez).
5. Es el cuaderno (Jaime Martínez).

IV. *Complete con el artículo correspondiente.*

Modelo: Es *una* carta.   Es *la* carta de José.
           Es *un* libro.   Es *el* libro de Paco.

1. Es _____ sombrero. Es _____ sombrero de José.
2. Es _____ papel. Es _____ papel de Roberto.

3. Es _____ silla. Es _____ silla de Ana.
4. Es _____ clase. Es _____ clase de Luis.
5. Es _____ coche. Es _____ coche de Ricardo.
6. Es _____ llave. Es _____ llave de María.
7. Es _____ casa. Es _____ casa de Felipe.
8. Es _____ cuaderno. Es _____ cuaderno de Francisco.

LECTURA
Un día de clase

LA PROFESORA (EL PROFESOR) —Buenos días (buenas tardes).
LA CLASE —Buenos días (buenas tardes), señora (señor, señorita).
LA PROFESORA —¿Cómo se llama usted, señor?*
EL ESTUDIANTE —Me llamo Juan O'Leary.
5 LA PROFESORA —¿Cómo se llama usted, señorita?
LA ESTUDIANTE —Me llamo María Chávez.
LA PROFESORA —¿Cómo está usted?
LA ESTUDIANTE —Muy bien, gracias, ¿y usted?
LA PROFESORA —Muy bien, gracias. ¿Cómo está usted, señor?
10 EL ESTUDIANTE —Bien, gracias, ¿y usted?
LA PROFESORA —Muy bien, gracias. ¿Cómo está usted, señorita?
LA ESTUDIANTE —Muy bien, gracias, ¿y usted?
LA PROFESORA —Muy bien, gracias.

La lista
15 —¿Señorita Chávez?
—Presente.
—¿Señor O'Leary?
—Aquí.
—¿Señor López? ¿Ausente? ¿Señorita May?
20 —Presente.

La clase termina
LA PROFESORA (EL PROFESOR) —Adiós, señor; adiós, señora; adiós, señorita.
  Hasta la vista.
LA CLASE —Adiós, señora (señor, señorita). Hasta la vista.

PREGUNTAS SOBRE LA LECTURA

1. ¿Cómo se llama el estudiante?
2. ¿Cómo se llama la estudiante?
3. ¿Cómo está él?
4. ¿Cómo está ella?

* *Notice differences in punctuation: In a dialogue, a dash (—) begins the sentence when there is a change of speaker. An interrogative sentence or phrase is preceded by an inverted question mark (¿).*

Estudiantes
de la Universidad
de Córdoba
(España)

PREGUNTAS PERSONALES BASADAS EN LA LECTURA

1. ¿Cómo se llama usted?
2. ¿Cómo está usted?

 # COMPOSICIÓN ORAL

Identifique *(identify)* objetos y personas en la clase.

Ejemplo: Es Tom.   Es el zapato de Tom.

VOCABULARIO

SUSTANTIVOS

SUSTANTIVOS MASCULINOS

el anillo	Jorge	el papel
el artículo	Juan	Pepe
Arturo	Juanito	el periódico
el brazo	el lápiz	Roberto
el coche	el libro	el sobre
el cuaderno	Luis	el sombrero
el dedo	el mapa	el sustantivo
el día	Miguel	el teléfono
el ejercicio	el modelo	el televisor
el español	el nombre	el vocabulario
el género	el objeto	el zapato
Jaime		

SUSTANTIVOS FEMENINOS

Alicia	la lectura	la pluma
Ana	la lista	la posesión
Anita	la llave	la pregunta
Carolina	la mano	la preposición
la carta	Marta	la puerta
la casa	María	la respuesta
la ciudad	la mesa	Rosa
la clase	la nación	la silla
la definición	la nota	Susana
las gracias	la palabra	la terminación
la identificación	la persona	la ventana
la introducción	la pizarra	
la lección		

SUSTANTIVOS MASCULINOS Y FEMENINOS

el estudiante/la estudiante   el profesor/la profesora
el señor/la señora   el señorito/la señorita

PRONOMBRES

eso	qué	usted
esto	quién	ella

PREPOSICIONES

con   de

Estudiantes en Madrid (España)

MANDATOS *(Commands)*

consulte   indentifique

CONJUNCIÓN

y

ADJETIVOS

basado, -a	definido, -a	masculino, -a
bueno, -a	femenino, -a	otro, -a
correspondiente	indefinido, -a	primer(a)

ARTÍCULOS

el   la   una   un

ADVERBIOS

aquí	cómo	muy
ausente	generalmente	presente
bien	hasta	

VERBOS

corresponde	indica	llamo
es	llama	termina
está		

EXPRESIONES

buenos días	hasta la vista	¿Qué es esto/eso?
buenas tardes	me llamo	¿Quién es él/ella?
¿Cómo está usted?	muy bien, gracias	¿Y usted?
¿Cómo se llama?		

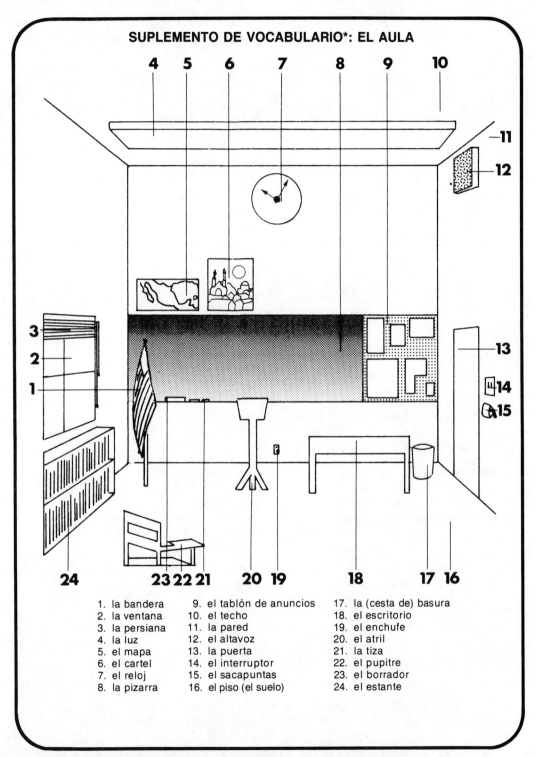

SUPLEMENTO DE VOCABULARIO*: EL AULA

1. la bandera	9. el tablón de anuncios
2. la ventana	10. el techo
3. la persiana	11. la pared
4. la luz	12. el altavoz
5. el mapa	13. la puerta
6. el cartel	14. el interruptor
7. el reloj	15. el sacapuntas
8. la pizarra	16. el piso (el suelo)

17. la (cesta de) basura
18. el escritorio
19. el enchufe
20. el atril
21. la tiza
22. el pupitre
23. el borrador
24. el estante

* The **Suplemento de vocabulario** at the end of every lesson is optional.

Lección 2

¡Una clase magnífica!

INTRODUCCIÓN

I. Los números de cero a treinta y uno

0 **cero**	4 **cuatro**	8 **ocho**	12 **doce**
1 **uno**	5 **cinco**	9 **nueve**	13 **trece**
2 **dos**	6 **seis**	10 **diez**	14 **catorce**
3 **tres**	7 **siete**	11 **once**	15 **quince**

16 **dieciséis (diez y seis)**	24 **veinticuatro (veinte y cuatro)**
17 **diecisiete (diez y siete)**	25 **veinticinco (veinte y cinco)**
18 **dieciocho (diez y ocho)**	26 **veintiséis (veinte y seis)**
19 **diecinueve (diez y nueve)**	27 **veintisiete (veinte y siete)**
20 **veinte**	28 **veintiocho (veinte y ocho)**
21 **veintiuno (veinte y uno)**	29 **veintinueve (veinte y nueve)**
22 **veintidós (veinte y dos)**	30 **treinta**
23 **veintitrés (veinte y tres)**	31 **treinta y uno***

II. La fecha

¿Qué fecha es hoy? Hoy es lunes, 10 de septiembre.**
¿Qué fecha es mañana? Mañana es martes, 11 de septiembre.

* *There is no alternate spelling after the number 29.*
** *The day of the week may be omitted, replacing it with the word **el:** Hoy es **el** 10 de septiembre.*

Un día: lunes es un día.
La semana: domingo, lunes, martes, miércoles, jueves, viernes y sábado.
Un mes: septiembre es un mes.
El año: enero, febrero, marzo, abril, mayo, junio, julio, agosto, septiembre, octubre, noviembre y diciembre.

III. **Hay**

PREGUNTA	RESPUESTA
¿Qué **hay** en la mesa?	**Hay un** libro y un cuaderno.
¿Qué **hay** en el cuaderno?	**Hay** papel.
¿Cuántos estudiantes hay en la clase?	Hay treinta y uno.
¿Hay un profesor (una profesora) en la clase?	Sí, hay uno (una).
¿Qué hay en el dedo de la señora Ortiz?	Hay un anillo.
¿Qué hay en la mano de Juanita?	Hay una pluma.

IV. Plurales: sustantivos y artículos

SINGULAR	PLURAL
Hay un libro en la mesa.	Hay dos **libros** en la mesa.
Hay una puerta en la casa.	Hay tres **puertas** en la casa.
¿Qué es? Es una composición.	¿Qué son? Son **composiciones.**
Es el cuaderno de Carlos.	Son **los cuadernos** de Carlos.
Es la llave de Anita.	Son **las llaves** de Anita.
Es el papel de Gloria.	Son **los papeles** de Gloria.
Es el lápiz de Rafael.	Son los **lápices** de Rafael.

V. El alfabeto español

a **a**	f **efe**	l **ele**	p **pe**	u **u**
b **be**	g **ge**	ll **elle**	q **cu**	v **uve; ve**
c **ce**	h **hache**	m **eme**	r **ere**	w **uve doble; doble ve**
ch **che**	i **i**	n **ene**	rr **erre**	x **equis**
d **de**	j **jota**	ñ **eñe**	s **ese**	y **i griega**
e **e**	k **ka**	o **o**	t **te**	z **zeta**

Una letra: El alfabeto es la lista de las 30 (treinta) letras.
Una vocal: La **a** es una vocal; la **e** es otra vocal; la **i,** la **o,** la **u** también *(also).*
Una consonante: La **b** es una consonante; la **c** es otra consonante; la **d,** la **f,** la **g** también.

VI. El acento escrito (´)

Palabras sin *(without)* acento escrito:

Categoría A	Categoría B
cua**der**no	ciu**dad**
estu**dian**te	se**ñor**
ciu**da**des	pa**pel**
Es**te**ban	Para**guay**
ven**ta**na	re**loj**

Palabras con acento escrito:

Categoría C	Categoría D
lápiz	**él**
a**quí**	**sí**
pe**rió**dico	¿**qué**?
a**diós**	¿**có**mo?
composi**ción**	¿**quién**?

EXPLICACIONES

I. Los números de cero a treinta y uno

Mi número de teléfono es 587-01-39 (**cinco, ocho, siete, cero, uno, tres, nueve**).
Hay **veintinueve** (29) estudiantes en la clase.
Hay **quince** (15) señores y **catorce** (14) señoritas.

II. La fecha

diciembre

d	l	m	m	j	v	s
			1	2	3	4
5	6	7	(8)	9	10	11
12	13	14	15	16	17	18
19	20	21	22	23	24	25
26	27	28	29	30	31	

¿Qué fecha *(date)* es hoy?
¿Cuál es la fecha?
Es el ocho de diciembre.
Hoy es miércoles, ocho de diciembre.
El primero *(first)* de diciembre es miércoles.
Mi cumpleaños *(birthday)* es el dos de mayo.

III. **Hay**

Hay una llave en la mesa.
Hay llaves en la mesa.
Hay cinco llaves en la mesa.

Hay significa *(means) there is* y *there are*.

IV. Plurales: sustantivos y artículos

A. Los sustantivos

teléfono   teléfonos   coche   coches

Singular con vocal final, plural con **-s:**

papel   papeles   profesor   profesores

Singular con consonante final, plural con **-es:**

lápiz   lápices

EXCEPCIÓN: singular con **-z** final, plural con **-ces** (no **-zes**).

B. El artículo definido *(the)*

el zapato   **los** zapatos
la composición   **las** composiciones

La forma plural de **el** es **los**. La forma plural de **la** es **las**.

C. Forma plural de los días

Hay clase el viernes.   Hay clases **los viernes.**
No hay clase el sábado ni el domingo.   No hay clases **los sábados** ni **los domingos.**

La forma plural de **lunes, martes, miércoles, jueves** y **viernes** no es diferente de la forma singular. (Note: no «~~en~~ viernes», «~~en~~ sábados» sino *(but)* **los viernes, los sábados,** etc.)

V. El alfabeto español

Deletree *(spell)* «Chile».*   Chile: **che** mayúscula, i, ele, e
Deletree «señor».   señor: ese, e, **eñe**, o, ere
Deletree «llave».   llave: **elle**, a, uve, e
Deletree «pizarra».   pizarra: pe, i, zeta, a, **erre**, a
Deletree «día».   día: de, i con acento, a

La **che**, la **eñe**, la **elle** y la **erre** son letras. Hay 30 letras en el alfabeto español.

VI. El acento escrito (´)

A. Categoría A

llave   alumno   ventana
silla   pluma   sombrero
joven   menos   martes

Vocal final, **-n** o **-s** final: el énfasis en la penúltima *(next-to-last)* sílaba.

---

* « . . . »: *A type of quotation marks used to cite something in print.*

B. Categoría B

profes**o**r	liberta**d**	pap**e**l
Madri**d***	españ**o**l	ciuda**d**

Consonante final, excepto **-n** o **-s**: el acento en la última sílaba.

C. Categoría C

ingl**é**s	l**á**mpara	tel**é**fono
s**á**bado	dif**í**cil	l**á**piz
all**í**	**á**rea	f**á**cil

En una palabra que no es de categoría A ni categoría B un acento escrito (´) indica la sílaba acentuada.

D. Categoría D

él	sé	¿quién?
sí	mí	¿cómo?
dé	¿qué?	¿cuántos?

Hay un acento escrito en ciertas *(certain)* palabras de una (1) sílaba y en las palabras interrogativas. El acento distingue entre *(between)* dos palabras: **el, él; que, ¿qué?,** etc.

EJERCICIOS ORALES O ESCRITOS

I. Los números de cero a treinta y uno

A. *Complete la lista siguiente* (following).

Modelo: uno, dos, *tres, cuatro,* cinco

1. seis, siete, _____, diez
2. tres, cuatro, _____, siete
3. diez, once, _____, catorce
4. trece, catorce, _____, diecisiete
5. veinte, veintiuno, _____, veinticuatro
6. dieciocho, diecinueve, _____, veintidós

B. *Sume* (+). *¿Cuántos son dos y dos?*

Modelo: Dos y dos son *cuatro.* (2 + 2 = 4)

1. Tres y tres son _____.
2. Cinco y cinco son _____.

3. Seis y seis son _____.
4. Siete y siete son _____.

* con eme mayúscula (M), no minúscula (m). *(In Spanish, only names of people, places and organizations are capitalized.)*

5. Diez y diez son _____.
6. Quince y quince son _____.
7. Doce y doce son _____.
8. Trece y cinco son _____.

9. Siete y cuatro son _____.
10. Diez y cinco son _____.
11. Nueve y siete son _____.
12. Veinte y ocho son _____.

C. *Reste (−). ¿Cuántos son tres menos uno?*

Modelo: Tres menos uno son *dos.* (3 − 1 = 2).

1. Cinco menos tres son _____.
2. Diez menos dos son _____.
3. Siete menos cuatro son _____.
4. Quince menos siete son _____.
5. Veinte menos diez son _____.
6. Treinta menos quince son _____.
7. Veinticinco menos cinco son _____.
8. Doce menos dos son _____.
9. Dieciséis menos seis son _____.
10. Catorce menos ocho son _____.
11. Diecisiete menos tres son _____.
12. Veinte menos quince son _____.

Avenida 9 de julio, Buenos Aires (Argentina)

II. La fecha

A. *Complete con el día correspondiente.*

Modelo: lunes, *martes,* miércoles

1. martes, _____, jueves
2. sábado, _____, lunes
3. viernes, _____, domingo
4. jueves, _____, sábado
5. miércoles, _____, viernes
6. domingo, _____, martes
7. lunes, _____, miércoles

B. *¿Cuál es el mes después de (after) . . . ?*

Modelo: enero   *El mes después de enero es febrero.*

1. marzo
2. noviembre
3. julio
4. abril
5. diciembre
6. septiembre
7. febrero
8. octubre
9. enero
10. agosto
11. junio
12. mayo

C. *¿Qué fecha es hoy?*

Modelo: (Calendario número uno) *Es jueves, 25 de enero.*
(Calendario número dos) *Es viernes, primero de septiembre.*

```
e _____ 1          s _____ 2          d _____ 3
d  l  m  m  j  v  s       d  l  m  m  j  v  s       d  l  m  m  j  v  s
   1  2  3  4  5  6                     (1) 2             1  2  3  4  5
7  8  9 10 11 12 13       3  4  5  6  7  8  9       6  7  8  9 10 11 (12)
14 15 16 17 18 19 20     10 11 12 13 14 15 16      13 14 15 16 17 18 19
21 22 23 24 (25) 26 27    17 18 19 20 21 22 23      20 21 22 23 24 25 26
28 29 30 31              24 25 26 27 28 29 30      27 28 29 30 31


o _____ 4          f _____ 5          n _____ 6
d  l  m  m  j  v  s       d  l  m  m  j  v  s       d  l  m  m  j  v  s
1  2  3  4  5  6  7                         1                1  2  3
8  9 10 11 12 13 14       2  3  4  5  6  7  8       4  5  6  7  8  9 10
15 16 17 18 19 20 21      9 10 11 12 13 14 15      (11) 12 13 14 15 16 17
22 23 24 25 26 27 28     16 17 (18) 19 20 21 22    18 19 20 21 22 23 24
29 (30) 31               23 24 25 26 27 28         25 26 27 28 29 30
```

III. Hay

Conteste (answer) *la pregunta con* **hay.**

Modelo: ¿Qué hay en la mesa? *Hay un libro.*
¿Cuántos estudiantes hay en la clase? *Hay veintidós.*

1. ¿Qué hay en el sobre?
2. ¿Qué hay en la pizarra?
3. ¿Cuántos señores hay en la clase?
4. ¿Cuántas señoritas hay en la clase?
5. ¿Cuántos días hay en una semana?
6. ¿Cuántos meses hay en un año?

IV. Plurales

A. *Cambie* (change) *al plural.*

Modelo: el anillo   *los anillos*
la casa   *las casas*

1. el dedo
2. la señorita
3. el día
4. el estudiante
5. la estudiante
6. el papel
7. la ciudad
8. la llave
9. el lápiz
10. el coche
11. la composición
12. el señor

B. *Cambie al singular.*

Modelo: los cuadernos   *el cuaderno*
las mesas   *la mesa*

1. los cuadernos
2. las plumas
3. las clases
4. los periódicos
5. los días
6. las sillas
7. las ciudades
8. los lápices
9. los zapatos
10. las puertas
11. las composiciones
12. los profesores

V. El alfabeto

A. *Complete con la letra correspondiente.*

Modelo: be, ce, _____   *be, ce, ch*

1. efe, ge, _____
2. ka, ele, _____
3. pe, cu, _____
4. de, e, _____
5. uve, uve doble, _____
6. hache, i, _____
7. eme, ene, _____
8. cu, ere, _____
9. equis, i griega, _____
10. a, be, _____

B. *Deletree* (spell).

Modelo: Dos y dos son *ce, u, a, te, ere, o.*

1. Cuatro y cuatro son _____ .
2. Diez menos diez es _____ .
3. Lunes es un _____ .
4. Febrero es un _____ .
5. Cinco es un _____ .
6. El alfabeto es la lista de treinta _____ .
7. Hay _____ vocales en español.
8. Chicago es una _____ .

VI. El acento

A. *Pronuncie y subraye* (underline) *la vocal acentuada.*

llave	telégrafo	fraternidad	inglés
televisión	sábado	composición	teléfono
silla	papel	generosidad	persona
Honduras	ventana	Carmen	sombrero
brazo	repetición	lápiz	abril

B. *Escriba el acento si es necesario.*

Modelo: residente   *residente*
            telefono   *teléfono*

presente	femenino	nombre	reloj
Gonzalez	casi	alli	lastima
ciudad	jovenes	profesora	zapato
joven	profesor	sombrero	cuaderno
clase	Jose	lapiz	ingles

VII. *Describa el dibujo.*

A. (1–22) Identificación de un objeto: *¿Qué es esto/eso?*
        (23) Identificación de una persona: *¿Quién es ella?*

B. *Responda.*

1. ¿Qué fecha es?
2. ¿Qué día es?
3. ¿Qué fecha es mañana?
4. ¿Qué día es mañana?
5. ¿Qué es septiembre?
6. ¿Qué es lunes?
7. ¿Qué es dieciséis?
8. Escriba *lunes.*

C. (1–23) Identificación por número

Modelo: Es un periódico.   *Número quince*

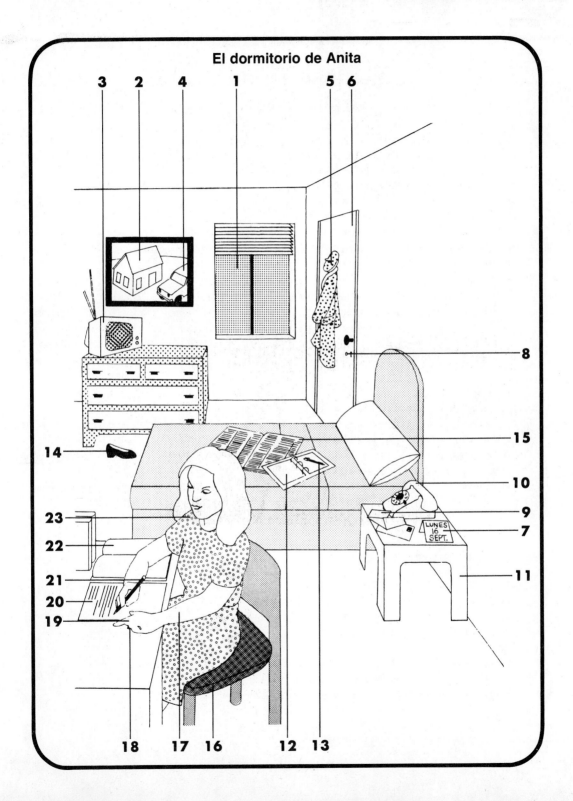

El dormitorio de Anita

LECTURA
¡Una clase magnífica!*

EL PROFESOR (LA PROFESORA) —Buenos días (buenas tardes). ¿Qué fecha es hoy?

UN ESTUDIANTE —Hoy es viernes, 24 de agosto.

EL PROFESOR —¿Y mañana?

UN ESTUDIANTE —Mañana es sábado.

5 EL PROFESOR —¿Hay siete días en una semana?

UN ESTUDIANTE —Sí, profesor.

EL PROFESOR —Pero hay doce meses en un año.

UNA ESTUDIANTE —Sí, profesor.

EL PROFESOR —¿Qué es un mes?

10 OTRO ESTUDIANTE —Diciembre es un mes y febrero es otro mes.

EL PROFESOR —¿Hay treinta días en un mes?

UN ESTUDIANTE —En general sí, profesor.

EL PROFESOR —Pero en enero hay treinta y un días y en cada dos *(every two)* meses después de *(after)* enero hay treinta y un días con excepción de agosto.

15 Por consiguiente *(consequently)*, hay treinta y un días en enero, marzo, mayo, julio, agosto, octubre y diciembre. En los otros meses hay treinta días con excepción de *(except for)* febrero. Otra pregunta, ¿hay veintiséis letras en el alfabeto?

UNA ESTUDIANTE —No, profesor, hay treinta porque en español hay cuatro

20 letras más: **che, elle, eñe** y **erre.**

EL PROFESOR —¿Hay cinco vocales como en inglés *(English)*?

UN ESTUDIANTE —Sí, pero la pronunciación es más fácil.

EL PROFESOR —¿Y las consonantes?

OTRO ESTUDIANTE —Hay veinticinco.

25 EL PROFESOR —Excelente, ¡una clase magnífica! Adiós, señores, señoras y señoritas.

LA CLASE —Adiós, profesor.

PREGUNTAS SOBRE LA LECTURA

1. ¿Cuántos días hay en una semana?
2. ¿Cuántos meses hay en un año?
3. ¿Cuántos días hay en diciembre?
4. ¿Cuántos días hay en marzo?
5. ¿Cuántos días hay en febrero?
6. ¿Cuántas letras hay en el alfabeto español?
7. ¿Cuántas vocales hay en español?
8. ¿Cuántas consonantes hay en español?

* Note la puntuación de una exclamación: ¡ . . . !

PREGUNTAS PERSONALES BASADAS EN LA LECTURA

1. ¿Qué fecha es hoy?
2. ¿Qué día es hoy?
3. ¿Qué día es mañana?
4. ¿Cómo se llama el profesor (la profesora) de la clase?

 # COMPOSICIÓN ORAL O ESCRITA

Prepare una composición de 6 a 8 frases sobre *(about)* la fecha de su *(your)* cumpleaños *(birthday)*. ¿Cuándo es su cumpleaños? ¿Cuántos días hay en el mes? ¿Cuántas letras hay en el mes de su cumpleaños? ¿Cuántas vocales y cuántas consonantes hay? ¿Es fácil la pronunciación?

 # VOCABULARIO

SUSTANTIVOS

SUSTANTIVOS MASCULINOS

abril	Esteban	el nombre
el acento	febrero	noviembre
agosto	el inglés	el número
el alfabeto	José	el primero
el año	jueves	octubre
el calendario	julio	el periódico
el cumpleaños	junio	el reloj
el dedo	el lunes	el residente
el dibujo	el martes	el sábado
diciembre	marzo	septiembre
el domingo	mayo	el viernes
enero	el mes	el zapato
el énfasis	el miércoles	

SUSTANTIVOS FEMENINOS

el área	la fraternidad	la mañana
la categoría	la generosidad	la pronunciación
la consonante	la lámpara	la puntuación
la excepción	la lástima	la repetición
la exclamación	la letra	la semana
la fecha	la libertad	la sílaba
la forma	la lista	la vocal
la frase		

ADJETIVOS

acentuado, -a	doble	otro, -a
cada	escrito, -a	penúltimo, -a
cierto, -a	fácil	siguiente
consiguiente	interrogativo, -a	su
cuánto, -a	magnífico, -a	último, -a
difícil	necesario, -a	

ADVERBIOS

allí	hoy	sí
aquí	más	también
casi	menos	

PREPOSICIONES

después de	sin	sobre
en		

PRONOMBRES

él	mí

ARTÍCULOS

las	los

CONJUNCIONES

si	y

MANDATOS

conteste	note	reste
deletree	prepare	subraye
describa	pronuncie	sume
escriba	responda	vea

VERBOS

dé	hay	son
escribe	sé	

EXPRESIONES

con excepción de	en general	por consiguiente

SUPLEMENTO DE VOCABULARIO: LAS ESTACIONES DEL AÑO

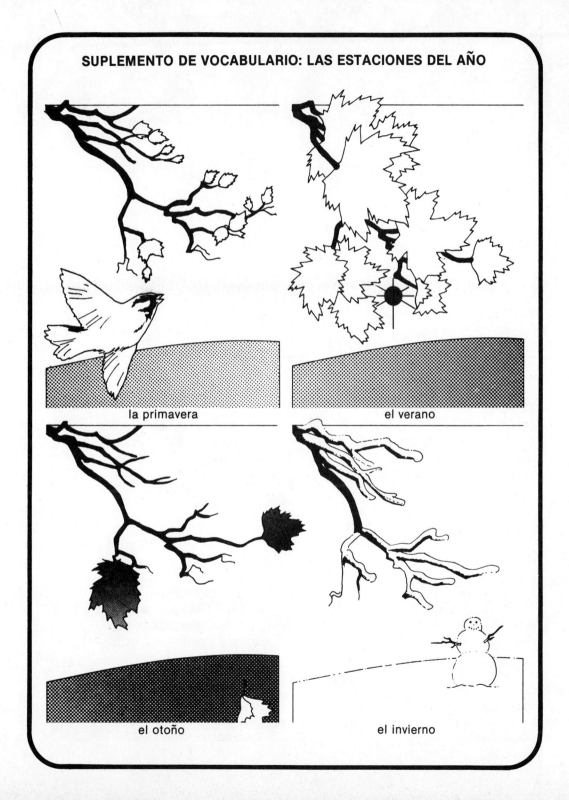

la primavera

el verano

el otoño

el invierno

Lección 3

Al principio del semestre

 INTRODUCCIÓN

DECLARACIÓN Y PREGUNTA   **RESPUESTA**

I. ¿Dónde está . . . ? Allí (aquí) está . . . .

¿Dónde está la carta?   **Allí está** la carta.
¿Dónde está Ricardo?   **Allí está.** (o: **Está allí.**)
¿Dónde está el periódico?   **Aquí está.** (o: **Está aquí.**)
¿Dónde están los zapatos?   **Aquí están** los zapatos.
¿Dónde están las llaves de Pepe?   **Allí están.**

II. Ser y estar

ser

¿Qué **es** esto?   **Es** el anillo de Linda.
¿**Es** usted americano?   Sí, (yo) **soy** americano.
¿**Son** ustedes amigos?   Sí, (nosotros) **somos** amigos.
¿**Son** ellos estudiantes?   Sí, (ellos) **son** estudiantes.
¿**Eres** (tú) de California?   Sí, (yo) **soy** de California.

estar

¿Cómo **está** usted?   (Yo) **estoy** bien, gracias.
¿**Está** Beatriz en casa?   Sí (ella) **está** en casa.
¿Dónde **estás** (tú)?   **Estoy** en San Antonio.
¿Dónde **están** ustedes?   **Estamos** en casa de Guillermo.

26

III. Los pronombres personales

¿Quiénes son **ellos**?	Él es Juan y **ella** es María.
¿Quiénes son **ellas**?	Son Juanita y la profesora.
¿Quiénes son **ustedes**?	(Nosotras) somos estudiantes. **Ella** se llama Marta y **yo** me llamo Anita.
¿Cómo estás **(tú)**?	Bien, gracias, ¿y **tú**?
¿Cómo están **ustedes** hoy?	**(Nosotros)** estamos bien, gracias, ¿y **usted**?

IV. La concordancia: sujeto y verbo

SINGULAR

Yo soy americana.
Él está en casa.
El profesor está en clase.

Tú eres estudiante.

PLURAL

Tú y yo somos americanos.
Él y Bárbara están en casa.
El profesor y nosotros esta**mos** en clase.

Pablo y tú son estudiantes.

EXPLICACIONES

I. ¿**Dónde está** . . . ? *(Where is . . . ?)* **Allí (aquí)*** está . . . . *(There [here] is . . . .)*

¿**Dónde está** Juan?
¿**Dónde están** las composiciones?

Allí está (Juan).
Aquí están (las composiciones).

II. **Ser** y **estar**

A. Usos

ser *(to be)*

¿Qué es esto?	Es un sombrero.
¿Quiénes son ellos?	Son profesores.
¿De dónde es Luisa?	Es de Cuba.
¿De dónde son ellos?	Son de San Juan.

Ser es el verbo de identificación. Identifica objetos, personas y orígenes.

estar *(to be)*

¿Dónde estás?	Estoy en casa de Jaime.
¿Cómo están ustedes?	Estamos bien, gracias.

Estar es el verbo de posición y condición. Expresa **dónde** y **cómo está**.

** In order to convey meaning more clearly, **allí** and **aquí** may be accompanied by hand gestures.*

B. Formas

ser

Singular			Plural		
1^a	yo	**soy**	1^a	nosotros, nosotras	**somos**
2^a	tú	**eres**	2^a	vosotros, vosotras	**sois***
3^a	él, ella, usted	**es**	3^a	ellos, ellas, ustedes	**son**

estar

Singular			Plural		
1^a	yo	**estoy**	1^a	nosotros, nosotras	**estamos**
2^a	tú	**estás**	2^a	vosotros, vosotras	**estáis***
3^a	él, ella, usted	**está**	3^a	ellos, ellas, ustedes	**están**

Ser y **estar** son infinitivos.** Las otras formas son el tiempo *(tense)* presente. Hay seis formas: 1^a, 2^a y 3ª persona singular y 1^a, 2^a y 3ª persona plural.

III. Los pronombres personales

A. Formas y función

Español	Inglés	Función gramatical
yo	*I*	1ª persona singular
tú	*you (thou)—familiar*	2ª persona singular
usted***	*you—formal*	3ª persona singular
él	*he*	3ª persona singular
ella	*she*	3ª persona singular
nosotros	*we—masc. and mixed gender*	1ª persona plural
nosotras	*we—feminine only*	1ª persona plural
vosotros	*you—familiar, masc. and mixed gender*	2ª persona plural
vosotras	*you—familiar, fem. only*	2ª persona plural
ustedes***	*you (ye)—general plural*	3ª persona plural
ellos	*they—masc. and mixed gender*	3ª persona plural
ellas	*they—feminine only*	3ª persona plural

B. Usos

¿Quién es ella?   (Ella) es Juana.
¿Eres (tú) de México?   No, (yo) soy de Arizona.

*Las formas de **vosotros** y **vosotras** son normales en España pero no son frecuentes en Hispanoamérica.
** El infinitivo es la forma del verbo que termina en **-r.**
*** La abreviatura de **usted** es **Ud.** y la abreviatura de **ustedes** es **Uds.**

Hay concordancia *(agreement)* entre el sujeto y el verbo en persona y número. La omisión del pronombre es frecuente cuando no es necesario para énfasis ni claridad de expresión.

C. Los equivalentes de *you:* **tú, usted, ustedes, vosotros, vosotras**

María, (tú) eres mi amiga favorita. *(familiar)*
Señor Jones, ¿está usted contento? *(formal)*
María y señor Jones, ¿son ustedes amigos? *(plural, familiar y formal)*
María y Susana, ¿sois (vosotras) amigas? *(plural, familiar)*

Use **tú** con un amigo o con la familia y **usted** con otras personas. Use **ustedes** con dos o más *(more)* personas. **Vosotros** o **vosotras** es el plural de **tú** en España.

IV. La concordancia: sujeto y verbo

Juan y yo somos . . .
Tú y yo somos . . .
Él y yo somos . . .
María y nosotros estamos . . .
Ud. y nosotras estamos . . .
Juan y ella son . . .
Tú y él están . . .
Usted y ellos son . . .
Uds. y ellos son . . .
Juan y Uds. están . . .

En combinaciones con **yo, nosotras** o **nosotros,** la forma del verbo termina en **-mos.** En otras combinaciones, la forma del verbo termina en **-n.**

EJERCICIOS ORALES O ESCRITOS

I. ¿Dónde está . . . ?

Conteste con **aquí** *o* **allí** *y el ademán* (gesture) *apropiado.*

Modelo: ¿Dónde está el lápiz?   *Aquí está.*
            ¿Dónde están las ventanas?   *Allí están.*

1. ¿Dónde está la pizarra?
2. ¿Dónde está el profesor (la profesora)?
3. ¿Dónde están los dedos?
4. ¿Dónde está la puerta?
5. ¿Dónde está el libro de Ud.?
6. ¿Dónde están las llaves de Ud.?
7. ¿Dónde está María?
8. ¿Dónde están los zapatos de José?

Universidad de Salamanca: monumento a Fray Luis de León (1527–1591), poeta español

II. Ser y estar

A. *Complete con la forma correspondiente de* **ser.**

Modelo: Anita *es* estudiante.

1. Yo _____ estudiante.
2. El martes _____ un día.
3. Dos y dos _____ cuatro.
4. Él y yo _____ amigos.
5. Ramón _____ de Chile.
6. Juan y Ud. _____ americanos.
7. Tú _____ de California.
8. El alfabeto _____ una lista de letras.

B. *Complete con la forma correspondiente de* **estar.**

Modelo: La pizarra *está* allí.

1. Yo _____ aquí.
2. Ellos _____ allí.
3. ¿Cómo _____ tú hoy?
4. Marta, Juan y yo _____ en clase.
5. Guillermo _____ presente.
6. Eva _____ ausente hoy.
7. Marta, ¿ _____ bien hoy?
8. Isabel y Paco no _____ aquí.

C. *Complete con la forma correspondiente de* **ser** *o* **estar.**

Modelo: Alfredo *está* en casa.
      La señorita *es* una profesora de español.

1. El libro _____ aquí.
2. _____ un periódico.

3. Yo _____ de México.
4. Yo _____ en la clase de español.
5. Ella y yo _____ bien hoy.
6. Paco y Ana _____ estudiantes de español.
7. Allí _____ las cartas de Roberto.
8. Anita _____ americana.
9. Federico _____ en Boston.
10. María y Tina _____ de Tejas.
11. Miguel y yo _____ amigos.
12. María, ¿cómo _____ hoy?
13. Alfredo, ¿ _____ amigo de Tomás?
14. El periódico _____ de Alicia.

D. *Complete la respuesta.*

Modelo: ¿De dónde es Ud.?　　　　*Soy* de California.
　　　　¿Dónde están Esteban y José?　*Están* en clase.

1. ¿Cómo está Ud.? _____ bien, gracias.
2. ¿De dónde es Ud.? _____ de Buenos Aires.
3. ¿Dónde estamos los lunes? _____ en clase.
4. ¿Qué es sábado? _____ un día.
5. ¿Son Uds. americanos? Sí, _____ americanos.
6. ¿Dónde están las llaves? Allí _____ .
7. ¿Cuántos son cinco y cinco? _____ diez.
8. ¿De quién es el coche? _____ de Eduardo.
9. ¿Dónde están él y Bárbara? _____ en casa.
10. ¿De dónde eres? _____ de Puerto Rico.
11. ¿Quiénes son ellos? _____ profesores.
12. ¿Dónde estamos los miércoles? _____ en clase.

III. Pronombres personales y la concordancia

Complete la frase con un sujeto lógico.

Modelo: *Nosotros* somos amigos.

1. _____ soy estudiante.
2. _____ estamos bien, gracias.
3. ¿De dónde son _____ ?
4. ¿Dónde están _____ ?
5. Señor Jones, ¿dónde está _____ los sábados?
6. Isabel y _____ somos americanos.
7. Tomás y _____ son de México.
8. Tú y _____ estamos en clase los viernes.
9. Señores, ¿dónde están _____ los domingos?
10. _____ somos estudiantes.

LECTURA
Al principio del semestre

Dos amigos, Manuel y Paquito,* están en la universidad pero Manuel es un estudiante de tercer *(third)* año y Paquito es de primer *(first)* año.

    MANUEL   —Hola, ¿qué tal (cómo estás)?

    PAQUITO   —Con muchos problemas, Manuel, ¿y tú?

5   MANUEL   —Bien.

    PAQUITO   —Oye *(listen)*. ¿Dónde están las oficinas de la administración?

    MANUEL   —Están allá delante de los árboles *(trees)*.

    PAQUITO   —¿Y las residencias estudiantiles?

    MANUEL   —Están en la calle siguiente, ¿por qué?

10   PAQUITO   —Pues hay tanto que hacer *(so much to do)* que estoy muy desorientado.

    MANUEL   —Calma, calma. Siempre es así el primer semestre.

    PAQUITO   —Es necesario estar aquí, allí y allá. ¡Sólo soy una persona!

    MANUEL   —Al principio *(at the beginning)* del semestre todo es muy confuso

15   *(confusing)* pero después es fácil. ¿Qué tal *(how is)* la clase de español?

    PAQUITO   —Bien, pero el profesor está más confuso que *(than)* yo.

    MANUEL   —¿Por qué?

    PAQUITO   —Pues en la clase siempre pregunta *(he asks)* «¿Qué es esto? ¿Dónde está la mesa, la silla, la puerta, el lápiz, el papel, el reloj?» etcétera.

PREGUNTAS SOBRE LA LECTURA

1. ¿Quién es el estudiante de primer año, Paquito o Manuel?
2. ¿Dónde están las oficinas de la administración?
3. ¿Dónde están las residencias estudiantiles?
4. ¿Por qué está Paquito muy confuso y desorientado?
5. ¿Quién está más confuso que Paquito? ¿Por qué?

PREGUNTAS PERSONALES BASADAS EN LA LECTURA

1. ¿Es Ud. estudiante de primer año?
2. ¿Son Uds. estudiantes de primer año o de segundo *(second)* año?
3. ¿Cómo está Ud.?
4. ¿Está Ud. confuso (-a) y desorientado (-a)?

COMPOSICIÓN ORAL O ESCRITA

Prepare una composición de 6 a 8 frases sobre el primer día de la clase de español. ¿Es Ud. estudiante o profesor (profesora)? ¿En qué clase está? ¿De qué ciudad es? ¿En qué ciudad está? ¿Es Ud. americano (americana)? ¿Dónde está el profesor (la profesora)? ¿De qué ciudad es? ¿De dónde son Ud. y el profesor (la profesora)? ¿Está Ud. confuso (confusa)? ¿Es fácil el español?

---

* Paquito es el sujeto *(subject)* de muchos chistes *(jokes)* en español.

VOCABULARIO

SUSTANTIVOS

SUSTANTIVOS MASCULINOS

el ademán	el infinitivo	el semestre
el año	México	el siglo
el árbol	el origen	el sujeto
el chiste	Paquito	el tiempo
Eduardo	el problema	el todo
el equivalente	el pronombre	Tomás
Federico	Ramón	el uso
Guillermo	Ricardo	el verbo

SUSTANTIVOS FEMENINOS

la abreviatura	la concordancia	Juana
la administración	la condición	la oficina
Beatriz	España	la omisión
Bárbara	la expresión	la residencia
la claridad	la familia	la universidad
la combinación	la función	

SUSTANTIVOS MASCULINOS Y FEMENINOS

el americano/la americana   el amigo/la amiga

ADJETIVOS

apropiado, -a	establecido, -a	lógico, -a
confuso, -a	estudiantil	mucho, -a
contento, -a	favorito, -a	tercer(a)
desorientado, -a	frecuente	

ADVERBIOS

allá	después	siempre
así	dónde	sólo
cómo	pues	

PREPOSICIONES

de	desde	para
delante de	entre	por

PRONOMBRES

ellos, -as	tú	vosotros, -as
nosotros, -as	usted/Ud.	
que (relativo)	ustedes/Uds.	

CONJUNCIONES

cuando   pero

MANDATO

oye

VERBOS

INFINITIVOS

ser   estar   hacer

OTROS VERBOS

calma	identifica	termina
expresa	pregunta	

EXPRESIONES

al principio	estar en casa	¿Qué tal?
¿Cómo está?	hola	tanto que hacer
ellos mismos	más . . . que	
estar de acuerdo	¿Por qué?	

SUPLEMENTO DE VOCABULARIO: POSICIONES DEL CUERPO

1. Está apoyado (apoyarse).
2. Está agachada (agacharse).
3. Está sentado (sentarse).
4. Está arrodillada (arrodillarse).
5. Está de pie (ponerse de pie).
6. Está reclinado (reclinarse).
7. Está acostada (acostarse).

Lección 4

Pase Ud. a la pizarra

INTRODUCCIÓN

DECLARACIÓN Y PREGUNTA

RESPUESTA

I. El presente de los verbos del grupo **-ar**

Hola, Juan. ¿Qué **estudias**?	Yo **estudio** historia.
¿Qué **estudian** ellos?	**Estudian** literatura.
¿Qué **estudian** Uds.?	**Estudiamos** biología.
¿Qué **estudia** Carlos?	**Estudia** matemáticas.
¿**Hablan** Uds. español en clase?	Sí, **hablamos** mucho en español.
¿Qué **buscas**, María?	**Busco** mi pluma.
¿Qué **escucha** Ud.?	**Escucho** música española.
¿Qué instrumento **toca** Susana?	Ella **toca** el piano.

II. Las preposiciones de posición: **en, encima de, dentro de, debajo de, delante de, detrás de, entre, al lado de, a la izquierda de, a la derecha de**

El libro está **en (encima de)** la mesa.	
La tiza está en la mesa también.	
¿**Dónde está** el libro?	El libro **está en** la mesa.
¿Dónde está?	Está en la mesa.
¿Dónde está la tiza?	La tiza está en la mesa.
¿Dónde está?	Está en la mesa.
Juan está en la casa de Miguel.	
¿Dónde **está él**?	(**Él**) **está en** la casa de Miguel.
Isabel está en la casa de Ana.	

36

¿Dónde **está ella**?

(Ella) está en la casa de Ana.

El perro está **debajo de** la mesa.
¿Dónde está?

Está **debajo de** la mesa.

El gato está **encima de** la mesa.
¿Dónde está?

Está **encima de** la mesa.

El zapato está **en** el suelo. Está debajo
de la silla.
¿Dónde está el zapato?

Está **en** el suelo, debajo de la silla.

La fotografía está **en** el álbum.
El álbum está **en** la mesa.
¿Dónde está la fotografía?

Está en el álbum, en la mesa.
(Está **dentro del** álbum, **encima de** la
mesa.)

La señorita Roca está **delante de** mí.
¿Quién está delante de Ud.?

La señorita Roca está **delante de** mí.

La señorita Roca está **detrás de** José.
¿Quién está detrás de él?

La señorita Roca está **detrás de** él.

El señor López está **entre** el señor Ri-
vera y la ventana.
¿Quién está **al lado del** señor López?
¿Dónde está la ventana?

El señor Rivera está **al lado de** él.
La ventana está **al** otro **lado de** él.

¿Quién está **entre** el señor Rivera y la
ventana?

El señor López está **entre** él y la ventana.

La carta está **en** el sobre.
¿Dónde está la carta?

Está **en** el sobre.

¿Está la carta **encima del** sobre o **dentro del** sobre?

Está **dentro del** sobre.

Ponga Ud. el lápiz encima del libro. Y
ponga el libro encima del cuaderno.
¿Dónde está el libro?
¿Dónde está el lápiz?

Está **entre** el lápiz y el cuaderno.
El lápiz está **a la izquierda del** libro y
el cuaderno está **a la derecha.**

III. El artículo definido con **señor, señora, señorita, profesor, profesora**

¿Quién es él?

Es **el señor** Gómez.
Es **el profesor** Moreno.

¿Quién es ella?

Es **la señora** Díaz.
Es **la señorita** Durán.

¿Cómo está Ud., **señor** Gómez?

Muy bien, gracias. ¿Y Ud., **señora**
Díaz?

Señorita Durán, ¿quién es su profesor
de español?
¿De quién es el sombrero?

Es **el profesor** Moreno. Allí está. Buenos días, **profesor** Moreno.
Es **del señor** Romero. Es de **la profesora** Pérez.

IV. Posesión: **de, del, de la, de los, de las**

¿**De quién es** el cuaderno?	**Es** el cuaderno **de** Pablo Reyes.
	Es de Pablo.
	Es del señor Reyes.
¿**De quién es** la composición?	**Es de la** señorita Jones.
	Es de Jane Jones.
¿**De quién es** el coche?	**Es** el coche **de** José y María Novo.
	Es de los señores Novo.
¿**De quién es** el apartamento?	**Es de** ellas.
	Es de las dos señoritas.

V. **Hay** y **está**

¿Dónde **hay un** teléfono?	**Hay uno** en la oficina del profesor.
¿Dónde **está el** teléfono?	**El** teléfono **está** en la mesa.
	Está en la mesa.
¿**Hay un** coche delante de la casa?	No, **no hay** coche allí.
	No, **no hay.**
¿Dónde **está el** coche?	**El** coche **está** al lado de la casa.
	Está al lado de la casa.
¿**Cuántas** personas **hay** en su familia?	**Hay seis** personas en mi familia.
	Hay seis.
¿Dónde **está la** familia de Jorge?	**La** familia de Jorge **está** en California.
	Está en California.

EXPLICACIONES

I. El presente de los verbos del grupo **-ar**

La mayoría (*majority*) de los verbos españoles terminan en **-ar**. Otros terminan en **-er** o **-ir**. Los verbos de la lección 4 son verbos regulares del grupo **-ar**. Los verbos del grupo **-ar** terminan así.

EJEMPLO: **hablar**

-o	yo	hablo
-as	tú	hablas
-a	él, ella, Ud.	habla
-amos	nosotros, nosotras	hablamos
-áis	vosotros, vosotras	habláis
-an	ellos, ellas, Uds.	hablan

II. Las preposiciones de posición *(location)*

1. **en, encima de**
   El libro está **en** la mesa. El libro está **encima de** la mesa.

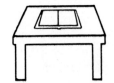

2. **en, dentro de**
   El papel está **en** el cuaderno. El papel está **dentro del** cuaderno.

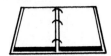

3. **debajo de**
   El gato está **debajo de** la mesa.

4. **delante de**
   Juan está **delante de** Susana.
   detrás de
   Susana está **detrás de** Juan.

5. **entre**
   El lápiz está **entre** el libro y la llave.
   al lado de
   La llave está **al lado del** lápiz.
   a la izquierda de
   (←) El libro está **a la izquierda del** lápiz.
   a la derecha de
   (→) La llave está **a la derecha del** lápiz.

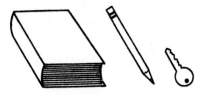

III. El artículo definido con **señor, señora, señorita, profesor, profesora**

Cuando hablamos **de** *(about)* una persona:

> Allí está **el señor*** Cela.
> Es el anillo de **la señora*** Suárez.
> **La señorita*** Vega es estudiante.
> **El profesor*** García es mexicano.

* Abreviaturas: Sr. (señor), Sra. (señora), Srta. (señorita), Prof. (profesor), Profa. (profesora), Dr. (doctor), Dra. (doctora).

Cuando hablamos **con** *(with)* una persona:

Señor Cela, ¿cómo está Ud.?
Señora Suárez, aquí está su anillo.
Señorita Vega, ¿es Ud. estudiante?
Profesor García, ¿es Ud. mexicano?

IV. Posesión: **de, del, de la, de los, de las**

Aquí está el libro **de** Linda Gutiérrez.
¿Dónde está la casa **del** profesor Solano?
Allí está el libro **de la** profesora Benítez.
Es el coche **de los** señores Dávila. (Los señores Dávila son el Sr. Dávila y la Sra. Dávila.)
¿Dónde está el apartamento **de las** dos señoritas?

Linda's book = el libro de Linda. La combinación *'s* no existe en español.

V. **Hay** y **está**

A. Hay un . . . , hay una . . .

Hay un estudiante hispano en la clase.
Hay una pizarra delante de la clase.

Hay un . . . o **hay una** . . . indica la existencia de una cosa.

B. Contraste entre **hay** y **está** para indicar lugar

Hay un reloj en la pared.	**El** reloj **está** en la pared.
¿Dónde **hay un** teléfono?	¿Dónde **está el** teléfono?
Hay una pluma allí.	Allí **está la** pluma de Tomás.

Use el artículo indefinido **un** o **una** con **hay.** Use el artículo definido **el** o **la** con **está.**

C. Con números: **hay +** el número

Hay 20 estudiantes.
Hay dos libros.

EJERCICIOS ORALES O ESCRITOS

I. El presente de los verbos del grupo **-ar**

A. *Complete con la forma correspondiente del verbo.*

Modelo: estudiar   Ud. *estudia*

1. *estudiar*	2. *contestar*	3. *escuchar*
yo _____	tú _____	ella _____
nosotros _____	Ud. _____	ellas _____
él _____	Uds. _____	nosotras _____
ellos _____	yo _____	él _____

4. *terminar*
   yo _____
   ella _____
   él _____
   nosotros _____

6. *llegar*
   Uds. _____
   yo _____
   tú _____
   nosotros _____

8. *hablar*
   yo _____
   nosotros _____
   él _____
   ellos _____

5. *entrar*
   Ud. _____
   tú _____
   ellos _____
   ellas _____

7. *tocar*
   nosotros _____
   yo _____
   Ud. _____
   ella _____

9. *pronunciar*
   Ud. _____
   tú _____
   Uds. _____
   ella _____

B. *Conteste.*

Modelo: ¿Habla Ud.? *Sí, hablo.*
o: *No, no hablo.*

1. ¿Estudia Ud.?
2. ¿Hablas español?
3. ¿Contestamos preguntas?
4. ¿Pronuncian Uds. palabras?
5. ¿Escucha ella siempre?
6. ¿Entran ellos en la clase?
7. ¿Termina él la lección?
8. ¿Tocas la trompeta?
9. ¿Pronunciamos letras?
10. ¿Hablan Uds. español?
11. ¿Escuchan ellas?
12. ¿Estudian Uds.?

C. *Complete con la forma correspondiente del verbo.*

Modelo: (hablar) La profesora _habla_ con los estudiantes.

1. (contestar) Los estudiantes _____ «muy bien, gracias.»
2. (derivar) El español _____ del latín.
3. (hablar) El profesor y yo _____ mucho en la clase de español.
4. (estudiar) Uds. _____ los infinitivos que terminan en *-ar*.
5. (escuchar) Marta, ¿ _____ siempre cuando habla la profesora?
6. (pronunciar) Ellas _____ bien los sustantivos masculinos y femeninos.
7. (tocar) Roberto _____ el piano.
8. (entrar) Cuando _____ el profesor, los estudiantes escuchan.
9. (ser, terminar) La palabra *trompeta* _____ femenina porque _____ en *-a*.
10. (hablar, estar) Elena y Ana _____ con una señorita que _____ en clase.

D. *Conteste la pregunta.*

Modelo: ¿Qué lengua habla Ud. aquí? *Hablo español.*

1. ¿Con qué letra termina el primer mes?
2. ¿Cómo pronuncia Ud. las cinco vocales?
3. ¿Quiénes escuchan cuando habla el profesor?
4. ¿Cómo contestamos la pregunta, «¿Cómo está Ud.?»?
5. ¿Toca Ud. el piano?
6. ¿Qué verbos estudias en la lección cuatro?
7. ¿Qué lengua hablamos aquí?
8. En general, ¿llega Ud. con otra persona a la clase de español?

II. Las preposiciones de posición

A. *Prepare una frase completa.*

Modelo: (fotografía) en (álbum) *La fotografía está en el álbum.*

1. (profesor)	delante de	(clase)
2. (tiza)	en	(suelo)
3. (papel)	dentro de	(cuaderno)
4. (silla)	a la derecha de	(mesa)
5. (pizarra)	entre	(puerta, ventana)
6. (periódico)	encima de	(mesa)
7. (profesora)	al lado de	(pizarra)
8. (teléfono)	a la izquierda de	(televisor)
9. (gato)	detrás de	(puerta)
10. (libro)	debajo de	(periódico)

B. *Complete lógicamente.*

1. El periódico está _____ la mesa.
2. La pizarra está _____ la clase.
3. El estudiante está _____ la silla.
4. La casa está _____ otra casa idéntica.
5. La antena de televisión está _____ la casa.
6. La silla está _____ la mesa.
7. La carta está _____ el sobre.
8. El gato está _____ la puerta.
9. Ramón está _____ otro estudiante.
10. El lápiz está _____ el cuaderno.

C. *¿Dónde está . . . ?*

Modelo: el profesor *Está delante de la clase.*

1. el perro	9. el libro
2. el reloj	10. el papel
3. la fotografía	11. la ventana
4. el coche	12. la llave
5. el lápiz	13. la carta
6. la mesa	14. la casa
7. el zapato	15. el anillo
8. la calle	16. el escritorio

III. El artículo definido con **señor, señora, profesor, profesora**

*Complete con **el** o **la** si es necesario. Escriba **X** si no es necesario.*

Modelo: Es _el_ Sr. Moreno.
            _X_ Sr. Moreno, ¿cómo está Ud.?

1. _____ Profa. Pidal está en clase.
2. _____ Profa. Pidal, ¿estudian mucho los estudiantes?

3. _____ Sr. Smith, ¿cómo está _____ Sra. Smith?
4. _____ Srta. Vega, allí está _____ Srta. Osuna.
5. _____ Sr. O'Leary habla con _____ Srta. Suárez.
6. _____ Srta. Smith, pase Ud. a la pizarra.
7. _____ Sr. González, ¿es estudiante de español _____ Sr. Ramírez?
8. _____ Srta. Walker pronuncia la frase de _____ Srta. Lupo.

IV. Posesión con **de, del, de la, de los, de las**

Complete.

Modelo: ¿De quién es el coche? (señora)   *Es de la señora.*
¿De quiénes son los libros? (estudiantes)   *Son de los estudiantes.*

1. ¿De quién es el sombrero? (Alicia)
2. ¿De quién es el apartamento? (señorita)
3. ¿De quiénes son los lápices? (estudiantes)
4. ¿De quién es el cuaderno? (Prof. López)
5. ¿De quién es la llave? (Srta. García)
6. ¿De quién es la pluma? (Juan)
7. ¿De quiénes son los papeles? (señoras)
8. ¿De quién es la carta? (Sr. Díaz)
9. ¿De quiénes son las composiciones? (Isabel y Juan)
10. ¿De quiénes son los periódicos? (señores)

V. Hay y **está**

A. *Complete con* **hay un (una)** *o* **el (la) . . . está.**

Modelo: *Hay una* silla al lado de la ventana.
La oficina de la profesora *está* allá.

1. _____ profesor _____ en su oficina.
2. _____ mesa delante de la clase.
3. _____ anillo en el dedo de la señorita.
4. _____ carta de la Srta. Marín _____ en la mesa.
5. _____ zapato debajo de la silla.
6. _____ Srta. Guillén _____ detrás del Sr. Sánchez.
7. _____ llave encima del libro.
8. _____ árbol entre la casa y el garaje.

B. *Conteste con* **hay** *o* **está.**

Modelo: ¿Dónde hay un teléfono?   *Hay uno en la oficina del profesor.*
¿Dónde está la familia de Ud.?   *Está en Dallas.*

1. ¿Dónde está la familia de Ud.?
2. ¿Dónde hay una pizarra?
3. ¿Cuántas personas hay en la familia de Ud.?
4. ¿Dónde está la mesa?

5. ¿Cuántos estudiantes hay en la clase de español?
6. ¿Qué hay al lado de la puerta?
7. ¿Dónde está la puerta de la clase?
8. ¿Cuántos semestres hay en un año?

VI. *Describa el dibujo en la página 45.*

1. ¿Qué pregunta Juan? ¿Qué responde María?
2. ¿Dónde está el reloj? (¿el gato? ¿el perro? ¿la carta? ¿Juan? ¿María? ¿el álbum? ¿la fotografía? ¿la antena? ¿el libro? ¿el suelo? ¿la palabra «México»? ¿la trompeta?)
3. Lea la frase que está en el álbum. Lea la frase que está en la televisión. Lea el título del libro. Lea los números del reloj.
4. ¿De quién es el apartamento? ¿De quién es el perro? ¿De quién es el álbum probablemente? ¿De quién es el gato probablemente?
5. Complete la frase con una definición.
   Ejemplo: <u>El gato</u> es un animal.

   _____ es otro animal.   _____ lugar.
   _____ es una persona.   _____ mes.
   _____ es una persona también.   _____ instrumento.
   _____ es un objeto.   _____ actor.

6. ¿Qué hay delante del televisor? (al lado del televisor, encima del televisor, detrás del gato, al lado de la carta, encima de la mesa, debajo de la mesa, debajo del reloj, en el suelo)
7. ¿Cuántas personas hay? ¿Cuántos animales hay?

LECTURA
Pase usted a la pizarra

En la clase de español el Sr. O'Leary está en una silla delante de un estudiante y detrás de otro. Dos señoritas están al lado del Sr. O'Leary, una a la derecha y otro a la izquierda. La profesora entra en la clase y los estudiantes escuchan cuando habla.

5   LA PROFESORA   —¿Cómo están Uds. hoy?
      LOS ESTUDIANTES CONTESTAN   —Muy bien, profesora.
      LA PROFESORA   —Bien. Señor O'Leary, pase* Ud. a la pizarra. Aquí está la tiza.
      EL SR. O'LEARY   —Gracias, profesora.
10   LA PROFESORA   —De nada *(you are welcome)*. Ahora, escriba*: «El libro de español está en la mesa al lado del cuaderno, la pluma y el lápiz.».
      EL SR. O'LEARY   —¿Está bien, profesora?
      LA PROFESORA   —Sí, muy bien. Siéntese *(take your seat)*, por favor. Señorita Poll, ¿cómo pronuncia Ud. la palabra *cuaderno*.

---

* Mandatos *(commands):* **pasar** **-ar**>**e:** pase Ud., pasen Uds.; **escribir** **-ir**>**a:** escriba Ud., escriban Uds.

Una conversación en el apartamento de María

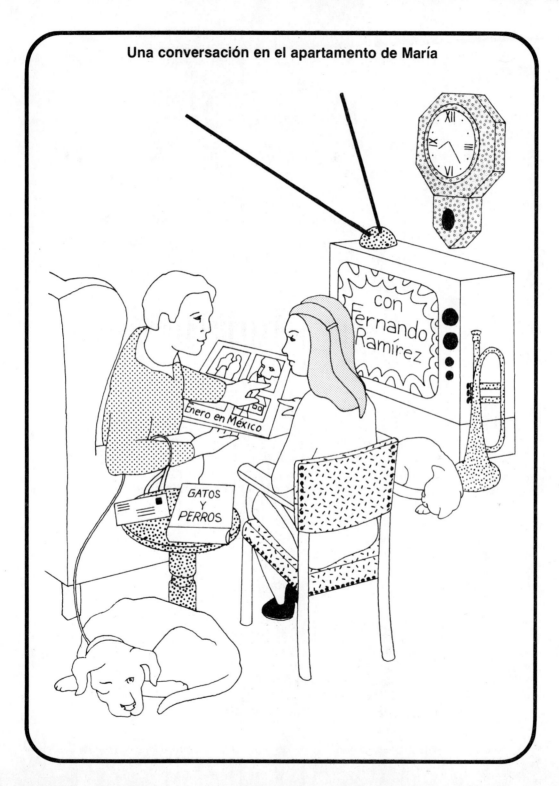

Universidad en La Paz (Bolivia)

15 LA SRTA. POLL —Pronuncio *cua-der-no.*

LA PROFESORA —Muy bien. Señor López, pase Ud. a la pizarra, por favor. Escriba la palabra *trompeta.* Es un instrumento de música. El señor O'Leary toca la trompeta. Ahora, escriba la palabra *piano* debajo de la palabra *trompeta.* Es otro instrumento de música. La Srta. West toca el piano. Siéntese, Sr.

20 López. Srta. Poll, ¿es *trompeta* una palabra masculina o femenina?

LA SRTA. POLL —Femenina, profesora.

LA PROFESORA —¿Por qué?

LA SRTA. POLL —Porque termina en *-a,* como *la mesa, la pluma* y *la palabra.*

LA PROFESORA —Magnífico, señorita. *Piano* es una palabra masculina porque

25 termina en *-o* como *el suelo, el sustantivo* y *el objeto. La mano, el problema* y *el día* son excepciones.

LA SRTA. WEST —Profesora, en español, los nombres de los objetos son masculinos o femeninos. ¿Hay una explicación?

LA PROFESORA —El español deriva *(is derived)* del latín; por eso, los objetos son

30 masculinos o femeninos.

EL SR. O'LEARY —¡Caramba* *(gracious)!* ¡El español es muy «sexista»!

PREGUNTAS SOBRE LA LECTURA

35 1. ¿Quién entra en la clase?

2. ¿Quién pasa a la pizarra?

3. ¿Quién está a la izquierda del Sr. O'Leary?

4. ¿Quién está a la derecha?

5. ¿Qué estudia el Sr. O'Leary?

* Exclamación de sorpresa *(surprise)* y, a veces *(sometimes),* de enfado *(anger),* protesta o disgusto *(annoyance).*

6. ¿Es *mano* una palabra masculina?
7. ¿Son *día* y *problema* palabras femeninas?
8. ¿Qué son una trompeta y un piano?
9. ¿Quién toca la trompeta? ¿El piano?
10. ¿Por qué son masculinos o femeninos los objetos en español?

PREGUNTAS PERSONALES BASADAS EN LA LECTURA

1. ¿Quién está al lado de (delante de, detrás de) Ud.?
2. ¿Hablan mucho los estudiantes en la clase de Ud.?
3. ¿Habla mucho la profesora (el profesor) de su clase?
4. ¿Cuántos señores y cuántas señoritas hay en la clase?
5. ¿Pronuncia Ud. bien el español?
6. ¿Toca Ud. un instrumento musical?

 # COMPOSICIÓN ORAL O ESCRITA

Prepare una composición de 8 a 10 líneas *(lines)* sobre una clase de español típica *(typical)*. ¿Cuándo es la clase? ¿Cuántos estudiantes hay? ¿Dónde está el profesor (la profesora)? ¿Dónde está Ud.? ¿Quién está al lado de Ud.? ¿Delante o detrás de Ud.? ¿Dónde está la puerta? ¿Escuchan los estudiantes cuando entra el profesor (la profesora)? ¿Con quiénes habla Ud. en la clase? ¿Pronuncia Ud. bien el español? ¿Estudia Ud. mucho? ¿Toca Ud. un instrumento de música en la clase?, etc.

 # VOCABULARIO

SUSTANTIVOS

SUSTANTIVOS MASCULINOS

el álbum	el ejemplo	los señores
el apartamento	el instrumento	el suelo
el contraste	el latín	el título
el disgusto	el lugar	

SUSTANTIVOS FEMENINOS

la antena	la literatura	la protesta
la biología	las matemáticas	la sorpresa
la calle	la mayoría	la televisión
la conversación	la música	la tiza
la existencia	la pared	la trompeta
la fotografía	la posición	la vez
la línea		

SUSTANTIVOS MASCULINOS Y FEMENINOS

el gato / la gata   el mexicano / la mexicana   el perro / la perra

ADJETIVOS

completo, -a   español(a)   típico, -a
derecho, -a   izquierdo, -a

PREPOSICIONES

debajo de   detrás de   encima de
dentro de

ADVERBIOS

ahora   probablemente

CONJUNCIÓN

porque

ABREVIATURAS

Dr.   Profa.   Sra.
Dra.   Sr.   Srta.
Prof.

MANDATOS

lea   pase

VERBOS

VERBOS EN **-ar**

buscar   estudiar   terminar
contestar   hablar   tocar
derivar   llegar   tomar
entrar   pronunciar   trabajar
escuchar

OTRO VERBO

existe

EXPRESIONES

a la derecha   al lado de   de nada
a la izquierda   caramba   por favor

SUPLEMENTO DE VOCABULARIO: LA CABEZA Y LA CARA

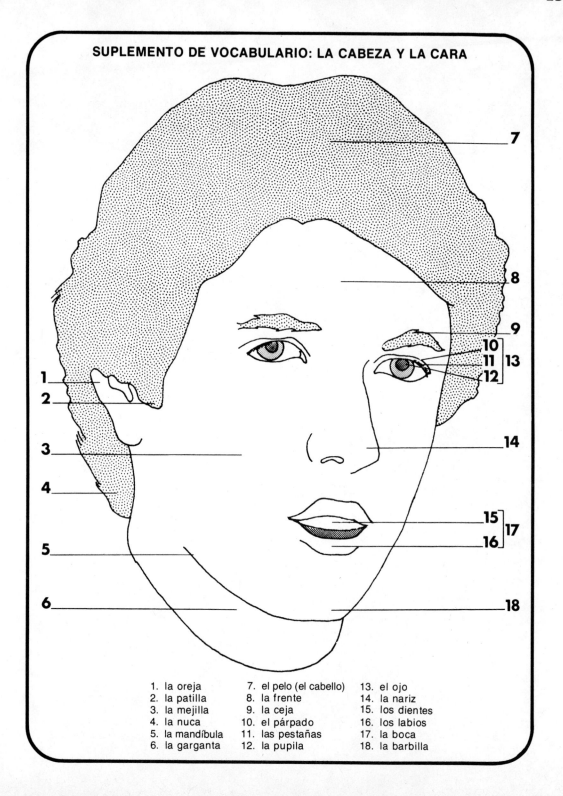

1. la oreja	7. el pelo (el cabello)	13. el ojo
2. la patilla	8. la frente	14. la nariz
3. la mejilla	9. la ceja	15. los dientes
4. la nuca	10. el párpado	16. los labios
5. la mandíbula	11. las pestañas	17. la boca
6. la garganta	12. la pupila	18. la barbilla

Módulo 2
La realidad personalizada

Lección 5

Un grupo simpático

DECLARACIÓN Y PREGUNTA

RESPUESTA

I. El presente de los verbos de los grupos -er e -ir

¿**Cree** Ud. que Juan está en casa?	No. **Creo** que está en clase.
¿**Comprenden** Uds. la lección tres?	Sí, **comprendemos.**
¿Qué **comes** tú?	Yo **como** una banana.
¿Qué **bebe** Carmen?	Creo que **bebe** Coca Cola.
¿Qué **escriben** ellos?	**Escriben** una composición.
¿Qué **escriben** Uds.?	**Escribimos** una descripción de la clase de español.
¿Dónde **vive** Susana?	Creo que **vive** en un apartamento.
¿Dónde **vives** tú?	**Vivo** en la residencia universitaria.

II. El adjetivo descriptivo

CON **ser**

Allí están Andrés y Bárbara. ¿**Cómo es** ella?	Es **alta** y **bonita.** Es una joven **simpática.**
¿Cómo es él?	Es **alto** y **guapo.** Es un joven **simpático.**
¿**Cómo son** ellos?	Son estudiantes **inteligentes** y **simpáticos.**
¿De qué nacionalidad son?	Ella es **salvadoreña** y él es **argentino.**
¿Cómo es El Salvador?	Es **pequeño** pero es un país importante.
¿Cómo es la Argentina?	No es **pequeña.** Es un país **grande.**
¿**De qué color es** la ropa de Bárbara?	La blusa es **azul** y la falda es **roja.**

¿Cómo es la ropa de Andrés?

Los zapatos son **pardos,** los pantalones son **verdes** y la camisa es **amarilla.**

Describa la sala de clase.

El suelo es **gris,** las pizarras son **negras** y las paredes son **blancas.**

Con **estar**

¿**Cómo está** Andrés?

Está **preocupado** porque no comprende la lección.

¿Cómo está Bárbara?

Ella está **cansada** porque trabaja mucho.

¿Cómo está Juan?

Está **nervioso** porque es el día del examen.

¿Cómo están los otros estudiantes?

Algunos están **contentos** y **tranquilos** porque reciben buenas notas. Otros están **tristes** o **enojados** porque reciben malas notas.

Describa la clase.

El profesor está **de pie** delante de la clase. Los estudiantes están **sentados.** Los libros están **abiertos.** La puerta está **cerrada.**

III. Frases negativas con **no**

¿Están abiertas las ventanas?
¿Es francesa Teresa?

No, no están abiertas.
No, señor. Teresa **no** es francesa, es inglesa.

IV. **Se** impersonal

¿**Se** escribe «martes» con eme mayúscula o minúscula?
¿**Se habla** inglés aquí?
¿**Se vende** papel allí?

Se escribe con eme minúscula.

Sí, **se habla** inglés.
Sí, **se venden** muchas cosas allí.

EXPLICACIONES

I. El presente de los verbos de los grupos **-er** e **-ir**

Muchos verbos terminan en **-er** e **-ir.** Los verbos regulares terminan así:*

-er	-ir		leer y escribir
-o	-o	yo	**leo** y **escribo**
-es	-es	tú	**lees** y **escribes**
-e	-e	él, ella, Ud.	**lee** y **escribe**

---

* Hay cuatro verbos con terminaciones irregulares: **ir, ser, haber** (en todas las formas) y **saber** (yo sé). También hay verbos en **-er** e **ir** con irregularidades en su radical *(stem).*

-er	-ir		**leer** y **escribir**
-emos	**-imos**	nosotros, nosotras	**leemos** y **escribimos**
-éis	**-ís**	vosotros, vosotras	**leéis** y **escribís**
-en	**-en**	ellos, ellas, Uds.	**leen** y **escriben**

Las terminaciones de los verbos en **-er** e **-ir** son similares. La diferencia está en las formas del verbo con **nosotros** y **vosotros**.

II. El adjetivo descriptivo

A. Formas del adjetivo

1. Con el sustantivo masculino, use el adjetivo masculino.
Con el sustantivo femenino, use el adjetivo femenino.
Con el sustantivo plural, use el adjetivo plural.

Bob es alto.	Carolina es alta.	Bob y Carolina son altos.
Ted es inglés.	Alicia es inglesa.	Ellos son ingleses.
El coche es rojo.	La casa es roja.	Las casas son rojas.

2. El adjetivo masculino generalmente termina en **-o, -os** y el adjetivo femenino en **-a, -as.**

rubi**o**	rubi**a**	rubi**os**	rubi**as**
correct**o**	correct**a**	correct**os**	correct**as**

3. El adjetivo que no termina en **-o, -os** ni *(nor)* en **-a, -as** es generalmente invariable.

un grupo **grande**	una casa **grande**	casas grand**es**
un sombrero **azul**	una blusa **azul**	sombreros azul**es**

EXCEPCIÓN: El adjetivo de nacionalidad con consonante final en la forma masculina.

un señor españo**l**	una señora españo**la**	señores español**es**
un joven inglé**s**	una joven ingle**sa**	los jóvenes ingles**es**
un amigo francé**s**	una amiga france**sa**	unas amigas france**sas**

Para formar el adjetivo femenino se añade **-a** (*-a is added*) a la forma masculina.

B. La posición del adjetivo descriptivo

un joven alegre	una joven mexicana	plumas amarillas
un país grande	una falda bonita	zapatos negros

El adjetivo descriptivo (de color, nacionalidad, condición o estado, cualidad, etc.) generalmente va *(goes)* después del sustantivo.*

---

* *Other kinds of adjectives (demonstratives, adjectives of number, quantity, limitation, possession, definite and indefinite articles and a few descriptive adjectives) normally precede the noun as in English.*

C. El adjetivo con **ser** y **estar**

1. El adjetivo descriptivo con **ser**

¿Cómo **es** Carlos?	Es **alto, moreno** y **guapo.**
¿De dónde es él?	Es de España. Es **español.**
¿Cómo es la clase?	Es **interesante.** El profesor es **bueno.**

El adjetivo de característica, de nacionalidad o de cualidad se usa con el verbo **ser.**

2. El adjetivo descriptivo con **estar**

¿Cómo **está** Anita?	No está **contenta** hoy. Está **triste.**
¿Está abierta la ventana?	No, no está **abierta.** Está **cerrada.**

El adjetivo de condición o de posición se usa con el verbo **estar.**

3. El adjetivo con **ser** y **estar**

CARACTERÍSTICA	CONDICIÓN
El suelo **es gris.**	El cielo *(sky)* **está gris** ahora.
La silla **es verde.**	La banana **está verde.**
Pepe **es guapo.**	Pepe **está guapo** con su traje y corbata.
Es una persona **alegre.**	**Está alegre.**

Algunos adjetivos se usan con **ser** o **estar** pero expresan un concepto diferente con cada verbo.

III. Frases negativas con **no**

Juan habla español.	Juan **no** habla español.
Vivo en una casa grande.	**No** vivo en una casa grande.
¿Estás nervioso?	**No, no** estoy nervioso.

En una simple frase negativa el verbo se usa después de la palabra **no.** La palabra **no** significa *no* y *not* en inglés.

IV. **Se** impersonal

Se usa «tú» entre amigos.	Usan «tú» con los amigos.
No **se** escribe en las paredes.	No escriben en las paredes.
Se venden libros allí.	Venden libros allí.

Cuando el sujeto no es una persona definida, frecuentemente se usa **se** con el verbo en la tercera persona. **Se** es el equivalente del pronombre indefinido **ellos** cuando se usa como sujeto.

EJERCICIOS ORALES O ESCRITOS

I. El presente de los verbos de los grupos **-er** e **-ir**

A. Verbos del grupo **-er**

Complete con la forma correspondiente del verbo.

Modelo: comer   ella <u>*come*</u>

1. *comer*
   yo _____
   Ud. _____
   ellos _____
   tú _____
2. *beber*
   él _____
   nosotros _____
   ella _____
   ellas _____

3. *aprender*
   ¿ _____ Ud.?
   ¿ _____ yo?
   ¿ _____ nosotros?
   ¿ _____ Uds.?
4. *creer*
   tú no _____
   ellos no _____
   él no _____
   nosotros no _____

5. *responder*
   Uds. _____
   tú _____
   Ud. _____
   nosotras _____
6. *vender*
   ¿ _____ ellos?
   ¿ _____ él?
   ¿ _____ Uds.?
   ¿ _____ Ud.?

B. Verbos del grupo **-ir**

Complete con la forma correspondiente del verbo.

1. *vivir*
   yo _____
   Ud. _____
   Uds. _____
   ellos _____
2. *insistir*
   nosotros no _____
   yo no _____
   él no _____
   ella no _____

3. *recibir*
   nosotros _____
   nosotras _____
   tú _____
   ella _____
4. *sufrir*
   ¿ _____ nosotros?
   ¿ _____ Uds.?
   ¿ _____ yo?
   ¿ _____ Ud.?

5. *escribir*
   yo _____
   nosotros _____
   Ud. _____
   ellas _____
6. *decidir*
   tú _____
   yo _____
   ellos _____
   nosotros _____

C. *Conteste.*

Modelo: ¿Come Ud. mucho?   Sí, como mucho.
o: No, no como mucho.

1. ¿Bebe Ud. Pepsi Cola?
2. ¿Aprendemos español?
3. ¿Viven Uds. en España?
4. ¿Recibes cartas?
5. ¿Escribe ella ahora?
6. ¿Sufrimos aquí?
7. ¿No cree él que el español es difícil?
8. ¿Responden ellos en español?
9. ¿Comemos en clase?
10. ¿Aprenden Uds. mucho?
11. ¿Vive Ud. en la ciudad?
12. ¿Escriben ellas en español?

D. *Conteste la pregunta.*

Modelo: ¿Dónde come Ud.?   Como en la cafetería.

1. ¿Qué bebe Ud. por la mañana?
2. ¿Con quién comes los sábados?

3. ¿En qué día escribe Ud. cartas?
4. ¿Qué escribimos en la clase?
5. ¿De quién recibes cartas?
6. ¿Qué verbos aprendemos en la lección?
7. ¿No creen Uds. que el español es fácil?
8. ¿En qué ciudad vive la familia de Ud.?
9. ¿Qué periódico lees frecuentemente?
10. ¿En qué ciudad vive Ud. ahora?

II. El adjetivo descriptivo

A. *Complete con la forma correspondiente del adjetivo.*

Modelo: Anita es mexicana.   Son señores *mexicanos*.

1. Es una clase buena. Es un grupo _____ .
2. El libro está abierto. La puerta está _____ .
3. El coche es verde. Los papeles son _____ .
4. Es un libro amarillo. Son plumas _____ .
5. Es una palabra fácil. Son palabras _____ .
6. Es una joven española. Son jóvenes _____ .
7. Es un libro azul. Son sillas _____ .
8. Es una bicicleta inglesa. Es un coche _____ .
9. Es un amigo francés. Son amigas _____ .
10. Es un gato gris. Es una perra _____ .

B. *Complete con la forma correspondiente de* **ser** *o* **estar**.

Modelo: José *es* guapo.
            Ellos *están* contentos hoy.

Colegio de niñas en Guadalajara, México

1. Yo _____ inteligente.
2. El coche _____ económico porque es pequeño.
3. Las puertas _____ cerradas.
4. El profesor _____ contento ahora porque _____ en clase.
5. Las pizarras _____ negras y _____ delante de la clase.
6. Nosotros _____ estudiantes pero _____ muy cansados ahora.
7. Yo _____ nervioso (-a) hoy porque _____ el día del examen.
8. El cielo aquí _____ azul por lo general pero ahora _____ gris.
9. Mi coche _____ verde y ahora _____ al lado de la residencia.
10. Los papeles _____ blancos y _____ encima de la mesa.
11. Tú _____ en clase porque hoy _____ miércoles.
12. La joven _____ bonita hoy con su sombrero nuevo.
13. Ellos _____ en la clase de español porque _____ su clase favorita.
14. Ellos _____ de México y _____ muy simpáticos.

C. *Use la forma correspondiente del adjetivo en el lugar correcto.*

Modelo: (amarillo) Es una pluma.   *Es una pluma amarilla.*

1. (gris) Aquí está el libro.
2. (bonito) Es una fotografía.
3. (francés) Las estudiantes están en la sala de clase.
4. (americano) Marta y María son dos jóvenes.
5. (español) Alfredo y Pablo son dos señores.
6. (azul) Los cuadernos están allí.
7. (pequeño) Son dos perros.
8. (verde) Los zapatos están en el suelo.
9. (blanco y azul) Las plumas están en la mesa.
10. (inteligente y bonito) Son profesoras.

III. Frases negativas con **no**

A. *Cambie* (change) *a la forma negativa.*

Modelo: Es un libro.
No es un libro.

Los estudiantes hablan mucho.
Los estudiantes no hablan mucho.

1. La puerta está cerrada.
2. Es un sustantivo.
3. Ella estudia ahora.
4. La profesora es mexicana.
5. Hay fotografías encima del piano.
6. Llega el profesor.
7. La palabra termina en -a.
8. Miguel y Linda escuchan.

B. *Conteste.*

Modelo: ¿Es *gato* un instrumento de música.
No, no es un instrumento de música. Es un animal.

1. ¿Es *enero* un día de la semana?   2. ¿Es *trompeta* un animal?

3. ¿Es *piano* un verbo?   5. ¿Es *siete* una letra?
4. ¿Es *estudiar* un sustantivo?

IV. Se impersonal

A. *Exprese la frase con* **se impersonal.**

Modelo: Venden libros allí.   *Se venden libros allí.*

1. Hablan español en México.
2. Escriben composiciones los viernes.
3. No leen periódicos en clase.
4. No pronuncian la «hache» en español.
5. Venden papel allí.

B. *Conteste con una frase completa.*

Modelo: ¿Qué se habla en la clase de español?   *Se habla español.*

1. ¿Se permiten refrescos en la clase?
2. ¿Por dónde se entra en la clase?
3. ¿Qué persona del verbo se usa con los amigos?
4. ¿Cómo se pronuncian las vocales?
5. ¿Qué se escribe en la pizarra?
6. ¿En qué restaurante se come bien?

Celebración de fin de semestre en Córdoba (España)

7. ¿Se preparan los ejercicios en casa?
8. ¿Con qué se escribe?

V. *Describa el dibujo en la página 61.*

1. ¿Quién es el joven del dibujo?
2. ¿Cómo está él?
3. ¿Está en casa, en la universidad o en un apartamento?
4. ¿Está cómodo Pablo?
5. ¿Está tranquilo?
6. ¿Cómo es Pablo?
7. ¿Es guapo? (¿rubio? ¿inteligente?)
8. ¿Cómo es la ropa de Pablo?
9. ¿Dónde está Pablo?
10. ¿Qué hay debajo de su brazo?
11. ¿Está abierto el libro?
12. ¿Qué libro está cerrado?
13. ¿Qué puerta está abierta?
14. ¿Está abierta o cerrada la ventana?
15. ¿Qué hay en el garaje?
16. ¿Qué hay en la cómoda *(chest of drawers)*?
17. ¿Qué hay delante del reloj?
18. ¿Es grande o pequeño el garaje? (¿el calendario? ¿la fotografía?)
19. ¿Dónde está la foto de Ana?
20. ¿Cómo es ella?
21. ¿Es rubia o morena?
22. ¿Quién es Ana probablemente?
23. ¿Cuál es el número de teléfono de Ana?
24. ¿Qué hay debajo de la foto?
25. ¿Cómo es la composición de Pablo?
26. ¿Cómo es el examen?
27. ¿Cuál es la nota del examen?
28. ¿Es Pablo un estudiante bueno?
29. ¿Cuántos libros hay en el escritorio?
30. ¿Qué libro de ciencia está en el escritorio?
31. ¿Cuál es el mes del calendario?
32. ¿Cuántos días hay en noviembre?
33. ¿Qué día de la semana es el primero de noviembre?

LECTURA

Un grupo simpático

Bárbara es una joven española. Es rubia, alta e* inteligente; es una persona muy alegre. Estudia matemáticas. La ropa de Bárbara es cómoda y práctica. Lleva una blusa azul porque el azul es un color bonito para una rubia, una falda blanca y un suéter blanco también.

* La **e** se usa en lugar de **y** antes de **i-** o **hi-**.

Pablo está muy cansado ahora

5   Bárbara vive en un apartamento con otra joven, Carolina. Carolina es americana pero no es alta ni rubia; es pequeña y morena. Es una persona alegre pero de otro tipo. La ropa de Carolina es cómoda pero elegante. Lleva un vestido azul marino con una chaqueta blanca. Habla español. Las dos chicas son buenas amigas.

10   Roberto está con su amigo Andrés. Roberto es un joven americano. Comprende muy bien el español y desea vivir en Hispanoamérica algún día. Es rubio, como Bárbara. No es alto pero es guapo, deportista y simpático. La ropa de él es práctica para la universidad: pantalones oscuros, una camisa de sport gris y un suéter gris. Andrés, el amigo (el compañero) de Roberto, es diferente

15   de él. Es un argentino alto, moreno y simpático.

       Bárbara y Carolina están en una cafetería con Roberto y Andrés. Todos comen y beben algo. Leen una carta de un amigo que está en Colombia. Cuando terminan con la carta, escriben la contestación en seguida. Después hablan de las clases, los profesores, los amigos y los buenos tiempos: ¿Qué se cree del

20   nuevo profesor de matemáticas? ¿Cómo se vive con los amigos en la residencia? ¿Dónde se pasa (spend) mejor el verano?

       Después de la conversación, Carolina y Bárbara regresan al apartamento y Andrés y Roberto (regresan) a la residencia.

PREGUNTAS SOBRE LA LECTURA

1. ¿Cómo es Bárbara? (Por ejemplo, ¿qué tipo de persona es? ¿Cuál es su apariencia física?)
2. ¿Qué estudia Bárbara?
3. ¿Qué ropa lleva ella?
4. ¿Es el azul un color alegre para una rubia?
5. ¿Es el blanco un color práctico?
6. ¿Con quién vive Bárbara?
7. ¿Cómo es Carolina?
8. ¿Es ella diferente de Bárbara?
9. ¿Cómo es la ropa de Carolina?
10. ¿Qué lleva ella?
11. ¿Es Roberto moreno?
12. ¿Es Andrés americano? ¿Cómo es él?
13. ¿Dónde están los jóvenes?
14. ¿Qué leen?
15. ¿De quién es la carta?
16. ¿De qué hablan después de leer la carta?
17. Después de la conversación, ¿quiénes regresan al apartamento y quiénes regresan a la residencia?

PREGUNTAS PERSONALES BASADAS EN LA LECTURA

1. ¿Qué ropa lleva Ud. a la universidad?
2. ¿Es su ropa elegante o no?
3. ¿Hay una rubia en la clase de Ud.?

4. ¿Es Ud. alto (alta)?
5. ¿Para quiénes son los pantalones?
6. ¿Qué bebe Ud. cuando come?
7. ¿De qué habla Ud. con los amigos?
8. ¿Vive Ud. en una residencia?
9. ¿Dónde se pasa mejor el verano?
10. ¿Escribe Ud. muchas cartas?

 # COMPOSICIÓN ORAL O ESCRITA

Prepare una composición de 8 a 10 líneas sobre un grupo simpático de cuatro o cinco personas. ¿Cómo es Ud.? ¿Alto (-a)? ¿Rubio (-a) o moreno (-a)? ¿Inteligente? ¿Simpático (-a)? ¿Cómo es la ropa de Ud.? ¿Cómo son las otras personas? ¿Cómo están Uds. el viernes? ¿Dónde están Uds. el sábado? ¿Qué estudian Uds.? ¿Dónde comen Uds. con frecuencia? ¿Qué refrescos beben? ¿Qué libros leen? ¿En qué ciudad viven?, etc.

 # VOCABULARIO

SUSTANTIVOS

SUSTANTIVOS MASCULINOS

Alfredo	el examen	el radical
Andrés	el grupo	el refresco
el calendario	Pablo	el suéter
Carlos	el país	el traje
el cielo	los pantalones	el vestido
el concepto	el pie	

SUSTANTIVOS FEMENINOS

la bicicleta	la corbata	la falda
la blusa	la cualidad	la foto
la camisa	la chaqueta	la ropa
la característica	la descripción	la sala
la contestación	la diferencia	

SUSTANTIVOS MASCULINOS Y FEMENINOS

el compañero/la compañera   el deportista/la deportista

SUSTANTIVOS MASCULINOS Y FEMENINOS   Y   ADJETIVOS

el español/la española	español(a)
el francés/la francesa	francés, -esa
el inglés/la inglesa	inglés, -esa

ADJETIVOS

abierto, -a	elegante	pardo, -a
alegre	enojado, -a	práctico, -a
alto, -a	físico, -a	preocupado, -a
amarillo, -a	grande	rojo, -a
argentino, -a	gris	rubio, -a
azul	guapo, -a	sentado, -a
blanco, -a	inteligente	simpático, -a
bonito, -a	marino, -a	tercero, -a
cansado, -a	mayúsculo, -a	tranquilo, -a
cerrado, -a	minúsculo, -a	triste
cómodo, -a	moreno, -a	verde
correcto, -a	negativo, -a	
descriptivo, -a	negro, -a	
económico, -a	nuevo, -a	

CONJUNCIONES

y > e	ni

PRONOMBRES

cuál	se

ADVERBIO

frecuentemente

VERBOS

VERBOS EN -ar

desear	llevar	regresar
expresar	pasar	usar

VERBOS EN -er O -ir

aprender	creer	recibir
añadir	decidir	responder
beber	escribir	sufrir
comer	insistir	vender
comprender	leer	vivir

EXPRESIONES

con frecuencia	estar de pie	planta baja
en seguida		

SUPLEMENTO DE VOCABULARIO: LA ROPA

1. los anteojos	8. el saco	15. el cuello
2. el suéter	9. el paraguas	16. el botón
3. la corbata	10. los pantalones	17. la chaqueta
4. el pañuelo	11. la bota	18. la falda
5. el chaleco	12. el cinturón	19. el calcetín, la media
6. el bolsillo	13. el abrigo	20. el zapato
7. el guante	14. la cartera	

Lección 6

Mi casa y mi familia

 INTRODUCCIÓN

DECLARACIÓN Y PREGUNTA	RESPUESTA

I. El verbo ir

Srta. Brown, **¿adónde va** Ud.?

> **Voy a** clase ahora. Después Anita y yo **vamos a** la biblioteca.

¿Adónde van Uds.?

> Yo **voy a** la oficina del profesor Gómez. José **va a** casa.

II. Contracción de a + el: al

¿Vas **al** cine el sábado?

> No, voy **al** apartamento de Octavio.

¿Quién está **al** lado de Claudia?

> Juan está a la izquierda de ella y Antonio está a la derecha.

III. Adjetivos de posesión

Carlos, ¿dónde está **tu** coche?

> **Mi** coche está en el garaje.

Sr. Jones, ¿dónde están **sus** fotografías?

> **Mis** fotos están en casa.

¿Dónde está la casa de Jorge?

> Allí está **su** casa.

¿Dónde está el cuaderno de Gloria?

> Allí está **su** cuaderno.

¿Dónde está la clase de Susan y Daniel?

> Aquí está **su** clase.

¿Dónde están las plumas de Rafael?

> Allí están **sus** plumas.

¿Dónde están las llaves de Catalina?

Allí están **sus** llaves.

¿Cuántos estudiantes hay en **nuestro** laboratorio de biología?

Hay treinta, más o menos.

¿Cómo son los profesores de Uds.?

Nuestros profesores son buenos.

¿Dónde está su casa?

Nuestra casa está en la calle Elm.

IV. Frases interrogativas y exclamativas

¿Es Tom inteligente? (¿Es inteligente Tom?)

Sí, Tom es inteligente. ¡Qué inteligente es Tom!

¿Está Ud. enfermo?

Sí, estoy enfermo. ¡Qué enfermo estoy!

¿Están tristes los jóvenes?

Sí, los jóvenes están tristes. ¡Qué tristes están los jóvenes!

¿Son ellos simpáticos?

Sí, son simpáticos. ¡Qué simpáticos son!

V. El acento: combinaciones de vocales

¿Cuántas sílabas hay en las palabras siguientes: *jueves, ciudad, piano, adiós, tiempo* y *suelo?*

Hay dos.

¿Cuántas sílabas hay en *hoy, seis, diez, fui, quien* y *dio?*

Hay una.

¿Cuántas hay en *día, país, lea, oye, leo, tío, cae* y *aún?*

Hay dos.

¿Cuántas en *veía, caías, caíste, haría, baúles, sitúa?*

Tres.

EXPLICACIONES

I. El presente del verbo ir *(to go)*

yo	voy	nosotros, nosotras	vamos
tú	vas	vosotros, vosotras	vais
él, ella, Ud.	va	ellos, ellas, Uds.	van

El tiempo presente del verbo **ir** es irregular. Sus terminaciones son como las de los verbos en **-ar.**

II. Contracción al

¿Adónde vas? ¿Vas a casa?

Voy a la biblioteca y después voy **al** laboratorio.

Cuando se usa la preposición **a** con el artículo **el** la contracción **al** es necesaria (a + el = al).

III. Adjetivos de posesión

A. Posición y concordancia

mi libro	tu* libro	su libro
mis libros	tus libros	sus libros
mi casa	tu casa	su casa
mis casas	tus casas	sus casas

vuestro libro	nuestro libro
vuestros libros	nuestros libros
vuestra casa	nuestra casa
vuestras casas	nuestras casas

Los adjetivos de posesión van delante del sustantivo: Atención a la concordancia del adjetivo con el sustantivo.

B. Las interpretaciones de **su** y **sus**

su libro =
- el libro de Ud.
- el libro de Uds.
- el libro de él
- el libro de ellos
- el libro de ella
- el libro de ellas

sus libros =
- los libros de Ud.
- los libros de Uds.
- los libros de él
- los libros de ellos
- los libros de ella
- los libros de ellas

Hay seis posibles interpretaciones de **su** y **sus.**

C. Claridad de expresión

Allí está María. Mario es **su** hermano. (El significado es evidente.)
Allí están María y su amigo Ramón. Mario es **su** hermano. (El significado no es evidente.)
Allí están María y Ramón. Mario es el hermano **de María.** (El significado es evidente.)

En un contexto donde el significado de **su** o **sus** no es evidente, la otra forma posesiva (**de** + . . .) es preferible: *la mesa **del** profesor.*

D. Las formas de *your*

Juan, ¿dónde está **tu** coche? (familiar singular)
Sr. Ruiz, ¿dónde está **su** coche? (formal singular)
Señores, aquí está **su** dinero. (formal plural)
En Hispanoamérica:
    Niños, aquí está **su** escuela. (familiar plural)
En España:
    Niños, aquí está **vuestra** escuela. (familiar plural)

---

* Note que **tu** (adjetivo posesivo) no tiene *(has no)* acento escrito, y que **tú** como sujeto sí lo tiene.

Your singular: Cuando se habla con un amigo (o una amiga) o con un miembro de la familia, se usa **tu** o **tus**. En relaciones más formales se usa **su** o **sus**.

Your plural: En Hispanoamérica se usa **su** o **sus** en relaciones familiares y formales. En España se usa **vuestro, -a** o **vuestros, -as** en relaciones familiares y **su** o **sus** en relaciones formales.

IV. Frases interrogativas y exclamativas

    A. Frase interrogativa

    ¿Es/muy puntual/el profesor?   o: ¿Es/el profesor/muy puntual?
    ¿Es/bonita/María?   o: ¿Es/María/bonita?
    ¿Es/profesor?

    Modelo de pregunta: ¿Verbo/complemento/sujeto?
        o: ¿Verbo/sujeto/complemento?
        o: ¿Verbo/complemento?

El sujeto va después del verbo en una pregunta.

    B. Frase exclamativa

    ¡Qué bonita es María!
    ¡Qué puntual es el profesor!
    ¡Qué puntual es!
    ¡Qué bonita!

    Modelo de exclamación: **¡Qué**/adjetivo o adverbio/verbo/sujeto!
        o: **¡Qué**/adjetivo o adverbio/verbo!
        o: **¡Qué**/adjetivo o adverbio!

V. El acento: combinaciones de vocales

    gracias (gra-cias)   cuatro (cua-tro)   ciudad (ciu-dad)

La vocal **i** o la vocal **u** sin acento en combinación con otra vocal forma **una** sílaba.

    idea (i-de-a)   día (dí-a)   continúa (con-ti-nú-a)   veía (ve-í-a)

Cada vocal (a, e, o, í, ú) en otras combinaciones es de una sílaba diferente.

EJERCICIOS ORALES O ESCRITOS

I. El verbo **ir**

    A. *Complete con la forma correspondiente de* **ir.**

    Modelo: Ud. *va*

    1. yo _____   3. ¿ _____ Ud.?
    2. nosotros _____   4. él _____

5. ellos no _____   7. ella _____

6. ¿ _____ Uds.?   8. tú _____

B. *Conteste.*

Modelo: ¿Va Ud. mañana?   *Sí, voy.*

o: *No, no voy.*

1. ¿Vas hoy?   5. ¿Va Ud. allí?
2. ¿Vamos mañana?   6. ¿Van ellos hoy?
3. ¿Van Uds. allí?   7. ¿Va ella mañana?
4. ¿Va él mañana?   8. ¿Vas allí?

II. Ir a . . .

A. *Conteste según* (according to) *el modelo.*

Modelo: ¿Adónde vas? (garaje)
Voy al garaje.

¿Adónde van Uds.? (universidad)
Vamos a la universidad.

1. ¿Adónde vas? (apartamento)
2. ¿Adónde va Ud.? (ventana)
3. ¿Adónde va ella? (coche de Pablo)
4. ¿Adónde van Uds.? (clase de español)
5. ¿Adónde vamos? (cine)
6. ¿Adónde van Uds.? (calle Alameda)
7. ¿Adónde vas? (oficina del profesor)
8. ¿Adónde va Ud.? (laboratorio de biología)
9. ¿Adónde van ellos? (biblioteca)
10. ¿Adónde va él? (auto de Miguel)

B. *Conteste la pregunta.*

Modelo: ¿Qué días va Ud. al laboratorio?
Voy los lunes y los miércoles.

1. ¿Qué días no va Ud. a clase?
2. ¿Adónde van los estudiantes después de la clase?
3. ¿Vas a la biblioteca antes o después del examen?
4. ¿Con quién va Ud. al cine?
5. ¿Va la profesora a la oficina antes o después de la clase?
6. ¿Vas a otra clase después de la clase de español?

III. Adjetivos de posesión

A. *Complete con* **mi** *o* **mis.**

Modelo: *Mis* amigos hablan español.

1. _____ coche está al lado de la casa.

Familia de la Ciudad de México

2. _____ notas en la clase de español son buenas.
3. Leo _____ composición escrita.
4. Busco _____ libros.
5. Ellos viven en _____ calle.

B. *Complete con* **tu** *o* **tus.**

Modelo: Bob, ¿cómo está *tu* papá?

1. Elena, ¿qué busca _____ mamá?
2. Paco, ¿cuándo llegan _____ amigos?
3. María, ¿en qué fecha es _____ cumpleaños?
4. Magda, ¿dónde están _____ libros?
5. Joselito, ¿está enfermo _____ perro?

C. *Complete con* **su** *o* **sus.**

Modelo: ¿Dónde está la trompeta de Jorge?
Allí está *su* trompeta.

1. ¿Dónde está el coche de Gloria? Allí está _____ coche.
2. ¿Dónde están las fotografías de Aquí están _____ fotografías.
   Andrés?
3. ¿Dónde está el apartamento de Allí está _____ apartamento.
   Anita y Julia?

4. ¿Dónde están las plumas de Mi-   Allí están _____ plumas.
   guel?
5. ¿Dónde está la carta de los señores   Aquí está _____ carta.
   Smith?
6. ¿Dónde está la casa del profesor?   Allí está _____ casa.

D. *Complete con la forma apropiada de* your *(**tu, tus, su, sus** o la forma correspondiente de **vuestro**).*

Modelo: Juana, ¿dónde está *tu* perro?
            Sr. Smith, ¿dónde está *su* oficina?

1. Alicia, ¿cómo está _____ abuela?
2. Sra. Álvarez, ¿cómo está _____ familia?
3. Anita, _____ frases son buenas.
4. Srta. Alarcón, _____ composiciones son excelentes.
5. (En Hispanoamérica) Anita y María, aquí está _____ gato.
6. (En España) Anita y María, aquí está _____ gato.
7. Señores, ¿cuál es _____ número de teléfono?
8. Paco, allí está _____ perro.
9. Sr. Soto, lea _____ frase.
10. (En España) Bob y Bill, aquí están _____ papeles.

E. *Complete con **nuestro, nuestra, nuestros** o **nuestras**.*

Modelo: *Nuestro* apartamento está en la calle West Market.

1. _____ casa está allí.
2. Preparamos _____ lecciones en la biblioteca.
3. Es tarde. ¿Dónde está _____ profesor?
4. No vendemos _____ libros cuando termina el semestre.
5. Hay veinte estudiantes en _____ clase.

IV. Frases interrogativas y exclamativas

Exprese en forma interrogativa y exclamativa.

Modelo: El español es lógico.   *¿Es lógico el español?*
                                      ¡Qué lógico es el español!

1. Ella es inteligente.   5. Estamos nerviosos.
2. Ellos son simpáticos.   6. El examen es fácil.
3. La profesora es puntual.   7. Los estudiantes hablan bien.
4. Alfredo y Marta están contentos. 8. Anita lee bien.

V. El acento: combinaciones de vocales

A. *Divida la palabra en sílabas y subraye* (underline) *la sílaba acentuada.*

Modelo: quien   *quien*
            vocales   *vo-ca-les*

Familia de Sevilla (España)

1. verbo	4. miércoles	7. ideal	10. sois
2. tiempo	5. seis	8. diario	11. dieciséis
3. está	6. posesión	9. siéntese	12. veintinueve

B. *Escriba el acento si* (if) *es necesario.*

Modelo: pronuncia   *pronuncia*
     sociologia   *sociología*

1. gracias	4. pais	7. Rafael	10. sustituir
2. Jaime	5. biologia	8. oeste	11. seis
3. historia	6. continua	9. raiz	12. silaba

LECTURA
Mi casa y mi familia

Mi familia vive en una casa que está situada en la esquina de dos calles tranquilas y bonitas. No hay mucha circulación (mucho tráfico) en las calles y por eso son agradables. Sobre la casa hay un tejado, naturalmente, y una antena de

televisión en el tejado. También hay una chimenea. A veces, el auto de mi papá
5 (padre) está delante de la casa o en el garaje. Ahora, no está enfrente de la casa
ni en el garaje porque mi papá va al trabajo en él.

Nuestra casa es común y corriente y, como en muchas casas de un piso,
hay una puerta grande con dos ventanas a cada lado de la puerta. Delante, entre
la casa y la calle, hay un césped, como hay en muchas casas. Detrás de la casa
10 hay más hierba. No hay piscina detrás de nuestra casa pero en casa de mi amigo
Mauricio sí* hay una piscina porque su familia es rica. En efecto, varios de
nuestros amigos son ricos. Nosotros no somos ricos pero somos felices.

Toda mi familia está en casa con excepción de mi papá que trabaja en el
consultorio porque es médico. Mi abuelo está en la cocina enfrente de la nevera
15 con el gato. El gato se llama Sultán. Mi hermana y su amiga Lilia están sentadas en la sala delante del televisor. Siempre están sentadas delante del televisor. Ahora, mi mamá (madre) está en el jardín pero, a veces, va al consultorio
con papá. Mamá es médica como mi papá. Yo estoy sentado a la mesa del
comedor.

20 Mi perra se llama Chiquita. No es grande como otros perros; es pequeña y
no come mucho. Con la familia es mansa pero con el resto de la humanidad es
feroz. Es como mi hermana: ¡Qué tremenda (terrible) es con todo el mundo!
Pero cuando ella habla con sus amigos por teléfono siempre es agradable con
ellos. ¿Son así todas las hermanas?

25 Mis padres (mi papá y mi mamá) siempre están cansados. Papá pasa todo
el día en el consultorio desde temprano hasta muy tarde. Mamá es muy simpática pero siempre está muy ocupada, especialmente los días de trabajo.

Mi hermana y yo estudiamos. No estamos casados y por eso no hay
cuñados en la familia. Ella asiste a la universidad y yo voy a la escuela secun-
30 daria.

Mis abuelos (mi abuelo y mi abuela) viven con nosotros. Ellos son los
padres de mi mamá. No son jóvenes; son viejos. Los padres de mi papá están
muertos (dead).

Mi tía es la hermana de mi mamá y esposa de mi tío. Su casa está cerca de
35 la casa nuestra. Mi otra tía es hermana de mi papá. Su marido (esposo) es mi
tío. Su casa no queda muy lejos. ¡Qué buenos son todos mis tíos! Mis dos
primos, una chica y un chico, son sus hijos.

Aquí tiene (have) usted mi familia: mis padres (papás), mis abuelos, mi
hermana, mis tíos, mis primos y también la perra y el gato. La perra y el gato no
40 son parientes (relatives) pero sí son parte de la familia.

PREGUNTAS SOBRE LA LECTURA

1. ¿Dónde está la casa del joven?
2. ¿Son tranquilas las calles? ¿Por qué?

---

* Cuando no es la respuesta a una pregunta, el verbo con **sí** es más enfático: **sí hay** = *there is . . .*

3. Por lo general, ¿qué hay en el tejado de una casa?
4. ¿Qué hay entre la casa y la calle?
5. En la calle, delante de la casa, ¿qué hay a veces?
6. ¿En qué va el papá al trabajo?
7. ¿Cuál es la profesión del padre del joven? ¿De la madre?
8. ¿Qué es un consultorio?
9. ¿Dónde están Lilia y la hermana del joven?
10. ¿Cómo se llama el gato?
11. ¿Cómo se llama la perra? ¿Cómo es la perra del joven?
12. ¿Cómo es la hermana del joven? ¿Son así todas las hermanas?

PREGUNTAS PERSONALES BASADAS EN LA LECTURA

1. ¿Cómo es su casa?
2. ¿Cómo es su familia?
3. ¿Cuántas personas hay en su familia?
4. ¿Hay un perro o un gato en su familia? ¿Cómo se llaman?
5. ¿Viven con Uds. sus abuelos?
6. ¿Viven sus tíos cerca de su casa?
7. ¿Están casados sus hermanos?
8. ¿Trabaja su mamá?
9. ¿Están cansados sus padres después del trabajo?
10. ¿Qué hay detrás de la casa de Ud.? ¿Hay una piscina?

Describa el dibujo en la página 76.

1. ¿Quiénes son los padres de Miguel?
2. ¿Cómo se llaman los padres de Gloria?
3. ¿Cómo se llama la hermana de Gloria?
4. ¿Quién está casado con Elena? (¿con María? ¿con Gloria?)
5. ¿Quién está casada con Miguel? (¿con Raúl? ¿con Pablo?)
6. ¿Quién es la cuñada de Miguel?
7. ¿Cómo se llama el cuñado de Gloria?
8. ¿Quiénes son las hijas de Raúl y María?
9. ¿Quién es el hijo de Pablo y Elena?
10. ¿Qué otros parientes están allí probablemente?
11. ¿Quién es menor, Miguel o su hermano?
12. ¿Son viejos los padres de Miguel?
13. ¿Cómo está todo el mundo?
14. ¿Quiénes no están casados?
15. ¿Quiénes no están sentados?
16. ¿Es elegante la ropa del novio?
17. ¿De qué color es la ropa de Gloria probablemente?
18. ¿Está todo el mundo en casa o en la iglesia?
19. ¿Qué hay en las paredes?
20. ¿Cuántas personas hay en la familia de Gloria?

COMPOSICIÓN ORAL O ESCRITA

Prepare una composición de 8 a 10 líneas.

1. El sábado voy al cine (o a otra ciudad). ¿Con quién va Ud.? ¿Cómo es la ropa de él (ella)? ¿Cómo es la ropa de Ud.? ¿Cómo es el coche de Ud.? ¿El coche de él (ella)? ¿Cómo es el actor (o la actriz) favorito de Ud.? ¿La ciudad favorita de Ud.?, etc. Use unas *(some)* frases exclamativas.
2. Mi casa y mi familia

VOCABULARIO

SUSTANTIVOS

SUSTANTIVOS MASCULINOS

el césped	Mauricio	Raúl
el cine	el marido	el resto
el comedor	el miembro	el significado
el complemento	el mundo	Sultán
el consultorio	el oeste	el tejado
el contexto	el padre	el trabajo
el efecto	el papá	el tráfico
el jardín	el pariente	
el laboratorio	el piso	

SUSTANTIVOS FEMENINOS

la actriz	la esquina	la madre
la biblioteca	la escuela	la nevera
la circulación	la iglesia	la piscina
la cocina	la hierba	la profesión
la contracción	la historia	la raíz
la chimenea	la humanidad	la relación
Chiquita	la interpretación	la sala
la escalera	Magda	la sociología

SUSTANTIVOS MASCULINOS Y FEMENINOS

el abuelo/la abuela	el hermano/la hermana	el novio/la novia
el cuñado/la cuñada	el hijo/la hija	el tío/la tía
el chico/la chica	el médico/la médica	el primo/la prima

ADJETIVOS

agradable	bajo, -a	casado, -a

común
corriente
diario, -a
enfermo, -a
esposo, -a
evidente
exclamativo, -a
feliz
feroz

manso, -a
mi
muerto, -a
nuestro, -a
ocupado, -a
posesivo, -a
preferible
rico, -a
secundario, -a

situado, -a
todo, -a
tremendo, -a
tu
universitario, -a
varios, -as
viejo, -a
vuestro, -a

ADVERBIOS

adónde
especialmente

lejos
naturalmente

tarde

PREPOSICIONES

cerca de

enfrente de

según

CONJUNCIÓN

donde

MANDATOS

divida

siéntese

VERBOS

VERBOS EN -ar

continuar

quedar

OTROS VERBOS

asistir a

*ir

tiene

EXPRESIONES

común y corriente
en efecto

por eso
por lo general

todo el mundo

---

* Este símbolo (*) delante del infinitivo indica un verbo irregular. Vea el Apéndice de verbos irregulares, páginas 370–373.

SUPLEMENTO DE VOCABULARIO: LA CASA Y LOS CUARTOS

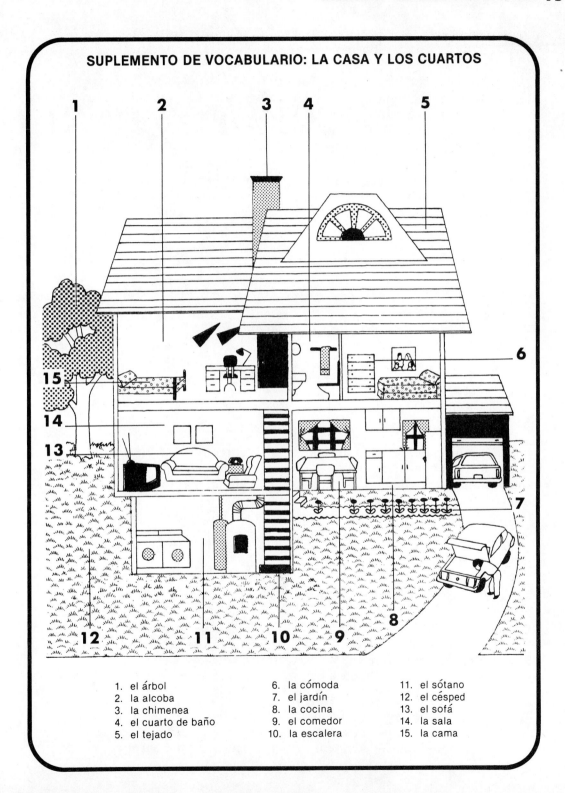

1. el árbol	6. la cómoda	11. el sótano
2. la alcoba	7. el jardín	12. el césped
3. la chimenea	8. la cocina	13. el sofá
4. el cuarto de baño	9. el comedor	14. la sala
5. el tejado	10. la escalera	15. la cama

Lección 7
La universidad

INTRODUCCIÓN

DECLARACIÓN Y PREGUNTA

RESPUESTA

I. Verbos con cambios en la vocal del radical: **e > ie, o > ue, e > i**

¿**Prefieres** almorzar aquí en la universidad o en un restaurante?

Prefiero comer en un restaurante.
Siempre almorzamos aquí.

¿Qué restaurante **prefieren** Uds.?

Preferimos el Castellano Viejo.

¿**Almuerzas** allí frecuentemente?

Sí, **almuerzo** allí cada semana.

¿Qué **pides** normalmente?

Pido una hamburguesa y un refresco
pero hoy voy a **pedir** una ensalada.

II. El verbo **tener**

¿**Tiene Ud.** cuarto en la residencia estudiantil?

Sí, **tengo.**

¿Qué muebles **tiene** el cuarto?

Tiene dos camas, dos escritorios, dos
sillas, dos lámparas y una mesa.

¿**Tienen Uds.** cortinas también?

Sí, **tenemos** cortinas.

¿Qué **tienen** los otros estudiantes?

Muchos de ellos **tienen** televisor.

III. Expresiones con **tener: tener . . . años, tener calor, tener prisa, tener miedo, tener buena (mala) suerte, tener frío, tener hambre, tener interés, tener cuidado, tener dolor de cabeza, tener sueño, tener sed**

EXPRESIONES CON TENER

1. Hoy es mi cumpleaños. **Tengo veinte años.**

2. Mi nota es buena. A veces **tengo buena suerte.**

3. Mi composición es mala. A veces **tengo mala suerte.**

4. Es el mes de julio. **Tengo mucho calor y mucha sed.**

5. Es julio aquí en Chile. Por eso **tengo frío.**

6. Cuando hay mucho tráfico es necesario **tener cuidado.**

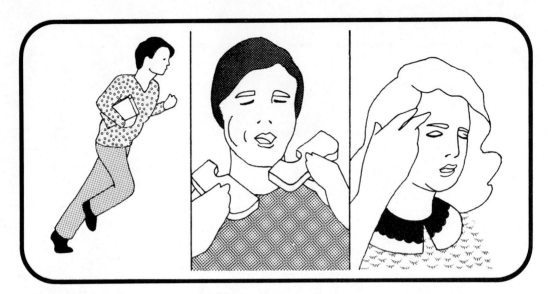

7. Es tarde y por eso Juan **tiene prisa.**

8. José está en el comedor porque **tiene mucha hambre.**

9. Juanita no está bien hoy. **Tiene dolor de cabeza.**

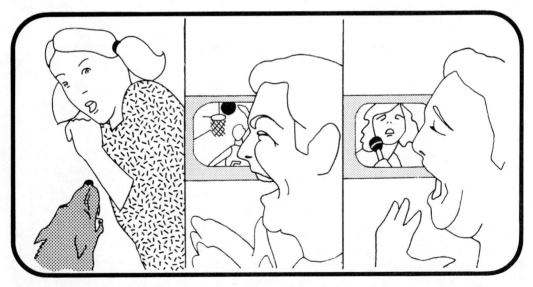

10. La chica **tiene miedo** de los animales feroces.

11. El joven es aficionado a los deportes. **Tiene mucho interés** en el programa.

12. Es tarde. El programa no es muy interesante. Por eso el joven **tiene sueño.**

IV. El pronombre como complemento directo

¿Tiene Ud. **mi disco nuevo**?

No, no **lo** tengo. Está debajo de la cama.

¿Tiene Ud. **mi pluma roja**?

No, no **la** tengo. Está al lado de la lámpara.

¿Tiene Ud. **mis zapatos**?

No, no **los** tengo. Están detrás de la puerta.

¿Tiene Ud. **las llaves del coche**?

No, no **las** tengo. Están en mis otros pantalones.

¿Tiene Ud. **el papel y el sobre**?

No, no **los** tengo. Están encima del escritorio.

¿Tiene Ud. **mi billetera y mi fotografía**?

No, no **las** tengo. Están delante de la ventana.

¿Tiene Ud. **mi calendario y mis revistas**?

Sí, **los** tengo.

¡Caramba! Ud. siempre **tiene** mis cosas.

V. Una persona como complemento directo: la **a** personal

¿**Me** buscas **a** mí?

No, no **te** busco. Busco a Esteban.

¿**Nos** buscas **a** nosotros?

No, no **los** busco yo. **Los** busca Juan.

¿**Nos** buscas **a** nosotras, Felipe?

No, no **las** busco.
(En España: no, no **os** busco.)

¿Buscan Uds. **a** Miguel?

No, no **lo** buscamos.

¿Buscan Uds. **a** Marisa?

No, no **la** buscamos nosotros. **La** busca Elvira.

¿**A** quién busca Juanita?

Busca a Elvira.

EXPLICACIONES

I. Verbos con cambios en la vocal del radical: **e > ie, o > ue, e > i**

El radical es la parte del verbo que va delante de la terminación. Hay verbos con cambios en el radical en los tres grupos: **-ar, -er** e **-ir.** Todos los verbos con cambios en la vocal del radical tienen terminaciones regulares.

A. e > ie

querer (ie)

yo	qu**ie**ro	nosotros, nosotras	queremos
tú	qu**ie**res	vosotros, vosotras	queréis
él, ella, Ud.	qu**ie**re	ellos, ellas, Uds.	qu**ie**ren

B. o > ue

volver (ue)

yo	vuelvo	nosotros, nosotras	volvemos
tú	vuelves	vosotros, vosotras	volvéis
él, ella, Ud.	vuelve	ellos, ellas, Uds.	vuelven

C. e > i

servir (i)

yo	sirvo	nosotros, nosotras	servimos
tú	sirves	vosotros, vosotras	servís
él, ella, Ud.	sirve	ellos, ellas, Uds.	sirven

En el tiempo presente el cambio en el radical no ocurre en las formas que tienen el sujeto **nosotros** o **vosotros,** pero ocurre en las otras formas.

D. Otros verbos con cambios en el radical

e > ie: preferir, entender, pensar, cerrar, comenzar, querer, etc.
o > ue: encontrar, almorzar, recordar, poder, volver, costar, etc.
e > i: pedir, servir, repetir, seguir,* corregir,* medir, etc.

Las listas de vocabulario indican el cambio de radical entre paréntesis después del infinitivo, así: preferir (ie). La **e** o la **o** acentuada es la vocal que cambia. Es necesario entender esto en palabras como **preferir** y **entender** para no cambiar la vocal incorrecta.

II. El verbo **tener**

Tener es el infinitivo del verbo. El verbo **tener** expresa posesión. Aquí están las formas de **tener:**

yo	tengo	nosotros, nosotras	tenemos
tú	tienes	vosotros, vosotras	tenéis
él, ella, Ud.	tiene	ellos, ellas, Uds.	tienen

El verbo **tener** es un verbo con cambios en el radical (e > ie). Es diferente de los otros porque la primera persona singular **tengo** es irregular.

III. Expresiones con **tener**

tener . . . años	*to be . . . years old*
tener calor	*to be hot*

* La primera persona de **seguir** es **sigo** y la primera persona de **corregir** es **corrijo.** Vea el Apéndice A, página 370.

tener prisa	*to be in a hurry*
tener miedo	*to be afraid*
tener buena suerte	*to be lucky*
tener mala suerte	*to be unlucky*
tener frío	*to be cold*
tener hambre	*to be hungry*
tener interés	*to be interested*
tener cuidado	*to be careful*
tener dolor de . . .	*to have a pain in the . . .*
tener sueño	*to be sleepy*
tener sed	*to be thirsty*

IV. El pronombre como complemento directo

A. Formas y ejemplos

SINGULAR

me	Francisco **me** ve.	*(me)*	
te	Francisco no **te** ve.	*(you)*	*(familiar)*
lo	¿Ves el libro? No, no **lo** veo.	*(it)* m.	
lo	¿Ves a Juan? No, no **lo** veo.	*(him)*	
lo	¿Me ve Ud.? No, señor, no **lo** veo.	*(you)* m.	*(formal)*
la	¿Ves la pluma? No, no **la** veo.	*(it)* f.	
la	¿Ves a María? No, no **la** veo.	*(her)*	
la	¿Me ve Ud.? No, señora, no **la** veo.	*(you)* f.	*(formal)*

PLURAL

nos	Francisco **nos** ve.	*(us)*	
os	Francisco **os** ve.	*(you)*	*(familiar)*
los	¿Ves los discos? Sí, **los** veo.	*(them)* m.	
los	¿Ves a los chicos? Sí, **los** veo.	*(them)* m.	
los	¿Nos ves? Sí, **los** veo.	*(you)* m.	
las	¿Ves las revistas? Sí, **las** veo.	*(them)* f.	
las	¿Ves a las chicas? Sí, **las** veo.	*(them)* f.	
las	¿Nos ves? Sí, **las** veo.	*(you)* f.	

El pronombre como complemento directo va inmediatamente delante del verbo. Hay concordancia entre **lo, la, los** y **las** y el sustantivo que representan.

B. Concordancia con dos o más complementos

¿Quieres **el libro** y **el disco**?	Sí, **los** quiero.
¿Quieres **la carta** y **la revista**?	Sí, **las** quiero.
¿Quieres **la carta** y **el disco**?	Sí, **los** quiero.
¿Ves a **Juan** y a **María**?	Sí, **los** veo.

Cuando hay varios sustantivos en el complemento directo el pronombre es una forma plural, **los** o **las.** Se usa **los** en combinaciones de sustantivos masculinos y femeninos.

V. Una persona como complemento directo: la **a** personal

¿**A** quién llevas al cine?	Llevo **a** María.
¿**A** quién buscan Uds.?	Buscamos **a** la secretaria.
¿Quiénes miran **al** chico?	Los estudiantes miran **al** chico.

Cuando el complemento directo es una persona,* la preposición personal **a** precede el complemento. La **a** personal no tiene equivalente en inglés. (La **a** + **el** = **al.**)

EXCEPCIÓN: **Tengo** un hermano.

La preposición personal **a** normalmente no se usa después de **tener.**

EJERCICIOS ORALES O ESCRITOS

I. Verbos con cambios en el radical

¿Cuál es la forma correcta del verbo?

A. e > ie

Modelo: querer ella *quiere*

1. *querer*	2. *preferir*	3. *pensar*
yo _____	tú _____	nosotros _____
Ud. _____	él _____	ellos _____
nosotros _____	yo _____	ella _____
Uds. _____	nosotros _____	yo _____

B. o > ue

Modelo: encontrar tú *encuentras*

1. *encontrar*	2. *volver*	3. *poder*
yo _____	Uds. _____	yo _____
nosotros _____	Ud. _____	Uds. _____
él _____	tú _____	nosotros _____
ellos _____	nosotros _____	ella _____

C. e > i

Modelo: servir yo *sirvo*

* A veces la **a** personal precede el nombre de una ciudad, una nación, un animal u otra cosa personificada: **Busco a mi perro.**

1. *pedir*
   yo _____
   nosotros _____
   ellos _____
   Ud. _____

2. *seguir*
   yo _____
   nosotros _____
   tú _____
   ellos _____

3. *repetir*
   Ud. _____
   nosotras _____
   Uds. _____
   yo _____

D. *Complete con la forma correspondiente del verbo entre paréntesis.*

Modelo: El libro *(costar)* doce dólares.   *El libro <u>cuesta</u> doce dólares.*

Eduardo, mi compañero de cuarto, *(dormir)* hasta tarde, pero yo no *(poder)* porque mi primera clase *(comenzar)* temprano. Cuando yo *(volver)* a la residencia, siempre *(encontrar)* a Eduardo. Él siempre me *(pedir)* ayuda con los estudios. Nosotros estudiamos la lección de español los lunes, miércoles y viernes. Yo *(entender)* la gramática mejor que él, y él *(recordar)* el vocabulario mejor que yo. Él *(repetir)* las palabras y yo *(corregir)* las frases. Nosotros *(preferir)* comer después de la clase de español. Yo no *(querer)* almorzar tarde. Siempre *(almorzar)* después de la clase porque *(tener)* mucha hambre.

E. *Conteste con una frase completa.*

Modelo: ¿Pide Ud. ayuda en la clase?   *Sí, pido ayuda.*

1. ¿Duerme Ud. mucho?
2. ¿Sirven refrescos en la cafetería?
3. ¿Repetimos los ejercicios en el laboratorio?
4. ¿Miden Uds. la distancia cuando van en coche?

Cafetería de la Universidad de Madrid (España)

5. ¿Pide Ud. música en la clase?
6. ¿Sirves refrescos en tu residencia?
7. ¿Corrigen Uds. los exámenes de español?
8. ¿Mueren muchas personas en el hospital?
9. ¿Qué prefiere Ud., un coche grande o un coche pequeño?
10. ¿Almuerzas con otra persona por lo general?
11. ¿Siempre cierras la puerta?
12. ¿Vuelve Ud. a casa durante las vacaciones?

II. El verbo **tener**

A. *Complete con la forma correspondiente de* **tener.**

Modelo: él *tiene*

1. yo _____   4. tú _____
2. ¿ _____ Ud.?   5. ellos _____
3. nosotros no _____ 6. ¿ _____ ellas?

B. *Conteste.*

Modelo: ¿Tiene Ud. clase hoy?   *Sí, tengo clase.*
                                     o: *No, no tengo clase.*

1. ¿Tienes mucho dinero?   5. ¿Tienen ellos las llaves?
2. ¿Tenemos examen hoy?   6. ¿Tiene ella muchas blusas?
3. ¿Tienen Uds. libros?   7. ¿Tenemos clase el sábado?
4. ¿Tiene Ud. hermanos?   8. ¿Tienes muchos amigos?

C. *Conteste la pregunta.*

Modelo: ¿Qué tiene Ud. en la mano?   *Tengo un lápiz.*

1. ¿Qué días tiene Ud. clase?
2. ¿Qué muebles tienes en tu cuarto?
3. ¿Cuántos pisos tiene su casa?
4. ¿Cuándo tenemos examen?
5. ¿Cuántas clases tienes mañana?
6. ¿Quién tiene un coche pequeño?
7. ¿Cuántos hermanos tienes?
8. ¿Qué libros tienen Uds.?
9. ¿Qué lección tenemos hoy?

III. Expresiones con **tener**

A. *Conteste la pregunta.*

Modelo: ¿Cuándo tiene Ud. hambre? (*Ud. está en un restaurante.*)
          Tengo hambre cuando estoy en un restaurante.

1. ¿Cuándo tiene Ud. frío? (*Ud. está delante de una ventana abierta.*)
2. ¿Cuándo tiene Ud. calor? (*Ud. está nervioso, -a.*)

3. ¿Cuándo no tiene Ud. sueño? *(Ud. estudia español.)*
4. ¿Cuándo tiene Ud. mucho cuidado? *(Ud. está en la calle.)*
5. ¿Cuándo tiene Ud. sed? *(Ud. trabaja mucho.)*
6. ¿Cuándo tiene Ud. prisa? *(Ud. va a la clase.)*
7. ¿Cuándo tiene Ud. buena suerte? *(Ud. no tiene examen.)*
8. ¿Cuándo no tiene Ud. miedo? *(Ud. está delante de la clase.)*

B. *Complete la frase con imaginación.*

Modelo: Tengo sueño porque . . .
Tengo sueño porque es tarde.

1. Tengo frío porque . . .
2. Mi compañero (compañera) de cuarto tiene . . .
3. Ella siempre tiene cuidado pero . . .
4. Mi padre no está en la oficina hoy porque tiene . . .
5. Tengo miedo cuando . . .
6. Mi madre tiene miedo de . . .
7. A veces los estudiantes tienen interés en . . .
8. Nuestra clase de español tiene . . .
9. Cuando tengo dolor de cabeza . . .
10. No tengo prisa cuando . . .

IV. El pronombre como complemento directo

A. *Substituya el complemento directo con* **lo, la, los** *o* **las.**

Modelo: Yo tengo la carta.   *Yo* **la** *tengo.*
Pepe lee el periódico.   *Pepe* **lo** *lee.*

1. Ud. tiene las llaves.
2. Paco no tiene el sobre.
3. Miramos los dibujos
4. Aprendemos las combinaciones de vocales.
5. Busco a mis amigos.
6. Tomás y Susana estudian los verbos y las preposiciones.
7. ¿Miras a la chica?
8. Llevo a Pepita al cine.
9. Ellas tocan el piano y la trompeta.
10. Antonio y yo escribimos composiciones en clase.

B. *Conteste la pregunta y substituya el complemento directo con* **me, te, lo, la, nos, los** *o* **las.**

Modelo: Alicia, ¿quién te mira?   *La profesora me mira.*

1. ¿Tiene Ud. mi libro de español?
2. Señores, ¿me buscan Uds.?
3. Carlos, ¿nos acompañas al restaurante?
4. ¿Tiene él mi pluma y mi llave?

5. Mamá, ¿nos necesitas ahora?
6. Alfredo y Mario, ¿quién los mira en clase?
7. Cecilia, ¿me ves ahora?
8. ¿Bebemos refrescos en la biblioteca?
9. ¿Comprenden Uds. los pronombres?
10. ¿Te ayudan tus padres?

V. Una persona como complemento directo

Conteste con la preposición **a** *si es necesario.*

Modelo: ¿A quién ayuda Ud. en casa?   *Ayudo a mis padres.*
           ¿Tienes muchos amigos?   *Sí, los tengo.*
                                o: *Sí, tengo muchos amigos.*

1. ¿A quién mira Ud. en la clase?
2. ¿A quién invita Ud. generalmente a un restaurante?
3. ¿Tienes hermanos?
4. ¿Mira Ud. a una estudiante?
5. ¿Mira Ud. una revista?
6. ¿Quién mira a los estudiantes en la clase?
7. ¿Hay varios señores en nuestra clase?
8. ¿A quién lleva Ud. al parque?
9. ¿Tiene Ud. un hermano casado?
10. ¿A quién llamas cuando tienes problemas?

VI. *Describa el dibujo en la página 91.*

A. *Complete la frase según el dibujo.*

1. Enrique está en su _____ .
2. Enrique es un estudiante de _____ .
3. Hay seis personas en la _____ .
4. Es el _____ de septiembre.
5. Hay varios _____ en la cama.
6. La _____ de Enrique está _____ de la cama.
7. Hay una _____ y un _____ en la pared.
8. Hay una _____ y un _____ encima del escritorio.
9. La puerta del cuarto (dormitorio) está _____ .
10. Hay una _____ en la mesa pequeña.
11. Hay una ventana en el _____ .
12. Enrique tiene su tocadiscos en las _____ .
13. Los _____ de Enrique están en el suelo.

B. *Conteste las preguntas según el dibujo y substituya el complemento directo con* **lo, la, los** *o* **las.**

1. ¿Tiene Enrique su calendario?
2. ¿Tiene Enrique su maleta?

La nueva residencia de Enrique

3. ¿Tiene Enrique sus discos?
4. ¿Tiene Enrique sus novelas?
5. ¿Tiene Enrique la fotografía de su familia?
6. ¿Tiene Enrique su bicicleta y su revista?
7. ¿Tiene Enrique la ropa y los zapatos?
8. ¿Tiene Enrique su clarinete y su tocadiscos?
9. ¿Tiene Enrique su raqueta de tenis?
10. ¿Tiene Enrique los zapatos de tenis?

 # LECTURA
La universidad

Me llamo Paco. Soy estudiante y asisto a una universidad buena. Los profesores son competentes y existe mucha comunicación entre los estudiantes, la administración y el profesorado, según la propaganda universitaria. La vida aquí es relativamente tranquila; es decir, tenemos muy pocos problemas. Nuestra
5 diversión favorita es la conversación.

(En la cafetería)
RAFAEL —Hola Paco. ¿Cómo estás?
PACO —Bien, hombre, ¿y tú?
RAFAEL —Pues, bien.
10 PACO —¿Tienes clase hoy?
RAFAEL —Sí, tengo tres clases: una de química, otra de matemáticas y otra de historia.
PACO —¿Las tienes por la mañana o por la tarde?
RAFAEL —Por la mañana.
15 PACO —¿Cómo son?
RAFAEL —Son difíciles, pero a mí no me cuesta trabajo el estudio porque tengo amigas que son muy inteligentes.
PACO —¿Cómo es eso?
RAFAEL —Pues, hombre, Claudia me ayuda con las matemáticas.
20 PACO —¿Y cuando tienes problemas con la química?
RAFAEL —Pues, llamo a Elena.
PACO —Ah, comprendo. Claudia domina las matemáticas y Elena entiende mucho de química. Entonces, tú prefieres la ayuda de tus amigas a la (ayuda) de tus amigos, ¿no es así?
25 RAFAEL —Así es. Se puede depender de ellas. Me ayudan siempre que las necesito.
PACO —¡Qué suerte tienes! ¿Qué edad tienen ellas?
RAFAEL —Claudia tiene dieciocho años y Elena tiene diecinueve. ¡Son una maravilla!
30 PACO —Oye *(listen)*, Rafael, ¿tenemos clase mañana?
RAFAEL —¿Por qué preguntas?
PACO —Es día de fiesta para mucha gente y no tengo interés en ir a clase.

RAFAEL —¡Ya (comprendo)! Es posible. Mira *(look)*, ¿ves al profesor Martínez?

PACO —Sí, lo veo. Él nos ve a nosotros también. Vamos a hablar con él.

35 PROF. MARTÍNEZ —Hola Paco, Rafael, ¿cómo están?

PACO Y RAFAEL —Muy bien, profesor, ¿y Ud.?

PROF. MARTÍNEZ —No muy bien porque tengo un pequeño dolor de cabeza y necesito encontrar unas aspirinas antes de almorzar.

RAFAEL —Lo sentimos mucho *(we are very sorry)*. Profesor, como *(since)* ma-

40 ñana es día de fiesta para mucha gente, ¿tenemos nosotros el día libre?

PROF. MARTÍNEZ —No, Rafael, tenemos clase como siempre.

RAFAEL —¡Qué lástima! ¿Almuerza Ud. en la cafetería?

PROF. MARTÍNEZ —Sí, yo siempre almuerzo aquí. ¿Me acompañan?

RAFAEL —¡Cómo no, profesor! Pero primero vamos a encontrar las aspirinas

45 que quiere y luego volvemos para comer.

PROF. MARTÍNEZ —Bueno, pero vamos rápido porque tengo mucha hambre y la cafetería cierra pronto.

La biblioteca de la
Universidad Nacional
Autónoma de México
en las afueras *(outskirts)*
de la Ciudad de México

PREGUNTAS SOBRE LA LECTURA

1. ¿Cómo es la universidad de Paco?
2. ¿Por qué tienen muy pocos problemas en la universidad de Paco?
3. ¿Cuál es la diversión favorita de los estudiantes?
4. ¿Dónde están Paco y Rafael?
5. ¿Cuántas clases tiene Rafael?
6. ¿Qué clases son?
7. ¿Las tiene por la mañana o por la tarde?
8. ¿Cómo son las clases de Rafael?
9. ¿Tiene Rafael amigas inteligentes?
10. ¿Quiénes son las amigas de Rafael?
11. ¿Quién ayuda a Rafael con las matemáticas?
12. ¿Quién entiende mucho de química?
13. ¿Qué edad tienen las chicas?
14. ¿Está bien el profesor?
15. ¿Tienen Paco y Rafael clase el día siguiente?
16. ¿Qué quiere encontrar el profesor?
17. ¿Por qué tiene prisa el profesor?
18. ¿Dónde almuerza el profesor siempre?

PREGUNTAS PERSONALES BASADAS EN LA LECTURA

1. ¿Cómo es su universidad?
2. ¿Cómo son los profesores?
3. ¿Cuál es la diversión favorita en su universidad?
4. ¿Almuerza Ud. en la cafetería de su universidad?
5. ¿Dónde prefiere almorzar?
6. ¿Tiene Ud. amigas o amigos inteligentes?
7. ¿Ayuda Ud. a sus amigos a estudiar?
8. ¿Qué edad tiene Ud.?
9. ¿Encuentra Ud. aspirinas cuando las necesita?
10. ¿Cuándo son las vacaciones en su universidad?

COMPOSICIÓN ORAL O ESCRITA

Prepare una composición de 8 a 10 líneas sobre uno de los temas siguientes.

1. ¿Dónde prefiere Ud. almorzar? ¿Tiene prisa si es tarde? ¿Almuerza con otra persona? ¿Cuántas mesas tiene el restaurante o la cafetería? ¿Qué pide normalmente? ¿Qué sirven? ¿Qué toma si tiene mucha sed? ¿Cuánto cuesta el almuerzo? ¿Tiene sueño después de comer? ¿Vuelve a la universidad después de comer?, etc.
2. Las tareas *(assignments)* en la universidad. (Use expresiones con *tener*, verbos

con cambio en el radical (*e > ie, o > ue, e > i*) y el pronombre como complemento.)
3. Mi universidad

 # VOCABULARIO

SUSTANTIVOS

SUSTANTIVOS MASCULINOS

el apéndice	Enrique	el paréntesis
el calor	el estudio	el profesorado
el cuarto	Felipe	el programa
el cuidado	el frío	el sueño
el deporte	el interés	el tenis
el dolor	el miedo	el tocadiscos
el dormitorio	el mueble	

SUSTANTIVOS FEMENINOS

la aspirina	la ensalada	la prisa
la ayuda	el hambre	la química
la cama	la hamburguesa	la raqueta
la comunicación	la maleta	la revista
la cortina	la maravilla	la sed
la distancia	la novela	la suerte
la diversión	la parte	la tarea
la edad	Pepita	las vacaciones

ADJETIVOS

competente	interesante	malo, -a
directo, -a	libre	nervioso, -a
incorrecto, -a		

ADVERBIOS

frecuentemente	pronto	relativamente
inmediatamente	rápidamente	temprano

PRONOMBRES

la	me	os
lo	nos	te

MANDATO

substituya

VERBOS

VERBOS EN -ar

acompañar	dominar	necesitar
**almorzar (ue)	encontrar (ue)	pensar (ie)
ayudar	**indicar	recordar (ue)
cerrar (ie)	invitar	representar
costar (ue)	mirar	

VERBOS EN -er o ir

**corregir (i, i)	medir (i, i)	repetir (i, i)
*decir (i, i)	ocurrir	**seguir (i, i)
depender	pedir (i, i)	servir (i, i)
dormir (ue, u)	*poder (ue, u)	*tener (ie)
entender (ie)	preferir (ie, i)	*volver (ue)
existir	*querer (ie, i)	

EXPRESIONES

día de fiesta	dolor de cabeza	¡Qué lástima!

** Este símbolo (**) delante del infinitivo, indica un verbo con cambio ortográfico. Vea el Apéndice A de verbos con cambios ortográficos, página 373.

SUPLEMENTO DE VOCABULARIO: EL TRABAJO

1. la doctora
2. el barbero
3. la enfermera
4. el policía
5. el soldado
6. el cura
7. el carpintero
8. el músico
9. la mecanógrafa
10. el campesino
11. el mecánico
12. el camarero

Lección 8

Una señorita moderna

DECLARACIÓN Y PREGUNTA

RESPUESTA

I. Verbos con una sola forma irregular en el presente, **yo: pongo, vengo, salgo, caigo, hago, traigo; sé, doy, veo, exijo, recojo, traduzco, conozco**

¿Qué **hace** Ud. aquí en la biblioteca generalmente?

Hago investigaciones.

¿Cuándo **viene** Ud. aquí?

Vengo por la mañana.

¿A qué hora **sale** Ud. de casa?

Salgo a las ocho.

¿Siempre **trae** Ud. tantos libros?

No, a veces **traigo** menos libros.

¿Dónde **pone** Ud. los libros?

Los **pongo** en la mesa.

¿**Sabe** Ud. dónde está mi libro de español?

No, yo no **sé** dónde está.

¿No **ve** Ud. mi libro?

No, no lo **veo**.

¿Me **da** Ud. su libro por un momento?

Sí, le **doy** mi libro por un momento.

Prof. Rivera, ¿cuántas composiciones **exige** Ud.?

Exijo una composición por lección. (Voy a **exigir** una la semana que viene.)

¿Cuándo **recoge** Ud. las composiciones?

Las **recojo** los viernes. (Voy a **recoger** una el viernes que viene.)

¿**Traduce** Ud. las composiciones?

No, no las **traduzco**, porque no me gusta **traducir**.

¿**Conoce** Ud. al señor Romero?

No lo **conozco**, pero lo voy a **conocer** esta noche.

II. ¿Cuándo . . . ?

¿**Cuándo** viene Vicente?

Viene **pronto.**
Viene **por la tarde.**
Viene **el miércoles a las dos de la tarde.**

¿Cuándo vas para Dallas?

Voy **mañana.**
Voy mañana **por la mañana.**
Voy **el sábado a las nueve de la mañana.**

¿Cuándo es la exposición de máquinas computadoras?

Es **por la noche.**
Es **el lunes a las siete de la noche.**

III. ¿Qué hora es?

¿Qué hora es? (1:00)
           (2:00)
           (3:05)
           (3:55)

Es la una.
Son las dos.
Son las tres y cinco.
Son las cuatro menos cinco.
(Son las tres y cincuenta y cinco.)

¿Qué hora es ya? (5:30)
           (12:00)
           (11:35)

Son las cinco y media.
Es mediodía (o medianoche).
Son las doce menos veinticinco.
(Son las once y treinta y cinco.)

IV. El presente de **oír** y de los verbos en **-uir**

¿Quieres **oír** mis discos nuevos?

Ya **oigo** música. ¿Son ésos tus discos nuevos?

Sí, la música que **oyes** es mexicana. ¿Te gusta?

Sí. Casi nunca **oímos** música hispanoamericana aquí.

¿No **oyen** Uds. música latina en la universidad?

Yo no, pero Dick la **oye** en su clase de cultura hispanoamericana.

¿Qué **construyen** Uds.?

Yo **construyo** una casita para el perro y ella **construye** una mesa.

¿**Construyes** un apartamento?

No, señor. **Construimos** un garaje y luego vamos a **construir** otro dormitorio.

V. El infinitivo después de preposiciones y después de **tener que** y **hay que**

¿Siempre preparas bien la lección?

Sí, tengo miedo **de ir** a clase **sin preparar** la lección.

¿Adónde vas después de la clase?

Voy a la biblioteca **para buscar** un libro y después voy **a hablar** con la profesora García.

¿Tienes interés **en ir** a la discoteca mañana?

Pues sí, hombre, pero **tengo que estudiar.**
Siempre **hay que estudiar.**

 # EXPLICACIONES

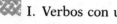 I. Verbos con una sola forma irregular en el presente: **yo** . . .

A. Irregulares como **tengo:**

pongo	**poner** *(to put, set)*	caigo	**caer** *(to fall)*
vengo	**venir** (to come)	hago	**hacer** *(to do, make)*
salgo	**salir** *(to go out)*	traigo	**traer** (to bring)

B. Otros:

sé	**saber** *(to know a fact)*
doy	**dar** *(to give)*
veo	**ver** *(to see)*

C. Estos verbos son modelos para otros verbos que terminan en **-gir, -ger, -cir** y **-cer:**

-gir	**exigir**	exi**j**o *(demand, require)*
-ger	**recoger**	reco**j**o *(pick up, collect)*
-cir	**traducir**	tradu**zc**o *(translate)*
-cer	**conocer**	cono**zc**o *(know a person or place)*

Todos los verbos de esta sección son regulares en el tiempo presente con la excepción de la forma del sujeto **yo.** Vea la conjugación completa en el Apéndice de verbos "con cambios ortográficos" páginas 373–374.

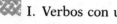 II. **¿Cuándo** . . . ? *(When)*

ahora	por la mañana
pronto	por la tarde
mañana	por la noche
nunca	el lunes, el martes, etc.
a la una	los lunes, los martes, etc.
a las dos	el miércoles a las tres de la tarde
etc.	los viernes a las nueve de la noche

Se puede contestar la pregunta **¿cuándo?** con una gran variedad de expresiones adverbiales de tiempo *(time).*

¿A qué hora viene Carlos?   Viene **a las ocho.**

La expresión **¿A qué hora** . . . ? se puede substituir por **¿Cuándo** . . . ? para indicar la hora de un horario.

III. ¿Qué hora es?

Las expresiones de la hora: **Es** . . . (hora singular) o **son** . . . (hora plural).

IV. El presente de **oír** y de los verbos en **-uïr**

A. Oír es un verbo irregular en el presente.

yo	oigo	nosotros, nosotras	oímos
tú	oyes	vosotros, vosotras	oís
él, ella, Ud.	oye	ellos, ellas, Uds.	oyen

B. Los verbos en **-uir** (pero no los verbos en **-guir**)

EJEMPLO: **concluir**

concluir	conclu-	**-yo**		yo	concluyo
contribuir	contribu-	**-yes**		tú	concluyes
constituir	constitu-	**-ye**		él, ella, Ud.	concluye
destruir	destru-	**-imos**		nosotros	concluimos
incluir	inclu-	**-ís**		vosotros	concluís
influir	influ-	**-yen**		ellos, ellas, Uds.	concluyen

Las terminaciones de los verbos en **-uir** son casi regulares. La diferencia es la adición de la letra **y** en todas las formas menos **nosotros** y **vosotros**.

V. El infinitivo después de preposiciones (**de, a, en, para, sin**) y después de **tener que** y **hay que**

A. Preposiciones

Tengo ganas **de** { hablar. / dormir. / estudiar.

Tengo una hora **para** { preparar / aprender / terminar } esto.

No tengo dificultad **en** { completar / pronunciar / escribir } las frases.

Tengo tendencia **a** { comprar / gastar / comer } mucho.

No voy a clase **sin** { estudiar / leer / preparar } la lección.

Cuando un verbo va inmediatamente después de una preposición, el verbo siempre está en el infinitivo. El infinitivo es la forma que termina en **-r**.

B. Ir a para expresar el futuro

¿Cuándo **vas a comprar** el disco?
Voy a comprar el disco mañana.

La combinación de **ir a + infinitivo** expresa el futuro.

C. Tener que y **hay que**

Tengo que $\begin{cases} \text{estudiar.} \\ \text{salir.} \\ \text{volver.} \end{cases}$ **Hay que** $\begin{cases} \text{comprar} \\ \text{leer} \\ \text{mirar} \end{cases}$ el libro.

El infinitivo siempre va inmediatamente después de **tener que** y **hay que. Tener que** expresa necesidad con un sujeto personal. **Hay que** expresa necesidad de una manera impersonal *(it is necessary, one must).*

EJERCICIOS ORALES O ESCRITOS

I. Verbos con una sola forma irregular en el presente

A. *Cambie los verbos a la forma de* **yo.**

Modelo: Ud. no traduce al español.   *No traduzco* al español.

Ud. sale de la casa todos los días a las cuatro. *Va* en auto al restaurante donde *trabaja* de camarero *(waiter).* ¿Qué *hace Ud.* primero? Primero *trae* los platos de la cocina. Después *pone* las mesas. *Ud. sabe* que es importante tener cuidado con los platos. Si los *rompe . . . .* ¡Qué desastre! A las cinco *Ud. ve* a los primeros clientes. Son personas que *Ud. conoce* porque vienen frecuentemente. Les *(to them) da* el menú. Después que ellos comen, *Ud. recoge* la mesa. *Pasa* cuatro horas más en esto y *vuelve* a casa a las nueve de la noche.

B. *Conteste.*

Modelo: ¿Dónde pone Ud. los libros?
Pongo los libros debajo de la silla.

¿A qué hora salen Uds. de esta clase?
Salimos a las doce.

1. ¿A qué hora viene Ud. a la universidad?
2. ¿Cuándo sale Ud. de la universidad?
3. ¿Hace Ud. la cama a veces?
4. ¿Qué trae Ud. a la clase de español?
5. ¿Sabe Ud. dónde está Costa Rica?
6. ¿Le da Ud. dinero a su amigo?
7. ¿Qué cosas ve Ud. en la clase de español?
8. ¿Quién exige mucho de Ud.?
9. ¿Recoge Ud. sus libros por la mañana?
10. ¿Traduce Ud. al inglés?
11. ¿Conoce Ud. al profesor de esta clase?
12. ¿Saben Uds. la lección de hoy?
13. ¿Qué ponen Uds. encima de un escritorio?
14. ¿A qué hora viene Ud. a esta clase?
15. ¿Qué ropa traen Uds. a la universidad?

16. ¿Dan Uds. regalos *(gifts)* el 25 de diciembre?
17. ¿Qué ven Uds. por la ventana?
18. ¿Conocen Uds. a muchos profesores?

II. ¿Cuándo . . . ?

A. *Conteste con una expresión adverbial de tiempo.*

Modelo: ¿Cuándo va Ud. a la biblioteca?
Voy mañana a las nueve.

1. ¿Cuándo prepara Ud. la lección de español?
2. ¿Cuándo come Ud. en un restaurante?
3. ¿Cuándo hablas con tus amigos?
4. ¿Cuándo escribe Ud. cartas?
5. ¿Cuándo van Uds. al cine?
6. ¿Cuándo prefiere Ud. almorzar?
7. ¿Cuándo tienes mucha prisa?
8. ¿Cuándo vuelve Ud. a casa o a la residencia?
9. ¿Cuándo prefieres estudiar?
10. ¿Cuándo salimos de la clase de español?

B. *Conteste según el horario.*

Mi horario de clases

	l	m	m	j	v
8:00					
9:00	inglés	laboratorio de español	inglés		inglés
10:00					
11:00	español	10:30 sicología	español	10:30 sicología	español
12:00	almuerzo	almuerzo	almuerzo	almuerzo	almuerzo
1:00	física		física		física
2:00					
3:00		2:30 historia	laboratorio de física	2:30 historia	
4:00					

Modelo: ¿Cuándo es tu laboratorio de español? (día, a.m. o p.m.)
Es el martes por la mañana.

¿A qué hora es tu clase de historia? (hora, a.m. o p.m.)
Es a las dos y media de la tarde.

1. ¿Cuándo es tu clase de inglés? (días, hora)
2. ¿A qué hora es tu laboratorio de física? (hora)
3. ¿Cuándo es tu clase de física? (días, hora, a.m. o p.m.)
4. ¿A qué hora es tu clase de español? (hora, a.m. o p.m.)
5. ¿Cuándo es tu clase de sicología? (a.m. o p.m.)
6. ¿A qué hora es tu clase de sicología? (días, hora, a.m. o p.m.)
7. ¿Cuándo es tu laboratorio de física? (día, a.m. o p.m.)
8. ¿A qué hora es tu almuerzo? (hora)

III. *¿Qué hora es?*

Modelos:

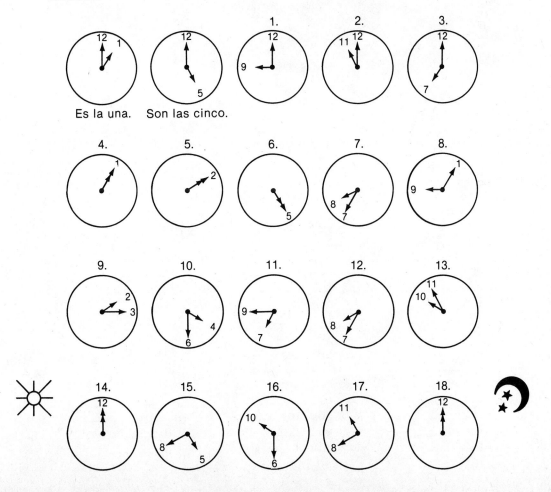

Es la una. Son las cinco.

Cine en Madrid (España)

IV. El presente de **oír** y de los verbos en **-uir**

A. *¿Cuál es la forma del verbo?*

Modelo: oír yo *oigo*   concluir ella *concluye*

1. *oír*
    yo _____
    nosotros _____
    él _____
    ellos _____
    Ud. _____
    Uds. _____
    ella _____
    ellas _____
    tú _____
    nosotras _____
2. *huir*
    él _____
    yo _____
    Ud. _____
    tú _____

3. *concluir*
    yo _____
    tú _____
    nosotros _____
    Ud. _____
4. *contribuir*
    él _____
    yo _____
    nosotras _____
    ellas _____
5. *constituir*
    tú _____
    nosotros _____
    yo _____
    ellos _____

6. *destruir*
    nosotros _____
    yo _____
    ellos _____
    él _____
7. *incluir*
    tú _____
    nosotros _____
    Uds. _____
    Ud. _____
8. *influir*
    yo _____
    nosotros _____
    Ud. _____
    Uds. _____

B. *Conteste con una frase completa.*

Modelo: ¿Concluye Ud. el semestre en mayo?
Sí, lo concluyo en mayo.

¿Qué personas influyen mucho en Ud.?
Mis amigos influyen mucho en mí.

1. ¿Destruye Ud. los exámenes?
2. ¿Incluye Ud. palabras nuevas en una composición oral?
3. ¿Contribuye Ud. a la clase?
4. ¿De qué animal huye Ud.?
5. ¿Qué constituye una buena comida?
6. ¿Incluyen Uds. a sus profesores en sus fiestas?
7. ¿Influye la televisión en nuestra manera de pensar?
8. ¿En qué mes concluimos el primer semestre?
9. ¿Qué idiomas oímos en el departamento de lenguas?
10. ¿Qué días no oyes español?

V. El infinitivo después de preposiciones y después de **tener que** y **hay que**

A. *Complete con un infinitivo.*

Modelo: Tengo hambre después de . . .
Tengo hambre después de estudiar mucho.

1. Voy a la biblioteca para . . .
2. Tenemos que . . .
3. Tengo mucho interés en . . .
4. No voy a . . .
5. Ellos tienen ganas de . . .
6. A veces tengo tendencia a . . .
7. El laboratorio es bueno para . . .
8. No tengo dificultad en . . .
9. Tengo miedo de . . .
10. Hay que . . .
11. No voy a clase sin . . .
12. Tengo que . . .

B. *Conteste con* **ir a** + *infinitivo.*

Modelo: ¿Qué vas a estudiar ahora?
Voy a estudiar la lección de español.

1. ¿Qué programa va Ud. a mirar hoy?
2. ¿Con quien vas a almorzar mañana?
3. ¿Dónde va Ud. a vivir el año que viene?
4. ¿Qué cosas vas a pedir en la cafetería mañana?
5. ¿Con quién va Ud. a salir el sábado por la noche?
6. ¿A qué hora vamos a concluir la clase hoy?

VI. *Describa el dibujo en la página 109.*

1. ¿Qué ve Ud. en el dibujo?
2. ¿Qué hora es?
3. ¿Cuántas personas hay allí?
4. ¿Quiénes son? ¿Qué son?
5. ¿Cuántas personas almuerzan?
6. ¿Cómo se llama el restaurante?
7. ¿Cuántas puertas ve Ud.?
8. ¿Por qué está abierta la puerta a la derecha?
9. ¿Dónde están las dos camareras?
10. ¿Qué hace la camarera que está a la izquierda?
11. ¿Qué hace la camarera que está a la mesa?
12. ¿Qué cae de la mesa?
13. ¿Dónde está el camarero?
14. ¿Quién lleva un plato en la mano?
15. ¿Dónde lo va a poner?
16. ¿Qué va a hacer el camarero después?
17. ¿Qué toman los dos hombres que están a la mesa debajo del reloj?
18. ¿Quién tiene una manzana en la mano?
19. ¿Qué ve Ud. en la mesa del Sr. Panza?
20. ¿Quién pone y recoge las mesas?
21. ¿Qué hace la Srta. Chaves?
22. ¿Cuánto cuesta la comida de los señores Novo?
23. ¿Qué hace el Sr. Novo?

LECTURA
Una señorita moderna

Me llamo Esperanza. Tengo dieciocho años y soy estudiante universitaria de los Estados Unidos (EE.UU.*). No soy una persona que siempre habla de cosas frívolas. Estudio mucho y también tengo que (tengo necesidad de) trabajar. Cuando vengo del trabajo a las cinco de la tarde empiezo a estudiar. A veces, no
5   termino hasta medianoche. Si estoy muy cansada pongo un disco y oigo música un rato. Prefiero la música «rock» a la (música) clásica.

      Tengo mucho interés en hablar de la política con mis amigos. Por eso es mi pasatiempo (pasar + tiempo) favorito. No tengo miedo de revelar lo *(how)* inteligente que soy. Es una diferencia marcada entre las mujeres del pasado y las
10   mujeres de hoy.

      Nosotras las mujeres de hoy, tenemos la esperanza de ser iguales a los hombres en derechos y oportunidades. Opinamos que somos iguales y

* La abreviatura de Estados Unidos.

En el restaurante "Las Delicias"

El Sr. Panza · La Srta. Chaves · Los señores Novo · La Sra. Matos

Estudiante cubana de la Universidad
de Miami (Estados Unidos)

deseamos alcanzar el mismo nivel. Es una ilusión (un deseo) que tenemos todas
las mujeres que somos orgullosas de nuestra inteligencia.

15   Mi diversión favorita es el cine. A veces, invito a un chico pero por lo
general los chicos me invitan a mí. Cuando salgo con un chico por primera vez,
generalmente, me lleva al cine o a tomar un refresco. Por lo general él paga pero
hoy día la chica también contribuye a los gastos. Hay que (es necesario) tener
consideración a los chicos porque ellos gastan mucho dinero. Tal vez por eso la
20 costumbre de invitar a las chicas está en decadencia.

     En el cine, si tenemos hambre, compramos un refresco y palomitas. A
veces, tengo frío porque todos los cines tienen aire acondicionado. Siempre es
bueno llevar un suéter; si no, el chico busca su propia solución. Yo, a veces, no
llevo mi suéter a propósito.

25   Soy moderna pero no soy tonta.

PREGUNTAS SOBRE LA LECTURA

1. ¿Cuántos años tiene Esperanza?
2. ¿Dónde está la universidad de Esperanza?
3. ¿Es Esperanza una persona frívola?
4. ¿Qué música prefiere Esperanza?
5. ¿Cuándo prepara Esperanza las lecciones?
6. ¿Cuándo termina de estudiar Esperanza a veces?
7. ¿Cuál es el pasatiempo favorito de Esperanza?
8. ¿Qué diferencia hay entre las mujeres del pasado y las mujeres de hoy?
9. ¿Qué esperanza tienen las mujeres de hoy?
10. ¿Cuál es la diversión favorita de Esperanza?

PREGUNTAS PERSONALES BASADAS EN LA LECTURA

1. ¿Cuántos años tiene Ud.?
2. ¿De qué habla Ud. con sus amigos?
3. ¿Trabaja Ud.? ¿A qué hora sale Ud. del trabajo?
4. ¿A qué hora empieza Ud. a estudiar?
5. ¿Oye Ud. música a veces? ¿Qué música prefiere?
6. ¿Tiene Ud. interés en la política?
7. ¿Cuál es su pasatiempo favorito? ¿Su diversión favorita?
8. ¿Siempre revela Ud. su inteligencia?
9. ¿Es Ud. una persona moderna o tradicional?
10. ¿Quién paga cuando sale Ud. con un chico (una chica)?
11. ¿Qué compra Ud. en el cine cuando tiene hambre?
12. ¿Tiene Ud. frío en el cine a veces?
13. ¿Contribuyen muchas chicas a los gastos cuando salen con un chico?

COMPOSICIÓN ORAL O ESCRITA

Prepare una composición de 8 a 10 líneas sobre *uno* de los temas siguientes.

1. Las mujeres de hoy. ¿Cómo son? ¿Son frívolas? ¿Trabajan? ¿Contribuyen a los gastos cuando salen con un chico? ¿Invitan a los chicos? ¿Qué hacen?
2. Una conversación (diálogo) por teléfono: Un chico desea invitar a una chica al cine.
3. Un día típico de mi vida (el lunes, por ejemplo)

VOCABULARIO

SUSTANTIVOS

SUSTANTIVOS MASCULINOS

el aire	el gerundio	el pasatiempo
el derecho	el idioma	el plato
el desastre	el mediodía	el rato
el deseo	el menú	el tema
EE.UU.	el nivel	el tiempo
los Estados Unidos	el pasado	

SUSTANTIVOS FEMENINOS

la adición	la discoteca	la investigación
la casita	Esperanza	la manzana
la comida	la exposición	la máquina
la decadencia	la ilusión	la medianoche
la dificultad	la inteligencia	la mujer

la necesidad   las palomitas   la tendencia
la noche   la política   la variedad
la oportunidad   la solución

SUSTANTIVOS MASCULINOS Y FEMENINOS

el camarero/la camarera   el cliente/la cliente

ADJETIVOS

clásico, -a   medio, -a   solo, -a
computador(a)   mismo, -a   tonto, -a
frívolo, -a   moderno, -a   tradicional
igual   orgulloso, -a
marcado, -a   propio, -a

ADVERBIOS

cuando   nunca   pronto

PREPOSICIÓN

a

VERBOS

VERBOS EN **-ar**

**alcanzar   gastar   preparar
comprar   opinar   revelar
*dar

VERBOS EN **-er** O **-ir**

*caer   **huir   *saber
**concluir   **incluir   *salir
**conocer   **influir   **traducir
**constituir   **oír   *traer
**construir   *poner   *venir
**contribuir   **recoger   *ver
**destruir   *romper
**exigir

EXPRESIONES

aire acondicionado   hay que   tener consideración a
a propósito   tal vez

SUPLEMENTO DE VOCABULARIO: EL CUARTO

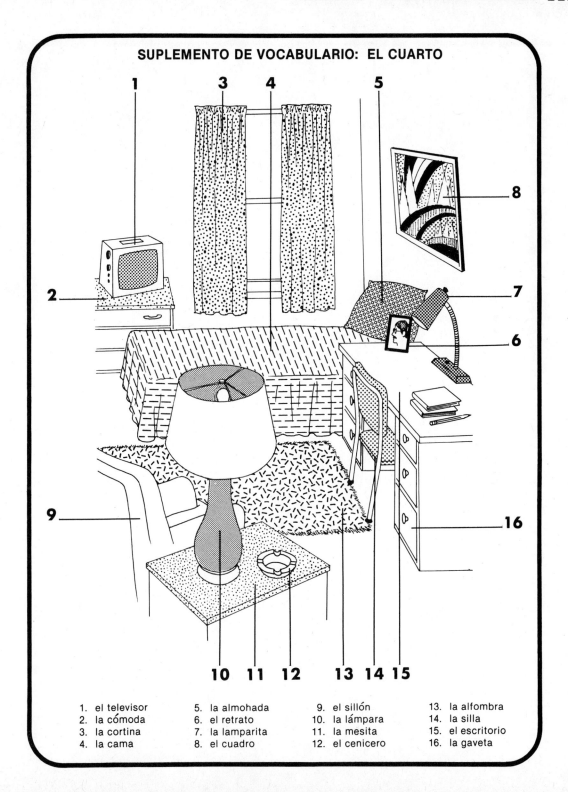

1. el televisor	5. la almohada	9. el sillón	13. la alfombra
2. la cómoda	6. el retrato	10. la lámpara	14. la silla
3. la cortina	7. la lamparita	11. la mesita	15. el escritorio
4. la cama	8. el cuadro	12. el cenicero	16. la gaveta

Módulo 3

La extensión en tiempo y espacio

Lección 9
Los deportes en la América Latina

I. El pretérito de verbos regulares

ACCIÓN EN EL PRESENTE

No trabajo hoy.
¿Trabajas tú hoy?
Esta semana Esteban no trabaja.

Ahora trabajamos en la universidad.

¿Trabajan Uds. ahora?
Vivo con mi familia ahora.
¿No vives en la residencia universitaria este semestre?
Juan vive allí.
Juan y yo vivimos allí ahora.
Mis hermanas no viven allí.

ACCIÓN TERMINADA EN EL PASADO

Ayer **trabajé** cuatro horas.
¿**Trabajaste** tú ayer?
La semana pasada Esteban **trabajó** doce horas.
El año pasado **trabajamos** en un restaurante.
¿**Trabajaron** Uds. el sábado pasado?
Viví con mi familia el año pasado.
No **viviste** en la residencia universitaria el semestre pasado?
Juan **vivió** allí.
Juan y yo **vivimos** allí por dos años.
Mis hermanas nunca **vivieron** allí.

II. Cambios ortográficos en el pretérito

¿Cuánto tiempo practicó Ud. la composición oral?
¿Buscó Ud. palabras en el diccionario?
¿Cuándo llegó Ud. aquí?
¿Cuánto pagó Ud. por el bistec?
¿Almorzó Ud.?
¿Comenzó Ud. la lección?

Yo la **practiqué** por media hora.

No, no las **busqué**.
Llegué a las once.
Pagué dos dólares.
Sí, ya **almorcé**.
Sí, la **comencé** esta mañana.

¿**Oyeron** Uds. las noticias hoy?

Sí, dicen que se **cayó** un futbolista y otros dos **cayeron** encima de él y . . .

¿**Incluyeron** una foto en el periódico?

Yo no. ¿Las **oyó** Ud.?

. . . y los tres están en el hospital. Juan me **leyó** eso ayer en el periódico.

Sí, un espectador **contribuyó** la foto.

III. El pronombre como complemento indirecto

Sr. Jones, ¿**le** gusta (a Ud.) nuestra universidad?

¿**Le** gusta a la Sra. Jones también?

¿Qué **les** gusta más (a Uds.)?

María, ¿qué **te** parece el profesorado de aquí?

¿**Les** interesa (a Uds.) visitar la biblioteca?

¿A quién escribes, Juan?

¿Siempre **te** contestan?

¿Siempre **te** dan el dinero que **les** pides?

Allí viene el cartero con las cartas. Hola, Sr. Clark, ¿qué **nos** trae hoy?

Sí, **me** gusta. Es muy agradable.

Sí, (a ella) **le** encanta.

Nos gusta la biblioteca nueva.

Me parece simpático y muy competente.

A mí **me** interesa mucho.

Le escribo a mi hermana. También **les** escribo a mis padres.

Sí, siempre **me** contestan. En esta carta **les** pido dinero a mis padres.

Algunas veces sí, otras (veces) no.

Le traigo dos cartas a Ud. y **le** traigo un paquete a Juan.

Partido de jai alai en Madrid (España)

IV. Comparaciones y superlativos con **más**

Yo tengo veintiún (21) años. ¿Cuántos años tienes tú?	Yo soy **más** joven. Tengo diecinueve (19) años.
¿Quién es **más** alto, tú o Juan?	Juan es **más** alto **que** yo, pero Luis es **el más** alto **de** la familia.
¿Quién tiene **más** dinero, tú o Susana?	Yo tengo **más** dinero **que** Susana, pero Elena tiene **más** dinero **que nadie** en la clase. Ella tiene **más de** veinte dólares.
¿Qué ciudad es **la más** grande del mundo?	Creo que México es **la más** grande.

 V. El sufijo **-ísimo, -ísima = muy, muy**

¿Cómo están las chicas?	Están cansad**ísimas.**
¿Cómo están los chicos?	Están nervios**ísimos.**
¿Te gustó la exposición?	Sí, me pareció interesant**ísima.**
¿Tienes tiempo para hablar?	Poqu**ísimo.** (Muy, muy poco)
¿Te gustan las palomitas?	Much**ísimo.**

EXPLICACIONES

I. El pretérito de verbos regulares*

A. El pretérito de verbos en **-ar**

EJEMPLO: **estudiar, recordar (ue)**

Yo estudi**é** la lección y record**é** todo.	-é
Tú estudi**aste** la lección y record**aste** todo.	-aste
Ella estudi**ó** la lección y record**ó** todo.	-ó
Nosotros estudi**amos** la lección y record**amos** todo.	-amos
Vosotros estudi**asteis** la lección y record**asteis** todo.	-asteis
Ellos estudi**aron** la lección y record**aron** todo.	-aron

B. El pretérito de verbos en **-er** e **-ir**

EJEMPLO: **volver (ue), salir**

Yo volv**í** a las cinco y sal**í** inmediatamente.	-í**
Tú volv**iste** a las cinco y sal**iste** inmediatamente.	-iste
Él volv**ió** a las cinco y sal**ió** inmediatamente.	-ió**

---

* Hay también verbos que tienen irregularidades en el pretérito, entre ellos **estar, poder, querer, tener, decir, saber, dar, hacer, poner, ser, ir, traer** y **venir.** No use estos verbos irregulares en el pretérito por ahora.

** **Vi** y **vio,** del verbo **ver,** no necesitan acento ortográfico porque son monosílabos.

Nosotras volv**imos** a las cinco y sal**imos** inmediatamente.   -imos
Vosotros volv**isteis** a las cinco y sal**isteis** inmediatamente.   -isteis
Uds. volv**ieron** a las cinco y sal**ieron** inmediatamente.   -ieron

C. El uso del pretérito

Ayer **compré** un disco nuevo.
El disco **costó** cinco dólares.

El pretérito expresa una **acción** definitivamente terminada en el pasado. También expresa el principio o el fin de una acción en el pasado.

II. Cambios ortográficos en el pretérito

A. Los verbos en **-car, -gar** y **-zar** tienen un cambio ortográfico:

VERBOS EN **-car**	VERBOS EN **-gar**	VERBOS EN **-zar**
c > qu	g > gu	z > c
yo bus**qué**	lle**gué**	comen**cé**
practi**qué**	pa**gué**	almor**cé**

En el pretérito es necesario modificar la ortografía *(spelling)* de los verbos en **-car**, **-gar** y **-zar** en la primera persona del singular (yo . . .) para seguir el sistema fonético español. El resto del pretérito del verbo es regular.

EJEMPLO: **buscar**

bus**qué**	bus**camos**
bus**caste**	bus**casteis**
bus**có**	bus**caron**

B. Los verbos **leer, oír, caer** y los verbos en **-uir** tienen dos cambios ortográficos:

él
ella   }   le**yó** (o**yó**, ca**yó**, conclu**yó**, destru**yó**, inclu**yó**)
Ud.

ellos
ellas   }   le**yeron** (o**yeron**, ca**yeron**, conclu**yeron**, destru**yeron**, inclu**yeron**)
Uds.

La letra **i** (sin acento) entre dos vocales cambia a **y.** Este mismo cambio ocurre en la tercera persona del pretérito de **leer, oír, caer** y en los verbos que terminan en **-uir.** El resto del pretérito de estos verbos es regular.

EJEMPLO:

leí	leímos
leíste	leísteis
leyó	leyeron

III. El pronombre como complemento indirecto (**me, te, le, nos, os, les**)

A. Verbos como **gustar**

Pronombre/verbo/sujeto

Me			Me	
Te			Te	
Le	gusta el libro.*		Le	gustan los libros.
Nos			Nos	
Os			Os	
Les			Les	

El orden de las palabras en estas expresiones es: Pronombre/verbo/sujeto. El verbo siempre está en tercera persona; es singular cuando el sujeto es una sola cosa, plural cuando es más de una.

Ejemplos con otros verbos:

(A mí) **me** gusta este libro. (A nosotros) **nos** parece bueno.
¿**Te** gusta también (a ti)? ¿**Os** importa esta situación (a vosotros)?
(A él) **le** interesa la ecología. (A ellos) **les** encanta comer.
(A ella) no **le** importa eso. ¿**Les** interesa el libro (a ellas)?
¿**Le** duelen los brazos (a Ud.)? (A Uds.) **les** conviene estudiar más.

Ciertos verbos como **gustar, interesar, importar, doler (ue), parecer, encantar, convenir (ie)** generalmente necesitan un complemento indirecto.

B. Otros verbos con complemento indirecto

¿Qué **me** traes? **Te** traigo una carta de tu familia.
¿**Les** escribes frecuentemente? Sí, **les** escribo cada semana.
¿Qué **nos** dicen? **Nos** dicen que están bien.
¿Qué **nos** mandan? A mí **me** mandan treinta dólares. A ti **te** mandan recuerdos.

El complemento indirecto indica a quién le sucede *(happens)* la acción del verbo. Note que las frases entre paréntesis (a + pronombre) aclaran el pronombre **le** o **les** cuando su significado no es evidente, o dan énfasis al complemento indirecto.

 IV. Comparaciones y superlativos con **más**

A. más . . . que

Yo tengo diez dólares y Juan tiene veinte dólares.
Juan es **más** rico **que** yo.
Generalmente un perro es **más** grande **que** un gato.
Yo estudio **mas que** nadie *(anyone)*.

Más . . . que expresa una comparación de superioridad.

* Me gusta el libro. *(The book is pleasing to me.)*

B. más de

Juan tiene **más de** seis primos.
El profesor tiene **más de** treinta años.

Use **más de** delante de un número.

C. el (la, los, las) . . . más . . . de

Carlos es **el** chico **más** inteligente **de** su clase.
Rosa y Lupita son **las** personas **más** simpáticas **del** mundo.

El (la, los, las) + sustantivo + **más** + cualidad + **de** . . . expresa el superlativo.

V. El sufijo **-ísimo (-ísima, -ísimos, -ísimas) = muy, muy**

un país grandísimo = un país muy, muy grande
una mujer famosísima = una mujer muy, muy famosa
juguetes pequeñísimos = juguetes muy, muy pequeños
lecciones facilísimas = lecciones muy, muy fáciles

El sufijo **-ísimo** concuerda con el sustantivo que modifica.

EXCEPCIÓN: **muchísimo** no tiene equivalente con **muy.**

un perro fero**c**ísimo = un perro muy, muy feroz
una familia ri**qu**ísima = una familia muy, muy rica
una conferencia lar**gu**ísima = una conferencia muy, muy larga

La **z** > **c,** la **c** > **qu,** la **g** > **gu** delante de la **í** de **-ísimo.**

EJERCICIOS ORALES O ESCRITOS

I. El pretérito

A. *Complete.*

Modelo: encontrar   él *encontró*

1. *usar*
   yo _____
   nosotros _____
   Ud. _____
   Uds. _____
2. *charlar*
   Uds. _____
   nosotros _____
   yo _____
   Ud. _____

3. *cerrar*
   tú _____
   ellos _____
   nosotros _____
   yo _____
4. *mirar*
   yo _____
   Uds. _____
   Ud. _____
   nosotros _____

5. *recibir*
   nosotros _____
   ella _____
   yo _____
   tú _____
6. *ver*
   nosotros _____
   yo _____
   ella _____
   ellos _____

7. *volver*	8. *vivir*	9. *salir*
yo _____	tú _____	yo _____
nosotros _____	él _____	ellos _____
Ud. _____	nosotras _____	ella _____
Uds. _____	ellos _____	tú _____

B. *Conteste.*

Modelo: ¿Habló Ud. mucho ayer?   *Sí, hablé mucho.*

1. ¿Trabajaste ayer?
2. ¿Comió Ud. mucho ayer?
3. ¿Saliste anoche?
4. ¿Hablamos español?
5. ¿Miraron Uds. la televisión?
6. ¿Volvieron ellas temprano?
7. ¿Recibieron Uds. cartas ayer?
8. ¿Cerró ella la puerta?
9. ¿Viviste en la residencia el año pasado?
10. ¿Esperaste dos horas?
11. ¿Asistió él a la clase ayer?
12. ¿Compraron ellos libros anoche?
13. ¿Costó mucho su coche?
14. ¿Vio Ud. a la profesora ayer?

C. *Conteste con una frase completa.*

Modelo: ¿Cuántas horas estudió Ud. ayer?   *Estudié tres horas.*

1. ¿Cuándo preparó Ud. esta lección?
2. ¿A qué hora volvió Ud. anoche a su residencia?
3. ¿A quién conoció Ud. recientemente?
4. ¿Cuánto costó su libro de español?
5. ¿Qué comiste ayer?
6. La semana pasada, ¿escribimos mucho en esta clase?
7. ¿Dónde compraron Uds. sus libros?
8. ¿En qué ciudad viviste el año pasado?
9. La semana pasada, ¿asistieron Uds. al laboratorio de lenguas?
10. ¿Cuántas cartas recibió Ud. ayer?

II. Cambios ortográficos en el pretérito

A. El pretérito de verbos en **-car, -gar, -zar**

Conteste con una frase completa.

Modelo: ¿A qué hora llegó Ud. a la clase?   *Llegué a las nueve.*

1. ¿Cuánto pagó Ud. por su libro de español?
2. ¿Con quién almorzó Ud. ayer?
3. ¿Modificaste tus opiniones el semestre pasado?
4. ¿En qué año comenzó Ud. a estudiar español?
5. ¿Practicó Ud. la composición oral anoche?
6. ¿Jugaste al tenis ayer?
7. ¿Buscó Ud. excusas ayer para no estudiar?
8. ¿Explicaste los pretéritos irregulares?

B. El pretérito de **leer, oír, caer** y los verbos en **-uir**

Conteste con una frase completa.

Modelo: ¿Qué lengua oyó Ud. en esta clase el lunes?   *Oí español.*

1. ¿Qué leyó Ud. ayer?
2. ¿Destruyó Ud. su último examen de español?
3. ¿Oyeron Uds. español anoche?
4. ¿A qué hora concluyó Ud. sus clases ayer?
5. ¿Contribuyeron Uds. a esta clase ayer?
6. ¿Huiste alguna vez de una situación mala?

C. *Cambie el verbo del presente al pretérito.*

Modelo: (Pago) *pagué* menos de dos dólares por mi almuerzo.
         ¿No (oye) *oyó* Carlos el programa?

1. (Llego) _____ a la clase temprano.
2. (Almuerzo) _____ con varios amigos en la cafetería.
3. (Busco) _____ la oficina del dentista.
4. ¿(Concluyen) _____ los profesores a la hora?
5. Marta (lee) _____ un artículo sobre la cultura hispánica.
6. ¿(Destruye) _____ Ud. sus composiciones escritas?
7. (Comienzo) _____ a trabajar a las seis de la mañana.
8. ¿Qué (incluyen) _____ Uds. en la comida?

III. El pronombre como complemento indirecto

A. *Conteste.*

Modelo: ¿Qué música le gusta a Ud.?   *Me gusta la música española.*

1. ¿Qué le gusta a Ud. leer?
2. ¿Qué deporte te interesa más?
3. ¿Qué les conviene hacer a Uds.?
4. ¿Qué nos duele cuando estudiamos mucho?
5. ¿Qué flores les encantan a las señoritas?
6. ¿Qué clases les interesan a Uds.?
7. ¿Qué frutas le gustan a Ud. más?
8. ¿Qué te parece la cafetería universitaria?

B. *Complete la frase con el pronombre correcto* **(me, te, le, nos** o **les).**

Modelo: Susana _____ contesta la pregunta.
         (1. a él)
         Susana le contesta la pregunta.

a. José _____ da el lápiz.
   (1. a Ud. 2. a mí 3. a ellas 4. a ella)

    b. Paco _____ escribe una carta.
       (1. al profesor 2. a su amigo 3. a ti 4. a Uds.)
    c. Anita _____ trae una Coca Cola.
       (1. a Carolina y a mí 2. a sus hermanos 3. a él 4. a mí)
    d. Magdalena _____ pide un dólar.
       (1. a nosotros 2. a ti 3. a Juan y a Ud. 4. a su mamá)

IV. Comparaciones y superlativos con **más**

   A. *Prepare una frase comparativa con **más . . . que.***

   Modelo: un Cadillac/un Volkswagen (económico)
            Un Volkswagen es más económico que un Cadillac.

    1. nuestra ciudad/New York (grande)
    2. yo/mi padre (alto, -a)
    3. un coche norteamericano/un coche español (pequeño)
    4. una bicicleta/un coche (complicado, -a)
    5. la química/la biología (difícil)
    6. las estudiantes/los profesores (estudiosos, -as)
    7. los gatos/los perros (feroces)
    8. la ciencia/la historia (interesante)
    9. un señor/una señora (lógico, -a)
   10. las posesiones/las ideas (importantes)

   B. *Exprese la comparación con **más de.***

   Modelo: Hay estudiantes en la clase. (20)
            Hay más de 20 estudiantes en la clase.

    1. Él trabaja horas en el restaurante. (8)
    2. Ellas compraron discos. (10)
    3. Mi hermana tiene blusas. (15)
    4. Invitamos a personas a la conferencia. (30)
    5. La ciudad tiene escuelas. (25)
    6. Los jóvenes miran horas de televisión. (10)
    7. El libro costó dólares. (23)
    8. Duermo horas el sábado. (8)

   C. *Prepare una frase con **el (la, los** o **las) . . . más . . . de . . .***

   Modelo: Es un niño grande. (grupo)
            Es el niño más grande del grupo.

    1. Tengo una casa grande. (calle)
    2. Es un actor famoso. (mundo)
    3. Tenemos clases interesantes. (universidad)
    4. Son hombres ricos. (ciudad)
    5. Invitaron a señoras importantes. (grupo)
    6. Bill y Janet son estudiantes simpáticos. (clase)

7. Tiene una pregunta difícil. (ejercicio)
8. Voy a comprar un coche económico. (Estados Unidos)

V. *Conteste con el sufijo* **-ísimo, -ísima (-ísimos, -ísimas).**

   Modelo: ¿Cómo es la música española? (hermoso)   *Es hermosísima.*

1. ¿Cómo está Ud.? (cansado)
2. ¿Te gustan los deportes? (mucho)
3. ¿Cómo es la pronunciación española? (fácil)
4. ¿Cómo son sus pasatiempos? (interesante)
5. ¿Cómo están los estudiantes antes de un examen? (nervioso)
6. ¿Compraste cosas? (mucho)
7. ¿Cómo son los estudiantes de español? (inteligente)
8. ¿Estudias mucho o poco los sábados? (poco)
9. ¿Cómo son los exámenes? (largo y difícil)
10. ¿Cómo están los estudiantes el último día de clases? (feliz)

LECTURA
Los deportes en la América Latina

Dos estudiantes norteamericanos, Roberto y María Luisa,* van por la calle rumbo a la biblioteca; hablan mientras caminan.

ROBERTO —Hola, María Luisa. ¿Qué hay de nuevo?

MARÍA LUISA —Nada, hombre, sólo que tengo muchísimo trabajo que hacer y
5   no sé cómo voy a terminar todo a tiempo para las vacaciones.

ROBERTO —¿Piensas *(do you plan)* ir a la América Latina durante el verano?

MARÍA LUISA —Hombre, ¿por qué no? Me parece que va a ser una experiencia buenísima. Tú viajaste por la América del Sur el año pasado, ¿verdad?

ROBERTO —Sí, visité varios lugares. Empecé en México, seguí por
10   Centroamérica, pasé por Colombia, Perú, Chile y llegué hasta Argentina.

MARÍA LUISA —¿Qué te impresionó más?

ROBERTO —Eso es muy difícil de decir. Me gustó todo. Pero, tal vez, lo que *(what)* más recuerdo es un partido de fútbol que ganó mi equipo favorito.

MARÍA LUISA —¿Un partido de fútbol? ¿Juegan al fútbol en Latinoamérica?

15 ROBERTO —Sí, pero es diferente del fútbol que tú conoces. El fútbol de allá *(over there)* es lo que llamamos aquí «*soccer*».

MARÍA LUISA —Ya (comprendo), y ¿qué te pareció?

ROBERTO —Me gustó muchísimo. Muchos de los aficionados son fanáticos. En el estadio casi se volvieron *(went)* locos impulsados por la emoción como
20   también sucede muchas veces en nuestros partidos de fútbol americano y de basquetbol.

---

* Aunque *(even though)* *María Luisa* y *Roberto* son de los Estados Unidos les damos nombres en español. Así hacemos sucesivamente en todas las lecturas.

María Luisa —¿Qué otros deportes viste?

Roberto —Los mismos de aquí con excepción del jai alai y las corridas de
toros. El jai alai es popular en Brasil, México y Cuba. Cuando viajé por

25 Sudamérica presencié partidos de beisbol; vi canchas de tenis y campos de
golf, y también observé el boxeo, la natación y el esquí. Yo mismo (*myself*)
practiqué el yudo y el karate en Colombia. Por supuesto, aún no se considera
el karate como deporte y los aficionados a los toros prefieren pensar en el
espectáculo como un arte.

30 María Luisa —¿Participan los países latinoamericanos en las olimpiadas?

Roberto —Sí, las celebraron en México en 1968 y tienen sus propios juegos
panamericanos que atraen el interés de muchos países del hemisferio, Canadá y Estados Unidos inclusive. Pero la competencia deportiva que
despierta más entusiasmo es el campeonato mundial de fútbol. En la última

35 competencia participaron los mejores equipos de naciones europeas y ameri-
canas y sólo se puede comparar en apasionamiento con nuestro «*Super Sunday*».

PREGUNTAS SOBRE LA LECTURA

1. ¿Cómo se llaman los dos estudiantes americanos? ¿Adónde van los dos?
2. ¿Quién tiene muchísimo trabajo?
3. ¿Adónde viajó Roberto el año pasado?

Un partido de fútbol

4. ¿Qué le pareció el viaje?
5. ¿Qué recuerda más del viaje?
6. ¿Cómo llamamos nosotros al fútbol latinoamericano?
7. ¿Cómo son los aficionados al fútbol?
8. ¿Qué deportes presenció Roberto en Latinoamérica?
9. ¿Qué observó?

PREGUNTAS PERSONALES BASADAS EN LA LECTURA

1. ¿Qué deportes juega Ud.?
2. ¿Practica seriamente Ud. algún (some) deporte?
3. ¿Cuál le gusta más?
4. ¿Sabe Ud. jugar al fútbol? ¿Qué fútbol juega Ud., americano o internacional?
5. ¿Le gusta a Ud. el fútbol profesional de los Estados Unidos?
6. Si le gusta, ¿cuál es su equipo (team) favorito? ¿Los Delfines de Miami? ¿Los Falcones de Atlanta? ¿Los Herreros de Pittsburgh? ¿Los Osos de Chicago? ¿Las Pieles Rojas de Washington? ¿Los *Raiders* de Los Angeles? ¿Los Vaqueros de Dallas? ¿Otro equipo?
7. ¿Es Ud. un fanático de los deportes?
8. ¿Prefiere Ud. un deporte más sereno (serene) como beisbol, tenis o golf?
9. ¿Practicó Ud. alguna vez (some time) el karate o el yudo? ¿Los considera Ud. deportes?
10. ¿Es el boxeo muy violento para Ud.?
11. ¿Ganó un campeonato la universidad de Ud.?

EJERCICIO SOBRE LA LECTURA

Conteste si es **verdad** *o* **mentira**.

_____ 1. Los deportes que se practican en Latinoamérica son los mismos que se practican en los Estados Unidos sin excepciones.

_____ 2. Los aficionados de la corrida de toros prefieren pensar que la corrida es un arte, no un deporte.

_____ 3. Hoy día el karate se clasifica sólo como sistema de autodefensa (*self-defense*).

_____ 4. Los países latinoamericanos nunca participaron en las olimpiadas.

_____ 5. Los juegos panamericanos inspiran el interés de países norteamericanos como Estados Unidos y Canadá.

_____ 6. La competencia que despierta (*awakens*) más interés entre los latinos es el campeonato mundial de fútbol.

_____ 7. El campeonato mundial de fútbol es un campeonato donde toman parte solamente países latinoamericanos.

_____ 8. El espectáculo (el mundial de fútbol) sólo se puede comparar con nuestro «*Super Sunday*».

COMPOSICIÓN ORAL O ESCRITA

Prepare una composición de 8 a 10 líneas sobre uno de los temas siguientes.

1. Sus actividades la semana pasada. Use el pretérito de verbos regulares.
2. ¿Qué ciudad o qué deporte le gusta a Ud. más? ¿Por qué?

VOCABULARIO

SUSTANTIVOS

SUSTANTIVOS MASCULINOS

el apasionamiento	el entusiasmo	el paquete
el basquetbol	el equipo	el partido
el beisbol	el espectáculo	el pretérito
el boxeo	el esquí	el profesorado
el campeonato	el estadio	el sistema
el campo	el fin	el sufijo
Canadá	el fútbol	el sur
el cartero	el hemisferio	el toro
el delfín	el herrero	el verano
el diccionario	el hombre	el viaje
el dinero	el juego	el yudo
el dólar		

SUSTANTIVOS FEMENINOS

la acción	la corrida	Latinoamérica
la actividad	la cultura	la mentira
la autodefensa	Elena	la natación
la cancha	la emoción	las olimpiadas
Centroamérica	la excusa	la ortografía
la ciencia	la experiencia	la piel
la comida	la facultad	Sudamérica
la competencia	la flor	la verdad
la conferencia		

SUSTANTIVOS MASCULINOS O FEMENINOS

el aficionado/la aficionada	el vaquero/la vaquera	el oso/la osa
el dentista/la dentista		

ADJETIVOS

abstracto, -a	estudioso, -a	fonético, -a
complicado, -a	europeo, -a	hispánico, -a
deportivo, -a	fanático, -a	impulsado, -a

indirecto, -a
latinoamericano, -a
loco, -a
mejor

mundial
norteamericano, -a
ortográfico, -a
panamericano, -a

sereno, -a
terminado, -a
violento, -a

ADVERBIOS

anoche
aún
como

inclusive
más
recientemente

solamente
sucesivamente

PRONOMBRE

le

ARTÍCULO

lo

CONJUNCIONES

aunque

mientras (que)

PREPOSICIÓN

durante

MANDATO

cambie

VERBOS

VERBOS EN -ar

aclarar
*andar
caminar
celebrar
**clasificar
**comenzar
comparar
charlar
despertar (ie)
encantar

esperar
**explicar
ganar
importar
impresionar
inspirar
interesar
**jugar (ue)
llamar
mandar

**modificar
observar
**pagar
participar
**practicar
presenciar
tomar
viajar
visitar

VERBOS EN **-er** O **-ir**

*atraer	doler (ue)	suceder
*convenir (ie, i)	**parecer	

EXPRESIONES

a la hora	lo que	rumbo a
aun así	más de	y así sucesivamente
como también	por supuesto	yo mismo, -a

SUPLEMENTO DE VOCABULARIO
EUROPA: países y nacionalidades

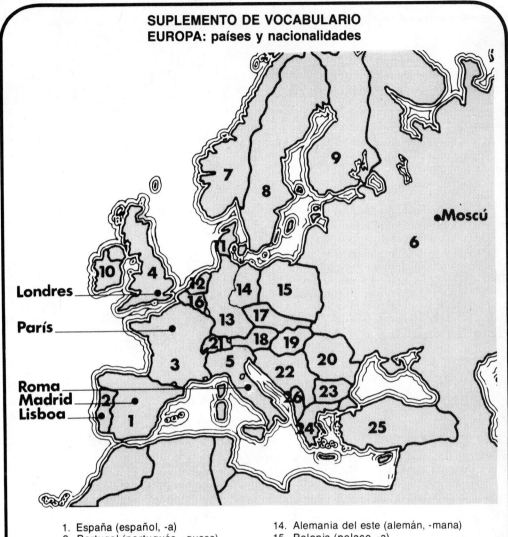

1. España (español, -a)
2. Portugal (portugués, -guesa)
3. Francia (francés, -cesa)
4. Inglaterra (inglés, -glesa)
5. Italia (italiano, -a)
6. Unión Soviética (ruso, -a)
7. Noruega (noruego, -a)
8. Suecia (sueco, -a)
9. Finlandia (finlandés, -desa)
10. Irlanda (irlandés, -desa)
11. Dinamarca (dinamarqués, -quesa)
12. Holanda (holandés, -desa)
13. Alemania del oeste (alemán, -mana)
14. Alemania del este (alemán, -mana)
15. Polonia (polaco, -a)
16. Bélgica (belga, *m.* & *f.*)
17. Checoslovaquia (checoslovaco, -a)
18. Austria (austriaco, -a)
19. Hungría (húngaro, -a)
20. Rumania (rumano, -a)
21. Suiza (suizo, -a)
22. Yugoslavia (yugoslavo, -a)
23. Bulgaria (búlgaro, -a)
24. Grecia (griego, -a)
25. Turquía (turco, -a)
26. Albania (albanés, -nesa)

Lección 10

El censo y los hispanos

DECLARACIÓN Y PREGUNTA

RESPUESTA

I. Verbos irregulares en el pretérito: **ir, ser, dar; andar, decir, estar, hacer, poder, querer, saber, tener, traer, venir; conducir**

¿**Fueron** (*ir*) Uds. a Acapulco?

No, no **fuimos.**

¿Por qué no **fuiste** tú allí?

No **fui** porque es caro para estudiantes.

¿Por qué no **fueron** los otros?

No **fueron** porque el profesor no **fue.**

¿Cuáles **fueron** (*ser*) las ciudades más interesantes en tu opinión?

La ciudad de México **fue** muy interesante y Taxco también.

¿**Fuiste** el único estudiante graduado de tu grupo?

Sí, yo **fui** el único.

¿**Dieron** (*dar*) un paseo por Xochimilco?

Sí, **dimos** un paseo por allí.

¿Cuándo lo **diste**?

Lo **di** un domingo por la tarde.

¿**Anduvieron** (*andar*) Uds. por el parque de Chapultepec?

Yo no, pero sé que Ricardo **anduvo** por allí con Elena.

¿Qué tal va la fiesta? Llegué hace poco.

¡Muy bien! Yo **vine** (*venir*) solo pero estoy muy contento.

De las muchachas, ¿quiénes **vinieron** solas?

Marta **vino** sola y María también.

¿Qué **trajiste** (*traer*) tú para animar la fiesta?

Otro chico y yo **trajimos** discos. Además, yo **traje** mi guitarra.

¿Dónde **pusiste** (*poner*) los discos?

Los **puse** allí.

¿Qué **trajeron** los otros?

Quería llegar a las nueve pero no **pude** (poder).

Hice (hacer) un viaje a Taxco por la mañana, y **tuve** (tener) dificultades con el coche.

Pedro **trajo** vino y refrescos. Algunas chicas **trajeron** cosas para comer.

¿Por qué no **pudiste**? **Dijiste** (decir) que ibas a venir temprano.

¡Ah! Pedro **dijo** que **hizo** un viaje también. Pero él **tuvo** mejor suerte que tú.

II. Los números después de 31

¿Cuántos años tienen sus padres?

Mi padre tiene **cincuenta** (50) años y mi madre tiene **cuarenta y seis** (46) años.

¿Hay **cien** (100) estudiantes aquí?

No, hay **ciento un** (101) estudiantes y **ciento una** (101) sillas.

¿Qué distancia hay entre Los Ángeles y Nueva York?

Creo que es una distancia de **dos mil novecientas** (2.900) millas.

¿Tiene la ciudad de Los Ángeles más de **tres millones de** habitantes?

Sí, tiene **tres millones quinientos mil** (3.500.000) habitantes.

¿Cuántas personas hablan español?

El español es la lengua nativa de más de **doscientos cuarenta millones** de personas.

III. ¿Cuál . . . ? y ¿Qué . . . ?

¿**Qué es** una librería?

Es un lugar donde se venden libros.

¿**Qué días** no tiene Ud. clase?

No tengo clase los sábados y los domingos.

¿**Cuáles son** sus días más ocupados?

Los lunes, los miércoles y los viernes son mis días más ocupados.

¿**Cuál de** ellas es su tía?

Es la rubia que está enfrente de la puerta.

¿**Cuál es** tu número de teléfono?

Mi número de teléfono es 29-09-75.

IV. Más comparaciones: **menor, mayor, mejor, peor; más . . . que, menos . . . que; tan . . . como, tanto . . . como**

Betty, ¿qué vas a comprar para el cumpleaños de tu hermano **menor**?

Voy a comprar un suéter para mi hermano **mayor**. No tengo hermano **menor**.

Pero Bill es **más pequeño que** tú.

Sí, yo soy **más alta que** él, pero él es **mayor que** yo.

¿Eres **la más alta de** tu familia?

No, mi padre es **el más alto de** la familia.

¿Es tu mamá **tan alta como** tú?

No, mi mamá no es **tan alta como** yo.

¿Quién es **el mejor estudiante de** los dos?

Yo soy **mejor estudiante que** Bill.

Porque tú eres **más inteligente**, ¿verdad?

¡Ah, es **peor** estudiante porque tiene **menos** tiempo para estudiar!

No, porque él trabaja en una oficina 24 horas por semana y no tiene **tanto tiempo como** yo para estudiar.

EXPLICACIONES

I. Verbos irregulares en el pretérito

A. El pretérito de **ir, ser** y **dar**

ir y **ser**		**dar**	
fui	fuimos	di	dimos
fuiste	fuisteis	diste	disteis
fue	fueron	dio	dieron

Los verbos **ir** y **ser** tienen la misma forma irregular en el pretérito, pero no tienen el mismo significado. El verbo **dar** en el pretérito tiene las terminaciones como los verbos en **-er** e **-ir,** pero sin el acento escrito en **di** y **dio.**

B. Otro grupo de verbos irregulares en el pretérito

VERBOS	RADICAL IRREGULAR	TERMINACIONES
andar	anduv-	
decir	dij-	
estar	estuv-	
hacer	hic- (hizo)	**-e**
poder	*pud-	**-iste**
poner	pus-	**-o**
querer	*quis-	**-imos**
reducir	reduj-	**-isteis**
saber	*sup-	**-ieron** (**-eron** después de la letra **j**)
tener	tuv-	
traer	traj-	
venir	vin-	

La tercera persona del verbo **hacer** presenta una excepción: **hizo,** con zeta **(z)** para conservar el sonido de la ce **(c)** del radical. Los verbos que terminan en **-ducir (conducir, producir,** etc.) se conjugan como **reducir;** el radical termina con la letra **j** en el pretérito.

II. Los números después de 31

40 cuarenta	60 sesenta	80 ochenta
50 cincuenta	70 setenta	90 noventa

* La traducción del pretérito de **poder, querer** y **saber** es diferente del sentido normal: **pud-** = *succeeded in,* **quis-** = *tried to,* **sup-** = *found out.*

100 cien	600 seiscientos, -as	1.000.000 un millón (de)
101 ciento uno	700 setecientos, -as	dos millones, etc. (de)
200 doscientos, -as	800 ochocientos, -as	mil millones (de)
300 trescientos, -as	900 novecientos, -as	un billón (de)*
400 cuatrocientos, -as	1000 mil	dos billones (de)
500 quinientos, -as	2000 dos mil, etc.	etc.

A. Concordancia en los números

treinta y **un** libros   quinien**tos** tres libros
ciento **una** novelas   setecien**tas** dos novelas

Hay concordancia de género con el número 1 y los números 200, 300, etc., hasta 900.

B. Variantes: **cien, mil,** millón **de,** billón **de**

cien libros   un millón doscientas novelas
ciento doce libros   un billón **de** dólares
mil habitantes   un billón doscientos mil dólares
un millón **de** novelas

Delante de un sustantivo usamos **cien** en vez de *(instead of)* **ciento; mil** en vez de ~~un~~
mil; un millón de en vez de **un millón; un billón de** en vez de **un billón.**

C. La **y** en los números

ciento uno (101)   ciento treinta **y** dos (132)
ciento quince (115)   doscientos cincuenta **y** cinco (255)
ciento veintinueve (129)   mil novecientos setenta **y** ocho (1978)

Se usa **y** solamente en números combinados de treinta y uno (31) a noventa y nueve (99).

▓ III. **¿Cuál . . . ?** y **¿Qué . . . ?**

A. Definición

¿Qué es esto?   Es un lápiz.
¿Qué es un lápiz?   Es un instrumento para escribir.

Para la definición, la pregunta es: **¿Qué es . . . ?**

B. Selección

¿Cuál de las casas es de Juan?   La casa azul es de Juan.
¿Cuáles de Uds. son mexicanos?   Pablo y yo somos mexicanos.

Para seleccionar uno (o varios) en un grupo, la pregunta es: **¿Cuál de . . . ?** o **¿Cuáles de . . . ?**

---

* En Europa un billón es 1.000.000.000.000 (un millón de millones) pero en los Estados Unidos es 1.000.000.000 (mil millones).

C. Un detalle *(detail)*

¿**Qué lección** estudiamos hoy?   Hoy estudiamos la lección diez.
¿**Cuál es** su número de teléfono?   Mi número es 94-09-75.

Para pedir *(ask for)* un detalle de información, la pregunta es: ¿**Qué + sustantivo . . .** ?
o ¿**Cuál es (Cuáles son) . . .** ?

IV. Comparaciones

A. Desigualdad *(inequality):* **más . . . que, menos . . . que**

Yo tengo **más** tíos **que** él. = Él tiene **menos** tíos **que** yo.
Yo tengo **más que** él. = Él tiene **menos que** yo.

B. Excepciones: **menor, mayor, mejor, peor**

El hijo es **menor** (menos viejo) **que** el padre.
La madre es **mayor** (más vieja) **que** la hija.
La nota «A» es **mejor** (más buena) **que** la «B».
La nota «B» es **peor** (más mala) **que** la «A».

C. Comparaciones de igualdad: **tan . . . como, tanto (-a) . . . como, tantos (-as) . . . como**

Ana (no) habla **tan rápidamente como** tú. (con adverbio)
Betty (no) es **tan bonita como** su hermana. (con adjetivo)
Yo (no) tengo **tanto dinero como** Jack. (con sustantivo)
Él (no) tiene **tantas hermanas como** yo. (con sustantivo)

Se usa **tan . . . como** para comparaciones de igualdad con un adverbio o un adjetivo; se usa **tanto (-a, -os, -as) . . . como** para comparaciones de igualdad con un sustantivo. Note que las expresiones de igualdad, cuando son frases negativas, son en realidad expresiones de desigualdad.

D. Superlativo

el
la } menor . . . de . . .

los
las } menores . . . de . . .

el
la } mayor . . . de . . .

los
las } mayores . . . de . . .

el
la } mejor . . . de . . .

los
las } mejores . . . de . . .

el
la } peor . . . de . . .

los
las } peores . . . de . . .

Juanita es **la menor de** la familia.
El doctor Schultz es **el mejor** médico **de** la ciudad.
Esteban y Carlos son **los peores** estudiantes **de** la clase.

COMPARACIONES

I. Comparaciones de desigualdad

    A. Hay leche en la botella.
    B. Hay **más** leche en la botella B que
        en la botella A.
    C. Hay **menos** leche en la botella C que
        en la botella A o B.

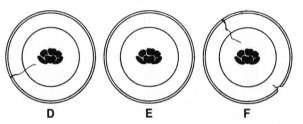

    D. Es un plato.
    E. Es un plato **mejor**
        que el plato D.
    F. Es un plato **peor** que
        los otros. Es **el peor**
        de todos.

    G. Juan tiene 35 años.
    H. Su hijo tiene 8 años. Es **menor** (o **más**
        joven) que su padre.
    I. Su padre tiene 60 años. Es **mayor** (o **más**
       viejo) que su hijo. Es **el mayor** de los tres.

II. Comparaciones de igualdad

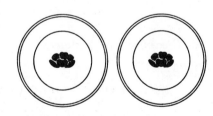

    A. Un plato es **tan** bueno **como** el otro.

    B. Una botella tiene **tanta** leche **como** la otra.

EJERCICIOS ORALES O ESCRITOS

I. Verbos irregulares en el pretérito

A. *Cambie el verbo del presente al pretérito.*

Modelo: digo   *dije*
            ella está   *ella estuvo*

1. quiero
2. ella viene
3. podemos
4. ellos saben
5. traigo
6. pones
7. Ud. hace
8. digo
9. él reduce
10. ellos andan
11. estoy
12. Uds. tienen
13. ella pone
14. vengo
15. decimos
16. hago
17. ellos traen
18. sé
19. estamos
20. pongo
21. puedo
22. soy
23. voy
24. doy

B. *Conteste.*

Modelo: ¿Fuiste al cine anoche?   *No, no fui.*

1. ¿Anduvo Ud. mucho ayer?
2. ¿Trajo ella su libro?
3. ¿Estuvimos en clase una hora?
4. ¿Hiciste un viaje el verano pasado?
5. ¿Fueron ellas a la fiesta anoche?
6. ¿Vino él a clase solo?
7. ¿Dijeron Uds. «buenos días» ayer?
8. ¿Puso Ud. sus cosas debajo de la silla?
9. ¿Pudieron ellas llegar a la hora?
10. ¿Tuviste dificultad con los ejercicios?
11. ¿Fue Ud. el único estudiante en su grupo?
12. ¿Supiste pronunciar los verbos irregulares ayer?

C. *Complete con el pretérito.*

Modelo: Ayer yo (saber) *supe* que un amigo mío (estar) *estuvo* muy enfermo.
            Por eso (ir) *fui* a su casa para animarle un poco.

A las dos y media de la mañana, el joven oyó un ruido *(noise)*. ¿Quién, o qué (hacer) _____ ese ruido en la calle? Él inmediatamente (tener) _____ miedo. (Querer) _____ gritar pero no (poder) _____ ni abrir la boca. Silencio . . . . (Oír) _____ el ruido otra vez. Ahora sí (poder) _____ gritar. Su mamá (venir) _____ a calmarlo. El hijo y su mamá (ir) _____ a la ventana. «Quizás el cuento de gigantes . . . y el viento», (decir) _____ la mamá. Ella le (traer) _____ agua del cuarto de baño, la (poner) _____ en la mesilla al lado de la cama y le (dar) _____ un abrazo. El joven no (oír) _____ más ruidos esa noche.

II. Los números

A. *Sume.*

Modelo: Diez y diez son *veinte.*

1. Diez y veinte son _____.
2. Veinte y veinte son _____.
3. Cuarenta y cuatro son _____.
4. Treinta y veinte son _____.
5. Treinta y treinta son _____.
6. Cuarenta y treinta son _____.

7. Cuarenta y cuarenta son _____.
8. Sesenta y treinta son _____.
9. Cincuenta y cincuenta son _____.
10. Quince y quince son _____.
11. Once y once son _____.
12. Dieciséis y dieciséis son _____.

B. ¿Cuántos años tiene . . . ?

Modelo: ¿Cuántos años tiene su hermana? (17)
Tiene diecisiete años.

1. ¿Cuántos años tiene Andrés? (9)
2. ¿Cuántos años tiene su padre? (39)
3. ¿Cuántos años tiene su hermana? (14)
4. ¿Cuántos años tiene su tío? (41)
5. ¿Cuántos años tiene su abuelo? (77)
6. ¿Cuántos años tiene el anciano? (96)

C. *Exprese en español.*

Modelo: 131 ideas   *ciento treinta y una ideas*

1. 100 hombres
2. 100 mujeres
3. 101 casas
4. 200 libros
5. 300 cosas

6. 440 días
7. 555 objetos
8. 678 palabras
9. 771 discos
10. 816 coches

11. 999 revistas
12. 1.000 personas
13. 3.000 teléfonos
14. 15.543 familias
15. 2.000.000 de nombres

D. ¿Qué fecha es?

	DÍA	MES	AÑO
Modelo:	4	VII	1776

el cuatro de julio de mil setecientos setenta y seis

	DÍA	MES	AÑO		DÍA	MES	AÑO
1.	30	IV	711	5.	31	I	1958
2.	12	X	1492	6.	11	XI	1965
3.	18	VII	1936	7.	1	III	1980
4.	7	XII	1941	8.	25	XII	1986

III. *Complete con* **qué, cuál** *o* **cuáles.**

1. ¿_____ es un pasatiempo?
2. ¿En _____ casa vive Ud.?
3. ¿_____ de los discos es de Daniel?
4. ¿En _____ derechos insisten las mujeres?
5. ¿_____ es su ciudad favorita?
6. ¿_____ refrescos compran las secretarias?
7. ¿_____ es esto?
8. ¿_____ de ellas vive en la calle de Ud.?
9. ¿_____ es una ilusión?
10. ¿_____ de los estudiantes es español?
11. ¿_____ de los estudiantes beben refrescos?
12. ¿_____ es su número de teléfono?

IV. Comparaciones

A. *Prepare una frase comparativa con* **tanto (-a) . . . como** *o* **tantos (-as) . . . como.**

Modelo: María tiene . . . Jorge. (hermanas)
María tiene tantas hermanas como Jorge.

Tienda cubana del oeste de la Ciudad de Nueva York (Estados Unidos)

1. Yo gasto . . . él. (dinero)
2. Roberto estudia . . . ella. (horas)
3. Esteban no mira . . . su hijo. (televisión)
4. Tenemos . . . la otra clase. (exámenes)
5. Los hombres no toman . . . los chicos. (refrescos)
6. La hija no tiene . . . la madre. (años)
7. La señora no tiene . . . la chica. (miedo)
8. ¿Tienen las mujeres . . . los hombres? (derechos)

B. *Prepare una frase comparativa con* **tan . . . como.**

Modelo: El gato no es . . . el perro. (feroz)
   El gato no es tan feroz como el perro.

   Bárbara habla . . . Carmen. (rápidamente)
   Bárbara habla tan rápidamente como Carmen.

1. Una bicicleta no es . . . un coche. (complicado, -a)
2. Él llega . . . ella. (tarde)
3. Mi familia vive . . . la familia de él. (modestamente)
4. La nota «B» no es . . . la nota «A». (bueno, -a)
5. Los profesores están . . . los estudiantes. (cansado, -a)
6. El sábado no comemos . . . el lunes. (temprano)
7. Las mujeres son . . . los hombres. (inteligente)
8. El inglés no es . . . el español. (lógico, -a)

C. *Prepare una frase con* **el (la) menor de, el (la) mayor de, los (las) menores de,** *o* **los (las) mayores de.**

Modelo: Paco . . . la familia. (menor)
   Paco es el menor de la familia.

1. Ted . . . el grupo. (mayor)
2. Sue y Betty . . . la familia. (menor)
3. La profesora y la Sra. Smith . . . la clase. (mayor)
4. Jane . . . el grupo. (mayor)
5. Joe y Bill . . . el club. (menor)
6. Jim, Alice y Ann . . . el grupo. (menor)

D. *Prepare una frase con* **el (la) mejor de, el (la) peor de, los (las) mejores de,** *o* **los (las) peores de.**

Modelo: Mi familia . . . el mundo. (mejor)
   Mi familia es la mejor del mundo.

1. Mi compañero de cuarto . . . la residencia. (peor)
2. Nuestra mesa . . . el restaurante. (mejor)
3. Los ejemplos . . . el libro. (mejor)
4. La notas de Jim y Sue . . . la clase. (peor)
5. Mis padres . . . el mundo. (mejor)
6. La frase de Ellen . . . la clase. (mejor)

En Miami, Florida
(Estados Unidos)

 LECTURA

El censo y los hispanos

Se cree que en los Estados Unidos residen de unos veinte a treinta y seis millones de hispanos pero no sabemos exactamente cuántos hay, pues antes de 1980, no se hizo un esfuerzo *(effort)* serio para determinar el número.

Para empezar, es difícil identificar a los hispanos. No son una raza y por
5   eso pueden ser europeos puros o de tipo mediterráneo de piel oscura. Además, pueden ser indios o negros o una mezcla de dos o más razas. Pueden tener apellido alemán, árabe, chino, inglés, italiano, etcétera. Se pueden llamar Owen, Muvdy, Chang, Boudy, O'Higgins o Smith. Lo que los distingue no es el apellido sino *(but rather)* que ellos mismos se asocian con la cultura hispánica o
10 con un país de habla española. En el pasado mientras que el censo trató de identificar a los hispanos a través del *(by means of)* apellido, los intentos fracasaron *(failed)*. Por ejemplo, mujeres hispanas que contrajeron *(contracted)* matrimonio con hombres angloamericanos y asumieron el apellido de su esposo no fueron contadas como hispanas.

15 Con el censo de 1980 el caso fue diferente: las personas que quisieron, se pudieron identificar como hispanos. Por eso se sabe ahora, con relativa seguridad, que hay más de dieciséis millones de hispanos en los Estados Unidos. Sin embargo, no se sabe cuántos son exactamente ya que *(since)* hay un gran número que está en el país ilegalmente: los «indocumentados». Los indocumen-
20 tados no se pueden contar eficazmente porque muchos de ellos no quieren ser contados. Además, la oficina del censo no tiene suficientes enumeradores *(counters)* conocedores de español para entrevistar a todas las familias de habla española.

Entre los problemas relacionados con las minorías se hallan los siguientes.
25 Es inconveniente contar a personas que viven en regiones remotas. Es difícil

convencer a todo el mundo que es muy importante completar el cuestionario. Muchas personas forasteras *(foreign)* desconfían del gobierno y de sus agencias. Para solucionar los problemas el gobierno de los Estados Unidos procuró ocupar a personas pertenecientes a minorías. Se preparó un cuestionario en 30 español y se pusieron anuncios en la televisión con el propósito *(purpose)* de informar a las minorías sobre la importancia del censo.

En cuanto al cuestionario general, todavía se puede mejorar; sin embargo, en 1980 se hizo mucho para aliviar los problemas más serios.

PREGUNTAS SOBRE LA LECTURA

1. ¿Cuántos hispanos se cree que residen en los Estados Unidos?
2. ¿Cuándo se hizo, por primera vez, un esfuerzo serio por contar a los hispanos a través del censo?
3. ¿Cómo se identificó a una persona hispana en el censo de 1980?
4. Antes de 1980, ¿cómo se trató de identificar a los hispanos?
5. ¿Por qué fracasaron intentos anteriores a 1980?
6. ¿Cómo fue distinto el censo de 1980?
7. Según el censo de 1980, ¿cuántos hispanos residen en los Estados Unidos?
8. ¿A quiénes se refiere el término «los indocumentados»?

PREGUNTAS PERSONALES BASADAS EN LA LECTURA

1. En su familia ¿quién completó el cuestionario del censo?
2. ¿Sabe Ud. por qué el censo es importante?
3. ¿Conoce Ud. a algunos *(some)* hispanos?
4. ¿Qué concepto tiene Ud. de los hispanos?
5. ¿Conoce Ud. a una persona hispana casada *(married)* con una persona angloamericana?
6. ¿Cada cuántos *(how often)* años se lleva a cabo el censo en los Estados Unidos?
7. ¿Quién fue el presidente de los Estados Unidos en 1980?

EJERCICIO SOBRE LA LECTURA

*Conteste si es **verdad** o **mentira**.*

_____ 1. Es posible encontrar un nombre como Owen entre los hispanos.
_____ 2. Antes de 1980 la mayor parte de las mujeres hispanas casadas con hombres angloamericanos no fueron contadas como hispanas.
_____ 3. Según el censo de 1980, hay veinte millones de hispanos en los Estados Unidos.
_____ 4. El censo no es exacto porque no se pudieron tomar en cuenta los indocumentados y porque es más difícil contar las minorías que la población en general.
_____ 5. Se preparó un cuestionario en español para los hispanohablantes que no saben inglés.

COMPOSICIÓN ORAL O ESCRITA

Prepare una composición de 8 a 10 líneas sobre uno de los temas siguientes.

1. Un viaje a . . . . ¿Quién fue con Ud.? ¿Cómo fue Ud. al lugar? ¿Cuánto tiempo estuvo allí? ¿Qué hizo? ¿Qué trajo? etc.
2. Una descripción de su familia con muchos comparativos y superlativos. ¿Quién es el mayor? ¿El menor? ¿El más grande? ¿El más pequeño? ¿El más o el menos ocupado?, etc.
3. Un resumen (*summary*) en sus propias palabras: «El censo y los hispanos».

 # VOCABULARIO

SUSTANTIVOS

SUSTANTIVOS MASCULINOS

Acapulco	el esfuerzo	el ruido
el anuncio	el gigante	el silencio
el apellido	el gobierno	el sonido
el asunto	el habitante	Taxco
el baño	el hispanohablante	el tipo
el billón	el intento	el varón
el caso	el matrimonio	el viento
el censo	el participio	el vino
el cuestionario	el presidente	
Chapultepec	el propósito	

SUSTANTIVOS FEMENINOS

la aceptación	la desigualdad	la mezcla
la agencia	la excursión	la minoría
la boca	el habla	la opinión
la botella	la igualdad	la oración
la busca	la importancia	la raza
la capacidad	la leche	la región
la cifra	la manera	la sierra
la comparación	la mesilla	la variación

SUSTANTIVOS MASCULINOS Y FEMENINOS

el ciudadano/la ciudadana   el indio/la india   el negro/la negra

ADJETIVOS

alemán, -ana
angloamericano, -a
árabe
caro, -a
comparativo, -a
conocedor(a)
contado, -a
distinto, -a
enumerador(a)
exacto, -a
forastero, -a

graduado, -a
ilegal
indocumentado, -a
inmediato, -a
italiano, -a
mayor
mediterráneo, -a
nativo, -a
oscuro, -a
perteneciente

problemático, -a
puro, -a
rápido, -a
relacionado, -a
remoto, -a
satisfecho, -a
segundo, -a
serio, -a
suficiente
superlativo, -a

ADVERBIOS

además
antes
eficazmente
exactamente

peor
quizás
sólo

tan
todavía
últimamente

VERBOS

VERBOS EN -ar

aliviar
animar
**aplicar
asociar
aumentar
calmar
**conjugar
conservar
contar (ue)

dejar
denunciar
determinar
emplear
entrevistar
formar
fracasar
hallar

**identificar
informar
lograr
mejorar
ocupar
procurar
solucionar
tratar

VERBOS EN -er

*contraer
**convencer
correr

**desaparecer
equivaler

perder
**reconocer

VERBOS EN -ir

abrir
asumir
**conducir

**distinguir
**producir
**reducir

residir
sentir (ie, i)

CIFRAS

billón (1.000.000.000.000)	mil millones (1.000.000.000)	quinientos, -as
cien (ciento)	millón (1.000.000)	seiscientos, -as
cincuenta	novecientos, -as	sesenta
cuarenta	noventa	setecientos, -as
cuatrocientos, -as	ochenta	setenta
doscientos, -as	ochocientos, -as	trescientos, -as
mil (1.000)		

EXPRESIONES

a través de	contraer matrimonio	sin embargo
en cuanto a	ellos mismos	ya que

OTROS

sin	sino que

SUPLEMENTO DE VOCABULARIO: MEDIDAS

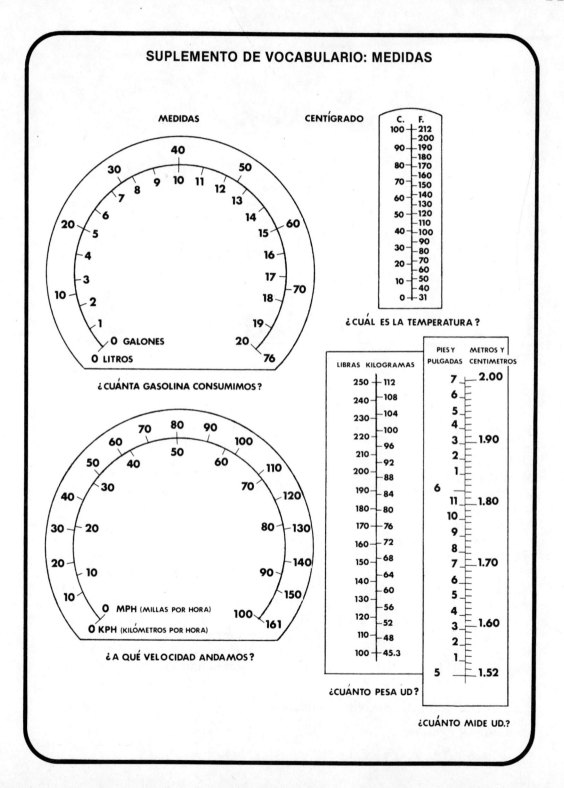

MEDIDAS

CENTÍGRADO

¿CUÁL ES LA TEMPERATURA?

¿CUÁNTA GASOLINA CONSUMIMOS?

¿A QUÉ VELOCIDAD ANDAMOS?

¿CUÁNTO PESA UD.?

¿CUÁNTO MIDE UD.?

Lección 11

Recuerdos de mi niñez

INTRODUCCIÓN

I. El imperfecto

PRESENTE

Yo **estoy** en (la) casa de mis abuelos.
Tú no **estás** aquí.
Mi hermano sí **está** aquí.
Mi hermano y yo **estamos** aquí.
Mis padres **están** aquí también.
Mis abuelos **tienen** una casa grande y nosotros **tenemos** un apartamento.
Yo **tengo** dieciocho años ahora, y mi hermano **tiene** dieciséis.
¿Cuántos años **tienes** ahora?
Tú **eres** mi amiga ahora.
Mi abuelo **es** dentista y yo **soy** estudiante.
Mis abuelos **son** ancianos y nosotros **somos** jóvenes.
Hay seis personas en mi familia.
Hay cuatro dormitorios en mi casa.

IMPERFECTO

Yo **estaba** en (la) casa de mis abuelos.
Tú no **estabas** allí.
Mi hermano sí **estaba** allí.
Mi hermano y yo **estábamos** allí.
Mis padres **estaban** allí también.
Mis abuelos **tenían** una casa grande y nosotros **teníamos** un apartamento.
Yo **tenía** ocho años entonces, y mi hermano **tenía** seis.
¿Cuántos años **tenías** entonces?
Tú no **eras** mi amiga entonces.
Mi abuelo **era** dentista y yo **era** estudiante.
Mis abuelos **eran** ancianos y nosotros **éramos** jóvenes.
Había seis personas en mi familia.
Había cuatro dormitorios en mi casa.

II. Dos pronombres como complementos

DECLARACIÓN Y PREGUNTA

¿Qué hace Juan con el periódico?

RESPUESTA

Me lo trae.

148

¿Qué haces con el paquete? | **Te lo** traigo.
¿Qué hacen ellos con los libros? | **Nos los** traen.
¿Qué hizo María con las revistas? | **Me las** dio.
¿Qué hizo Ud. con la carta? | **Se la** leí a José.
¿Qué hicieron con los refrescos? | **Se los** sirvieron a sus amigos.
¿A quién vendiste el coche? | **Se lo** vendí a Carlos.

III. Los demostrativos

aquí	**allí**	**más allá**
Este edificio (aquí) es la residencia estudiantil.	**Ese** edificio (allí) es para las clases de ciencias.	**Aquel** edificio (más allá) es un banco.
Esta calle es University Drive.	**Esa** calle es Elm.	**Aquella** calle es Main.
Estos edificios son residencias estudiantiles.	**Esos** edificios son para las clases.	**Aquellos** edificios están en el centro comercial.
Estas calles son parte de la universidad.	**Esas** calles tienen poco tráfico.	**Aquellas** calles tienen mucho tráfico.
No comprendo **esto**.	**Eso** es imposible.	Yo no sabía **aquello**.

DECLARACIÓN Y PREGUNTA	RESPUESTA
¿De quiénes son esos libros?	**Éste** es de José, **ése** es de Guillermo y **aquél** es de María.
¿Cuánto cuestan esas revistas?	**Ésta** cuesta un peso, **ésas** cuestan dos y **aquéllas** cuestan más.

IV. Los números ordinales: **primero (primer), segundo, tercero (tercer), cuarto, quinto, sexto, séptimo, octavo, noveno, décimo**

¿Cuáles son el **primer** mes y el **tercer** mes del año? | El **primero** es enero y el **tercero** es marzo.
¿Cuáles son las preguntas más fáciles? | La **segunda** pregunta es fácil. **La cuarta** es fácil también.
¿Cómo son la **quinta** y la **sexta** lecciones? | Son menos difíciles que la **séptima** y la **octava**.
¿No es éste su **décimo** libro? | Creo que es el **noveno**.

V. El sufijo diminutivo: **-ito, -ita**

¿Dónde están los platos y las tazas pequeños? | Los **platitos** y las **tacitas** están en la mesa.
¿En qué mesa? No los veo. | Están en la **mesita** de la niña.

EXPLICACIONES

 I. El imperfecto

A. Modelos regulares

		Verbos en **-ar**	Verbos en **-er, -ir**
		estar	**tener**
	yo	est**aba**	ten**ía**
	tú	est**abas**	ten**ías**
él, ella, Ud.		est**aba**	ten**ía**
nosotros, nosotras		est**ábamos**	ten**íamos**
vosotros, vosotras		est**abais**	ten**íais**
ellos, ellas, Uds.		est**aban**	ten**ían**

B. Verbos irregulares

ser	**ir**	**ver**
era	iba	veía
eras	ibas	veías
era	iba	veía
éramos	íbamos	veíamos
erais	ibais	veíais
eran	iban	veían

C. Usos del imperfecto

Descripción en el pasado: **estaba** *(was)*, **tenía** *(had)*, **era** *(was)*, **había** *(there was, there were)*

Estado mental en el pasado: **pensaba, necesitaba, odiaba** *(hated),* **respetaba, ignoraba** *(was unaware of),* **sabía, quería, creía, prefería, conocía, parecía**

Acciones progresivas en el pasado *(was . . . -ing, were . . . -ing):* **estudiaba, aprendía, iba** y los otros verbos de acción

Acciones acostumbradas en el pasado *(used to . . .):* **trabajaba, veía, vivía** y los otros verbos de acción

La hora en el pasado: **Eran las dos de la tarde,** etc. **Era la una.**

No hay cambios en el radical del imperfecto como los hay en el presente. Los usos del imperfecto no coinciden con los del pretérito.

II. Dos pronombres como complementos

A. me lo, me la, nos lo, nos la, te lo, te la

Jorge me da el sobre.   Jorge **me lo** da.
                          Jorge **me lo** quiere dar.

La señora nos trae las papas.   La señora **nos las** trae.
                                  La señora **nos las** va a traer.

El complemento indirecto siempre precede al complemento directo.

B. se lo, se la, se los, se las

Jorge le da el sobre.   Jorge **se lo** da.
La señora les trae los frijoles. La señora **se los** trae.

Si dos pronombres comienzan con la letra ele (**l**) no se combinan; en tal caso el pronombre **se** substituye a **le** o **les**.

III. Los demostrativos

A. Adjetivos

este árbol   **estos** árboles
esta conferencia **estas** conferencias

El adjetivo demostrativo precede al sustantivo que modifica. **Este, esta, estos** y **estas** indican algo que está cerca de la persona que habla.

ese libro   **esos** libros
esa mesa   **esas** mesas

Ese, esa, esos y **esas** indican algo que está cerca de la persona con quien se habla.

aquel muchacho   **aquellos** muchachos
aquella muchacha **aquellas** muchachas

Aquel, aquella, aquellos y **aquellas** indican algo que está lejos en espacio o tiempo de las personas que hablan.

B. Pronombres

¿En qué casa vive Ud.?   Vivo en **aquélla.**
¿Cuál de los libros quiere Ud. comprar? Quiero comprar **ése.**
¿Cuáles son nuestras sillas?   **Éstas** son nuestras sillas.

Los pronombres demostrativos masculinos y femeninos tienen un acento escrito.

C. El pronombre demostrativo para expresar *the latter . . . the former*

Juan y María son estudiantes. **Ésta** estudia ciencias y **aquél** estudia lenguas.

Las hermanas Ruiz y los señores Gómez son mis tíos. **Éstos** viven en Puerto Rico y **aquéllas** viven en Miami.

Los pronombres demostrativos **éste, ésta, éstos, éstas** se usan para expresar *the latter* y los pronombres **aquél, aquélla, aquéllos, aquéllas** se usan para expresar *the former*. Note la concordancia y la secuencia de estos pronombres en el modelo.

D. Pronombres demostrativos neutros: **esto, eso, aquello**

¿Qué es **esto?**   Por **eso** estoy aquí.   No recuerdo **aquello.**

Esto, eso y **aquello** son neutros, no masculinos. Indican un objeto no identificado, una idea, una situación o una declaración, pero no indican un sustantivo específico.

IV. Los números ordinales

1°* primero, -a (primer)	El **primero** de abril.
2° segundo, -a	El **primer** día de abril.
3° tercero, -a (tercer)	La **cuarta** semana del semestre.
4° cuarto, -a	El **sexto** piso.
5° quinto, -a	
6° sexto, -a	
7° séptimo, -a	
8° octavo, -a	
9° noveno, -a	
10° décimo, -a	

Los números ordinales concuerdan *(agree)* con el sustantivo que modifican. El uso de **primer** y **tercer** sigue el modelo del artículo indefinido **un, uno, una;** es decir que la forma abreviada masculina **(un, primer, tercer)** solamente precede al sustantivo masculino.

V. El sufijo diminutivo: **-ito, -ita**

platito = plato pequeño
tacita = taza pequeña
perrito = perro pequeño o querido *(dear)*
abuelita = abuela querida

El sufijo diminutivo **-ito, -ita,** en ciertos sustantivos y ciertos adjetivos, indica algo pequeño o querido.

EJERCICIOS ORALES O ESCRITOS

I. El imperfecto

A. *¿Cuál es la forma del verbo en el imperfecto?*

Modelo: estar   ella *estaba*

1. *necesitar*	2. *vivir*	3. *querer*
yo _____	él _____	yo _____
nosotros _____	ellos _____	tú _____
Ud. _____	yo _____	Ud. _____
tú _____	Uds. _____	Uds. _____

* El símbolo 1° (primero) o 1ª (primera) = 1st en inglés.

4. *ver*
   nosotros _____
   ella _____
   yo _____
   tú _____

5. *ser*
   yo _____
   Ud. _____
   nosotros _____
   ellas _____

6. *ir*
   Uds. _____
   tú _____
   Ud. _____
   yo _____

B. El imperfecto: verbos de descripción y de estado mental

Cambie al imperfecto.

Soy un niño y mis juguetes son pequeños. Creo que en el mundo de mis padres todo es grande. Sin embargo, ellos tienen mucha consideración conmigo. Mi madre es muy buena y siempre tiene tiempo para hablar conmigo. Ella sabe cuándo la necesito. A veces tengo problemas y entonces es necesario olvidar las cosas malas y disfrutar de la vida. Creo que mi padre lo sabe todo. Puede ser tan cariñoso conmigo como mi madre. Preferimos estar solos cuando no hay nada que hacer. Conoce mis pensamientos y está interesado en mis actividades. Cuando no queremos hablar sabemos que no necesitamos hablar.

En Barcelona (España)

C. El imperfecto: verbos de acción y la hora

Conteste.

Modelo: ¿Dónde vivía Ud. cuando tenía diez años?   *Vivía en Atlanta.*

1. ¿Quién lo veía a Ud. todos los días cuando era joven?
2. ¿Adónde iba Ud. durante los veranos?
3. ¿Qué hora era cuando llegasteis a la clase hoy?
4. ¿En qué idioma hablabas cuando vino la profesora?
5. ¿Qué refrescos compraban Uds. cuando eran niños?
6. ¿A qué hora ibas a clase en la escuela primaria?
7. ¿Qué deportes jugabas cuando eras joven?
8. ¿Qué programas de televisión miraba Ud. cuando era joven?
9. ¿Qué música escuchabas cuando estudiabas en el tercer grado?
10. ¿Quién te preparaba las comidas el verano pasado?
11. ¿Qué te gustaba hacer cuando eras joven?
12. ¿A qué escuela asistía Ud. cuando tenía 15 años?
13. ¿Qué hora era cuando saliste de la clase ayer?
14. ¿Qué libros leías cuando tenías 13 años?

II. Dos pronombres como complementos

A. *Repita la frase, substituyendo las palabras indicadas con el pronombre correspondiente.*

Modelo: Ella me compró *el libro.*   *Ella me lo compró.*
    Paco me va a dar *los libros.*   *Paco me los va a dar.*

1. Mi abuelo nos preparaba *la carne.*
2. Mis padres no me contaron *muchos cuentos.*
3. Los estudiantes me van a traer *las composiciones.*
4. El profesor os explica *la lección.*
5. El reloj nos da *la hora.*
6. Ella no nos servía *refrescos.*
7. Anita les iba a escribir *una carta.*
8. La biblioteca no nos vende *libros.*
9. Su madre les sirvió *la comida.*
10. La profesora no me quería mostrar *el papel.*
11. El cartero le traía a ella *los paquetes.*
12. ¿Quién te compró *las flores?*
13. Había mucho ruido y el hombre le tenía que gritar *los detalles.*
14. Ella nos abrió *la botella.*

B. *Conteste*

Modelo: ¿Qué hace Juan con el
paquete? *Él me lo* da a *mí*.
 1. 2. 3.   4.

1. ¿Qué hace Ud. con las flores?
_____ doy a _____.

2. ¿Qué hace Anita con los refrescos?
_____ sirve a _____.

3. ¿Qué hace Pepe con los periódicos?
_____ vende a _____.

4. ¿Qué hacen Ana y Juan con los
libros?
_____ dan a _____.

5. ¿Qué hace Ud. con la carta?
_____ leo a _____.

C. *Conteste, empleando dos complementos.*

Modelo: ¿Quién le escribe cartas a Ud.?   *Mi madre me las escribe.*

1. ¿Nos vende libros la biblioteca?
2. ¿Quién les va a explicar a Uds. la próxima lección?
3. ¿Te compraron los zapatos tus padres?
4. ¿Me escriben Uds. la composición ahora?
5. ¿Quién le prepara a Ud. la comida en casa?
6. ¿Nos dice la hora el calendario?
7. ¿Me van Uds. a servir refrescos en la clase?
8. ¿Le quiere Ud. dar su libro a ella?
9. ¿El profesor le exige a Ud. mucho trabajo?
10. ¿Quién les trae a Uds. la comida en un restaurante?

III. Los demostrativos

A. *Complete la frase con una forma de* **este, ese** *o* **aquel.**

Modelo: _____ taza es de mi madre. (aquí)   *Esta taza es de mi madre.*

1. ¡Qué bonito es _____ edificio! (más allá)
2. ¿Quiere Ud. _____ revistas que tiene allí?
3. _____ discos que tengo aquí son de mi hermana.
4. ¿Cómo se llama _____ señorita que veo a lo lejos?
5. _____ cartas que tengo aquí están en español.
6. Roberto, ¿te gusta _____ novela que tienes allí?
7. Quiero tomar una taza de café. La voy a buscar en _____ cafetería que está más allá.
8. ¿Es nuevo _____ suéter que lleva Ud.?
9. _____ vestido es de tres colores. (aquí)
10. _____ chicos asisten a otra escuela. (más allá)

B. *Complete la frase con una forma de* **éste, ése** *o* **aquél.**

Modelo: ¿Qué libro quiere Ud.?
          Quiero éste que tengo en la mano.

          José es profesor y Mary es dentista.
          Ésta es norteamericana y aquél es mexicano.

1. ¿En qué casa vive Ud.? Vivo en _____ que está allá lejos.
2. ¿Qué disco quiere Ud.? Quiero _____ que Ud. tiene porque es nuevo.
3. Marta habla con Tomás. _____ es profesor y _____ es dentista.
4. Fred y Tom viven cerca de Juana y Paquita. _____ son cubanas pero _____ son norteamericanos.
5. Aquí tenemos muchas fotografías. _____ que tengo aquí son de mis hijos y _____ que Ud. tiene son de mis padres.
6. ¿Qué coche prefiere Ud.? Prefiero _____ (aquí).

7. Hay varios restaurantes en la calle. _____ (más allá) es bueno pero _____ (aquí) es mejor.

8. ¿Qué prefiere Ud., la blusa azul o el vestido rojo? _____ es bonito pero _____ es más práctica.

C. *Describa este dibujo usando* **esta, este, esa, ese, aquella, aquel.**

Esta casa
Este auto

Esa casa
Ese auto

Aquella casa
Aquel auto

IV. Los números ordinales

Conteste la pregunta.

Modelo: ¿Cuál es el tercer día de la semana?
   El tercer día de la semana es miércoles.

1. ¿Cuál es la fecha de hoy? ¿Es el primero de octubre?
2. ¿Cuál es el primer número, el uno o el dos?
3. ¿Cuál es la primera letra del alfabeto?
4. ¿Cuál es el segundo día de la semana?
5. ¿Cuál es la segunda letra del alfabeto?
6. ¿Cuál es el tercer número, el uno, el dos o el tres?
7. ¿Cuál es la tercera letra del alfabeto?
8. ¿Cuál es el cuarto día de la semana?

9. ¿Cuál es la cuarta letra del alfabeto español?
10. ¿Cuál es el quinto mes del año?
11. ¿Cuál es la sexta letra del alfabeto español?
12. ¿Cuál es el séptimo mes del año?
13. ¿Cuál es la octava letra del alfabeto?
14. ¿Cuál es el noveno mes del año?
15. ¿Cuál es la décima letra del alfabeto español?

V. Los sufijos diminutivos **-ito, -ita, -itos, -itas**

Conteste según el modelo.

Modelo: ¿Cómo llamamos una casa pequeña?   *casita*
   ¿Cómo llamamos a Ana si es pequeña o querida?   *Anita*

1. ¿Cómo llamamos un plato pequeño?
2. ¿Cómo llamamos a Juan si es pequeño o querido?
3. ¿Cómo llamamos a los perros pequeños?
4. ¿Cómo llamamos a una hermana pequeña o querida?
5. ¿Cómo llamamos una taza pequeña?
6. ¿Cómo llamamos las sillas pequeñas?
7. ¿Cómo llamamos a abuelos queridos?
8. ¿Cómo llamamos una cuchara pequeña?
9. ¿Cómo llamamos a Paco si es pequeño o querido?
10. ¿Cómo llamamos las lámparas pequeñas?

 LECTURA

Recuerdos de mi niñez

Cuando yo era niño, creía que este mundo era de gigantes. Era pequeño y mis juguetes eran pequeños. También mi perro era pequeño. Tenía una cucharita, un platito, una tacita (taza pequeña) y otros utensilios pequeños para comer. En el mundo de mis padres, en cambio, todo me parecía grandísimo: las sillas, los
5   libros, las mesas, todo. Sin embargo, mis padres eran muy cariñosos y siempre tenían mucha consideración conmigo (con + mí) a causa de mi tamaño.

   Mi mamá era muy buena. Siempre tenía tiempo para hablar conmigo y leer cuentos interesantes de niños. Ella era «la columna» de la familia y siempre sabía cuándo la necesitábamos. Nunca voy a olvidar que, cuando yo estaba en
10   la escuela, ella siempre era muy comprensiva, especialmente, los primeros días. A veces, cuando yo tenía problemas en la escuela con algún muchacho, ella me decía que había que *(one had to)* olvidar las cosas malas y disfrutar de la vida cuando éramos chiquitos porque era la mejor época de nuestra vida.

—Hijito, ¿Por qué estás tan triste? ¿Es por ese muchacho de la escuela?
15   —Sí, mamá.
—¿Te dice cosas que te afectan mucho?
—Sí.
—Esas cosas no tienen importancia, hijo.

—Sí, mamá, ya me lo dijiste.

20   —¿No lo crees?

—Sí te creo, mamá.

—¿Quieres un chocolate caliente?

—Sí.

—Si me das un besito.

25   —Está bien, mamá, te lo doy.

Mi padre no era un hombre importante pero sí era bueno y éste (mi padre) podía ser tan cariñoso conmigo como aquélla (mi madre). Yo creía que él lo sabía todo. Cuando no había nada más que hacer, preferíamos hablar solos. Por eso conocía todos mis pensamientos sobre mi buen amigo Juan, mi perro, mis

30   fantasías y muchas otras cosas. Siempre estaba muy interesado en mis actividades. Cuando no queríamos hablar, sabíamos que no necesitábamos hablar.

—Papá, ¿por qué hay noche y día?

—Eso tiene que ver con la posición de la tierra relacionada con el sol.

35   —¿Por qué llueve?

—Cuando las nubes están cargadas de agua, la lluvia cae de ellas.

—¿Existen de verdad los tiburones?

—Sí, hijo, esos monstruos son verdaderos.

—¿Por qué se* comen a la gente?

40   Mi padre era tan importante para mí como mis amigos, mi madre, la escuela y mis actividades. Nunca voy a olvidar éstos, los buenos ratos de mi niñez.

PREGUNTAS SOBRE LA LECTURA

1. ¿Qué creía el narrador cuando era niño?
2. ¿Cómo eran las cosas del narrador? ¿Qué tenía?
3. ¿Cómo era el mundo de sus padres? ¿Qué tenían ellos?
4. ¿Cómo eran sus padres con él?
5. ¿Quién tenía tiempo para hablar con él y leer cuentos?
6. ¿Por qué era su madre «la columna» de la familia?
7. ¿Cuándo era ella especialmente comprensiva?
8. ¿Dónde tenía problemas, a veces, el narrador?
9. ¿Qué decía su madre?
10. ¿Cómo le contestaba la madre al niño?
11. ¿Qué no era su padre?
12. ¿Cómo podía ser su padre?
13. ¿Qué pensaba el narrador de su padre? (Creía que . . .)
14. ¿Cuándo preferían hablar solos él y su padre?
15. ¿Qué preguntas le hacía el niño al padre?
16. ¿Cómo se las contestaba el padre?
17. ¿Qué importancia tenía el padre para el chico?
18. ¿Qué no va o olvidar nunca el narrador?

* Aquí **se** tiene una función de énfasis. Ejemplo: **se lo comió todo** (he ate it all up).

PREGUNTAS PERSONALES BASADAS EN LA LECTURA

Vea también el dibujo en esta página.

1. ¿Dónde estabas?
2. ¿Dónde estaba tu perrito (tu mamá, el libro, la mesa)?
3. ¿Dónde estaban tus juguetes (las cucharas, las tazas)?
4. ¿Cómo era tu silla (tu plato, tu cuchara, tu taza)?
5. ¿Qué había encima de la mesa grande (tu mesita)?
6. ¿Qué tenía tu mamá en la mano?
7. ¿Qué tenías tú en las manitas?

8. ¿Qué tenía el gigante en la mano?
9. ¿En qué pensabas tú?
10. ¿Cómo era tu mamá (el cuento, tu perrito, el gigante)?
11. ¿Cómo parecía el mundo?
12. ¿Cuántos años tenías?
13. ¿Cuántos años tenía tu mamá?
14. ¿De qué color era el coche (la camisa del gigante, la mesa)?
15. ¿Qué había en el suelo?
16. ¿Tenías miedo de los gigantes?

EJERCICIO SOBRE LA LECTURA

*Conteste si la frase es **verdad** o **mentira**.*

_____ 1. El narrador tenía de 4 a 7 años cuando pasó lo que narra.
_____ 2. Hace preguntas que todos los niños hacen.
_____ 3. El padre del niño era un hombre muy importante.
_____ 4. Cuando estaba con su padre, el niño siempre hablaba de una cosa o de otra.
_____ 5. El narrador nunca va a olvidar los buenos ratos de su niñez.

COMPOSICIÓN ORAL O ESCRITA

Prepare una composición de 8 a 10 líneas sobre uno de los temas siguientes.

1. ¿Cómo era su profesora favorita (profesor favorito)? ¿Quién era? ¿En qué grado estaba Ud.? ¿Qué le decía a Ud.?, etc. (Use los verbos de descripción, de estado mental y de acción en el pasado.)
2. ¿Qué hacía Ud. los sábados cuando tenía 16 años? ¿Trabajaba Ud.? ¿Adónde iba? ¿Qué prefería? ¿Qué no le gustaba?, etc.
3. Recuerdos de su niñez

VOCABULARIO

SUSTANTIVOS

SUSTANTIVOS MASCULINOS

el centro	el imperfecto	el respeto
el complemento	el juguete	el sabio
el cuento	el monstruo	el sol
el demostrativo	el muchacho	el tamaño
el edificio	el narrador	el tiburón
el efecto	el pensamiento	el utensilio
el futuro	el recuerdo	

Sustantivos femeninos

el agua	la época	la obligación
la columna	la fantasía	la posición
la consideración	la lluvia	la protección
la conveniencia	la muchacha	la sonrisa
la cuchara	la niñez	la taza
la dentista	la nube	la tierra

Adjetivos

aquel, aquella	ese, -a	querido, -a
caliente	este, -a	quinto, -a
cargado, -a	figurativo, -a	séptimo, -a
cariñoso, -a	interesado, -a	sexto, -a
comprensivo, -a	noveno, -a	solo, -a
décimo, -a	octavo, -a	verdadero, -a
diminutivo, -a		

Adverbio

lejos

Pronombres

aquello	conmigo	éste, -a
aquél, aquélla	ése, -a	

Verbos

Verbos en -ar

afectar	ignorar	olvidar
disfrutar	odiar	respetar

Verbos en -er

*haber	llover (ue)	*mantener (ie)

Expresiones

a lo lejos	por otro lado

SUPLEMENTO DE VOCABULARIO: LA MESA

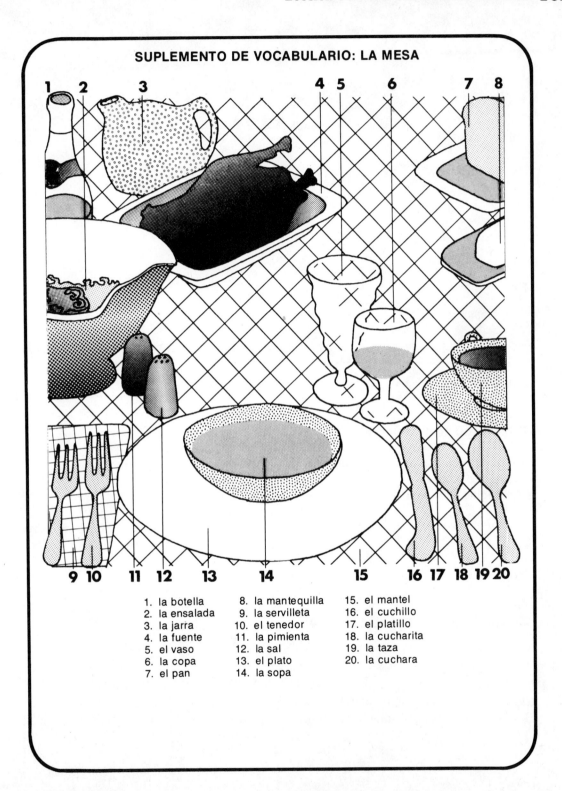

1. la botella	8. la mantequilla	15. el mantel
2. la ensalada	9. la servilleta	16. el cuchillo
3. la jarra	10. el tenedor	17. el platillo
4. la fuente	11. la pimienta	18. la cucharita
5. el vaso	12. la sal	19. la taza
6. la copa	13. el plato	20. la cuchara
7. el pan	14. la sopa	

Lección 12

Un viaje al Sudoeste

DECLARACIÓN Y PREGUNTA

I. ¿Pretérito o imperfecto?

¿**Estabas** allí cuando **llegaron** Juan y María?

¿Por qué te **fuiste** a pie? ¿No **tenías** las llaves del coche?

Ya **conocías** a los señores Gómez, ¿no?

¿**Sabías** que los dos **eran** venezolanos?

¿No **podías** hablar con él en español?

¿Por qué **tenías** tanta prisa? ¿No **querías** ir al cine con nosotros?

RESPUESTA

No, pero **estuve** allí un poco después y más tarde me **fui** a pie.

Sí, las **tenía** pero **tuve** dificultades con el motor.

Conocía a Juan y ayer **conocí** a su esposa María.

Sabía que Juan **era** venezolano pero solamente ayer **supe** que su esposa lo **era** también.

Claro que **podía** pero no **pude** en ese momento porque **tenía** mucha prisa.

Sí, **quería** ir pero no **quise** ir en ese momento porque **tenía** dolor de cabeza.

PRESENTE

Cierro la ventana porque **tengo** frío.
Hablo con Ana porque **sabe** la lección.

PASADO (PRETÉRITO O IMPERFECTO)

Cerré la ventana porque **tenía** frío.
Hablé con Ana porque **sabía** la lección.

Compra los zapatos porque **son** buenos.

Va a México porque **quiere** ver Acapulco.

Compró los zapatos porque **eran** buenos.

Fue a México porque **quería** ver Acapulco.

II. El pretérito de verbos con cambio en el radical

PRESENTE

(morir) Muchos jóvenes **mueren** en accidentes.

(dormir) Ella **duerme** tarde los sábados.

(sugerir) ¿Qué **sugieren**?

(advertir) Mi papá me **advierte** que las calles son peligrosas.

(repetir) Él siempre **repite** las ideas más importantes.

(pedir) ¿Qué **piden** Uds.?

PRETÉRITO

Varios jóvenes **murieron** en el accidente.

Ella **durmió** tarde el sábado pasado.

¿Qué **sugirieron**?

Advirtió que las calles eran peligrosas.

El profesor **repitió** las ideas más importantes.

¿Qué **pidieron** Uds. en el restaurante?

III. Los adjetivos con forma abreviada: **un, algún, ningún, buen, mal, primer, tercer, cien, gran**

¿Es un **buen** profesor o un **mal** profesor?

¿Dónde está su clase, en el **primer** piso o en el **tercer** piso?

¿No tiene Ud. **ningún** hermano?

¿Tiene Ud. **cien** dólares en el banco?

¿Es Ud. un **gran** hombre?

¿Era ella una **gran** señora?

Yo creo que es **bueno**. Elena cree que es **malo**.

Mi clase de inglés está en el **primero** y mi clase de español está en el **tercero**.

No, no tengo **ninguno**.

Tengo más. Tengo **ciento** cincuenta dólares.

No, no soy importante pero soy un hombre **grande**. (No soy pequeño.)

Sí, era una **gran** señora pero no era una señora **grande**.

IV. El sufijo adverbial **-mente**

¿Son frecuentes los exámenes?

¿Cómo es la pronunciación de tu compañera de cuarto?

¿Cómo habla la profesora Rivera?

¿Hablan despacio los otros profesores de español?

Sí, tenemos exámenes **frecuentemente**.

Habla más **claramente** que nadie en la clase.

Habla español **rápida** y **claramente**.

No, señor. Hablan **rapidísimamente**.

EXPLICACIONES

 I. ¿Pretérito o imperfecto?

A. Contraste

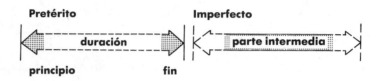

Salió de la clase a las tres. (acción terminada)	Siempre salía de la clase a las tres. (acción acostumbrada)
Llegó al laboratorio. (acción terminada)	Llegaba al laboratorio. (acción progresiva)
Conocí a Roberto. (principio de conocer: *I met . . .*)	Yo conocía a Roberto. (estado mental ya en existencia)
Se enfermó. (principio de una enfermedad)	Estaba enfermo. (estado físico ya en existencia)
Supo la verdad. (= descubrió: principio de saber)	Sabía la verdad. (estado mental ya en existencia)
Por fin pude hablar. (= hablé: principio de la acción de hablar: *I finally got to speak.*)	Podía hablar. (= tenía la habilidad: estado mental y físico)
Tuve la oportunidad de hablar. (= hablé: principio de la acción de hablar)	Tenía la oportunidad de hablar. (= podía hablar: existía la oportunidad)
Estuve allí tres horas. (el límite de tiempo, tres horas, indica el fin)	Estaba allí. (la parte intermedia de la presencia: no indica principio ni fin)
Quise abrir la ventana. (= traté de abrir la ventana)	Quería abrirla. (= tenía deseos de abrirla)

El pretérito expresa el principio o el fin de una acción o estado (físico o mental). El imperfecto expresa la parte intermedia de la acción o estado, sin ninguna indicación de su principio ni de su fin.

B. Combinaciones de pretérito e imperfecto

Cerré la ventana porque **tenía** frío.
Cuando Ana **pasó** por aquí yo no **estaba** en casa.
No **bebí** el vino porque no **quería**.
Fui a México cuando **era** joven.

En frases con dos verbos en el pasado, es posible usar el pretérito y el imperfecto.

▨ II. El pretérito de verbos con cambio en el radical

Los verbos en **-ir** que tienen cambios en el radical en el tiempo presente también tienen cambios en el pretérito, pero los cambios son diferentes en los dos tiempos.

mentir (ie, **i**)	**dormir** (ue, **u**)	**pedir** (i, **i**)
mentí	dormí	pedí
mentiste	dormiste	pediste
m**i**ntió	d**u**rmió	p**i**dió
mentimos	dormimos	pedimos
mentisteis	dormisteis	pedisteis
m**i**ntieron	d**u**rmieron	p**i**dieron

Los verbos en **-ir** que tienen cambios en el radical del presente también tienen cambios en la tercera persona del pretérito: **e > i, o > u.** Estos cambios no ocurren en los verbos que terminan en **-ar** y **-er.**

Otros verbos del grupo **-ir** que tienen cambios en el radical (lista parcial):

advertir (ie, i)	morir (ue, u)	seguir (i, i)
corregir (i, i)	preferir (ie, i)	servir (i, i)
elegir (i, i)	referir (ie, i)	sonreír (í, i)
medir (i, i)	repetir (i, i)	sugerir (ie, i)

▨ III. Los adjetivos con forma abreviada *(shortened)*

A. Adjetivos con cinco formas: **un, algún, ningún, buen, mal, primer, tercer** (masculino singular)

¿Tiene Ud. **un** coche?

¿Tiene Ud. **algún** amigo mexicano?

Sí, tengo **uno.**

No, no tengo **ningún** amigo mexicano. ¿Tiene Ud. **alguno?**

¿Tiene Ud. **un buen** coche?

Es un **mal** coche, ¿verdad?

¿Cuál es el **primer** mes del año y cuál es el **tercero?**

Sí, tengo **uno,** pero no es muy **bueno.**

No, no es **malo.**

Enero es el **primero** y marzo es el **tercer** mes.

Uno, alguno, ninguno, bueno, malo, primero y **tercero** son adjetivos que tienen dos formas de masculino singular: una normal y otra abreviada. La forma abreviada va inmediatamente delante del sustantivo masculino singular.

B. cien, gran (masculino y femenino)

Hay **cien** sillas y **cien** estudiantes.

Italia es un **gran** país pero no es un país muy **grande.**

Hay **ciento** diez sillas y **ciento** cinco estudiantes.

Inglaterra es una **gran** nación pero no es una nación muy **grande.**

Cuando el sustantivo viene inmediatamente después del número se usa **cien. Gran** significa «eminente» delante de un sustantivo singular. La palabra **grande** (después del sustantivo) expresa la idea de ser mayor en tamaño *(size).*

IV. El sufijo *(suffix)* adverbial: **-mente**

| frecuente**mente** | inmediata**mente** | abierta**mente** |
| general**mente** | directa**mente** | relativa**mente** |

Para formar muchos adverbios en español, usamos el adjetivo femenino + **-mente**: directa > **directamente**.

Habla **clara y sinceramente.**
Viven **simple y modestamente.**

En una serie de adverbios, usamos el sufijo **-mente** sólo con el adverbio final.

EJERCICIOS ORALES O ESCRITOS

I. ¿Pretérito o imperfecto?

A. *Complete con el pretérito o el imperfecto.*

Modelo: Ana (mirar) _____ la televisión dos horas porque no (tener) _____ sueño.
Ana miró la televisión dos horas porque no tenía sueño.

1. Yo (comprar) _____ una chaqueta la semana pasada porque la (necesitar) _____.
2. Ellos (comer) _____ a las cinco de la tarde ayer porque (tener) _____ mucha hambre.
3. Ayer los estudiantes (estar) _____ en la clase cuando (entrar) _____ el profesor.
4. Mi padre no (trabajar) _____ el lunes pasado porque (querer) _____ ir al centro.
5. Yo (estar) _____ enfermo y por eso no (asistir) _____ a la clase ayer.
6. Nosotros no (ir) _____ al centro anoche porque no (conocer) _____ bien la ciudad.
7. Yo no (saber) _____ que ella era profesora pero lo (saber) _____ anoche.
8. El joven (ser) _____ muy simpático y ella (charlar) _____ con él una hora más.
9. Mi abuela (poder) _____ contar muchas historias pero no lo (poder) _____ hacer anoche.
10. (Ser) _____ medianoche cuando los niños (oír) _____ un ruido y (tener) _____ miedo.

B. *Cambie al imperfecto o al pretérito.*

El lunes pasado

Es muy tarde. Son las nueve menos diez. No puedo desayunar aunque tengo mucha hambre. Repito verbos irregulares mientras que voy rápido a la clase de español. No sé, pero creo que algunos de los verbos tienen cambio en el radical. Son las nueve y cinco cuando llego a la clase. Abro la puerta y entro. El profesor me mira y me da varios papeles. Escojo una silla y empiezo a escribir. ¡Caramba! ¡Qué difícil es el examen! Escribo lo que sé y salgo. No puedo hacer más. ¡Es un desastre! Esa noche estudio hasta las dos y media aunque tengo mucho sueño.

Es muy tarde. Son las nueve menos diez . . .

II. El pretérito de verbos con cambio en el radical

A. *Complete con el pretérito.*

Modelo: pedir   él *pidió*
         seguir   yo *seguí*

1. *pedir*
yo _____
él _____
Uds. _____
nosotras _____
tú _____

2. *morir*
ellos _____
ella _____
él _____
ellas _____

3. *corregir*
nosotros _____
tú _____
yo _____
ellos _____
Ud. _____

4. *preferir*
tú _____
ella _____
nosotros _____
yo _____
Uds. _____

5. *servir*
él _____
yo _____
nosotros _____
ellos _____
Ud. _____

6. *seguir*
yo _____
Ud. _____
tú _____
Uds. _____
nosotros _____

7. *sentir*
nosotros _____
yo _____
ella _____
ellas _____
tú _____

8. *dormir*
ella _____
Uds. _____
Ud. _____
yo _____
nosotros _____

9. *repetir*
Ud. _____
tú _____
ellos _____
nosotros _____
yo _____

B. *Conteste.*

Modelo: ¿Cuántas horas duerme Ud. por lo general?
       Duermo siete.

      ¿Cuántas horas durmió anoche?
      Dormí ocho.

1. ¿Quién repite el vocabulario de la lección?
¿Quién lo repitió la última vez?
2. ¿Qué pide Ud. en el restaurante?
¿Qué pidió Ud. ayer en el restaurante?
3. ¿Mueren muchos jóvenes en accidentes?
¿Murieron muchos en accidentes el año pasado?
4. ¿Quién corrige los exámenes?
¿Quién los corrigió la semana pasada?

5. ¿Elegimos a nuestro presidente?
   ¿Lo elegimos en 1984?
6. ¿Qué sirven en la cafetería?
   ¿Qué sirvieron ayer?
7. ¿Mide Ud. la distancia en un viaje de coche?
   ¿La midió en el último viaje?
8. ¿Sonríe Ud. mucho o poco?
   ¿Sonrió Ud. después del último examen de español?

III. Los adjetivos con forma abreviada

Conteste la pregunta.

Modelo: ¿Es bueno o malo nuestro libro?   *Nuestro libro es bueno.*

1. ¿Es el sábado un buen día para estudiar?
2. ¿Es «A» una buena nota?
3. ¿Es «D» una mala nota?
4. ¿Es su cuarto bueno o malo?
5. ¿Cuál es el tercer día de la semana?
6. ¿Cuál es el primer mes del año?
7. ¿Quién no tiene cien dólares?
8. ¿Tiene nuestro libro ciento dieciocho páginas?
9. ¿Hay cien señoritas en la clase?
10. ¿Es Ud. un gran hombre?
11. ¿Es China una gran nación?
12. ¿Es Italia un gran país o un país grande?
13. ¿No tiene Ud. ningún amigo en la universidad?
14. ¿Tiene todo el mundo alguna ocupación?

Un vaquero mexicano-americano de Tejas (Estados Unidos)

IV. El sufijo adverbial **-mente**

Complete con el adverbio según el modelo.

Modelo: El ejercicio es fácil.
Él habla *fácilmente*.

El español es claro y preciso.
El profesor lo habla <u>*clara*</u> y *precisamente*.

1. Paco es genial. Él habla _____.
2. El examen es lógico. La profesora lo preparó _____.
3. Las preguntas son claras y lógicas. Ella las escribe _____.
4. La Srta. García es alegre. Ella trabaja _____.
5. Las respuestas son correctas. Ud. las contestó _____.
6. Las composiciones son frecuentes. Las escribimos _____.
7. Ella es una persona directa y sincera. Ella habla _____.
8. Ellos son felices. Viven _____.

LECTURA
Un viaje al Sudoeste

Paquito, un estudiante que estudia en los Estados Unidos, regresa del Sudoeste en avión. Su amigo Felipe, estudiante que vive en la ciudad de Nueva York, va al aeropuerto de La Guardia a recogerlo. Cuando Paquito ve a Felipe lo saluda con entusiasmo.

5　FELIPE　—¡Hola, Paquito! ¿Qué tal te pareció el viaje?
PAQUITO　—Pues, lo pasé muy bien. Mi itinerario incluyó muchas de las capitales principales de la región. Primero llegué a ese aeropuerto inmenso de Dallas-Fort Worth en Tejas y busqué alojamiento en Fort Worth. Como tú sabes, el fin de mi viaje era oír el idioma español como lo hablan en el
10　Sudoeste de los Estados Unidos.
FELIPE　—¿Y lo oíste?
PAQUITO　—¡Cómo no! Por todas partes oí una mezcla de inglés y español. Existe una larga lista de vocabulario y expresiones que son muy distintas de las que nosotros conocemos, y eso nos hace difícil la comprensión.
15　FELIPE　—¡Qué interesante! ¿Qué más aprendiste?
PAQUITO　—Pues, mira. Todas las mañanas empezaba mis estudios en la biblioteca y terminaba por la tarde hablando con mis nuevos amigos. Como parezco latino y hablo español, tenía entrada a todas las funciones sociales de los chicanos.* Me trataron como huésped en un ambiente de amistad. No
20　tenían ningún inconveniente en contarme todo lo que quería saber. Creo que ahora tengo un buen concepto de lo que es un mexicanoamericano y que estoy muy bien enterado de sus problemas y de sus deseos para el futuro.
FELIPE　—¿Qué problemas tienen ellos?

---

* Mexicanoamericanos que expresan orgullo *(pride)* en su origen y en su herencia mexicana.

La misión San Xavier, Tucson, Arizona (Estados Unidos)

PAQUITO —Pues, el mexicanoamericano es un individuo que pertenece a dos
25   culturas. Vive en la cultura anglosajona mientras que trata de conservar la
cultura mexicana. Considera que la asimilación total de la cultura
angloamericana lo destruye a él. Reúne, entonces, ciertos aspectos de las dos
culturas. Muchos mexicanoamericanos son hijos de braceros.* Tienen muy
poca educación y por eso tienen que ejercer trabajos humildes. El interés en
30   la educación aumenta y muchos terminan la escuela secundaria y continúan
en la universidad. Algunos sufren de un complejo de inferioridad que les hace
rechazar por completo su origen. Esto, sin duda, es un problema que descansa en su ignorancia de la historia de la civilización hispánica. Ignoran (no
saben) lo mucho que ésta contribuyó al mundo. Por otra parte, también exis-
35   ten prejuicios y discriminación en contra de ellos. No son pocos los problemas que ellos tienen que superar.

FELIPE —Me parece importantísimo tener en cuenta este aspecto de nuestra
sociedad.

PAQUITO —Estoy completamente de acuerdo.

PREGUNTAS SOBRE LA LECTURA

1. ¿Qué son Paquito y Felipe?
2. ¿Dónde vive Felipe?
3. ¿Por qué va Felipe al aeropuerto de La Guardia?
4. ¿Qué tal le pareció el viaje a Paquito?
5. ¿Adónde llegó primero Paquito?

* Trabajadores ambulantes *(migrant)* de México que el gobierno de los Estados Unidos permitió
entrar a trabajar en los campos *(fields)*.

6. ¿Cuál era el fin del viaje de Paquito?
7. ¿Qué idioma oyó en Tejas?
8. ¿Qué hace difícil la comprensión?
9. ¿Por qué tenía Paquito entrada a todas las funciones sociales?
10. ¿Por qué tienen muchos de los chicanos muy poca educación?

PREGUNTAS PERSONALES BASADAS EN LA LECTURA

1. ¿Tiene Ud. amigos en el Sudoeste? Si los tiene, ¿dónde viven?
2. ¿Sabe Ud. dónde están Fort Worth y Dallas?
3. ¿Tiene Ud. amigos de habla española? Si los tiene, ¿cómo se llaman?
4. ¿Conoce Ud. a algún chicano? ¿Cómo se llama?
5. ¿Tiene Ud. prejuicios?

EJERCICIO SOBRE LA LECTURA

Conteste si la frase es **verdad** *o* **mentira.**

_____ 1. El mexicanoamericano es un individuo que pertenece a dos culturas.
_____ 2. Considera que la asimilación total de la cultura angloamericana lo destruye a él.
_____ 3. Muchos mexicanoamericanos son hijos de familias con mucho dinero y no necesitan estudiar para vivir.
_____ 4. Algunos mexicanoamericanos sufren de un complejo de inferioridad que les hace rechazar por completo su origen.
_____ 5. El complejo de inferioridad está basado en su amplio (broad) conocimiento de la civilización hispánica.

COMPOSICIÓN ORAL O ESCRITA

Prepare una composición de 8 a 10 líneas sobre uno de los temas siguientes.

1. El verano pasado: ¿Dónde estaba Ud.? ¿Trabajó todo el verano? ¿Cómo era el trabajo? ¿Ganó mucho dinero? ¿Quién le preparaba las comidas todos los días?, etc. Use el pretérito y el imperfecto.
2. Un diálogo sobre un viaje. Use el pretérito y el imperfecto.

VOCABULARIO

SUSTANTIVOS

SUSTANTIVOS MASCULINOS

el accidente	el banco	el estado
el aeropuerto	el bracero	el fin
el alojamiento	el católico	el huésped
el ambiente	el complejo	el inconveniente
el aspecto	Dios	el itinerario

el límite · el modo · el prejuicio
el mexicanismo · el momento · el Sudoeste

Sustantivos femeninos

la amistad · la educación · la inferioridad
la asimilación · la enfermedad · Inglaterra
la civilización · la entrada · Italia
la comprensión · la habilidad · la ocupación
la costumbre · el hambre · la religión
la discriminación · la ignorancia · la serie
la duración · la indicación

Sustantivos masculinos y femeninos

el chicano/la chicana · el mexicanoamericano/la mexicanoamericana

Adjetivos

abreviado, -a · genial · parcial
acostumbrado, -a · gran · peligroso, -a
amplio, -a · humilde · preciso, -a
anglosajón, -ona · increíble · probable
buen (bueno, -a) · inmenso, -a · progresivo, -a
dominante · intermedio, -a · seguro, -a
eminente · mal (malo, -a) · tal
enterado, -a · ningún (ninguno, -a) · venezolano, -a

Verbos

Verbos en -ar

acostumbrar · mezclar · **rechazar
descansar

Verbos en -ir y -er

advertir (ie, i) · mentir (ie, i) · referir (ie, i)
**ejercer · ofender · reunir
**elegir (i, i)

Preposición

contra

Expresiones

¡cómo no! · estar de acuerdo · por otra parte
contraste (mandato) · tener en cuenta · por completo

SUPLEMENTO DE VOCABULARIO: EL TRANSPORTE

1. el avión	4. la camioneta	7. el camión
2. el barco, el buque	5. el autobús	8. la motocicleta (la moto)
3. el coche, el carro	6. el tren	9. la bicicleta

Módulo 4

Perspectivas en acción

Lección 13

Los americanos

INTRODUCCIÓN

I. Acción en forma progresiva

PRESENTE PROGRESIVO

¿Qué hace Ud. ahora?
Estoy **estudiando** la lección 13.
Estoy **aprendiendo** la lección.
Estoy **escribiendo** la composición.
Estoy **leyendo** las frases.
Estoy **sirviendo** bebidas.

IMPERFECTO PROGRESIVO

¿Qué hacía Ud. entonces?
Estaba **estudiando** la lección 13.
Estaba **aprendiendo** la lección.
Estaba **escribiendo** la composición.
Estaba **leyendo** las frases.
Estaba **sirviendo** bebidas.

II. Otros verbos auxiliares con el gerundio

¿Qué busca Juan?
¿Todavía busca al perro?
¿Viene Miguel en coche?
¿Por qué corre Tomás?

Anda buscando al perro.
Sí, **sigue buscando** al perro.
No, **viene caminando.**
Va corriendo para no llegar tarde a clase.

III. El tiempo

PREGUNTA

¿Qué tiempo hace?

RESPUESTA

Hace frío por la noche.
Hace fresco por la mañana.
No **hace calor** por la tarde.

178

No **hace buen tiempo** hoy.
Hace mal tiempo.
Hace mucho **viento** y poco **sol.**
Está nublado ahora y **está lloviendo.**
No **está nevando.**

¿Qué tiempo hizo ayer?

Ayer **hizo frío** por la noche pero no **hizo mucho viento.**
No **hizo calor.**
Hizo buen tiempo.
Hizo mal tiempo.
Llovió por la tarde y **nevó** por la noche.
No **hizo sol** porque ayer **estuvo** muy **nublado.**

IV. El infinitivo después del verbo auxiliar

¿Vas al partido de basquetbol esta noche?

Quiero ir pero no puedo.

¿Por qué no **puedes ir?**

Tengo que asistir a la reunión de un comité.

La pequeña Habana en Miami, Florida (Estados Unidos)

¿Por qué **necesitas estar** allí?

¿Te **gusta ver** los deportes?

¿**Sabes esquiar?**

Debo estar porque soy el secretario.

Claro que me gusta pero los **prefiero practicar.**

No.

EXPLICACIONES

 I. Acción en forma progresiva: **estar + -ndo**

INFINITIVO	PRESENTE PROGRESIVO	IMPERFECTO PROGRESIVO
trabajar	Yo estoy trabajando.	Yo estaba trabajando.
pensar	¿Qué estás pensando?	¿Qué estabas pensando?
aprender	Él está aprendiendo.	Él estaba aprendiendo.
jugar	Estamos jugando.	Estábamos jugando.
escribir	Estáis escribiendo.	Estabais escribiendo.
leer	Están leyendo.	Estaban leyendo.

Para expresar una acción en el momento en que está (o estaba) ocurriendo, se puede usar **estar** con el gerundio. El gerundio de los verbos en **-ar** termina en **-ando;** el de los verbos en **-er** o **-ir** termina en **-iendo** (o en **-yendo** cuando la letra **i** está entre dos vocales). Note: el gerundio de **ir** y **venir** no se usa frecuentemente.

dormir (ue, **u**)	Está durmiendo.	Estaba durmiendo.
mentir (ie, **i**)	Están mintiendo.	Estaban mintiendo.
repetir (i, **i**)	Estás repitiendo.	Estabas repitiendo.

Los verbos en **-ir** que tienen cambios en la vocal del radical tienen un cambio en el radical del gerundio: **e > i, o > u.**

II. Otros verbos auxiliares con el gerundio

Anda
Viene } recitando el poema.
Va

Siguen } trabajando en la tienda.
Continúan

Los verbos **andar, venir, ir, seguir** y **continuar** se usan con el gerundio a veces en vez del verbo **estar. Andar, ir** y **venir** acentúan el movimiento. **Seguir** y **continuar** acentúan la continuación.

III. El tiempo

¿Qué tiempo hace hoy?		¿Qué tiempo hizo ayer?

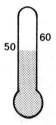

1. Hace frío.   2. Hizo frío.

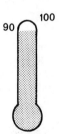

3. Hace fresco.   4. Hizo fresco.

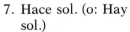

5. Hace calor.   6. Hizo calor.

7. Hace sol. (o: Hay sol.)
8. Hace buen tiempo.

9. Hizo sol.
10. Hizo buen tiempo.

11. Hace mal
    tiempo.
12. Hace viento.
13. Está lloviendo.
    (o: Llueve.)

14. Hizo mal
    tiempo.
15. Hizo viento.
16. Llovió.

17. Está nublado.
18. Está nevando.
    (o: Nieva.)

19. Estuvo nublado.
20. Nevó.

IV. El infinitivo después del verbo auxiliar

Me gusta		Me gustaba	
Quiero		Quería	
Necesito		Necesitaba	
Puedo	ir allí.	Podía	hablar español.
Prefiero		Prefería	
Yo sé		Sabía	
Debo *(ought to)*		Debía *(should have)*	

El uso de los verbos **gustar, querer, necesitar, poder, preferir, saber** *(to know how)* y **deber** con el infinitivo es muy frecuente.

EJERCICIOS ORALES O ESCRITOS

I. Acción en forma progresiva

A. *¿Cuál es el gerundio de los infinitivos siguientes?*

Modelo: trabajar   *trabajando*
           morir   *muriendo*
           leer   *leyendo*

1. comprar	6. sufrir	11. servir
2. hablar	7. leer	12. practicar
3. aprender	8. pensar	13. repetir
4. escribir	9. traer	14. vivir
5. beber	10. dormir	15. sonreír

B. *Cambie el verbo a la forma progresiva del presente.*

Modelo: estudio   *estoy estudiando*
          leemos   *estamos leyendo*
          ellos siguen *ellos están siguiendo*

1. hablo	7. pensamos	13. leo
2. como	8. corriges	14. cierra
3. vivo	9. escribimos	15. ellos abren
4. Ud. practica	10. Uds. recuerdan	16. llueve
5. ella bebe	11. ellos sirven	17. ellas traen
6. él vuelve	12. ellas juegan	18. mido

C. *Cambie el verbo a la forma progresiva del pasado.*

Modelo: él *practicar*   *él estaba practicando*
          yo *leer*   *yo estaba leyendo*
          nosotros *repetir* *estábamos repitiendo*

1. yo *mirar*	7. él *hablar*	13. él *leer*
2. ella *aprender*	8. ellos *repetir*	14. ella *escribir*
3. nosotros *beber*	9. yo *comer*	15. ellas *pedir*
4. Uds. *recibir*	10. Ud. *sonreír*	16. Uds. *traer*
5. tú *contestar*	11. *nevar*	17. yo *recordar*
6. nosotros *dormir*	12. nosotros *vender*	18. tú *seguir*

D. *Conteste con una frase completa.*

Modelo: ¿Qué lengua está Ud. hablando ahora?   *Estoy hablando español.*

1. ¿Qué lección estamos estudiando hoy?
2. ¿Qué lengua está Ud. aprendiendo en esta clase?
3. ¿Qué no estás haciendo ahora?
4. ¿Quién no está sonriendo ahora?
5. ¿Qué página está Ud. leyendo?
6. ¿Está lloviendo ahora?

E. *Conteste con una frase completa.*

Modelo: ¿Qué hacía Ud. ayer por la mañana?
          Estaba estudiando en la biblioteca.

1. ¿Qué hacía Ud. ayer a mediodía?
2. ¿Qué hacías ayer por la tarde?

3. ¿Qué hacíamos durante la última clase?
4. ¿Qué hacían Uds. al entrar el profesor en la clase?
5. ¿Qué hacía Ud. el sábado pasado por la tarde?
6. ¿Qué hacían Uds. ayer por la mañana?

II. Otros verbos auxiliares con el gerundio

A. *Repita con la forma correspondiente del verbo auxiliar entre paréntesis.*

Modelo: Él está hablando de su viaje. (continuar)
Él continúa hablando de su viaje.

Estaba aumentando la cantidad de agua. (ir)
Iba aumentando la cantidad de agua.

1. Alicia está sonriendo. (entrar)
2. Está lloviendo ahora. (seguir)
3. Los estudiantes estaban pensando en el examen. (salir)
4. El niño estaba gritando. (venir)
5. La clase tiene que aprender un poema y por eso los estudiantes están repitiendo los versos. (andar)
6. Mis hijos me están pidiendo dinero para comprar discos. (seguir)
7. Estamos aprendiendo a usar el gerundio. (continuar)

B. *Conteste con la forma correspondiente del verbo auxiliar más gerundio.*

Modelo: ¿Qué hace Ud. ahora? Yo . . . (seguir)
Yo sigo estudiando la lección de hoy.

¿Qué hacían ellos? Ellos . . . (andar)
Ellos andaban practicando para la clase del lunes.

1. ¿Qué hacen Felipe y Ricardo? Ellos . . . (venir)
2. ¿Qué hacían los diferentes países latinoamericanos? (continuar)
3. ¿Qué hace el portero del hotel? (andar)
4. ¿Qué hacían los estudiantes? Ellos . . . (ir)
5. ¿Qué tiempo hace? (seguir)

III. El tiempo

A. ¿Qué tiempo hace ahora?

Modelo: Hace frío o hace calor? *Hace calor.*

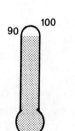

¿Qué tiempo hizo ayer?

Modelo: ¿Hizo frío o hizo calor? *Hizo calor.*

¿Está
lloviendo o
hace sol?
*Está
lloviendo.*

¿Llovió o
hizo sol?
Llovió.

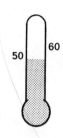

1. ¿Hace fresco o
   hace frío?

2. ¿Hizo fresco o
   hizo frío?

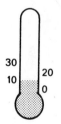

3. ¿Hace calor o
   hace frío?

4. ¿Hizo calor o
   hizo frío?

5. ¿Hace sol o está
   lloviendo?
6. ¿Hace buen
   tiempo?

7. ¿Hizo sol o
   llovió?
8. ¿Hizo buen
   tiempo?

9. ¿Hace buen
tiempo o hace
mal tiempo?
10. ¿Está nublado?
11. ¿Está lloviendo?

12. ¿Hizo buen
tiempo o hizo
mal tiempo?
13. ¿Estuvo
nublado?
14. ¿Llovió?

15. ¿Hace viento?

16. ¿Hizo viento?

17. ¿Hace calor o
hace frío?

18. ¿Hizo calor o
hizo frío?

19. ¿Está nublado?
20. ¿Está nevando?
21. ¿Hace frío?

22. ¿Estuvo nublado?
23. ¿Nevó?
24. ¿Hizo frío?

25. ¿Hace mal tiempo?
26. ¿Hace calor?
27. ¿Está lloviendo?

28. ¿Hizo mal tiempo?
29. ¿Hizo calor?
30. ¿Llovió?

31. ¿Qué tiempo hace?
32. ¿Está nevando?
33. ¿Hace viento?

34. ¿Qué tiempo hizo?
35. ¿Nevó?
36. ¿Hizo viento?

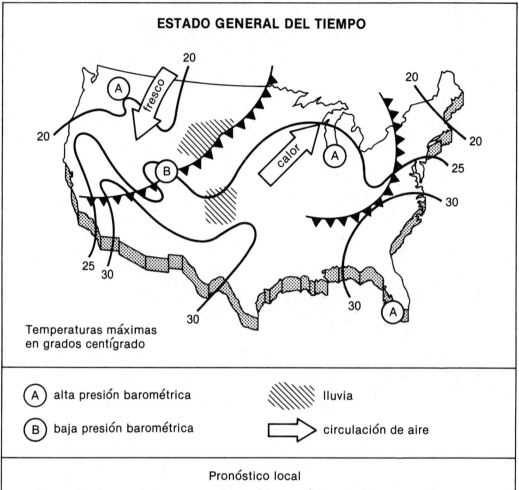

ESTADO GENERAL DEL TIEMPO

Temperaturas máximas
en grados centígrado

(A) alta presión barométrica

(B) baja presión barométrica

lluvia

circulación de aire

Pronóstico local

Hoy soleado y caliente con una temperatura máxima de 25 grados. Vientos del sudoeste de 10 a 15 kilómetros por hora. Esta noche fresco y despejado. Mañana nublado por la tarde con posibilidad de lluvia.

B. *Conteste con una frase completa.*

Modelo: ¿Qué tiempo hace en marzo?
Hace viento.

¿Tiene Ud. calor cuando hace calor?
Sí, tengo calor cuando hace calor.

1. ¿Qué tiempo hace hoy?
2. ¿Qué tiempo hizo ayer por la mañana?
3. ¿Hace frío o hace calor en julio en los Estados Unidos?
4. ¿En qué mes hace mucho viento?
5. ¿Qué tiempo hizo en enero?

6. ¿Hay sol a medianoche?
7. ¿Hace sol cuando está lloviendo?
8. ¿Hace frío cuando está nevando?
9. ¿Tiene Ud. frío cuando hace calor?
10. ¿Tiene Ud. sed cuando hace calor?

IV. El infinitivo después del verbo auxiliar

A. *Complete lógicamente con la forma correspondiente del presente de* **querer, poder, necesitar, gustar, preferir, saber, deber.**

Modelo: Me *gusta* leer novelas históricas.

1. Yo _____ contar de uno a un millón.
2. Al mexicanoamericano le _____ emplear muchos mexicanismos.
3. Mis nuevos amigos me _____ contar todo lo que quiero saber.
4. Cuando no queremos hablar, sabemos que no _____ hablar.
5. Tú _____ buscar a tu hermano porque no está aquí.
6. El gobierno _____ determinar el número exacto de hispanos que residen en nuestro país.
7. Los hispanos _____ tener apellido alemán, inglés, italiano, etcétera.
8. Los aficionados a los toros _____ pensar en el espectáculo como un arte.
9. Nosotros los norteamericanos _____ hablar del fútbol.
10. Nos _____ hablar de los deportes.

B. *Conteste con una frase según el modelo.*

Modelo: ¿Qué te gusta hacer? (hablar . . .)
Me gusta hablar con mis amigos.

1. ¿Qué te gusta hacer? (ir . . .)
2. ¿Qué les gusta a Uds. hacer? (comer . . .)
3. ¿Qué quieren hacer ellos? (comprar . . .)
4. ¿Qué quería Ud. hacer ayer? (beber . . .)
5. ¿Qué necesitan Uds. hacer? (estudiar . . .)
6. ¿Qué necesitaban Uds. hacer la semana pasada? (aprender . . .)
7. ¿Qué puede hacer el profesor? (hablar . . .)
8. ¿Qué no podías hacer el año pasado? (escribir . . .)
9. ¿Qué prefieres hacer el domingo? (dormir . . .)
10. ¿Qué no saben hacer sus padres? (esquiar . . .)
11. ¿Qué debíamos hacer antes del examen? (preparar . . .)
12. ¿Qué tienes que hacer cuando hace frío? (cerrar . . .)

LECTURA

Los americanos

Marta y Felipe están en el edificio estudiantil tratando de recobrar las fuerzas después de un tremendo examen que sufrieron en la clase de biología. Están sentados en dos butacas grandes y cómodas. Sus pensamientos y, por consi-

Mural en San Francisco, California (Estados Unidos)

guiente, su charla van a la deriva *(drifting)*. Hablan de los profesores: los buenos
5   y los malos, los comprensivos y los exigentes; recuerdan los buenos tiempos y
los malos, y así sucesivamente hasta que empiezan a conversar sobre
Latinoamérica.

FELIPE   —¿No hace mucho calor por allá?
MARTA   —No, hay regiones donde el clima varía según la altitud. Por ejemplo,
10   la ciudad de México está a una altura de más de siete mil pies; Bogotá, la
capital de Colombia, está a ocho mil quinientos. En alturas como éstas, puede
hacer calor o fresco durante el día y fresco o frío durante la noche.
FELIPE   —Pero, ¿no es ésta (Latinoamérica) una región tropical de gente pobre,
donde no hay ni carreteras ni cultura?
15 MARTA   —No, ésa parece ser la impresión popular. En realidad, Latinoamérica
en ciertos sentidos tiene un nivel cultural altísimo, aunque a la vez existe
mucho analfabetismo por razones históricas. Los diferentes países están
solucionando sus problemas poco a poco. Ahora comienzan a mejorar los
caminos. En Brasil, por ejemplo, la construcción de carreteras está abriendo
20   partes del país que antes eran inaccesibles. En algunos países las montañas,
la selva y la falta de estímulo económico no permitieron la explotación de los
recursos naturales. Es ahora cuando existen la iniciativa y los medios
económicos (el dinero) para desarrollar un país tan prometedor como el Brasil. Pero nuevos problemas surgen todos los días. El (problema) más urgente
25   es el (problema) de la deuda nacional. Antes era el (problema) de la energía.
FELIPE   —Mujer, ¿cómo sabes tú tanto?

MARTA —Estudié y aprendí muchísimo cuando fui a Latinoamérica el verano pasado y, además, hablo con la profesora Sánchez y ella sabe mucho de estos países. ¿La conoces? Ella te conoce a ti.

30 FELIPE —Sí, la conozco. Es muy simpática. Mira, Marta, ¿me quieres explicar esa serie de términos que emplean para designar a la gente de Latinoamérica? Hablan de latinoamericanos, de sudamericanos, de hispano-americanos y aún de norteamericanos. Por ejemplo, el otro día un conferenciante llamó latinos a los mexicanos y al mismo tiempo los calificó de ameri-

35 canos. ¿Cómo puede ser eso?

MARTA —Pues, es muy lógico; el adjetivo «latino» sugiere el latín y todos los idiomas derivados de él (el latín). Así que la palabra «latino» concierne a gentes que hablan un idioma derivado del latín, como el español, el francés o el portugués. Por otro lado, nuestra América está dividida en Norteamérica,

40 Centroamérica y Sudamérica. Como en México hablan español y el español es derivado del latín, pueden llamar latino al mexicano. Y como México está en Norteamérica, el mexicano también es americano.

FELIPE —Mira qué cosa y yo creía que sólo nosotros, la gente de los Estados Unidos, éramos americanos.

45 MARTA —Pues, ves que no somos los únicos porque también lo son otros como los canadienses.

FELIPE —Entonces, según tu explicación, la palabra «americanos» para designar sólo a los estadounidenses no es adecuada, porque tanto los colombianos (de Colombia) como los salvadoreños (de El Salvador), los venezolanos (de

50 Venezuela) y los guatemaltecos (de Guatemala), es decir, los sudamericanos y los centroamericanos son todos americanos.

MARTA —Así es. Ahora, la palabra «hispano» sugiere español y asociamos la palabra con el idioma español. Así es que cuando hablamos de hispanoamericanos estamos hablando de países o gente de habla española, o mejor dicho,

55 de personas de países donde hablan español. El término «hispano» omite una nación como el Brasil donde hablan portugués y tales países como Haití donde la lengua oficial es el francés. Ves como podemos aclarar cosas interesantes fuera de la clase.

FELIPE —Ya lo creo (of course). Podemos aprender muchísimo hablando entre

60 nosotros.

PREGUNTAS SOBRE LA LECTURA

1. ¿Dónde están y qué hacen Marta y Felipe?
2. ¿En qué están sentados y de qué hablan?
3 ¿De qué empiezan a hablar después?
4. ¿A qué altura está la capital de México? ¿Bogotá?
5. ¿Qué impresión popular existe sobre Latinoamérica?
6. ¿Qué no permitió la explotación de recursos naturales?
7. ¿Cómo sabe Marta tanto?
8. Según Felipe, ¿cómo es la profesora Sánchez?
9. ¿Qué confunde mucho a Felipe?

10. ¿Cómo está dividida nuestra América?
11. ¿A qué personas y países omite la palabra «hispano»?
12. ¿Son la gente de los Estados Unidos los únicos americanos?
13. ¿Quiénes son americanos también?
14. ¿Pueden los estudiantes aprender mucho hablando entre sí *(among them-selves)?*

PREGUNTAS PERSONALES BASADAS EN LA LECTURA

1. ¿Qué sabe Ud. de Latinoamérica?
2. ¿Sabía Ud. que hablan portugués en el Brasil?
3. ¿Sabía Ud. que los estadounidenses no son los únicos americanos?
4. ¿De qué habla Ud. cuando está con sus amigos (amigas)?
5. ¿Prefiere Ud. un profesor exigente o fácil?
6. ¿Qué impresión tiene Ud. de Latinoamérica?
7. ¿Conoce Ud. a los profesores de español en el departamento de lenguas? ¿Quiénes son?
8. ¿Cómo pueden los estudiantes aclarar muchas cosas fuera de la clase?

EJERCICIOS SOBRE LA LECTURA

A. *En el espacio escriba la letra que corresponde al número.*

_____ 1. butaca		a. que demanda
_____ 2. la carretera		b. sugiere español
_____ 3. hispano		c. *understanding*
_____ 4. comprensivo		d. silla grande y cómoda
_____ 5. el Brasil		e. falta de instrucción elemental
_____ 6. analfabetismo		f. chimenea
_____ 7. los medios económicos		g. sin dirección
_____ 8. exigente		h. el dinero
_____ 9. por consiguiente		i. el camino
_____ 10. a la deriva		j. el césped
		k. consecuentemente
		l. hablan portugués

B. *Conteste si la frase es* **verdad** *o* **mentira.**

_____ 1. En alturas de seis mil u ocho mil pies puede hacer calor o fresco durante el día y fresco o frío durante la noche.

_____ 2. El analfabetismo casi no existe en Latinoamérica.

_____ 3. En algunos países las montañas, la selva y la falta de estímulo económico no permitieron la explotación de los recursos naturales.

_____ 4. Los canadienses no son americanos.

_____ 5. El español, el francés y el portugués son idiomas derivados del latín.

COMPOSICIÓN ORAL O ESCRITA

Prepare una composición de 8 a 10 líneas sobre uno de los temas siguientes.

1. Hoy es sábado. ¿Qué tiempo hace? ¿Qué está haciendo Ud.? ¿Por qué?
2. Hoy es el 25 de diciembre. ¿Dónde está Ud.? ¿Qué tiempo hace? ¿Qué está haciendo Ud.? ¿Dónde estaba Ud. el año pasado el 25 de diciembre?
3. Un diálogo sobre el clima (climate) de dos ciudades diferentes
4. Los americanos

VOCABULARIO

SUSTANTIVOS

SUSTANTIVOS MASCULINOS

el analfabetismo	el departamento	el portugués
el Brasil	el estímulo	el recurso
el camino	el fresco	el término
el clima	Haití	el tiempo (weather)
el comité	el medio	

SUSTANTIVOS FEMENINOS

la altitud	la deuda	la iniciativa
la altura	la energía	la montaña
la butaca	la explotación	Norteamérica
la carretera	la falta	la razón
la charla	la fuerza	la reunión
la deriva	la impresión	la selva

SUSTANTIVOS MASCULINOS Y FEMENINOS

el conferenciante/la conferenciante   el secretario/la secretaria

ADJETIVOS

adecuado, -a	exigente	pobre
altísimo, -a	guatemalteco, -a	prometedor(a)
auxiliar	hispanoamericano, -a	sudamericano, -a
canadiense	histórico, -a	único, -a
colombiano, -a	inaccesible	urgente
dicho, -a	nublado, -a	

PREPOSICIÓN

fuera de

VERBOS

VERBOS EN -ar

aceptar	**esquiar	recobrar
desarrollar	nevar (ie)	**variar
designar		

VERBOS EN -ir

concernir (ie)	omitir	**surgir
confundir		

EXPRESIONES

a la vez	así sucesivamente	mejor dicho
al mismo tiempo	aun así	ya lo creo
así que	ir a la deriva	

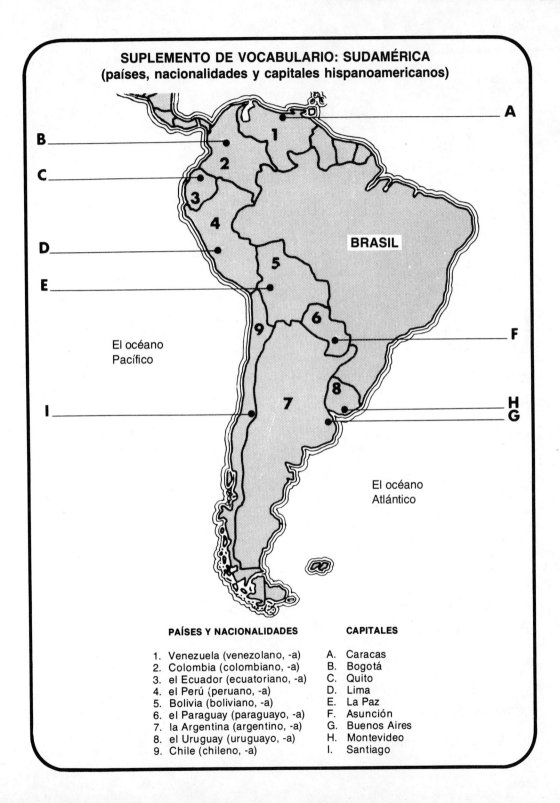

SUPLEMENTO DE VOCABULARIO: SUDAMÉRICA
(países, nacionalidades y capitales hispanoamericanos)

BRASIL

El océano Pacífico

El océano Atlántico

PAÍSES Y NACIONALIDADES

1. Venezuela (venezolano, -a)
2. Colombia (colombiano, -a)
3. el Ecuador (ecuatoriano, -a)
4. el Perú (peruano, -a)
5. Bolivia (boliviano, -a)
6. el Paraguay (paraguayo, -a)
7. la Argentina (argentino, -a)
8. el Uruguay (uruguayo, -a)
9. Chile (chileno, -a)

CAPITALES

A. Caracas
B. Bogotá
C. Quito
D. Lima
E. La Paz
F. Asunción
G. Buenos Aires
H. Montevideo
I. Santiago

Lección 14

Los hispanohablantes en los Estados Unidos

INTRODUCCIÓN

I. El pretérito perfecto

PRESENTE

¿Estudias literatura hispanoamericana?

No, yo no la estudio. ¿Y Uds.?

Nosotros no la estudiamos, pero Jorge sí la estudia.

Esteban y Bárbara la estudian también.

¿Come Ud. en la cafetería?

Sí, y vivo en una residencia estudiantil.

PRETÉRITO PERFECTO

¿**Has estudiado** literatura hispanoamericana?

No, yo no la **he estudiado.** ¿Y Uds.?

Nosotros no la **hemos estudiado,** pero Jorge sí la **ha estudiado.**

Esteban y Bárbara la **han estudiado** también.

¿**Ha comido** Ud. en la cafetería?

Sí, y **he vivido** en una residencia estudiantil.

II. Pronombres con el infinitivo

DECLARACIÓN O PREGUNTA

Traigo dos cartas con noticias. ¿Quiere Ud. **leerlas**?

Mis cartas están en español. ¿Sabe Ud. **leerlo**?

Aquí tiene Ud. la carta. ¿Puede **entenderla**?

¿Puede José **traducírnoslos**?

RESPUESTA

Sí, **las** quiero **leer.**

Sí, yo **lo** sé **leer,** pero no muy bien.

No **la** puedo **entender** completamente. Hay varios verbos aquí que no conozco.

Juanita **nos los** puede **traducir.**

196

III. Pronombres con el gerundio

¿Qué hacías con los libros y revistas?

Estaba llevándolos a casa. (Los llevaba a casa.)

¿Por qué me dices eso?

Estoy diciéndotelo porque es verdad. (Te lo digo porque es verdad.)

¿Qué hace tu familia con las revistas?

Estamos leyéndolas poco a poco. (Las leemos poco a poco.)

IV. Pronombres preposicionales

¿A quién le dio Juan sus notas, **a ti** o a María?

No me las dio **a mí** ni **a ella.**

¿Para quién son las cartas, **para mí** o **para ti?**

Son **para mí.**

¿Con quién va ella, **conmigo** o **contigo?**

No va **con nosotros.** Va **con ellos.**

¿De quiénes son esos cuadernos? ¿Son **de Uds.?**

No señor. Son **de ellas.**

EXPLICACIONES

I. El pretérito perfecto: otro tiempo en el pasado

A. Formación: **haber** + *participio*

he
has
ha
hemos
habéis
han
} llegado, comido, vivido

El presente de **haber** (*to have* como verbo auxiliar) y el participio forman el pretérito perfecto.

B. El participio con terminaciones regulares: **-ado, -ido***

VERBOS EN **-ar**	VERBOS EN **-er**	VERBOS EN **-ir**
estudi**ado**	entend**ido**	viv**ido**
lleg**ado**	com**ido**	ven**ido**
habl**ado**		

* **-ido** lleva acento escrito en **traído** (traer), **oído** (oír), **leído** (leer), **creído** (creer), **caído** (caer). La **í** lleva acento escrito porque es fuerte. (Vea la página 69, sección 5.)

EXCEPCIONES: participios irregulares

abrir	**abierto**	morir	**muerto**
cubrir*	**cubierto**	poner	**puesto**
decir	**dicho**	romper	**roto**
escribir	**escrito**	ver	**visto**
hacer	**hecho**	volver	**vuelto**

C. Uso del pretérito perfecto

¿**Ha cerrado** Ud. la ventana?   No, no la **he cerrado.**
¿**Han recibido** Uds. el paquete?   No, no lo **hemos recibido.**

El pretérito perfecto por lo general expresa una acción ocurrida recientemente, sin referirse a ningún momento específico.

II. Pronombres con el infinitivo

Me gustó el mango después de **comerlo.**
Juan tenía las revistas. ¿Quería Ud. **verlas**? (¿**Las** quería Ud. **ver**?)
Ellos son mis hermanos. ¿Quieres **conocerlos**? (¿**Los** quieres **conocer**?)
Pepe quiere mirar el libro antes de **comprármelo.**

Los pronombres como complemento directo e indirecto se pueden adjuntar *(attach)* al infinitivo. Nótese que los pronombres también pueden preceder al verbo auxiliar.

III. Pronombres con el gerundio

Juan la está buscando.   Juan está **buscándola.**
María me lo estaba diciendo.   María estaba **diciéndomelo.**
Susana se estaba peinando.   Susana estaba **peinándose.**

Los pronombres como complemento directo o indirecto se pueden adjuntar al gerundio de la misma manera que se pueden adjuntar al infinitivo. Nótese la necesidad de poner el acento escrito.

IV. Pronombres preposicionales

A. Combinaciones de preposición y pronombre

PREPOSICIONES	PRONOMBRES	EJEMPLOS
a	**mí,** nosotros, -as	Me lo dio **a mí.**
de	**ti,** vosotros, -as	La composición es **de él.**
con	él, ellos	Roberto va **con Ud.**
en	ella, ellas	Yo tengo una carta **para ti.**
para	Ud., Uds.	Fui a la tienda **por ella.**
por		¿Por qué no viene Ud. **conmigo**?
		No puedo ir **contigo.**

---

* cubrir = *to cover;* descubrir, **descubierto** = *to discover,* ***discovered***

Los pronombres que se usan después de las preposiciones son los mismos pronombres que se usan como sujetos, con dos excepciones: **mí** y **ti** (en vez de **yo** y **tú**). Nótese que se dice **conmigo** y **contigo**.

Después de las preposiciones **excepto, entre** o **incluso** se usa **yo** y **tú** en vez de **mí** y **ti:** Hay tres sillas **entre tú y yo.**

B. Para acentuar o aclarar el complemento directo o indirecto

¿**A quién** le interesa eso?	Me interesa **a mí.**
¿Los conoces tú?	Lo conozco **a él** pero no la conozco **a ella.**
¿Les gustan los frijoles?	**A él** sí pero **a mí** no.
¿Nos buscabas **a nosotros**?	**A Uds.** no. Las buscaba **a ellas.**

Para acentuar o aclarar el complemento directo o indirecto se usa el pronombre personal después de la preposición **a: a él, a mí,** etcétera. Es frecuente la repetición del complemento: **La** veo **a ella, a mí me** encanta.

EJERCICIOS ORALES O ESCRITOS

I. El pretérito perfecto

A. *Complete con la forma correspondiente de* **haber.**

Modelo: Yo _____ hablado con Marta.   *Yo he hablado con Marta.*

1. Ud. _____ comenzado tarde.
2. Uds. _____ comido mucho.
3. Yo _____ escrito la carta.
4. Nosotros _____ pagado el taxi.
5. Tú _____ aprendido la lección.
6. Él y Ud. no _____ preparado bien la lección.
7. ¿Qué _____ hecho ellos?
8. ¿No _____ revelado ellas el secreto?
9. ¿A qué hora _____ vuelto tú?
10. Yo no _____ insistido en eso.

B. *Cambie el infinitivo al participio (participios regulares).*

Modelo: He *(hablar)* con él.   *He hablado con él.*
　　　　 ¿Ha *(comer)* Ud.?   *¿Ha comido Ud.?*
　　　　 Ellos han *(traer)* los refrescos.   *Ellos han traído los refrescos.*

1. ¿Has *(terminar)* la lección?
2. ¿Ha *(beber)* Ud. café hoy?
3. Ellos han *(recibir)* varias cartas.
4. No he *(vender)* mi libro.
5. ¿Quién ha *(creer)* eso?
6. Ella ha *(ser)* la más simpática.
7. No hemos *(recordar)* la fecha.
8. ¿Has *(leer)* esta novela?
9. He *(oír)* ladrar al perro.
10. ¿Quién ha *(ir)* a México antes?
11. Nos han *(prohibir)* entrar.
12. He *(estar)* en ese país.
13. Hemos *(comprender)* todo.
14. Él no ha *(tener)* tiempo.

C. *Cambie el infinitivo al participio (participios irregulares).*

Modelo: Ellos han *(ver)* el drama.   *Ellos han visto el drama.*

1. ¿Quién ha *(decir)* eso?
2. Ellos no han *(volver).*
3. Les he *(escribir)* a mis padres.
4. Hemos *(poner)* los paquetes en mi cuarto.
5. Mi abuelo ha *(morir).*
6. ¿Has *(abrir)* tu paquete?
7. Ella ha *(hacer)* la cama.
8. No hemos *(ver)* su coche nuevo.
9. Algunos han *(romper)* con la tradición.
10. He *(cubrir)* la piscina.

D. *Cambie al pretérito perfecto.*

Modelo: Les prohibo usar el diccionario.
            Les he prohibido usar el diccionario.

1. Aprendo otro tiempo gramatical.
2. Uds. me hablan en español.
3. Ella ve este programa de televisión.
4. Cierro la puerta de la clase.
5. No estamos en una clase de francés.
6. Él me lo da.
7. Muchos estudiantes vuelven a la universidad.
8. Pongo mis libros encima de la mesa.
9. No preparamos las composiciones en clase.
10. Leemos la lectura varias veces.
11. Nuestros parientes nos las escriben de vez en cuando.
12. Oigo las canciones de los estudiantes.
13. Ellos prefieren hablar en vez de escribir.
14. Los niños duermen mucho.

E. *Conteste con una frase completa.*

Modelo: ¿Qué ropa ha comprado Ud. este semestre?
            He comprado una blusa y un suéter.

1. ¿Qué lengua ha hablado Ud. en esta clase?
2. ¿Qué programa de televisión ha visto Ud. esta semana?
3. ¿Qué lengua no hemos estudiado en esta clase?
4. ¿Qué tiempo gramatical han aprendido Uds. en esta lección?
5. ¿Quién les ha dicho a Uds. «buenos días» hoy?
6. ¿Qué has bebido esta mañana?
7. ¿Quién ha recibido dinero de sus padres recientemente?

8. ¿Cuántos han muerto en accidentes en su estado?
9. ¿Cuántos de Uds. han estado contentos en esta clase?
10. ¿Qué lugares has visitado este semestre?
11. ¿Cuándo ha nevado aquí?
12. ¿Han tenido Uds. buena suerte este semestre?
13. ¿Han sufrido Uds. en esta clase de vez en cuando?
14. ¿Qué ha puesto Ud. debajo de su silla?

II. Pronombres con el infinitivo

A. *Substituya el complemento del verbo con el pronombre correspondiente.*

Modelo: Yo sé leer español.   *Yo sé leerlo.*
                              o: *Yo lo sé leer.*

1. Queremos escribir las frases.
2. Ella puede entender la carta.
3. Ud. necesita buscar su libro de español.
4. ¿Tenemos que saber todos los verbos?
5. Comienzan a mejorar las carreteras.
6. Vamos a estudiar la lección 15.
7. Ella no quería ver los edificios nuevos.
8. ¿Quién tuvo que corregirles los exámenes a Uds.?
9. No puedo resistir el deseo de ir.
10. Prefiero ayudar a mis padres.
11. Teresa va a estudiar la lectura y el vocabulario.
12. No puedo llevarte los paquetes.

B. *Conteste con el pronombre correspondiente.*

Modelo: ¿Tenemos que saber los verbos?   *Sí, tenemos que saberlos.*
                                      o: *Sí, los tenemos que saber.*

          ¿Vas a pedirles dinero a tus padres?   *Sí, voy a pedírselo.*
                                      o: *Sí, se lo voy a pedir.*

1. ¿Van a construir caminos nuevos en su estado?
2. ¿Puedes contestar las preguntas?
3. ¿Le gusta a Ud. preparar composiciones orales?
4. ¿Vas a estudiar más el pretérito?
5. ¿Quieren Uds. conocer a las señoritas españolas?
6. ¿Vas a adjuntar los pronombres a los infinitivos?
7. ¿Tenemos que traducirles la lectura a Uds.?
8. ¿Necesita Ud. contar su dinero antes de comprarme algo?
9. ¿Quién va a explicarles a Uds. la lección?
10. ¿Debes decirles la verdad a tus padres?

Desfile en San Francisco,
California (Estados Unidos),
5 de mayo

III. Pronombres con el gerundio

A. *Cambie la frase según el modelo.*

Modelo: Kathy estaba buscando su pluma.
Kathy estaba buscándola.

Paco me está repitiendo el vocabulario.
Paco está repitiéndomelo.

1. Ella está escribiendo cartas.
2. Los estudiantes estaban leyendo la composición.
3. Él nos estaba sirviendo bebidas.

4. Ellos me están recogiendo los juguetes ahora.
5. La profesora les estaba explicando las expresiones.
6. Los turistas están comprando ropa mexicana.
7. Ella me estaba midiendo la distancia en el mapa.
8. El niño le está pidiendo dinero a su padre.

B. *Conteste con la forma progresiva.*

Modelo: ¿Qué haces con la guitarra? (tocar . . .)
Estoy tocándola.

¿Qué hacía Ud. con las notas? (estudiar . . .)
Estaba estudiándolas.

1. ¿Qué hace Ud. a la ventana? (abrir . . .)
2. ¿Qué hacía Ud. con el periódico mexicano? (leer . . .)
3. ¿Me dice Ud. la verdad ahora? (decir . . .)
4. ¿Qué hacían Uds. con el coche ayer? (lavar . . .)
5. ¿Quién les repetía a Uds. el vocabulario ayer? (repetir . . .)
6. ¿Qué hace Ud. con estas preguntas? (contestar . . .)
7. ¿Quién te servía la comida a las seis? (servir . . .)
8. ¿Qué hacía el profesor con los papeles? (corregir . . .)

IV. Pronombres preposicionales

A. *Complete la frase con el pronombre correspondiente.*

Modelo: ¿Quién va con Uds.? Beatriz va con *nosotros.*
A *ellos* no les gustan las corridas.
Hay dos sillas allí. Una de *ellas* es de Raúl.

1. A _____ no me interesa la química.
2. Es el apartamento de Magdalena. Es de _____.
3. ¿Quién va contigo a la fiesta esta noche? Roberto va con _____.
4. Alberto, ¿cuántas sillas hay entre _____ y la profesora?
5. A _____ me gusta conversar sobre Latinoamérica.
6. Sr. González, tengo algo para _____.
7. Elena estaba enferma y yo fui a la tienda por _____.
8. Señores, ¿de quiénes son estas maletas? ¿Son de _____?
9. A las señoritas _____ encantan las flores.
10. Pepe, tengo algo para _____.
11. Voy a la pizarra y escribo en _____.
12. El niño tiene muchos juguetes, pero no juega con _____.

B. *Conteste usando el pronombre preposicional.*

Modelo: ¿Quieres estudiar conmigo?
Sí, quiero estudiar contigo.

¿Entraron Uds. en el restaurante mexicano?
No, no entramos en él.

1. ¿Qué recibió Ud. en su último paquete?
2. ¿Quién habló contigo ayer?
3. ¿Es para Ud. esta pregunta?
4. ¿Adónde fue Ud. con sus padres el verano pasado?
5. ¿Para quiénes son estos ejercicios?
6. ¿A Ud. le gusta gastar dinero?
7. ¿Quién está delante de la clase?
8. Muchas veces, ¿qué hay encima de la chimenea?
9. ¿Qué tiene Ud. para mí?
10. ¿Cuántos profesores hay en esta clase con Uds.?

LECTURA

Los hispanohablantes en los Estados Unidos

Felipe, a quien conocimos en la penúltima lectura, dejó a su amigo Paquito en frente de su casa. Paquito ha regresado de un largo viaje en avión y está cansadísimo. Entra en su casa y la encuentra vacía; ni su perra Chiquita está allí para recibirlo. Va a la cocina y ve sobre la mesa una notita y un sandwich ya
5 preparado. La notita dice así:

> Queríamos esperarte pero hay un circo en el coliseo y tu hermanito estaba imposible. Insistía tanto en ir que por poco nos vuelve locos. Llevamos a Chiquita también. Juanito no quería dejarla. Te dejé un sandwich preparado. Puedes comer y descansar si quieres. Estoy segura
> 10 de que vas a estar muy cansado. Vamos a tratar de volver temprano para oír las noticias que nos traes.
>
> Tu mamá

Después de leer la nota y de terminar de comer, Paquito fue a la sala a poner el televisor. Eligió un programa y escogió una silla cómoda.
15 Era de noche cuando oyó llegar el coche. Esperó un momento y oyó el clamor que traían Chiquita y su hermanito. ¡Qué emocionados venían los dos! Entraron corriendo, su hermanito, gritándole y Chiquita, ladrándole. Cayeron sobre él, el uno lo abrazaba y la otra lo lamía. No podía el niño contener su entusiasmo. Entre los ladridos de Chiquita le contó todo lo que vio: los
20 elefantes, los tigres, los camellos y los payasos. ¡Qué alegría! ¡Qué emoción! ¡Qué espectáculo!
Los padres de Paquito entraron sonriendo después y lo saludaron abrazándolo. ¿Qué noticias les traía? ¿Qué pensaba hacer durante el verano? ¿Cuánto tiempo iba a estar en casa?
25 Paquito contestó sus preguntas refiriéndoles muchos de los detalles de su viaje y hablándoles de su interés en el bilingüismo:

Me parece—decía Paquito—que aunque hay sectores de la sociedad estadounidense que se resiste, el bilingüismo ha tomado mucha importancia en este país en los últimos años. Según las estadísticas, de todas las personas en los
30 Estados Unidos que saben un idioma distinto del inglés, la mitad nombra el español como su lengua nativa o secundaria. El censo que se llevó a cabo en 1980 ha revelado que los Estados Unidos posee una población de más de dieciséis millones de hispanos. De acuerdo con estos datos, la gente de habla española representa el grupo que ha crecido más en los últimos años. Más de la
35 mitad de ellos son de origen mexicano. Se encuentran especialmente en el Sudoeste, pero también los hay en casi todas partes de los Estados Unidos. Muchos no saben otro idioma sino el español, pues en sus hogares hablan sólo español. La otra mitad consta de puertorriqueños, cubanos y otros hispanos. Entre ellos los puertorriqueños son los más numerosos. Los puertorriqueños de
40 Nueva York no hablan más que español si tienen la oportunidad. En Miami sucede lo mismo con muchos cubanos. Así también viven argentinos, colombianos, dominicanos, ecuatorianos, españoles, venezolanos, etcétera, en muchas de las áreas cosmopolitas del país.

En este momento sólo los mexicanoamericanos, los puertorriqueños y los
45 cubanos se consideran minorías porque son los grupos más grandes. Su sentido de unidad y conciencia de existencia han dado impulso a la producción de numerosas obras literarias. Además, anualmente aparecen más y más libros sobre su desarrollo histórico, político y social.

Era muy tarde cuando al fin Paquito decidió ir a la cama. Pensaba que era
50 bueno estar en casa, poder pasar la noche en su propia cama, ver a su familia y hablar con ellos. Sus padres estaban muy interesados en los estudios que llevaba a cabo y sugirieron que debía continuarlos en la universidad.

PREGUNTAS SOBRE LA LECTURA

1. ¿Cuándo conocimos a Felipe?
2. ¿Dónde dejó Felipe a su amigo Paquito?
3. ¿Cómo encuentra Paquito la casa?
4. ¿Por qué está vacía?
5. ¿Cómo sabía Paquito que sus padres llevaron a Chiquita al circo?
6. ¿Qué hizo Paquito después de leer la notita y de comer el sandwich?
7. ¿Cuándo oyó Paquito llegar el coche?
8. ¿Cómo entraron Chiquita y el hermanito de Paquito?
9. ¿Qué le contó su hermanito?
10. ¿Cómo saludaron sus padres a Paquito?
11. ¿Qué les contestó?
12. ¿Qué ha revelado el censo de 1980?
13. Entre los hispanohablantes, ¿cuáles son los grupos más grandes?
14. ¿Qué es una minoría?

PREGUNTAS PERSONALES BASADAS EN LA LECTURA

1. ¿Ha viajado Ud. o sus padres a Sudamérica o a España?
2. ¿Tiene Ud. un hermanito o una hermanita?
3. ¿Qué otros miembros de la familia viven con Uds.?
4. ¿Ha visitado Ud. Nueva York, Miami o una ciudad donde hay muchos hispanos?

EJERCICIO SOBRE LA LECTURA

Conteste si la frase es **verdad** *o* **mentira**.

_____ 1. Paco cree que el bilingüismo ha tomado mucha importancia en este país en los últimos años.

_____ 2. De todas las personas en los Estados Unidos que saben un idioma distinto del inglés, la mitad nombra el español como su lengua nativa o secundaria.

_____ 3. El censo de 1980 ha revelado una población hispana de más de dieciséis millones de hispanos en los Estados Unidos.

_____ 4. Los puertorriqueños son el grupo más grande.

_____ 5. Los cubanos representan la otra mitad de los hispanos en los Estados Unidos.

_____ 6. Los puertorriqueños están principalmente en Nueva York y los cubanos están principalmente en Miami.

_____ 7. Los mexicanoamericanos se concentran en el Sudoeste del país.

_____ 8. Los hispanos no tienen conciencia de su existencia ni sentido de unidad.

_____ 9. Anualmente aparecen libros sobre el desarrollo histórico, político y social de los hispanohablantes.

_____ 10. Los padres de Paquito sugirieron que debía continuar sus estudios en la universidad.

COMPOSICIÓN ORAL O ESCRITA

Prepare una composición de 8 a 10 líneas sobre uno de los temas siguientes.

1. ¿Qué ha hecho Ud. hoy? ¿Ha estudiado la lección mucho o poco? ¿Puede entenderla?, etc.
2. Un diálogo entre Ud. y otro estudiante con muchos pronombres preposicionales
3. Los hispanohablantes en los Estados Unidos

VOCABULARIO

SUSTANTIVOS

SUSTANTIVOS MASCULINOS

el acuerdo	el dato	el ladrido
el almuerzo	el desarrollo	el mango
el bilingüismo	el detalle	el payaso
el camello	el elefante	el resultado
el circo	el frijol	el secreto
el coliseo	el impulso	el tigre

SUSTANTIVOS FEMENINOS

la alegría	la guitarra	la sociedad
la conciencia	la obra	la tradición
la estadística	la producción	la unidad
la guerra		

SUSTANTIVOS MASCULINOS Y FEMENINOS

el cubano/la cubana   el puertorriqueño/la puertorriqueña
el descendiente/la descendiente

ADJETIVOS

consistente	emocionado, -a	perfecto, -a
cosmopolita	numeroso, -a	vacío, -a
dominicano, -a		

MANDATO

observen

PRONOMBRE

contigo

VERBOS

VERBOS EN **-ar**

**abrazar	concentrar	ladrar
**acentuar	gritar	nombrar
adjuntar		

Verbos en **-er** e **-ir**

**aparecer	**escoger	prohibir
*contener (ie)	lamer	resistir
**crecer	poseer	*romper
*cubrir	preceder a	

Participios irregulares

abierto	escrito	roto
cubierto	hecho	visto
dicho	muerto	vuelto

Expresión

de acuerdo

SUPLEMENTO DE VOCABULARIO: ACTIVIDADES

1. correr	4. barrer	7. navegar	10. rezar
2. tocar	5. coser	8. patinar	11. subir
3. cantar	6. sacar fotos	9. hacer la cama	12. besar

Lección 15

El Álamo y las calles de San Antonio

Introducción a la poesía hispánica (Parte 1ª)

INTRODUCCIÓN

DECLARACIÓN Y PREGUNTA

I. Verbos reflexivos

¿Dónde está sentado Juan?

¿Cómo está vestida ella?

¿Por qué estás acostado?

¿Estás despierto?

¿Están Uds. cansados?

La fiesta fue muy divertida.

II. Acción transitiva y reflexiva

(con complemento directo o indirecto)

¿Su mamá **lo despertaba** a Ud. cuando era joven?

RESPUESTA

Se sentó por allí. Siempre **se sienta** allí.

Se vistió de rojo hoy. Frecuentemente **se viste** de azul. No le gusta **vestirse** de negro.

Me acosté porque tengo sueño. Casi nunca **me acuesto** tan temprano.

Sí, **me desperté** hace un rato. **Me despierto** temprano todos los días.

Sí, **nos cansamos** de estudiar. No **nos cansamos** normalmente.

Te divertiste, ¿no? Siempre **te diviertes** en las fiestas.

(con complemento reflexivo)

No, yo siempre **me despertaba** solo. ¿Cómo **te despertabas** tú?

210

Mi mamá **nos despertaba** a todos en nuestra familia.

Nosotros casi siempre **nos despertábamos** solos.

¿No **despertaba** ella **a sus hermanos**?

No, ellos **se depertaban** solos.

Cuando tu hermanito Juan tenía dos años, ¿tu mamá **lo bañaba**?

Sí, pero cuando Juan tenía cuatro años **se bañaba** solo.

¿**Lo vestía** ella cuando tenía cuatro años?

No, él **se vestía** solo.

¿**Le ponía** ella los zapatitos?

Sí, porque él no **se ponía** bien los zapatos.

¿**Lo sentaba** ella en una silla alta para comer?

No, él **se sentaba** en una silla normal.

¿Tenía que **lavarle** la cara y las manos después?

Sí, porque él no quería **lavarse**.

¿A qué hora **lo acostaba**?

Él tenía que **acostarse** a las siete, y yo tenía que **acostarme** una hora más tarde.

III. **Hace** con expresiones temporales

¿**Cuánto tiempo hace que** Ud. está aquí en México?

Hace tres días **que** estoy aquí.

Al lado del Río San Antonio en Tejas (Estados Unidos)

¿**Cuántos años hace que** Uds. estudian español?

Hace un año **que** estudiamos español.

¿**Hace mucho tiempo que** Ud. no ve a sus padres?

No, **hace** sólo un mes **que** no los veo.

¿Cuándo comiste allí?

Comí allí **hace** un mes.

¿Cuándo recibieron la carta?

La recibieron **hace** tres días.

¿Cuándo compraste ese coche?

Lo compré **hace** dos años.

IV. Calificativos del sustantivo

Bárbara, ¿conoces a **la nueva** estudiante?

Posiblemente. ¿Cómo se llama?

No recuerdo su nombre. Es la **bonita** estudiante **colombiana.**

Hay **varias nuevas** estudiantes **bonitas de Colombia,** ¿no?

Me refiero a una de **las** estudiantes **que llegaron ayer.**

¿Me preguntas si conozco a **una de las** estudiantes **bonitas de Colombia que llegaron ayer?**

Sí, ésas mismas.

Las conozco a todas. Son primas mías.

EXLICACIONES

I. Verbos reflexivos

A. Los verbos reflexivos más comunes

acostarse (ue)	*to go to bed*	peinarse	*to comb one's hair*
bañarse	*to take a bath*	ponerse	*to put on (clothes)*
despertarse (ie)	*to wake up*	quedarse	*to stay, remain*
divertirse (ie, i)	*to have fun*	quitarse	*to take off (clothes)*
irse	*to go away*	reunirse	*to get together, to meet*
lavarse	*to wash*	sentarse (ie)	*to sit down*
levantarse	*to get up*	vestirse (i, i)	*to get dressed*
mirarse	*to look at oneself*		

El infinitivo del verbo reflexivo termina con el pronombre **se** *(oneself)*.

B. El pronombre reflexivo (me, te, se, nos, os, se)

Me estoy lavando la cara. (Estoy lavándo**me** la cara.)
¿A qué hora **te** acuestas?
Juan siempre **se** sentaba allí.
No queremos despertar**nos** temprano.
¿**Os** divertisteis, niños?
Uds. no tienen que reunir**se** con nosotros.

El pronombre reflexivo concuerda con el sujeto del verbo porque el sujeto recibe la acción del verbo: **Me miro** *(I look at myself).* El pronombre reflexivo precede al verbo conjugado, o va adjunto al infinitivo y gerundio.

VERBOS REFLEXIVOS

despertarse (ie)

Me despierto.

levantarse

Me levanto de la cama.

mirarse

Me miro en el espejo.

lavarse

Me lavo la cara.

peinarse

Me peino.

ponerse

Me pongo los zapatos.

irse

Me voy a la cafetería.

sentarse (ie)

Me siento a la mesa.

divertirse (ie,i)

Me divierto.

quitarse

Me quito los zapatos.

bañarse

Me baño.

acostarse (ue)

Me acuesto.

II. Acción transitiva y reflexiva

A. Acción transitiva

Yo **le** lavaba la cara al niño.
Ellas **me** despertaron temprano.
¿Levantaron *(lifted)* Uds. la cama?   Sí, **la** levantamos.
¿Vas a poner**me** tu sombrero?   Sí, **te** lo voy a poner.
Mi mamá **me** peinaba.

Cuando el sujeto y el complemento del verbo son dos personas o cosas diferentes, el complemento es directo o indirecto.

B. Acción reflexiva

Yo **me** lavaba la cara.
Ellas **se** despertaron temprano.
¿Cuándo **se** levantaron Uds.?   **Nos** levantamos a las seis.
¿Vas a poner**te** el sombrero?   Sí, voy a ponér**me**lo.
Mi mamá **se** peinaba.

Cuando el sujeto y el complemento son la misma persona, el complemento se expresa con pronombre reflexivo.

III. Hace con expresiones temporales

A. Duración de tiempo: **hace . . . que**

¿Cuánto tiempo **hace que** Ud. vive aquí?	**Hace** dos años y medio **que** vivo aquí.
¿**Hace** mucho tiempo **que** sus padres están en Europa?	No, solo **hace** una semana **que** están allí.

Para expresar la duración de una acción que continúa en el presente, se usa **hace . . . que** y el verbo en el presente.

B. Un incidente en el pasado: **hace cinco días** *(five days ago)*

¿Cuándo vivió Ud. aquí?	**Viví** aquí **hace** dos años.
¿Cuándo estuvieron sus padres en Europa?	**Estuvieron** allí **hace** una semana.

Para expresar la idea de . . . *ago*, se usa el pretérito + **hace** + la unidad temporal.

IV. Calificativos del sustantivo

A. Posición relativa de los calificativos *(modifiers)*

DELANTE DEL SUSTANTIVO

Tengo **tres** libros. (adjetivo de cantidad)
El libro azul es de matemáticas. (artículo)

Este libro es de español. (demostrativo)
Mis libros cuestan mucho. (posesivo no enfático)

Después del sustantivo

Juan es un amigo **mío.** (posesivo enfático)
Es una novela **interesante.** (descriptivo)
Es por un escritor **peruano.** (nacionalidad)

Los adjetivos de cantidad, los artículos, los demostrativos y los adjetivos posesivos no enfáticos preceden al sustantivo que modifican. Los posesivos enfáticos, los adjetivos descriptivos y los de nacionalidad se colocan *(are placed)* después del sustantivo que modifican.

B. Cuando se usan varios adjetivos descriptivos

Es un poeta famoso.
Es un poeta colombiano.
Es un poeta contemporáneo.

Es un **famoso** poeta **colombiano.**
Es un **famoso** poeta **contemporáneo de Colombia** (colombiano).

Es una chica bonita.
Es una chica simpática.
Es una chica alta.

Es una chica **bonita y simpática.**
Es una chica **alta, bonita y simpática.**

Cuando varios adjetivos descriptivos modifican un sustantivo, el adjetivo más breve o más subjetivo precede al sustantivo. Si los adjetivos parecen tener igual valor descriptivo, van después del sustantivo.

C. Adjetivos que cambian de significado

El **pobre** hombre está allí. (= miserable)

Tengo un **nuevo** carro. (= diferente)

Es un **gran** hombre. (= importante)

Es un **buen** chico.

El hombre **pobre** está allí. (= sin dinero)

Tengo un carro **nuevo.** (= no es viejo ni usado)

Es un hombre **grande.** (= tamaño grande)

Es un chico **bueno.** (un poco más enfático)

Ciertos adjetivos como **pobre, nuevo (-a), gran(de), buen(o, -a)** tienen un significado cuando preceden al sustantivo y otro cuando van después.

 # EJERCICIOS ORALES O ESCRITOS

I. Verbos reflexivos

   A. *¿Cuál es la forma del verbo? (tiempo presente)*

Modelo: levantarse   yo *me levanto*

1. *bañarse*
   yo _____
   nosotros _____
   Ud. _____
   Uds. _____

2. *ponerse los zapatos*
   tú _____
   él _____
   nosotros _____
   yo _____

3. *sentarse (ie)*
   ella _____
   ellos _____
   nosotros _____
   yo _____

4. *lavarse*
   voy a _____
   vamos a _____
   vas a _____
   ellos van a _____

5. *acostarse (ue)*
   ¿_____ Ud.?
   ¿_____ nosotros?
   ¿_____ tú?
   ¿_____ yo?

6. *quedarse en casa*
   Juan y yo _____
   Pepe y Luis _____
   tú _____
   yo _____

B. *Conteste con una frase completa.*

Modelo: Por lo general, ¿a qué hora se levanta Ud.?
   Por lo general, me levanto a las siete.

   ¿A qué hora se levantó Ud. ayer?
   Ayer me levanté a las siete y media.

   ¿A qué hora va a levantarse Ud. el sábado?
   El sábado voy a levantarme a las diez.

1. Por lo general, ¿a qué hora se acuesta Ud.?
   ¿A qué hora se acostó Ud. anoche?
   ¿A qué hora va a acostarse Ud. esta noche?
2. ¿Se baña Ud. por la noche o por la mañana?
   ¿Se bañaba Ud. mucho cuando tenía trece años?
   ¿A qué hora se bañó Ud. ayer?
3. ¿Siempre se despierta Ud. contento (-a)?
   En su niñez, ¿se despertaba Ud. solo (-a)?
   ¿A qué hora se despertó Ud. esta mañana?
4. ¿Cuándo te lavas la cara?
   Cuando eras niño, ¿te lavabas la cara con frecuencia?
   ¿A qué hora te lavaste la cara esta mañana?
5. ¿Qué se pone Ud. por la mañana?
   Cuando Ud. tenía un año, ¿se ponía los zapatos solo (-a)?
   ¿Qué va a ponerse Ud. mañana?
6. ¿Qué nos quitamos por la noche?
   ¿Qué nos quitamos anoche?
   ¿Qué vamos a quitarnos esta noche?
7. ¿Dónde se sienta Ud. en la clase?
   ¿Se sentó Ud. allí el domingo?
   ¿Va Ud. a sentarse allí durante la próxima clase?

II. Acción transitiva y reflexiva

Conteste.

Modelo: ¿Se levanta Ud. solo (-a)?
Sí, me levanto solo (-a).

¿Quién levanta a los niños?
La mamá los levanta por lo general.

1. ¿A qué hora te despiertas?
¿Despiertas a los otros estudiantes?
2. ¿Se mira Ud. en el espejo antes de salir?
¿Quién lo mira a Ud. mucho en la clase?
3. ¿Nos lavamos la cara antes de acostarnos?
¿Les lavamos a Uds. la cara en la clase?
4. ¿Se peinó Ud. bien esta mañana?
¿Quién lo peinaba a Ud. cuando era joven?
5. ¿Cuándo se pone Ud. los zapatos?
¿Quién le puso a Ud. los zapatos hoy?
6. ¿Se sentaron Uds. a la mesa anoche?
¿Quién los sentaba a Uds. en una silla alta?
7. ¿Vamos a divertirnos durante las vacaciones?
¿Quiénes querían divertirlos a Uds. cuando tenían dos años?
8. ¿Van Uds. a quitarse los zapatos antes de acostarse?
¿Quiénes tenían que quitarle a Ud. la ropa cuando era muy pequeño (-a)?

III. Hace con expresiones temporales

A. Hace . . . que + verbo en el presente

Conteste con una frase completa.

Modelo: ¿Hace un año que Ud. estudia español?
Sí, hace un año que estudio español.

1. ¿Hace media hora que Ud. está en la clase?
2. ¿Hace varios meses que Ud. habla español?
3. ¿Hace mucho tiempo que Ud. vive aquí?
4. ¿Hace varios minutos que Uds. practican este ejercicio?
5. ¿Hace dos días que estudiamos esta lección?
6. ¿Hace más de un año que Ud. asiste a la universidad.

B. Hace = *ago*

Conteste con una frase completa.

Modelo: ¿Llegó Ud. aquí hace un año?
Sí, llegué aquí hace un año.

1. ¿Escribió Ud. una composición hace una semana?
2. ¿Sufrieron Uds. un examen hace varios días?
3. ¿Compró Ud. este libro hace varios meses?
4. ¿Recibió Ud. una carta hace dos días?
5. ¿Aprendieron Uds. a hablar español hace un año?
6. ¿Comenzamos esta lección hace tres días?

C. *Conteste lógicamente con una frase completa.*

Modelo: ¿Cuánto tiempo hace que escribe Ud. español?
Hace un año que lo escribo.

1. ¿Cuánto tiempo hace que estudiamos esta lección?
2. ¿Cuánto tiempo hace que estudia Ud. español?
3. ¿Cuánto tiempo hace que me conoce Ud.?
4. ¿Cuánto tiempo hace que vives aquí?
5. ¿Cuánto tiempo hace que no ve Ud. a sus padres?
6. ¿Cuánto tiempo hace que sabe Ud. vestirse solo (-a)?
7. ¿Cuánto tiempo hace que estamos en la clase?
8. ¿Cuánto tiempo hace que tienes interés en el español?

D. *Conteste lógicamente usando* **hace** (= ago).

Modelo: ¿Cuándo llegó Ud. aquí?   *Llegué aquí hace un año.*

1. ¿Cuándo recibió Ud. su última carta?
2. ¿Cuándo escribió Ud. una composición en español?
3. ¿Cuándo compró Ud. un par de zapatos?
4. ¿Cuándo se levantó Ud.?
5. ¿Cuándo desayunó Ud.?
6. ¿Cuándo volvió Ud. a casa?
7. ¿Cuándo llovió aquí la última vez?
8. ¿Cuándo comenzó Ud. a estudiar español?

IV. Calificativos del sustantivo

A. *Repita la frase, colocando* (placing) *la forma correspondiente del adjetivo delante o después del sustantivo que modifica y añadiendo* **un** *o* **una** *si es necesario.*

Modelo: Tengo lápices rojos. *(tres)*
Tengo tres lápices rojos.

Una amiga me escribe frecuentemente. *(mexicano)*
Una amiga mexicana me escribe frecuentemente.

María es española. *(bonito)*
María es una española bonita.

1. He estudiado las lecciones. *(todo)*
2. Paco González es estudiante. *(hispanoamericano)*

3. Ellos estaban leyendo periódicos. *(este)*
4. Napoleón era general. *(grande [= famoso])*
5. Los profesores no pudieron llegar a tiempo. *(alguno de)*
6. Nadie quería vender libros de español. *(su)*
7. Era un día de fiesta. *(bueno)*
8. Antonio recibió el paquete. *(grande [= en tamaño])*
9. Gente hay en todas partes. *(pobre [= sin dinero])*
10. Ayer hizo tiempo. *(malo)*
11. Los Estados Unidos es un país. *(rico)*
12. El profesor conoce a los estudiantes de la clase. *(mejor)*

B. *Use el verbo y todas las palabras en una frase. Tenga cuidado con la posición de los calificativos.*

Modelo: (son) bonitas/estas/señoritas/de México
Estas señoritas bonitas son de México.

1. (hablaba) profesor/gran/un/hispanoamericana/de la novela
2. (llegaron) eminentes/chinos/varios/a/país/este
3. (compré) libros de texto/mis/todos/universitaria/en la librería
4. (iban) mejores/estudiantes/algunas de las/al laboratorio/de lenguas
5. (recibieron) mías/otras/amigas/paquetes/algunos/grandes
6. (vive) gente/pobre *(sin dinero)*/mucha/en las/casas/peores
7. (es) clase/próxima/nuestra/en el/piso/segundo/del/nuevo/edificio
8. (era) los estudiantes/cada uno de/españoles/simpático/alto/guapo/y
9. (han visto) norteamericanas/chicas/algunas/drama/un/moderno/buen
10. (son) ejercicios/estos/buenos/importantes/originales/y/diferentes

LECTURA
El Álamo y las calles de San Antonio

Un grupo de estudiantes que va rumbo a México llega a San Antonio para visitar la ciudad. Están muy cansados cuando se instalan en un hotel. Después de descansar se reúnen con sus dos profesores para salir a cenar.

ROBERTO —¡Qué ciudad tan bonita! ¿Se han fijado en la gente? Hay muchos
5   mexicanos.
LA PROFESORA —La mayor parte de ellos son ciudadanos americanos de ascendencia mexicana. A algunos les gusta llamarse chicanos. Este nombre revela el orgullo en su origen y al mismo tiempo afirma su singularidad.
GUILLERMO —Profesora, ¿ha estado Ud. antes en San Antonio?
10   LA PROFESORA —Sí, pasé por aquí hace un año. Siempre me ha gustado parar en esta ciudad cuando voy a México. Los restaurantes son excelentes y me gusta pasearme por las calles.
ROBERTO —La noche está muy linda. ¿Podemos dar un paseo después de cenar?

15   E<small>L PROFESOR</small>   —Sí, ¡cómo no! ¿Qué les parece este restaurante?

Todos indican que está bien y entran a cenar. Mientras están cenando, hablan.

G<small>UILLERMO</small>   —Profesor, ¿piensa Ud. que vamos a tener la oportunidad de ver una corrida de toros en México?

E<small>L PROFESOR</small>   —Sí, Guillermo, pero quizás no va a ser buena porque ésta no es
20   la temporada. Las corridas ahora son más para los turistas que para los aficionados. Los toreros son novilleros, es decir, que torean toros de sólo dos o tres años.

R<small>OBERTO</small>   —A mí siempre me ha interesado eso de las corridas de toros. ¿No tiene cierto simbolismo la corrida?

25   E<small>L PROFESOR</small>   —Dicen que el toro representa la muerte mientras que el torero representa la humanidad. El triunfo del torero simboliza el triunfo de la humanidad sobre la muerte. El torero tiene que ser muy valiente y el toro muy bravo para complacer al público. Para los buenos aficionados, el toreo es más que un deporte; es un arte.

30   Los estudiantes se divirtieron en la ciudad y era tarde cuando regresaron al hotel. Se bañaron y se acostaron. No hubo* problemas al día siguiente. Todos se levantaron temprano y se arreglaron pronto. Nadie se quedó en la cama. Bajaron rápidamente y se sorprendieron mucho porque encontraron a los profesores esperándolos.

35   S<small>USANA</small>   —¿Cuánto tiempo hace que nos esperan?
L<small>A PROFESORA</small>   —Solamente hace un cuarto de hora, Susana.
R<small>OBERTO</small>   —¿Qué vamos a hacer hoy?
E<small>L PROFESOR</small>   —Visitar el Álamo. Salimos después de desayunar.

(En el Álamo)
40   La profesora les habla a los estudiantes:
      —Este es uno de los lugares históricos más importantes que hay en los Estados Unidos. Para los tejanos es un símbolo de la lucha por la libertad contra la tiranía.

      Hace unos 150 años, cuando Tejas era parte de México, el ejército del
45   general Antonio López de Santa Ana llegó a la misión para sofocar la revolución tejana, provocada principalmente por angloamericanos que vivían en Tejas en esa época. Después de doce días los mexicanos lograron tomar la misión por asalto. Durante estos doce días el general de las tropas tejanas, Sam Houston, planeó la estrategia que consecuentemente ganó la guerra.

50   Por supuesto, cada nación tiene su propio concepto histórico de la guerra. Los tejanos angloamericanos ven a los hombres que murieron aquí como héroes. Los mexicanos los ven como aventureros militares o mercenarios que estaban donde no les correspondía. Según los tejanos, los hombres del Álamo (pocos de ellos eran tejanos) murieron como valientes; los mexicanos dicen lo
55   contrario. A veces los tejanos expresan resentimiento porque los mexicanos no

---

* **Hubo** es la forma de **hay** en el pretérito. Tiene el significado de **ocurrió**.

El Álamo, sitio histórico de San Antonio, Tejas (Estados Unidos)

tomaron ningún prisionero sino que los mataron a todos. Los mexicanos contestan que permitieron salir de la misión a las mujeres y a los niños, y que dieron suficiente aviso y advertencia para rendirse a los hombres que se quedaron en la misión.

PREGUNTAS SOBRE LA LECTURA

1. ¿Cómo están los estudiantes cuando llegan a la ciudad de San Antonio?
2. ¿Qué hacen después de descansar?
3. ¿En qué se ha fijado Roberto?
4. ¿Qué añade la profesora?
5. ¿Cuánto tiempo hace que estuvo la profesora en San Antonio?
6. ¿Para quienes son las corridas de toros ahora?
7. ¿Cuál es el simbolismo de la corrida de toros? ¿Qué representa el toro? ¿El torero? ¿El triunfo del torero?
8. ¿Cómo tiene que ser el torero para complacer a la gente? ¿El toro?
9. ¿Qué es el toreo para el buen aficionado?
10. ¿Les gustó a los estudiantes el paseo por la ciudad?
11. ¿Qué hicieron todos al día siguiente?
12. ¿Por qué se sorprendieron cuando bajaron?
13. ¿Cuánto tiempo hace que los esperan los profesores?
14. ¿Qué dice el profesor que van a hacer ese día?

EJERCICIO SOBRE LA LECTURA

Conteste si la frase es **verdad** *o* **mentira**.

_____ 1. El Álamo es uno de los lugares históricos más importantes que hay en los Estados Unidos.

——— 2. Para los tejanos representa un símbolo de la lucha por la libertad contra la tiranía.

——— 3. Hace unos 150 años que Tejas no es parte de México.

——— 4. La revolución tejana fue provocada principalmente por los mexicanos en Tejas.

——— 5. Santa Ana logró tomar la misión por asalto después de doce días.

——— 6. La batalla por el Álamo le dio a Sam Houston tiempo para planear la estrategia que consecuentemente ganó la guerra.

——— 7. Los tejanos y los mexicanos tienen un concepto diferente de lo que ocurrió en el Álamo.

——— 8. Los mexicanos tomaron todos los prisioneros que pudieron.

——— 9. Los mexicanos, bajo *(under)* Santa Ana, no le dieron a los tejanos la oportunidad de rendirse.

——— 10. Este relato *(account)* demuestra que la realidad puede ser relativa.

▒ INTRODUCCIÓN A LA POESÍA HISPÁNICA ▒
(Parte 1ª)

La forma de la poesía consta de *(consists of)* estrofas *(stanzas)*, rima y número de sílabas en los versos *(lines)*. Las sílabas se cuentan de la siguiente manera:

   1 2 3 4 5 6 7 8
Cul/ti/vo u/na /ro/sa /blan/ca   (8 sílabas)

   1 2 3 4   5   6 7 8
en /ju/lio /co/mo e/n e/ne/ro,   (8 sílabas)

   1 2   3 4 5 6 7 8
pa/ra e/l a/mi/go /sin/ce/ro   (8 sílabas)

    1   2   3 4 5 6 7 8
que /me /da /su /ma/no /fran/ca.   (8 sílabas)

Una combinación de vocales se cuenta como una sílaba aún *(even)* frecuentemente cuando las vocales ocurren entre palabras, pero entre palabras se pueden contar como dos. Observen las combinaciones «Cultivo una», «julio», «como en», «para el».

La poesía que empleamos aquí viene de *Versos sencillos* por José Martí quien se considera el apóstol *(apostle)* de la independencia cubana.

▒ COMPOSICIÓN ORAL O ESCRITA ▒

Prepare una composición de 8 a 10 líneas sobre uno de los temas siguientes.

1. ¿Qué hizo Ud. anoche antes de acostarse? ¿Qué hace generalmente después de levantarse? (Use muchos verbos reflexivos y verbos con complemento directo o indirecto.)

2. ¿Cuánto tiempo hace que Ud. no ve al señor X o a la señorita X? ¿Cuánto tiempo hace que Ud. tiene interés en esta persona? ¿Cuánto tiempo hace que Ud. recibió una carta de esta persona?, etc.
3. Un tema libre *(free)*, empleando adjetivos que preceden al sustantivo y los que siguen al sustantivo

  # VOCABULARIO

SUSTANTIVOS

SUSTANTIVOS MASCULINOS

el apóstol	el resentimiento	el triunfo
el aviso	el simbolismo	el turista
el ejército	el símbolo	el valor
el héroe	el toreo	el verso
el público		

SUSTANTIVOS FEMENINOS

la advertencia	la independencia	la preparación
la ascendencia	la lucha	la revolución
la cláusula	la misión	la singularidad
la estrategia	la muerte	la temporada
la estrofa	la poesía	la tiranía

SUSTANTIVOS MASCULINOS Y FEMENINOS

el angloamericano/la angloamericana	el novillero/la novillera
el aventurero/la aventurera	el tejano/la tejana
el chino/la china	el torero/la torera

ADJETIVOS

bravo, -a	mercenario, -a	reflexivo, -a
breve	militar	sutil
calificativo, -a	peruano, -a	transitivo, -a
contemporáneo, -a	poético, -a	vago, -a
contrario, -a	provocado, -a	valiente
enfático, -a		

ADVERBIOS

consecuentemente	pronto

CONJUNCIÓN

sino (que)

VERBOS

VERBOS EN -ar

acostarse (ue)	despertarse (ie)	peinarse
afirmar	fijarse	planear
bañarse	instalarse	presentar
cansarse	levantarse	quedarse
casarse	llamarse	quitarse
cenar	matar	sentarse (ie)
**colocar	mirarse	**simbolizar
denotar	pasear	**sofocar
desayunar		

VERBOS EN -ir O -er

divertirse (ie, i)	**pertenecer	reunirse
*irse	*ponerse	sorprenderse
**ofrecer	rendirse (i, i)	vestirse (i, i)

EXPRESIONES

lo contrario	tomar por asalto

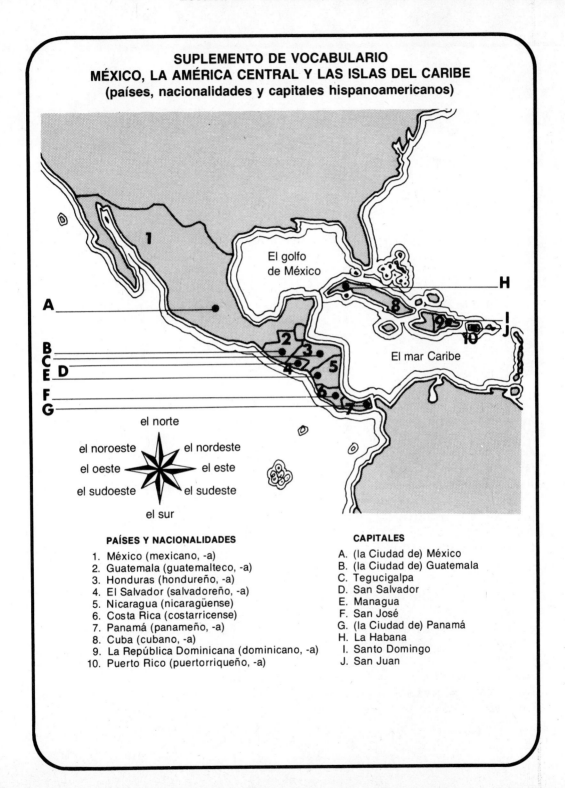

SUPLEMENTO DE VOCABULARIO
MÉXICO, LA AMÉRICA CENTRAL Y LAS ISLAS DEL CARIBE
(países, nacionalidades y capitales hispanoamericanos)

El golfo
de México

El mar Caribe

el norte
el noroeste · el nordeste
el oeste · el este
el sudoeste · el sudeste
el sur

PAÍSES Y NACIONALIDADES

1. México (mexicano, -a)
2. Guatemala (guatemalteco, -a)
3. Honduras (hondureño, -a)
4. El Salvador (salvadoreño, -a)
5. Nicaragua (nicaragüense)
6. Costa Rica (costarricense)
7. Panamá (panameño, -a)
8. Cuba (cubano, -a)
9. La República Dominicana (dominicano, -a)
10. Puerto Rico (puertorriqueño, -a)

CAPITALES

A. (la Ciudad de) México
B. (la Ciudad de) Guatemala
C. Tegucigalpa
D. San Salvador
E. Managua
F. San José
G. (la Ciudad de) Panamá
H. La Habana
I. Santo Domingo
J. San Juan

Lección 16

Impresiones de México

Introducción a la poesía hispánica (Parte 2ª)

INTRODUCCIÓN

 I. El futuro

IR A + INFINITIVO

Voy a viajar por México.

Tú **vas a viajar** por allí también.

Margarita **va a viajar** con nosotros.

Vamos a viajar en coche.

Otros estudiantes **van a ir** allí también.

Éste **va a ser** mi primer viaje a otro país.

¿Cuándo **van a hacer** Uds. el viaje?

¿Cuánto tiempo **van a poder** pasar allí?

¿Cuándo **van a salir** de los Estados Unidos?

¿Cuándo **van a tener** que volver?

¿Cuándo **van a saber** las fechas exactas?

¿**Va a venir** Roberto?

¿Dónde **van a poner** todas las maletas?

¿Qué **van a decir** sus padres del proyecto?

FUTURO

Viajaré por México.

Tú **viajarás** por allí también.

Margarita **viajará** con nosotros.

Viajaremos en coche.

Otros estudiantes **irán** allí también.

Éste **será** mi primer viaje a otro país.

Haremos el viaje el verano que viene.

Podremos pasar allí dos meses, más o menos.

Saldremos en junio.

Tendremos que volver en agosto.

Sabremos las fechas el mes que viene.

No sé si **vendrá** Roberto.

Pondremos algunas encima del coche.

Ellos **dirán** que está bien, y creo que me **darán** parte del dinero que necesito.

II. El condicional

IR A + INFINITIVO

María dijo que **iba a viajar** por México.

Ella y su familia **iban a hacer** el viaje en coche.

Ella sabía que **íbamos a tener** interés en su proyecto.

Ella creía que yo **iba a poder** ayudarle.

Pensábamos que tú **ibas a ir** también.

Me parecía que **iban a divertirse.**

Creíamos que **iba a ser** una buena experiencia.

CONDICIONAL

María dijo que **viajaría** por México.

Ellos **harían** el viaje en coche.

Sabía que **tendríamos** interés en su proyecto.

Creía que yo **podría** ayudarle.

Pensábamos que tú **irías** también.

Me parecía que **se divertirían.**

Creíamos que **sería** una buena experiencia.

Xochimilco, un domingo,
cerca de la Ciudad de México

III. Probabilidad

PREGUNTA	PROBABILIDAD
¿Dónde está Juan?	Juan **estará** en clase. (= Juan probablemente está en clase.)
¿Adónde va Ángela?	Ella **irá** al laboratorio.
¿Cuál de ellos es el profesor?	**Será** el que está hablando.
¿Quién sabe cuál es la tarea para mañana?	Alfredo lo **sabrá**.
¿Adónde fue ella?	**Habrá ido** a clase. (= Probablemente fue a clase.)
¿Qué hizo él?	**Habrá pedido** ayuda.
¿Recibieron la carta?	La **habrán recibido** ayer.
¿Qué coche compraron?	**Habrán comprado** el Chevrolet rojo.
¿Qué hora era cuando Ud. llegó?	No lo sé. **Serían** las siete. (= Probablemente eran las siete.)
¿Dónde estaba Pepe anoche?	No lo sé. **Estaría** con Ramón.
¿Quién tenía el tocadiscos ayer?	No lo sé. Lo **tendría** Paco.

IV. Formas posesivas enfáticas: **mío, tuyo, suyo, nuestro, vuestro**

¿Son éstas mis llaves?	No, aquí tengo **las** llaves **suyas**.
Este es mi libro, ¿no?	Sí, **el mío** está aquí.
¿De quién es ese libro?	Es **mío**. (Es **tuyo**. Es **suyo**.)
¿De quién es esa pluma?	Es **mía**. (Es **tuya**. Es **suya**.)
¿Cómo es aquella casa?	Es como **la casa nuestra**.
¿Cuáles son las mejores composiciones?	Las mejores son **la tuya** y **la mía**.
Mis padres viven en San Diego. ¿Dónde viven **los tuyos**?	**Los míos** viven en Connecticut.

EXPLICACIONES

 I. El tiempo futuro

    A. Hay solamente un grupo de terminaciones para todos los verbos en el tiempo futuro, los verbos irregulares inclusive. El infinitivo es el radical del tiempo futuro regular. Por ejemplo, **yo iré** (*I will go*).

EJEMPLO: **estar**

estar	estar-	-é	yo	estaré (voy a estar)
		-ás	tú	estarás
ser	ser-	-á	él, ella, Ud.	estará
		-emos	nosotros	estaremos
ir	ir-	-éis	vosotros	estaréis
		-án	ellos, ellas, Uds.	estarán

B. Verbos de radical irregular en el futuro

EJEMPLO: **hacer**

hacer	har-		haré
decir	dir-		harás
salir	saldr-	**-é**	hará
valer *(to be worth)*	valdr-	**-ás**	haremos
tener	tendr-	**-á**	haréis
venir	vendr-	**-emos**	harán
poner	pondr-	**-éis**	
poder	podr-	**-án**	
saber	sabr-		
caber *(to fit)*	cabr-		
querer	querr-		
haber*	habr-		

II. El condicional

El condicional expresa la posibilidad de una acción. Por ejemplo, **yo iría** *(I would go).*

estar	estar-	**-ía**
		-ías
ser	ser-	**-ía**
		-íamos
ir	ir-	**-íais**
		-ían

Dijo que **estaría** aquí para las cinco.
Él **sería** un buen presidente.
¿**Iría** Ud. a un restaurante sin zapatos?

Hay un solo grupo de terminaciones para todos los verbos en el condicional. El radical es el infinitivo del verbo, con las siguientes excepciones:

hacer	har-		EJEMPLO: haría
decir	dir-		harías
salir	saldr-	**-ía**	haría
valer	valdr-	**-ías**	haríamos
tener	tendr-	**-ía**	haríais
venir	vendr-	**-íamos**	harían
poner	pondr-	**-íais**	
poder	podr-	**-ían**	
saber	sabr-		
caber	cabr-		
querer	querr-		
haber	habr-		

Nótese que el radical de estas formas irregulares es el mismo que el del futuro.

* El futuro de haber (+ participio) se usa para formar el futuro perfecto: **habré ido** *(I will have gone).*

III. Probabilidad

A. Futuro simple

¿Cómo está Felipe hoy?	No sé. **Estará** (= probablemente está) enfermo porque no está aquí. *(He is probably . . .)*
¿De dónde es el profesor?	No sé. **Será** de Colombia porque habla mucho de Bogotá.
¿Cuántos habitantes tiene esa ciudad?	**Tendrá** varios millones de habitantes.

Para expresar probabilidad en el presente se usa el tiempo futuro.

B. Futuro perfecto

¿Cuántos libros compró Juan?	No sé. **Habrá comprado** (= probablemente ha comprado) siete u ocho. *(He must have bought . . .)*
¿Quién preparó el postre?	Lo **habrá preparado** Gabriela.
¿Cuándo recibió ella la carta?	La **habrá recibido** el lunes pasado.

Para expresar acciones probables en el pasado se usa el futuro perfecto.

C. Condicional

¿Cómo era la casa?	No sé. **Sería** (= probablemente era) enorme porque es rico. *(It was probably . . .)*
¿Cómo estaba Alberto?	**Estaría** triste porque su novia lo había dejado.
¿Quién tenía el diccionario?	Lo **tendría** Manuel porque escribía una composición.

La probabilidad relacionada con una condición en el pasado se expresa con el condicional. Estas condiciones se expresan sobre todo con los verbos **ser**, **estar** y **tener.**

IV. Formas posesivas enfáticas

A. Ejemplos con **mío, mía, míos, mías**

¿Qué tiene él?	Tiene mi libro. (énfasis en el sustantivo **libro**) Tiene un libro mío. (mío = *of mine*)
¿De quién es?	Es **el** libro **mío.** (énfasis en el adjetivo posesivo **mío**) Son **los** libros **míos.**
¿Qué libro tiene?	Tiene **el mío.** (Cuando se omite el sustantivo **el mío** se considera pronombre: *mine.*)

¿De quién son las plumas?

Son **(las) mías.** (Se puede omitir el artículo después del verbo **ser.**)

¡Carlos, amigo mío! ¿Qué tal?

(direct address)

El adjetivo posesivo enfático y el pronombre posesivo normalmente constan de dos palabras que concuerdan con la cosa poseída.

B. Más ejemplos

tuyo, tuya, tuyos, tuyas
Es **la** revista **tuya.** (Es tu revista.)

suyo, suya, suyos, suyas
¿Es de él?   Sí, es **el** (coche) **suyo.**
            Sí, es la (casa) **suya.**

nuestro, nuestra, nuestros, nuestras
¿De quiénes son las composiciones? Son **las nuestras.**

vuestro, vuestra, vuestros, vuestras
Ella es mi profesora. ¿Quién es **la vuestra?**

C. Forma ambigua **suyo, suya, suyos, suyas**

Es el libro suyo. = Es el libro de él (de ella, de Ud., de ellos, de ellas, de Uds.).

Las formas **suyo, suya, suyos, suyas** expresan todas las posesiones posibles de la tercera persona. Tienen la misma ambigüedad que **su, sus.**

EJERCICIOS ORALES O ESCRITOS

I. El futuro

¿Cuál es la forma del verbo en el tiempo futuro?

A. Verbos de radical regular en el futuro

Modelo: Voy a hablar español.   *Hablaré español.*

1. Voy a comer algo.
2. Va a buscar el libro.
3. Vamos a comprar fruta.
4. Vas a beber algo.
5. Ud. va a vivir allí.
6. Ella va a escribir una carta.
7. Va a llover.
8. Voy a explicar eso.
9. Vamos a volver aquí.
10. Vas a estar contento.
11. Él va a ser rico.
12. Va a costar mucho.
13. Van a ir allá.
14. Voy a recordar esto.
15. Vamos a recibir dinero.

B. Verbos de radical irregular en el futuro

Modelo: Va a tener frío.   *Tendrá frío.*

1. Voy a hacer eso.
2. Ella va a decir algo.
3. Uds. van a querer eso.
4. Va a caber aquí.
5. Vamos a tener esto.
6. Vas a saber la lección.
7. Él va a venir aquí.
8. Va a valer mucho.
9. Voy a decir algo.
10. Ud. va a poner todo en la mesa.
11. Vamos a salir de clase.
12. Vas a hacer esto.
13. Voy a poder hacerlo.
14. Van a saber todo.
15. Ellas van a venir a casa.

C. *Conteste la frase con el futuro.*

Modelo: ¿A qué hora estará Ud. en clase mañana?
Estaré en clase a las nueve.

¿Qué dirán Uds. al salir de esta clase?
Diremos: «Adiós, hasta la vista».

1. ¿Estudiará Ud. durante las vacaciones?
2. ¿Saldrá Ud. para México en junio?
3. ¿Mirarás la televisión esta noche?
4. ¿Vendremos a esta clase mañana?
5. ¿Venderán Uds. su libro de español?
6. ¿Sabrán ellos el tiempo futuro mañana?
7. ¿Escribiremos más composiciones?
8. ¿Adónde irá Ud. el sábado?
9. ¿En qué mes hará mal tiempo?
10. ¿A qué hora será su próxima clase?
11. ¿Cuándo tendremos un día de fiesta?
12. ¿Qué me darán Uds. el 25 de diciembre?

II. El condicional

A. *Cambie el infinitivo al condicional.*

Modelo: yo (comprar)   *yo compraría*

1. él *(llevar)*
2. tú *(comer)*
3. nosotros *(vivir)*
4. Uds. *(dar)*
5. yo *(decir)*
6. Ud. *(salir)*
7. ellas *(tener)*
8. tú *(poner)*
9. nosotros *(poder)*
10. eso *(valer)*
11. Uds. *(saber)*
12. yo *(querer)*
13. eso *(caber)*
14. ellos *(estudiar)*
15. Ud. *(entender)*

B. *Complete la frase en el condicional.*

Modelo: Yo creía que ella *(llegar)* . . .
Yo creía que ella llegaría el sábado por la mañana.

Pensábamos que el circo *(tener)* . . .
Pensábamos que el circo tendría muchos tigres y elefantes.

1. Los jóvenes dijeron que su profesor *(salir)* . . .
2. Parecía que ellos *(venir)* . . .
3. Todo el mundo creía que *(llover)* . . .
4. Él no sabía que nosotros *(poder)* . . .
5. La profesora contestó que *(corregir)* . . .
6. Paco pensó que el coche nuevo *(valer)* . . .
7. Les dije a mis padres que yo *(levantarse)* . . .
8. La chica creía que su amiga *(decir)* . . .
9. El profesor les dijo a los estudiantes que *(sufrir)* . . .
10. Hacía frío y el niño dijo que *(ponerse)* . . .

III. Probabilidad

A. *Conteste la pregunta en el futuro, el futuro perfecto o el condicional, según la pregunta.*

Modelo: ¿Dónde está Tomás? *(en casa)*   *No sé. Estará en casa.*
¿Adónde fue Tomás? *(a casa)*   *No sé. Habrá ido a casa.*
¿Dónde estaba Tomás? *(en casa)*   *No sé. Estaría en casa.*

1. ¿Dónde están los niños? *(en la escuela)*
2. ¿Adónde fueron los niños? *(a la escuela)*
3. ¿Dónde estaban los niños? *(en la escuela)*
4. ¿Quién es Roberto? *(un amigo de Rita)*
5. ¿Quién era Roberto? *(un amigo de Rita)*
6. ¿Qué estudió Roberto? *(medicina)*
7. ¿Cuándo salió Carlos? *(a las ocho)*
8. ¿Cuánto dinero tenía Carlos? *(mucho)*
9. ¿Cuánto dinero tiene Carlos? *(mucho)*
10. ¿Qué estudia Carlos? *(biología)*

B. *Conteste según el modelo.*

Modelo: ¿Qué hora será ahora?
Serán las once o las once y cuarto.

¿Adónde habrá ido ayer por la tarde su profesor de español?
Habrá ido a la biblioteca.

¿Qué hora sería cuando volviste a casa anoche?
Serían las once y media.

1. ¿Dónde estará su madre o su padre ahora?
2. ¿Quién habrá sido el mejor presidente de los Estados Unidos?
3. ¿Quiénes habrán sido los peores presidentes?
4. ¿Cuántos años tendrías cuando aprendiste a vestirte solo (sola)?
5. ¿Qué hora será en Madrid?
6. ¿Cuántas horas habrás estudiado ayer?
7. ¿Quién será la persona más alta de la clase?
8. ¿Cuál sería el mejor momento de su vida?
9. ¿Cuál será la ciudad más grande del mundo?
10. ¿Dónde estarían sus padres anoche?

IV. Formas posesivas enfáticas

A. *Repita la frase, substituyendo el adjetivo subrayado con el adjetivo enfático, según el modelo.*

Modelo: Es <u>mi</u> disco.   *Es el disco mío.*

1. Es <u>mi</u> maleta.
2. Rafael, ¿son éstos <u>tus</u> paquetes?
3. Señor, ¿es <u>su</u> dinero?
4. Son <u>nuestras</u> cosas.
5. <u>Sus</u> padres viven en Dallas.
6. Ellas tienen <u>mis</u> libros.
7. El profesor corrige <u>nuestros</u> exámenes.
8. Señoritas, ¿cómo es <u>su</u> apartamento?

B. *Complete con el adjetivo enfático, según el modelo.*

Modelo: ¡Anita, amiga <u>*mía*</u>! ¿Qué tal?

1. ¡Luis, amigo _____! ¿Adónde vas?
2. ¡Dios _____! ¡Qué enorme es!
3. ¡Carlos y Elena, hijos _____! ¿Cuándo llegaron?
4. ¡Madre _____! ¡Qué divertida eres!
5. ¡Evita y Marta, hijas _____! ¿Cómo están ahora?

C. *Conteste usando la forma correcta de (el)* **mío***, (el)* **tuyo***, (el)* **suyo** *o (el)* **nuestro***.*

Modelo: Miguel, ¿de quién son estas plumas?
Son tuyas.

Mi padre está en Bogotá. ¿Dónde está el suyo?
El mío está en Dallas.

1. Mi abuela está en Miami. ¿Dónde está la suya?
2. Anita, ¿es tuyo este dinero?
3. Sr. Jones, ¿de quién es ese cuaderno?
4. ¿Son nuestros estos muebles?
5. Mis padres están en Nueva York. ¿Dónde están los suyos?
6. ¿Es nuestra universidad la mejor del estado?
7. Susana, ¿de quién son estos zapatos?
8. Mi silla no es cómoda. ¿Cómo es la suya?
9. Sr. Smith, ¿es suya esta maleta?
10. Las ideas de Ramón son buenas. Srta. Green, ¿cómo son las suyas?

El ángel, Monumento de la Independencia, Avenida de la Reforma, Ciudad de México

LECTURA

Impresiones de México

En Laredo, Tejas, el grupo de la lectura anterior cruza el famoso Río Grande y entra en México. Después de estacionar el coche, es necesario ir a la aduana para conseguir una tarjeta de turismo y un permiso para el coche. Hay que presentar el certificado de nacimiento y los documentos del coche. Después que el
5 aduanero les registra *(searches)* las maletas, están listos para seguir su camino.

Pasarán rápidamente por la ciudad de Nuevo Laredo y después de una breve parada en un punto de inspección, estarán en pleno campo mexicano. El paisaje que irán viendo les parecerá muy distinto del suyo. Verán cerros y montañas; al lado del camino y a lo lejos habrá nopales. El terreno será muy
10 pedregoso. De vez en cuando pasarán pequeños pueblecitos al lado del camino. Algunos de ellos se llaman ejidos. Los ejidos son comunidades que ha fundado el gobierno con terrenos que les ha dado a los campesinos. Les permite cultivar la tierra y así ganarse la vida.

Al poner la radio, oirán música del norte de México, música ranchera muy
15 animada y típica de la región. Podrán apreciar los chistes y bromas del locutor y el modo en que éste les toma el pelo a los jóvenes que le llaman (por teléfono) a

la estación de radio para pedir selecciónes de discos. Las conversaciones son una parte imprescindible del programa. Es muy chistosa la actitud suya.

El viajero observará que no hay tantas estaciones de gasolina como en los
20 Estados Unidos, de modo que tendrá que prestar atención a la gasolina.

EL PROFESOR —¿Cuánto tiempo hace que no paramos a poner gasolina?

ROBERTO —Hace cuatro horas y media, antes de cruzar la frontera.

LA PROFESORA —Creo que debemos parar pronto. ¿No creen Uds.?

GUILLERMO —Me gustaría parar en estaciones de compañías conocidas, como
25 las estaciones que tenemos en los Estados Unidos.

SUSANA —¡Ay, Dios mío, siempre sales con esas ideas tuyas, Guillermo!

EL PROFESOR —Lo siento mucho, Guillermo, pero en México sólo encontraremos estaciones de Pemex, la compañía nacional. Hace mucho tiempo que México nacionalizó la industria petrolera. En efecto, se cree que México
30 será uno de los países productores de petróleo más importantes del mundo, al nivel de Arabia Saudita.

ROBERTO —Allí veo una estación que parece ser buena.

LA PROFESORA —Pues, vamos a parar entonces.

GUILLERMO —Yo les haré limpiar el parabrisas, revisar el aceite, la batería y la
35 presión de los neumáticos. Cuando se viaja por un país extranjero, es la opinión mía que deberíamos ir seguros *(be safe)*. No sería bueno sufrir una avería.

LA PROFESORA —Es verdad, Guillermo, pero no tienes que preocuparte mucho. No habría problema. Hay patrullas mexicanas por todo el camino para
40 ayudar en casos de emergencia. Una de ellas nos encontraría pronto. Nadie tiene que sentir miedo si se le descompone el coche porque pronto pasará una patrulla en un coche verde.

SUSANA —¡Qué bien! Eso me da a mí mucho alivio.

PREGUNTAS SOBRE LA LECTURA

1. ¿En qué país entra el grupo al cruzar el Río Grande?
2. ¿Qué hay que presentar en la aduana?
3. ¿Qué permiso tendrán que conseguir?
4. ¿Qué registrarán los aduaneros?
5. ¿Cómo es el campo de México? ¿Qué verán al lado del camino y a lo lejos? ¿Cómo es el terreno?
6. ¿Qué es un ejido?
7. ¿Cómo se ganan la vida los campesinos?
8. ¿Qué oirán en la radio?
9. ¿Con qué propósito llaman los jóvenes a la estación de radio?
10. ¿Por qué hay que prestar atención a la gasolina?
11. ¿Cuánto tiempo hace que pararon por gasolina?
12. ¿Cómo se llama la compañía petrolera de México?
13. ¿Qué no sería bueno sufrir?
14. ¿Por qué no es necesario preocuparse?
15. ¿Cómo se podría reconocer la patrulla?

❂ INTRODUCCIÓN A LA POESÍA HISPÁNICA ❂
(Parte 2ª)

Cuando se cuentan las combinaciones de las vocales, hay que tener en cuenta la **h + vocal** y la **y**. Además, versos *(lines)* que terminan con la última sílaba acentuada se cuentan con una sílaba más.

```
 1   2    3    4   5   6   7   8
To/do e/s her/mo/so y /con/stan/te.          (8 sílabas)
```

```
 1     2      3   4    5   6   7 + 1 = 8
To/do es /mú/si/ca y /ra/zón          (7 sílabas + 1 por razón = 8)
```

```
 1 2   3    4     5    6   7   8
y /to/do, /co/mo el /dia/man/te,          (8 sílabas)
```

```
 1    2    3    4    5   6 7 + 1 = 8
an/tes /que /luz /es /car/bón.          (7 sílabas + 1 por carbón = 8)
```

Observen las combinaciones «Todo es hermoso y», «música y», «como el».
La estrofa anterior también viene de *Versos sencillos* por José Martí.
En los poemas que presentamos a continuación *(next)*, los versos de *No era nadie . . .* contienen 8 sílabas. *A Él* también tiene versos de 8 sílabas. El poeta en *Nadie fue ayer . . .* evita una forma silábica fija.

NO ERA NADIE . . .   *Juan Ramón Jiménez (España)*

—No era nadie. El agua. —¿Nadie?
¿Que no es nadie el agua? —No
hay nadie. Es la flor. —¿No hay nadie?
Pero ¿no es nadie la flor?
—No hay nadie. Era el viento. —¿Nadie?
¿No es el viento nadie? —No
hay nadie. Ilusión. —¿No hay nadie?
¿Y no es nadie la ilusión?

Juan Ramón Jiménez fue un famoso poeta español del siglo XX. Recibió el Premio Nobel de Literatura en el año mil novecientos cincuenta y seis.

A ÉL (Selección)   *Gertrudis Gómez de Avellaneda (Cuba)*

¿Qué ser divino era aquél?
¿Era un ángel o era un hombre?
¿Era un Dios o era **Luzbel**?   *Lucifer*
¿Mi visión no tiene nombre?
¡Ah nombre tiene . . . ¡Era Él!

Gertrudis Gómez de Avellaneda fue una poetisa cubana del siglo XIX. También escribió una novela sentimental de tema antiesclavista *(antislavery)* titulada *Sab*.

NADIE FUE AYER . . .

León Felipe (España)

Nadie fue ayer,
ni va hoy,
ni irá mañana
hacia Dios
por este mismo camino
que yo voy.
Para cada hombre **guarda**   *saves*
un **rayo** nuevo de **luz** el sol . . .   *ray; light*
y un camino virgen
Dios.

León Felipe es un poeta español del siglo XX. Ha trabajado en varias profesiones y ha vivido en diferentes países, los Estados Unidos inclusive. (En *Versos y oraciones de caminante*, pág. 15, Colección Málaga, S. A.)

COMPOSICIÓN ORAL O ESCRITA

Prepare una composición de 8 a 10 líneas sobre uno de los temas siguientes.

1. «Mi futuro»: Describa el dibujo en la página 239. ¿Qué dice la señora? ¿Qué piensa Ud.? Ponga los verbos en el futuro.
2. Tema libre. Use la probabilidad y las formas posesivas enfáticas.

VOCABULARIO

SUSTANTIVOS

SUSTANTIVOS MASCULINOS

el aceite	el locutor	el poema
el alivio	Luzbel	el postre
el ángel	el nacimiento	el premio
el avión	el neumático	el proyecto
el caminante	el nopal	el pueblo
el campo	el paisaje	el punto
el cerro	el parabrisas	el rayo
el certificado	el permiso	el techo
el ejido	el petróleo	el terreno

SUSTANTIVOS FEMENINOS

la actitud	la batería	la emergencia
la aduana	la broma	la frontera
la ambigüedad	la colección	la gasolina
la avería	la compañía	la ilusión

la industria
la inspección
la luna
la luz
la montaña

la parada
la patrulla
la playa
la posibilidad

la presión
la radio
la selección
la visión

SUSTANTIVOS MASCULINOS Y FEMENINOS

el aduanero/la aduanera
el campesino/la campesina

el novio/la novia
el poeta/la poetisa

ADJETIVOS

animado, -a
antiesclavista
chistoso, -a
condicional
divino, -a
enorme
extranjero, -a

imprescindible
listo, -a
pedregoso, -a
petrolero, -a
pleno, -a
poseído, -a

productor(a)
ranchero, -a
seguro, -a
silábico, -a
suyo, -a
tuyo, -a

INTERJECCIÓN

¡adiós!

VERBOS

VERBOS EN -ar

apreciar
concordar (ue)
**cruzar
cultivar
estacionar

fundar
ganarse
guardar
limpiar
**nacionalizar

parar
preocuparse
registrar
revisar

VERBOS EN -ir O -er

*caber

conseguir (i, i)

*descomponer

EXPRESIONES

de modo que
de vez en cuando

ganarse la vida
prestar atención

tomar el pelo

SUPLEMENTO DE VOCABULARIO: VIAJANDO EN COCHE

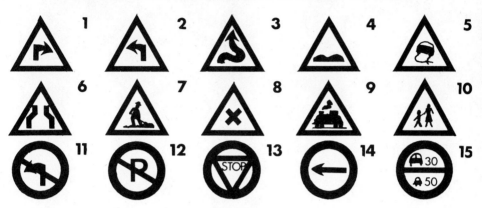

1. curva a la derecha
2. curva a la izquierda
3. curva doble
4. camino ondulado
5. camino resbaloso
6. puente angosto
7. trabajadores
8. intersección (o cruce)
9. cruce de ferrocarril
10. área frecuentada por niños
11. no doblar a la izquierda
12. se prohibe estacionar
13. alto
14. hay que doblar a la izquierda
15. límite de velocidad: camiones, 30 KPH; coches 50 KPH

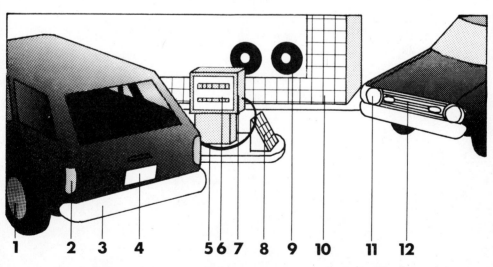

1. la rueda
2. la luz trasera
3. el parachoques
4. la placa
5. la manguera
6. el medidor
7. el surtidor
8. la lata de aceite
9. el neumático
10. la estación de gasolina
11. el faro
12. el radiador

Módulo 5

La realidad subjetiva

Lección 17

La Revolución Mexicana

Introducción a la poesía hispánica (Parte 3ª)

 INTRODUCCIÓN

INDICATIVO	SUBJUNTIVO

I. El concepto de indicativo y subjuntivo

José estudia.	Es posible que José estudie.
José no ha estudiado.	Tengo miedo de que José no haya estudiado.
José estudiará.	Saldremos después de que José estudie.

II. El modo subjuntivo: tiempo presente

Yo escucho y repito la frase.	El profesor quiere que yo **escuche** y **repita** la frase.
Tú compras y vendes muchos coches.	Estamos contentos de que tú **compres** y **vendas** muchos coches.
Ella abre la ventana y cierra la puerta.	Es importante que ella **abra** la ventana y **cierre** la puerta.
Nosotros hablamos y entendemos español.	No creen que **hablemos** y **entendamos** español.
Vosotros salís temprano y regresáis tarde.	Es lástima que **salgáis** temprano y **regreséis** tarde.
Ellos hablan mucho y dicen poco.	No me gusta que **hablen** mucho y **digan** poco.

244

III. El subjuntivo con expresiones de voluntad

Ud. me dice la verdad.

Insisto en que Ud. me **diga** la verdad.
Quiero que Ud. me **diga** la verdad.
Le **recomiendo** a Ud. que me **diga** la verdad.

Uds. salen ahora.

José **prefiere** que Uds. **salgan** ahora.
José les **sugiere** a Uds. que **salgan** ahora.
José les **pide** a Uds. que **salgan** ahora.

Los visitamos pronto.

Tus padres nos **dicen** que los **visitemos** pronto.
Tus padres nos **ruegan** que los **visitemos** pronto.

Te levantas temprano.

El médico **prohíbe** que te **levantes** temprano.
El médico te **aconseja** que no te **levantes** temprano.
El médico te **manda** que no te **levantes** temprano.

IV. La omisión del sustantivo

DECLARACIÓN Y PREGUNTA

¿Quién es esa chica?
No, **la que** está con Carlos.
¿Me permite Ud. leer su libro?
No, **el de** historia hispanoamericana.

RESPUESTA

¿Cuál, **la del** vestido rojo?
¡Ah, **la** rubia! No la conozco.
¿Qué libro, **el** azul?
¡Ah, **el que** está en esa mesa! Sí, está bien.

EXPLICACIONES

I. El concepto de indicativo y subjuntivo

A. El indicativo

Yo sé que Juan **dice** la verdad. (presente)
Juan **ha dicho** la verdad. (pretérito perfecto)
Yo estoy seguro que Juan **dirá** la verdad. (futuro)
Juan **dijo** la verdad. (pretérito)
Juan siempre **decía** la verdad. (imperfecto)

Los tiempos del verbo que hemos estudiado hasta ahora son del modo **indicativo,** que expresa acciones que se realizan o que seguramente se realizarán.

B. El subjuntivo

CLÁUSULA PRINCIPAL   CLÁUSULA SUBORDINADA

Tienen miedo de . . . ⎫
Quiero . . .   ⎪
Dudamos . . .   ⎬   que Juan **diga** la verdad.
Es posible . . .   ⎪
Esperamos . . .   ⎭

El **subjuntivo** a veces expresa acciones que sólo existen en el pensamiento de la persona que habla. Es decir, el subjuntivo indica una acción que posiblemente no haya *(has)* ocurrido y quizás nunca vaya a *(is going to)* ocurrir. Expresa deseo, duda, temor *(fear)*, necesidad o posibilidad. Nótese que el subjuntivo se usa en una cláusula subordinada que comienza con la palabra **que.** El sujeto de la cláusula subordinada es por lo general diferente del sujeto de la cláusula principal.

C. El infinitivo después del verbo principal

Quiero **decir** la verdad.
Prefiero **decir** la verdad.
Esperamos **decir** la verdad.

Cuando el sujeto no cambia, se usa el infinitivo después del verbo principal.

▨▨ II. El modo subjuntivo: tiempo presente

A. Verbos regulares

RADICAL   TERMINACIONES

1ª persona singular del presente menos la **-o**

-ar	-er, -ir
-e	-a
-es	-as
-e	-a
-emos	-amos
-éis	-áis
-en	-an

EJEMPLOS

INFINITIVO	INDICATIVO	SUBJUNTIVO
hablar	yo hablo	hable
comer	como	coma
vivir	vivo	viva
tener	tengo	tenga
comen**zar**	comienzo	comien**ce**
volver	vuelvo	vuelva
bus**car**	busco	bus**que**
caerse	me caigo	me caiga
pa**gar**	pago	pa**gue**

Como radical se usa la primera persona singular del presente del indicativo menos la **-o,** y se añaden las terminaciones. Es necesario modificar la ortografía de los verbos en **-car, -gar** y **-zar** para seguir el sistema fonético del español.

B. Verbos irregulares

ir	**ser**	**estar**	**saber**	**dar**	**haber**
vaya	sea	esté	sepa	dé	haya
vayas	seas	estés	sepas	des	hayas
vaya	sea	esté	sepa	dé	haya
vayamos	seamos	estemos	sepamos	demos	hayamos
vayáis	seáis	estéis	sepáis	deis	hayáis
vayan	sean	estén	sepan	den	hayan

Nótese los acentos escritos en **dar** y **estar**.

C. Verbos con cambio en el radical (**o > ue, e > ie**)

volver (ue)		**sentarse (ie)**	
vuelva	volvamos	me siente	nos sentemos
vuelvas	volváis	te sientes	os sentéis
vuelva	vuelvan	se siente	se sienten

En general, el radical del subjuntivo tiene los mismos cambios que el radical del tiempo presente del indicativo.

Excepción: **e > i, o > u**

divertirse (ie, i)	**dormir (ue, u)**	**repetir (i, i)**
me divierta	duerma	repita
te diviertas	duermas	repitas
se divierta	duerma	repita
nos divirtamos	durmamos	repitamos
os divirtáis	durmáis	repitáis
se diviertan	duerman	repitan

Los verbos en **-ir** que tienen cambio en el radical, cambian **e > i** y **o > u** en las formas que corresponden a **nosotros** y **vosotros**.

III. El subjuntivo con expresiones de voluntad *(will or volition)*

VERBOS QUE EXPRESAN VOLUNTAD

querer (ie)
preferir (ie, i)
sugerir (ie, i)
decir (i) *(to tell someone to do something)*
recomendar (ie)
pedir (i, i)

insistir en
aconsejar *(to advise)**
mandar *(to command, to order)**
prohibir *(to forbid)**
rogar (ue) *(to beg)*

* Se puede evitar el subjuntivo después de **aconsejar, mandar y prohibir** indicando el cambio de sujeto con el pronombre indirecto: **Le aconsejo *ir* en diciembre.**

No quiero que vuelvas mañana.
Me dicen que vaya con ellos.
Les aconsejamos que estudien más.
Le escribiré a María que nos visite pronto.
Le he dicho a Juan que tenga paciencia.
Le recomendaré a Tony que viaje a México.

El verbo que expresa voluntad es el verbo principal, y el verbo de la cláusula subordinada está en el subjuntivo. Nótese que el verbo de voluntad puede estar en el presente, el futuro, el pretérito perfecto o puede ser un mandato *(command)*.

El complemento indirecto **(me, te, le, nos, os, les)** del verbo de voluntad frecuentemente indica el sujeto del segundo verbo.

IV. La omisión del sustantivo

Juanita es **la chica del** suéter verde.   Juanita es **la del** suéter verde.
Tengo **un disco** chileno.   Tengo **uno** chileno.
Mi coche es **el coche** azul.   Mi coche es **el** azul.
Ramón es uno de **los jóvenes que**   Ramón es uno de **los que** llegaron de
llegaron de Costa Rica ayer.   Costa Rica ayer.

Un sustantivo se puede omitir después del artículo cuando ese sustantivo se entiende en la frase.

EJERCICIOS ORALES O ESCRITOS

I. El concepto de indicativo y subjuntivo

Complete la frase con el verbo correspondiente.

Modelo: (escriba, escribe) Rafael *escribe* la composición. Quiero que Rafael *escriba* la composición.

1. (hable, habla) Alicia _____ español. Prefiero que Alicia _____ español.
2. (compran, compren) Ellos _____ un coche nuevo. Queremos que ellos _____ un coche nuevo.
3. (comes, comas) Tú te _____ la manzana. Es bueno que tú te _____ la manzana.
4. (abran, abren) Uds. _____ el paquete. Espero que Uds. _____ el paquete.
5. (beba, bebe) Rosa se _____ todo el refresco. Tienen miedo de que Rosa se _____ todo el refresco.
6. (vamos, vayamos) Nosotros no _____ a México. Es probable que nosotros no _____ a México.
7. (hayan dicho, han dicho) Ellos _____ eso. No es verdad que ellos _____ eso.
8. (esté, estaré) Yo no _____ allí mañana. Siento que yo no _____ allí mañana.

9. (llegue, llega) Ud. no _____ tarde a la clase. Recomiendo que Ud. no _____ tarde a la clase.

10. (sea, es) Esteban _____ un buen profesor. Es posible que Esteban _____ un buen profesor.

II. El modo subjuntivo: tiempo presente

¿Cuál es la forma correspondiente del verbo?

A. Verbos regulares

Modelo: hablar . . . que yo *hable*

1. *hablar*
   . . . que Ud. _____
   . . . que yo _____
   . . . que nosotros _____
   . . . que ellos _____

2. *comer*
   . . . que yo _____
   . . . que nosotros _____
   . . . que Uds. _____
   . . . que ella _____

3. *escribir*
   . . . que nosotros _____
   . . . que tú _____
   . . . que yo _____
   . . . que ellos _____

4. *salir*
   . . . que tú _____
   . . . que nosotros _____
   . . . que yo _____
   . . . que ellas _____

5. *pagar*
   . . . que nosotros _____
   . . . que yo _____
   . . . que Ud. _____
   . . . que Uds. _____

6. *lavarse*
   . . . que yo _____
   . . . que nosotros _____
   . . . que él _____
   . . . que ellos _____

B. Verbos irregulares

Modelo: estar . . . que yo *esté*

1. *dar*
   . . . que él _____
   . . . que yo _____
   . . . que nosotros _____
   . . . que ellas _____

2. *ir*
   . . . que yo _____
   . . . que tú _____
   . . . que ellas _____
   . . . que nosotros _____

3. *saber*
   . . . que nosotros _____
   . . . que yo _____
   . . . que tú _____
   . . . que Uds. _____

4. *ser*
   . . . que nosotros _____
   . . . que Uds. _____
   . . . que yo _____
   . . . que ella _____

5. *estar*
   . . . que ella _____
   . . . que yo _____
   . . . que nosotros _____
   . . . que Uds. _____

C. Verbos con cambio en el radical

Modelo: *volver* . . . que yo *vuelva*

1. *recordar*
   . . . que yo _____
   . . . que nosotros _____
   . . . que ella _____
   . . . que ellas _____

2. *despertarse*
   . . . que yo _____
   . . . que nosotros _____
   . . . que tú _____
   . . . que ellas _____

3. *dormir*
   . . . que nosotros _____
   . . . que yo _____
   . . . que ella _____
   . . . que Uds. _____

4. *pedir*
   . . . que Ud. _____
   . . . que yo _____
   . . . que nosotros _____
   . . . que Uds. _____

III. El subjuntivo con expresiones de voluntad

A. *Cambie el infinitivo entre paréntesis a la forma correspondiente del presente del subjuntivo.*

Modelo: El profesor quiere que los estudiantes *(aprender)* el modo subjuntivo.
El profesor quiere que los estudiantes aprendan el modo subjuntivo.

Les diré a mis padres que *(venir)* a la función.
Les diré a mis padres que vengan a la función.

1. Prefiero que Uds. *(hablar)* en español.
2. Juana me aconseja que no *(comer)* en la cafetería.
3. Le diré a ella que *(escribir)* la composición.
4. No les he sugerido a ellos que *(ir)* en coche.
5. Insisten en que nosotros *(practicar)* varios ejercicios.
6. Los soldados les han mandado que *(salir)* de la ciudad.
7. Te ruego que me *(decir)* el secreto.
8. Les he pedido que *(estar)* aquí lo más pronto posible.
9. Alfredo y yo queremos que Ud. *(traer)* algo a la fiesta.
10. Recomiendan que nosotros *(levantarse)* antes de las ocho.
11. La profesora les ha prohibido que *(llegar)* tarde a la clase.
12. Te pedirán que *(tener)* más paciencia.
13. Quiero que Uds. *(divertirse)* en San Antonio.
14. El locutor les dice a ellos que *(pedir)* selecciones de discos.
15. Sugiero que tú *(sentarse)* allí.

B. *Prepare una frase según el modelo.*

Modelo: Yo le *(sugerir)* . . . que *(ir)* . . .
Yo le sugiero a Ud. que no vaya a México por avión.

Tomás *(querer)* ir . . .
Tomás quiere ir a San Antonio este verano.

1. Mis padres me *(recomendar)* que *(estudiar)* . . .
2. Ella le *(pedir)* . . . que *(traer)* . . .
3. Algunos artistas *(preferir)* vivir . . .
4. Nosotros *(preferir)* que ella *(quedarse)* . . .
5. Mi profesor *(insistir)* en que nosotros *(practicar)* . . .
6. Mis amigos *(insistir)* en hablar . . .
7. Su madre le *(aconsejar)* . . . que *(levantarse)* . . .
8. Casi todos los niños *(querer)* tener . . .
9. A veces nuestros padres nos *(mandar)* que *(tener)* . . .
10. ¿Quién te *(rogar)* que no *(gastar)* . . . ?
11. Él me *(pedir)* que *(venir)* . . .
12. Mi mejor amigo me *(decir)* que *(visitar)* . . .
13. El grupo de estudiantes *(querer)* divertirse . . .
14. La profesora les *(prohibir)* a ellos que *(hablar)* . . .

IV. La omisión del sustantivo

A. *Omita el sustantivo, según el modelo.*

Modelo: Beatriz es la señorita de la blusa azul.
Beatriz es la de la blusa azul.

El Prof. Sánchez compró un coche nuevo.
El Prof. Sánchez compró uno nuevo.

1. La Constitución de los Estados Unidos es un documento importante.
2. Ella está escribiendo una composición interesante.
3. No puedo encontrar los boletos que recibí ayer.
4. Me gustan los ejercicios de esta lección.
5. El turista compró un regalo bonito.
6. De todos los discos, me interesan más los discos rancheros.
7. Isabel y Dorotea son las chicas que prepararon la comida.
8. Tengo un Toyota blanco.
9. El tiempo pretérito es el tiempo de la acción terminada.
10. Ésta es la última frase del ejercicio.

B. *Omita los sustantivos innecesarios.*

Modelo: Maritza no es la estudiante que trajo la guitarra.
Maritza no es la que trajo la guitarra.

Es el fin del año escolar. Los estudiantes están organizando una fiesta, una fiesta que será típicamente mexicana. El Prof. Ramírez, uno de los profesores favoritos de los estudiantes, los ha invitado a su casa. Bob y Bill son los estudiantes que traerán los refrescos. Julia, la chica de la blusa azul, va a traer sus discos, inclusive varios discos rancheros. Paco, un chico mexicano, tocará la guitarra. Él sabe casi todas las canciones *(songs)* populares y muchas de las canciones tradicionales. ¿Van a divertirse los estudiantes? ¿Qué cree Ud.?

LECTURA
La Revolución Mexicana

Viajando despacio por la carretera panamericana, al fin nuestro grupo llega sano y salvo a la ciudad de México. Allí se reúnen con Lupita, una sobrina mexicana del profesor. Lupita quiere que los estudiantes conozcan bien la ciudad y por eso les da sus consejos.

5   LUPITA —Hay muchísimas cosas interesantes que ver aquí. Sugiero que vean algunos de los espectáculos que ofrece una ciudad grande como México: teatro, ballet, conciertos, clubes nocturnos. Además, México tiene algunos museos magníficos. Les aconsejo que vayan a visitar el de antropología. Se dice que es uno de los mejores del mundo. Luego, les recomiendo que visiten
10   algún sitio arqueológico. San Juan Teotihuacán es excelente, pero una visita al Templo Mayor de Tenochtitlán es casi una experiencia mística.

(Los estudiantes quedaron muy impresionados con la ciudad, especialmente después de andar por las calles y de visitar algunas tiendas. Se fijaron sobre todo en lo distinto* que era este país del suyo.)

15   MARÍA —Nunca me imaginé que un país podía cambiar tanto. Yo estuve aquí de niña y sé que entonces era un país diferente.
  LA PROFESORA —Les dije que iban a cambiar de opinión.
  GUILLERMO —Yo vine con la impresión de que éste era un país sucio, lleno de gente pobre.
20   LA PROFESORA —Gente pobre hay en todas partes, Guillermo, y México está haciendo lo que puede por los pobres. Aun un país tan grande y poderoso como el nuestro no ha podido vencer ese monstruo que ha afligido a la humanidad desde Adán y Eva. México ha progresado muchísimo desde la Revolución de 1910 y puedes ver lo limpio que es.
25   GUILLERMO —¿La Revolución de 1910, profesora?
  LA PROFESORA —Sí, Guillermo, es de hecho la primera revolución completamente social en este continente. Comenzó espontáneamente en varias partes del país y luego desarrolló sus principios poco a poco. La etapa bélica duró hasta 1921. Tuvo como impulsores dos de los personajes más pintorescos de
30   la historia mundial: Pancho Villa y Emiliano Zapata. Éste se conoce más por la lucha por la tierra; aquél, por su astucia militar y su comportamiento imposible de predecir. Lo curioso es que en algunos casos los intelectuales del país se subordinaron ellos mismos** a estos hombres rústicos. Estos héroes del pueblo lograron, con otros revolucionarios como Madero y Obregón, cam-
35   biar el rumbo que llevaba el país. La historia de México es muy interesante.

---

* Se usa **lo** en la forma neutra pero el adjetivo concuerda con el objeto a que se refiere, en este caso **país.** El **lo** se puede traducir *how:* **lo distinto** = *how different.*
** **Mismo (-a)** a veces se usa para poner énfasis en el sustantivo que modifica: **yo mismo** (*I myself*), **ahora mismo** (*right now*), **aquí mismo** (*right here*).

Emiliano Zapata
(1883–1919)

PREGUNTAS SOBRE LA LECTURA

1. ¿Cómo llegó el grupo de estudiantes a la ciudad de México?
2. ¿Por qué carretera viajaron?
3. ¿Iban viajando con prisa?
4. ¿Qué espectáculos ofrece México?
5. ¿Qué museo les aconseja Lupita que visiten?
6. ¿Qué sitios les recomienda Lupita que vean?
7. ¿Qué impresión tenía Guillermo del país?
8. ¿Qué le dijo la profesora?

EJERCICIOS SOBRE LA LECTURA

En el espacio escriba la letra que corresponde al número.

_____ 1. La Revolución Mexicana es . . .

_____ 2. Comenzó espontáneamente en varias partes del país y luego . . .

_____ 3. La etapa bélica duró . . .

_____ 4. Los impulsores, dos de los personajes más pintorescos de la historia mundial, . . .

_____ 5. Emiliano Zapata . . .

_____ 6. Pancho Villa . . .

_____ 7. Los intelectuales de México . . .

_____ 8. Otros revolucionarios . . .

_____ 9. Estos héroes del pueblo . . .

_____ 10. México tiene . . .

a. hasta 1921.

b. se conoce por su astucia militar y su comportamiento imposible de predecir.

c. fueron Pancho Villa y Emiliano Zapata.

d. hay en todas partes.

e. la primera revolución completamente social de este continente.

f. una historia muy interesante.

g. se conoce por la lucha por la tierra.

h. se subordinaron ellos mismos a estos hombres rústicos.

i. desarrolló sus principios poco a poco.

j. fueron Madero y Obregón.

k. lograron cambiar el rumbo que llevaba el país.

INTRODUCCIÓN A LA POESÍA HISPÁNICA
(Parte 3ª)

La rima empieza donde se acentúa la última palabra del verso. Hay dos tipos de rima: consonante y asonante. La rima consonante parea *(pairs)* las consonantes y las vocales de una palabra: dol**or**/am**or**/Se**ñor**, ofrec**erte**/m**uerte**, transit**oria**/gl**oria**, adh**iere**/m**uere**. La rima asonante es más sutil, pues parea sólo las vocales: az**u**l/t**ú**, confund**i**d**a**s/poes**í**a.

Todas las siguientes poesías emplean versos de once sílabas variados con versos de siete sílabas. Sólo hay un verso de seissílabas en las tres poesías: «¡habrá poesía!»

OFERTORIO

Amado Nervo (México)

Dios mío, yo te ofrezco mi dolor:
¡es todo lo que puedo yo ofrecerte!
Tú me diste un amor, un solo amor,
¡un gran amor! Me lo robó la muerte,
. . .y no me queda más que mi dolor.
Acéptalo, Señor:
¡Es todo lo que puedo ya ofrecerte!

Amado Nervo fue poeta, escritor y diplomático mexicano. Sus libros de poemas lo han revelado como un lírico de fina sensibilidad *(sensitivity)*. Murió en mil novecientos diecinueve. (En *Obras completas*, tomo 2, pág. 1672, Edición de Aguilar, S.A.)

RIMAS (Selección)

Gustavo A. Bécquer (España)

¿Qué es poesía? dices mientras **clavas** *gaze*
 En mi pupila tu pupila azul;
¿Qué es poesía? ¿Y tú me lo preguntas?
 ¡Poesía . . . eres tú!

Mientras sentirse puedan en un **beso** *kiss*
 dos almas confundidas;
mientras exista una mujer hermosa,
 ¡habrá poesía!

Gustavo Adolfo Bécquer (1836–1870) fue un poeta lírico español. Aunque publicó sólo 66 poemas tuvo extraordinaria influencia en las letras hispanoamericanas. También publicó muchos cuentos y leyendas *(legends)*.

ANTE UN CADÁVER (Selección)

Manuel Acuña (México)

 . . . al fin de esta existencia transitoria,
a la que tanto nuestro **afán se adhiere,** *eagerness, clings*
la materia, inmortal como la gloria,
cambia de formas, pero nunca muere.

Manuel Acuña (1849–1873) escribió varios poemas inspirados antes de suicidarse a los veinticuatro años. «Ante un cadáver» es un poema de casi cien líneas sobre el ciclo de la existencia material.

COMPOSICIÓN ORAL O ESCRITA

Prepare una composición de 8 a 10 líneas sobre uno de los temas siguientes.

1. Ud. quiere hacer una cosa, pero otra persona quiere que Ud. haga otra. Use muchos verbos que requieran el presente del subjuntivo.
2. La Revolución Mexicana

VOCABULARIO

SUSTANTIVOS

SUSTANTIVOS MASCULINOS

Adán	el consejo	el rumbo
el afán	el continente	el subjuntivo
el amor	el documento	el teatro
el boleto	el indicativo	el temor
el cadáver	el museo	el templo
el ciclo	el ofertorio	Tenochtitlán
el comportamiento	Teotihuacán	el tomo

SUSTANTIVOS FEMENINOS

el alma	Eva	la paciencia
la antropología	la gloria	la pupila
la astucia	la influencia	la rima
la constitución	la leyenda	la sensibilidad
la edición	la materia	la voluntad
la etapa		

SUSTANTIVOS MASCULINOS Y FEMENINOS

el diplomático/la diplomática   el sobrino/la sobrina
el escritor/la escritora   el revolucionario/la revolucionaria
el impulsor/la impulsora

ADJETIVOS

arqueológico, -a	espontáneo, -a	mundial
asonante	extraordinario, -a	pintoresco, -a
bélico, -a	fino, -a	rústico, -a
confundido, -a	inmortal	subordinado, -a
curioso, -a	inspirado, -a	sucio, -a
chileno, -a	lleno, -a	transitorio, -a
escolar	mayor	

VERBOS

VERBOS EN -ar

aconsejar	parear	robar
cambiar de	progresar	**rogar (ue)
dudar	**publicar	subordinar
mandar	recomendar (ie)	suicidarse

VERBOS EN -ir O -er

adherir (ie, i)	*caerse	*predecir
**afligir		

SUPLEMENTO DE VOCABULARIO:
TIENDAS Y NEGOCIOS ESPECIALIZADOS
(¿Dónde se consigue...?)

1. carnicería
2. pescadería
3. zapatería
4. ropería
5. panadería
6. frutería
7. pastelería
8. verdulería
9. florería
10. barbería
11. sastrería
12. farmacia

Lección 18

Un drama de vanguardia

Introducción a la poesía hispánica (Parte 4ª)

 INTRODUCCIÓN

 I. Expresiones de emoción con el subjuntivo

INDICATIVO	SUBJUNTIVO
Ellos vienen pronto.	**Espero** que ellos **vengan** pronto.
Juanita leerá la nota pronto.	**Ojalá** (espero que) Juanita **lea** la nota pronto.
Estamos aquí.	**Están contentos de** que **estemos** aquí.
Puedes visitarnos.	**Me alegro de** (estoy contento de) que **puedas** visitarnos.
No tenemos más tiempo.	**Es lástima** que no **tengamos** más tiempo.
Ella está enferma.	**Sentimos** que ella **esté** enferma.
Miguel no lo sabe.	**Temo** que Miguel no lo **sepa.**
No le gusta.	**Tengo miedo de** que no le **guste.**

 II. El pretérito perfecto del subjuntivo

No he visto a Mateo.	Ellos temen que yo no **haya visto** a Mateo.
¿Te has divertido?	Ojalá **te hayas divertido.**
Juan ha practicado la lección.	Me alegro de que Juan **haya practicado** la lección.
No hemos comido todavía.	Esperan que no **hayamos comido** todavía.

Niños, ¿os habéis lavado las manos?

Ella está contenta de que **os hayáis lavado** las manos.

Han estado enfermos.

Siento que **hayan estado** enfermos.

DECLARACIÓN Y PREGUNTA

RESPUESTA

III. Palabras negativas y su contraparte afirmativa

¿Tiene Ud. **algo** en la mano?

No, **no** tengo **nada** en la mano.

¿Hay **alguien** en el coche?

No, **no** hay **nadie** en el coche.

¿**Siempre** va Ud. allí?

No, yo **no** voy allí **nunca**. (No, **nunca** voy allí.)

Yo necesito una pluma **o** un lápiz.

Yo **no** tengo **(ni)** pluma **ni** lápiz ahora.

Jim y yo queremos ir **también**.

Nosotros **no** queremos ir **tampoco**. (Nosotros **tampoco** queremos ir.)

Yo veo a **algunos** chicos allí.

No veo a **ningún** chico allí.

IV. Usos de la forma neutra **lo**

Tim, ¿oíste **lo del** accidente en el estadio?

Sí, me **lo** contó Juan ayer.

Lo malo es que cada uno de los futbolistas se rompió un brazo.

Sí, fue un desastre para todos.

¡**Lo que** no entiendo es cómo pudo ocurrir eso! ¿No son ellos futbolistas profesionales?

Sí, **lo** son. Es curioso, ¿no?

EXPLICACIONES

I. Expresiones de emoción con el subjuntivo

En la cláusula principal:

esperar	tener miedo de
ojalá	temer
estar contento (-a) de	sentir (ie, i)
alegrarse de	es lástima

En la cláusula subordinada, el subjuntivo:

Ojalá (que) Uds. **vuelvan** pronto.
Me alegro de que **podamos** ir a Colombia.
Temo que ella no **recuerde** el número.
Es lástima que el pasaje **cueste** tanto.

Después de una expresión de emoción se usa el subjuntivo en una cláusula subordinada que tiene un sujeto diferente del de la principal. **Ojalá** no es un verbo sino una expresión que quiere decir **espero que** y requiere el subjuntivo.

▓▓ II. El pretérito perfecto del subjuntivo

El verbo auxiliar **haber** + participio

haya		
hayas		
haya	estudiado	
hayamos	comido	
hayáis	vivido	
hayan		

En una frase:

Espero que Uds. **hayan entendido** (*have understood*) la lección.
Es lástima que no lo **hayamos visto.**
Me alegro de que **te hayas divertido.**

El pretérito perfecto del subjuntivo es la combinación del presente del subjuntivo del verbo auxiliar **haber** y el participio. Se usa en una cláusula subordinada después de una expresión que requiere el subjuntivo.

▓▓ III. Palabras negativas y su contraparte afirmativa

A. Palabras de forma invariable

AFIRMATIVAS	NEGATIVAS
Veo a **alguien.**	**No** veo a **nadie.**
Tengo **algo.**	**No** tengo **nada.**
Yo voy **también.**	Yo **no** voy **tampoco.** (Yo **tampoco** voy.)
¿Tiene Ud. sed **o** hambre?	No, **no** tengo (**ni**) sed **ni** hambre.
Él **siempre** va allí.	
Él va allí **a veces.**	Él **no** va allí **nunca.** (Él **nunca** va allí.)
Él irá allí **algún día.**	

La palabra **no** precede al verbo. Las otras palabras negativas van, por lo general, después del verbo. Si estas palabras negativas preceden al verbo, se omite **no.**

B. Palabras de forma variable: **algún, ningún**

¿Tienes **algún** problema? (¿Tienes un problema?)	No tienes **ningún** problema.
Tiene **alguna** esperanza.	No tiene **ninguna** esperanza.
¿Tienen Uds. **algunos** pesos mexicanos?	No tenemos **ningún*** peso mexicano.

Algún y **ningún** son adjetivos que tienen cinco formas (vea la lección 12) y concuerdan en número y género con el sustantivo que modifican. Frecuentemente se usa **un (una)** en vez de **algún (alguna).**

---

* El plural de **ningún** (o **ninguna**) no es frecuente. Se usa con sustantivos que no tienen forma singular, por ejemplo, tijeras (*scissors*), anteojos (*eyeglasses*).

C. Acumulación de palabras negativas

Yo **no** he dicho **nada** a **nadie.**
Ella **nunca** habla con **nadie tampoco.**

En español se puede usar dos o más palabras negativas en la misma frase.

 IV. Usos de la forma neutra **lo**

A. Pronombre

¿Sabes que **Susi fue al cine con Eduardo ayer?**   Sí, ya **lo** sé.
¿Es Juanita **la mexicana de quien hablaba Ud.?**   Sí, **lo** es.

El pronombre neutro **lo** se refiere a una idea, a una actividad o a una frase, pero no a un sustantivo específico. Se usa para evitar *(avoid)* la repetición de la idea o la frase.

B. Artículo

Cuando vamos allí siempre hacemos **lo mismo.** (= la misma cosa)
Lo triste de esta situación es que ella no aprendió nada. (= la parte triste)
Lo de la fiesta es secreto. (= el asunto *(matter)* de)
No encuentro **lo que** necesito. (= la(s) cosa(s) que)

Generalmente el artículo neutro **lo** significa **la cosa, la parte** o **el asunto.** Nótese que el adjetivo que sigue al artículo **lo** es la forma masculina.

EJERCICIOS ORALES O ESCRITOS

I. Expresiones de emoción con el subjuntivo

   A. *Cambie el infinitivo entre paréntesis al presente del subjuntivo.*

   Modelo: Es lástima que Roberto *(estar)* cansado hoy.
               Es lástima que Roberto esté cansado hoy.

   1. Temo que varios huéspedes *(llegar)* tarde.
   2. El poeta tiene miedo de que algunas personas no *(comprender)* su poesía.
   3. Están contentos de que nosotros no *(cenar)* temprano.
   4. El padre espera que todos *(dar)* algo a la iglesia.
   5. No habrá clase el viernes. Ojalá que Uds. *(aprovechar)* el día libre.
   6. Es lástima que nosotros no *(ir)* a visitar el museo.
   7. Ojalá que ella *(estar)* allí mañana.
   8. Mis padres esperan que yo *(quedarse)* en casa.
   9. Ellas se alegran de que su influencia *(seguir)* creciendo.
  10. Siento que tú *(estar)* enfermo hoy.
  11. Estoy contenta de que Uds. *(hablar)* español.
  12. Los habitantes del país esperan que se *(mejorar)* la situación económica.

B. *Forme una nueva frase según el modelo.*

Modelo: Ella está contenta de **estar** aquí. (que Ud.)
Ella está contenta de que Ud. esté aquí.

1. Sentimos no **saber** hablar en español. (que ellos)
2. Es lástima **levantarse** temprano. (que nosotros)
3. Me alegro de **aprender** los usos del subjuntivo. (que tú)
4. Esperamos **ir** a Costa Rica durante las vacaciones. (que el grupo del profesor)
5. La señora siente **llegar** tarde, (que los señores González)
6. Los habitantes tienen miedo de **quedarse** en la ciudad. (que el ejército)
7. Es lástima no **dormir** la siesta por la tarde. (que nosotros)
8. Nos alegramos de **poder** contribuir a la economía del país. (que los turistas)
9. Jaime tiene miedo de **conducir** el coche. (que yo)
10. Yo espero **despertarme** antes de las ocho. (que los otros)
11. Estamos contentos de **estar** de vacaciones. (que la profesora)
12. El muchacho teme no **saber** dónde encontrarnos. (que tú)

II. El pretérito perfecto del subjuntivo

A. *Cambie el infinitivo a la forma correspondiente del pretérito perfecto del subjuntivo.*

Modelo: Siento que Ud. no *(llegar)* más temprano.
Siento que Ud. no haya llegado más temprano.

1. Ellos temen que la leyenda *(influir)* en las opiniones de los estudiantes.
2. Ella siente que los turistas no *(visitar)* todos los museos.
3. Ojalá que Uds. *(entender)* el pretérito perfecto.
4. Es lástima que nosotros no *(tener)* más paciencia.
5. Nos alegramos de que el grupo *(ver)* el drama experimental.
6. Tengo miedo de que ellos *(sufrir)* una avería en el camino.
7. Están contentos de que nosotros *(irse)*.
8. Espero que tú *(divertirse)* en la fiesta.

B. *Complete la frase con el pretérito perfecto del subjuntivo.*

Modelo: Es lástima que ellos no . . .
Es lástima que ellos no hayan visto la ciudad de México.

1. Me alegro de que Ud. . . .
2. Esta persona tiene miedo de que yo . . .
3. Esperamos que ellas . . .
4. Ojalá que tú . . .
5. Ella está contenta de que nosotros . . .
6. Ellos temen que Uds. . . .

III. Palabras negativas y su contraparte afirmativa

A. *Complete la frase con **nada, nadie, nunca, ni . . . ni, tampoco** o la forma correcta de **ninguno**.*

Modelo: No existe *ninguna* fotografía del gran hombre.

1. No tenemos _____ mesas _____ sillas.
2. Mis abuelos _____ han ido a México.
3. No veo a _____ en la oficina.
4. No hay _____ más importante que las ideas.
5. Mi compañero (-a) de cuarto dice que no va _____.
6. No hay _____ región más bonita.
7. Ella dice que no conoce a _____ en aquella ciudad.
8. _____ gerundio termina con la letra «a».

B. *Complete la frase con* **algo, alguien, siempre, o, también** *o la forma correcta de* **alguno.**

Modelo: Mi amigo tenía *algo* para mí.

1. _____ ha olvidado su pasaporte.
2. Los estudiantes _____ sonríen al recibir una buena nota.
3. Creemos que Marta _____ Beatriz puede acompañarnos.
4. Hay varios platos pero _____ son más típicos de la región.
5. ¡Él _____ recibió una A en el curso!
6. _____ día voy a visitar ese país.
7. Veo que _____ ha escrito algo en la pizarra.
8. Todas las ocupaciones son importantes pero _____ exigen más habilidad.

C. *Cambie las frases siguientes a la forma negativa, usando* **nunca, nadie** *y* **nada.**

Modelo: Allí siempre hace frío.   *Allí nunca hace frío.*
Tengo algo en la mano.   *No tengo nada en la mano.*

1. Hay alguien a la puerta.
2. A veces vamos tarde a la clase.
3. Ella está hablando con alguien.
4. ¡Algún día voy a recibir mucho dinero!
5. Puedes encontrar algo en la biblioteca.
6. El laboratorio siempre está abierto por la noche.
7. Alguien quiere asistir a la clase los sábados.
8. Alguien siempre me pide algo.

D. *Cambie las frases siguientes a la forma negativa. Use* **ni, tampoco** *o la forma correspondiente de* **ninguno.**

Modelo: Ella quiere un periódico o una revista.
Ella no quiere (ni) periódico ni revista.

Algunos coches están en la calle.
Ningún coche está en la calle.

1. Alfredo tiene un reloj.
2. Mis padres van a ver la película también.

3. Guillermo está en San Antonio o Dallas.
4. La joven va a tomar algún refresco.
5. Viajaremos en coche o en avión.
6. Esta vez hay algunas circunstancias distintas.
7. Hace mal tiempo también en ese mes.
8. Algunos estudios son más importantes.

IV. Usos de la forma neutra **lo**

A. *Conteste usando el neutro* **lo.**

Modelo: ¿Es Ud. un buen estudiante de español?
Sí, lo soy.

¿Qué es lo mejor de este libro?
Lo mejor es que tiene ejercicios orales.

1. ¿Qué es lo que Ud. más quiere?
2. ¿Sabía Ud. que yo había viajado a España?
3. ¿Qué es lo bueno de esta universidad?
4. ¿Qué es lo malo de una clase a las ocho de la mañana?
5. ¿Es importante lo de las notas?
6. ¿Qué es lo que no le gusta a Ud.?
7. ¿Qué es lo triste de la situación económica?
8. ¿Cree Ud. que los verbos irregulares sean imposibles?

B. *Conteste con* **lo** *para evitar la repetición de la idea, actividad o frase que se expresa en la pregunta.*

Modelo: ¿Sabe Ud. que ella es de Costa Rica?
Sí, lo sé.

¿Es el Sr. Sánchez el señor de quien hablan ellos?
Sí, lo es.

1. ¿Es María la joven que tocaba la guitarra?
2. ¿Sabe Ud. que Anita se rompió el brazo?
3. ¿Son éstos los edificios que van a destruir?
4. ¿Es ella la estudiante que estudia chino?
5. ¿Son Bob y Bill los chicos que van a viajar a México?
6. ¿Es el Prof. González el que dio la conferencia?

C. *Substituya* **la cosa, la parte** *o* **el asunto** *con* **lo.**

Modelo: No hacemos la misma cosa todos los días.
No hacemos lo mismo todos los días.

1. No tengo la cosa que necesito.
2. La parte buena del viaje es que vamos en coche.
3. El asunto del drama me interesa mucho.
4. Podemos comprar las cosas necesarias en el camino.

5. La parte mala de la situación es que él no tiene muchos amigos.
6. El asunto de la ruta a México es difícil de decidir.

 ## LECTURA

Un drama de vanguardia

Los estudiantes estaban reunidos en el salón de entrada de su hotel. Todos estaban muy afectados porque habían presenciado la representación de un drama de vanguardia.

ROBERTO —Profesor, el drama que vimos es uno de los más interesantes que yo
5   he visto. Me alegro de que hayamos asistido.

EL PROFESOR —Ya lo creo *(I should say so)*, Roberto. Clasificamos el drama dentro de lo que se llama vanguardia.

GUILLERMO —Pues a mí no me gustó porque no entendí nada. Espero que nunca vuelva a ver nada semejante.

10 SUSANA —A mí no me gustó tampoco, Guillermo, pero ¿qué es eso de vanguardia, profesor?

EL PROFESOR —Vanguardia, Susana, se refiere a cualquier actividad que se adelanta a su tiempo. En este caso hemos presenciado un drama experimental en el que se han representado sentimientos que el dramaturgo mismo tal

Representación de un drama de vanguardia de Fernando Arrabal

15   vez no pudo definir del todo. Lo raro es que la obra nos comunica algo, pero a veces no sabemos exactamente qué.

ROBERTO —Tengo miedo de que haya destruido todo mi concepto de lo que es un drama.

EL PROFESOR —En parte, Roberto, ése es el propósito. Algunos artistas se
20   proponen librarnos de nuestro concepto normal de las cosas. Piensan que así podrán liberar nuestra mentalidad e inspirarnos a pensar de un modo más ingenioso.

MARÍA —¿Son todos los dramaturgos latinoamericanos tan innovadores?

EL PROFESOR —No, María, pero los escritores de Latinoamérica en general,
25   ensayistas, novelistas, poetas y dramaturgos, son muy imaginativos. Han asimilado las tendencias europeas de vanguardia con gran viveza, y su interés en producir obras de arte es extraordinario. Se dice que los latinoamericanos tienen tanto interés en lo que concierne a la literatura como los norteamericanos lo tienen por el estado de la economía.

30 ROBERTO —¿A qué se debe eso, profesor?

EL PROFESOR —Es difícil explicarlo. Lo del carácter influye mucho, también lo de la preparación escolar y universitaria. Estamos hablando de dos culturas distintas que se han desarrollado en dos maneras diferentes y como resultado, tienen distintos valores. Hoy día, sabemos que no se pueden juzgar los
35   valores de otra cultura basándonos en la nuestra.

PREGUNTAS SOBRE LA LECTURA

1. ¿Dónde estaban los estudiantes?
2. ¿Por qué estaban tan afectados?
3. ¿Qué impresión tiene Roberto del drama?
4. ¿Qué quiere decir *(what does . . . mean)* vanguardia?
5. ¿Qué se ha representado en el drama?
6. ¿Qué efecto tiene el drama en Roberto?
7. ¿Qué se proponen hacer algunos artistas?
8. ¿Cómo son los escritores latinoamericanos en general?
9. ¿Qué han asimilado?
10. ¿Cuánto interés tienen en producir obras de arte?
11. ¿Qué no podemos hacer?
12. ¿Cómo se juzgan los valores de otra cultura?

❊ INTRODUCCIÓN A LA POESÍA HISPÁNICA ❊
(Parte 4ª)

Por lo general el propósito de la poesía lírica es comunicar un sentimiento o emociones que el poeta siente. Para hacer esto el poeta emplea varias técnicas como la metáfora *(metaphor)*, símbolos, imágenes *(imagery)*, paradoja (contradicción), hipérbole (exageración) y otras. La forma de la poesía impone una disciplina en el poeta y le fuerza a expresarse económicamente dentro de los límites de ella. La economía de expresión y las técnicas que emplea el poeta para expresarse son una parte del atractivo que ofrece la poesía. Además, son parte de la dificultad que este género *(genre)* presenta al lector.

En los poemas que hemos leído hasta ahora vemos en *No era nadie . . .* que el poeta emplea una especie de metáfora (una personificación) cuando sugiere que ciertas cosas en la naturaleza son personas. En *A Él* es paradójico que se confunda a Dios con Luzbel (la imagen del mal) o a un ángel (imagen del bien) con un hombre. *Nadie fue ayer . . .* es un ejemplo de la hipérbole. Luego, resulta paradójico e irónico que en *Ofertorio* el poeta no le ofrezca más que *(only)* su dolor a Dios quien le dio un amor. En las *Rimas* que leímos de Bécquer el poeta crea una metáfora al comparar la poesía con una mujer «¡Poesía . . . eres tú!». En *Ante un cadáver* encontramos un tema antipoético (paradoja) presentado poéticamente mientras que el poeta medita sobre la existencia y la vida. Todos los sentimientos están expresados económicamente. Sólo León Felipe en *Nadie fue ayer . . .* no mantiene una forma rígida.

Gabriela Mistral, poetisa chilena, en Los Angeles, California (Estados Unidos)

MARTÍN FIERRO (Selección)

José Hernández (Argentina)

Yo he conocido cantores
que era un gusto el escuchar;
mas no quieren opinar   pero
y se divierten cantando;
pero yo canto opinando,
que es mi modo de cantar.

                . . .

Pido a todos que no olviden
lo que les voy a decir:
en la escuela del sufrir
he tomado mis lecciones;
y hecho muchas reflexiones
desde que empecé a vivir.

José Hernández (1834–1886) ganó fama por su poema sobre Martín Fierro, un gaucho que canta su vida y sus opiniones. Esta obra se considera precursora de la literatura de protesta.

DORMIR (Selección)

Amado Nervo (México)

¡Yo lo que tengo, amigo, es un profundo
deseo de dormir! . . . Sabes: el sueño
es un estado de divinidad.
El que duerme es un dios . . .
    Yo lo que tengo,
amigo, es un gran deseo de dormir.

Amado Nervo (1870–1919) fue un poeta, escritor y diplomático mexicano. En sus versos cantó la historia de su alma. Uno de sus temas más frecuentes era la muerte. (En *Obras completas*, tomo 2, pág. 1781, Edición de Aguilar, S.A.)

CANCIÓN DE OTOÑO EN PRIMAVERA (Selección)

Rubén Darío (Nicaragua)

Juventud, divino **tesoro,**   *youth; treasure*
¡ya te vas para no volver!
Cuando quiero **llorar,** no **lloro** . . .   *cry*
y a veces lloro sin querer.

Los críticos literarios consideran a Rubén Darío (1867–1916) como uno de los poetas más importantes por su contribución a la creación del Modernismo, la primera tendencia literaria que se origina en Hispanoamérica.

COMPOSICIÓN ORAL O ESCRITA

Prepare una composición de 8 a 10 líneas sobre uno de los temas siguientes.

1. Describa algo que le haya causado pena *(sorrow)* y alegría. Use expresiones de emoción en las cláusulas principales y el subjuntivo en las subordinadas.
2. Describa un día en que Ud. estaba deprimido (-a) *(depressed)*. Use muchas palabras negativas y su contraparte afirmativa.
3. ¿Qué es lo bueno y lo malo de su universidad? Use muchas frases con la forma neutra *lo*.
4. Comente uno de los poemas en las lecciones 16, 17, o 18.

VOCABULARIO

SUSTANTIVOS

SUSTANTIVOS MASCULINOS

el carácter	el género *(genre)*	el mal
el curso	el gusto	el Modernismo
el dramaturgo	el incidente	el otoño
el gaucho	Luzbel (diablo)	el tesoro

SUSTANTIVOS FEMENINOS

la acumulación	la fama	la personificación
la circunstancia	la hipérbole	la primavera
la contraparte	la imagen	la reflexión
la creación	la juventud	la representación
la cultura	la mentalidad	la técnica
la disciplina	la metáfora	la tendencia
la divinidad	la naturaleza	la vanguardia
la economía	la paradoja	la viveza
la especie		

SUSTANTIVOS MASCULINOS Y FEMENINOS

el artista/la artista	el cantor/la cantora	el novelista/la novelista
el ensayista/la ensayista	el lector/la lectora	

ADJETIVOS

antipoético, -a	irónico, -a	precursor(a)
atractivo, -a	lírico, -a	profundo, -a
imaginativo, -a	neutro, -a	rígido, -a
innovador(a)	ningún	semejante

MANDATOS

ofrezca

ADVERBIO

tampoco

PRONOMBRE

lo

INTERJECCIÓN

ojalá

VERBOS

VERBOS EN -ar

adelantarse	expresarse	librar
alegrarse de	**forzar (ue)	llorar
asimilar	inspirarse	meditar
basarse	**juzgar	originar
cantar	liberar	

VERBOS EN -ir o -er

definir	*proponer	*volver a (ue)
*imponer	*romperse	

EXPRESIÓN

ya lo creo

SUPLEMENTO DE VOCABULARIO: LAS ARTES

el ballet
bailar
el bailarín
la bailarina

la pintura
pintar
el pintor
la pintora

la composición
componer
el compositor
la compositora

la música
tocar
el músico
la música

la escultura
esculpir
el escultor
la escultora

la cocina
cocinar
el cocinero
la cocinera

el toreo
torear
el torero
la torera

la costura
coser
el costurero
la costurera

la programación
programar
el programador
la programadora

Lección 19

El viajar

Introducción a la poesía hispánica (Parte 5ª)

 INTRODUCCIÓN

I. Expresiones de duda, incertidumbre e imposibilidad con el subjuntivo

INDICATIVO	SUBJUNTIVO
Juan está aquí.	**Dudo** que Juan **esté** aquí.
Yo sé hacerlo.	**No creen** que yo **sepa** hacerlo.
Ella lo conoce bien.	**Es increíble** que ella lo **conozca** bien.
Ana llega a tiempo.	**Es imposible** que Ana **llegue** a tiempo.
José los ha visto.	**Es dudoso** que José los **haya** visto.
Ellos han comido.	**Es improbable** que ellos **hayan** comido.

II. Expresiones impersonales con el subjuntivo

DECLARACIÓN O PREGUNTA	RESPUESTA
¿**Es necesario** que **salgamos** a las siete?	Sí, porque **es importante** que **lleguemos** a tiempo.
Es **una buena idea** que **salgamos** temprano.	Sí, pero **será difícil** que lo **hagamos** siempre.
Conviene que yo **sepa** todos los detalles.	Sí, pero **es aconsejable** que no se los **digas** a nadie.
¿**Es cierto** que le costó cuarenta dólares?	No, **no es cierto** que le **haya costado** tanto. (Sí, es cierto que le ha costado tanto.)

¿**Será verdad** que ella **haya dejado** a su esposo?

¿**Es aconsejable** que yo **estudie** con Elena?

No **es verdad** que lo **haya dejado**. (Sí, **es verdad** que lo dejó.)

No, **será mejor** que **estudie** solo.

III. Mandatos con Ud., Uds. y nosotros

MANDATOS INDIRECTOS CON UD. Y UDS.

Srta. Marrón, quiero que Ud. escriba su nombre en la pizarra.

Sr. Casal, quiero que Ud. vaya a la pizarra también.

Señores y señoritas, quiero que Uds. vengan a mi casa mañana.

Roberto y Tomás, quiero que Uds. cierren las ventanas.

MANDATOS DIRECTOS

Srta. Marrón, **escriba** su nombre en la pizarra.

Sr. Casal, **vaya** Ud. a la pizarra también.

Señores y señoritas, **vengan** a mi casa mañana.

Roberto y Tomás, **cierren** Uds. las ventanas, por favor.

MANDATOS CON NOSOTROS (*LET'S* . . .)

Vamos a estudiar esto primero.
Vamos a leer el periódico.
Vamos a asistir a la conferencia.
Vamos a comenzar ahora.
Vamos a buscar a Ricardo.
Vamos a salir juntos.
Vamos a recoger los papeles.
Vamos a dormir una hora.
Vamos a pedir un bistec.

Estudiemos esto primero.
Leamos el periódico.
Asistamos a la conferencia.
Comencemos ahora.
Busquemos a Ricardo.
Salgamos juntos.
Recojamos los papeles.
Durmamos una hora.
Pidamos un bistec.

IV. El pluscuamperfecto: el imperfecto de haber con el participio

DECLARACIÓN Y PREGUNTA

Enrique, no te vi anoche en el concierto. ¿No me **habías dicho** que pensabas ir?

Pensabas ir con Carolina, ¿verdad?

¿No podían Uds. ir tarde?

¡Qué desastre!

RESPUESTA

Sí, yo ya **había comprado** los boletos.

Sí, ella y yo **habíamos decidido** ir la semana anterior, pero ella se **había olvidado** de la función y no estaba lista.

No. Pensábamos ir con Alberto y su novia en el coche de él, pero ya **habían salido** sin nosotros.

EXPLICACIONES

 I. Expresiones de duda, incertidumbre e imposibilidad con el subjuntivo

A. En la cláusula principal:

dudar	es improbable
no creer	es increíble
¿creer . . . ?	es posible
es dudoso	es imposible

En la cláusula subordinada:

Ellos dudan que yo lo **entienda.**
Ellos no creen que yo lo **haya** entendido.
Es dudoso que Lucho **pueda** venir hoy.
Es increíble que Lucho lo **haya** hecho.
¿Crees que Luisa **venga** esta noche?
Es posible que ella **haya** venido.

Si la cláusula principal expresa duda, incertidumbre o imposibilidad, se usa el subjuntivo en la cláusula subordinada (si el sujeto es diferente del de la cláusula principal).

B. Excepción

Creo que ellos lo **entienden.**

Se usa el indicativo en una cláusula subordinada después del verbo **creer** en una frase afirmativa.

C. quizás (o **quizá**), **tal vez, acaso** (= *maybe*)

Quizás ⎫
Tal vez ⎬ Diego ⎰ lo compre.
Acaso ⎭ ⎱ lo haya comprado.

Se puede usar el subjuntivo después de **quizás, tal vez** y **acaso** para expresar incertidumbre.

 II. Expresiones impersonales con el subjuntivo

Ya hemos practicado el subjuntivo con expresiones impersonales cuando consideramos las expresiones de duda (**es improbable, es imposible, es dudoso**). Se llaman expresiones impersonales porque el verbo no tiene sujeto personal.

A. Más expresiones impersonales

es necesario	será necesario
es bueno (malo, mejor)	será bueno (malo, mejor)
es importante	será importante
es fácil (difícil)	será fácil (difícil)
es aconsejable (*it's advisable*)	será aconsejable

es lástima   será lástima
conviene (it's *advantageous*)   convendrá

B. Expresiones impersonales con cláusulas subordinadas

Es necesario que **busquemos** a Juan mañana.
Creo que será mejor que tú **hables** con ellos.
Conviene que los estudiantes **traten** de convencerlo.
Será importante que **lleguen** antes de las ocho.

La mayoría de las expresiones impersonales introducen una nota de subjetividad, y por eso requieren el subjuntivo en la cláusula subordinada. Si el verbo principal es impersonal y no hay cambio de sujeto, el infinitivo sigue.

Será necesario **buscarlo** mañana.
Es importante **tener** amigos.

C. Excepción: **ser +** *verdad* **(cierto, seguro), está claro**

¿Será verdad que **sean** las dos de la tarde? ⎫
No es verdad que **sean** las dos.   ⎬ subjuntivo

PERO: Es verdad que **son** las dos.   ⎫
         Es seguro que las cosas **van** a cambiar. ⎬ indicativo

Es verdad, es cierto, es seguro, está claro introducen el indicativo en una frase afirmativa porque son expresiones de certeza (*certainty*).

III. Mandatos con **Ud., Uds.** y **nosotros**

A. Mandatos regulares

PRESENTE	MANDATOS		
	VERBOS EN **-ar**		
hablo	hable (Ud.)	hablen (Uds.)	hablemos (*let's speak*)
pienso (**pe**nsar)	piense	piensen	pensemos
cuento (c**o**ntar)	cuente	cuenten	contemos
	VERBOS EN **-er** o **-ir**		
vendo	venda	vendan	vendamos
escribo	escriba	escriban	escribamos
digo (decir)	diga	digan	digamos
recojo (recoger)	recoja	recojan	recojamos
incluyo (incl**uir**)	incluya	incluyan	incluyamos
traduzco (tradu**cir**)	traduzca	traduzcan	traduzcamos
sigo (se**guir**)	siga	sigan	sigamos
duermo (d**o**rmir)	duerma	duerman	durmamos

Los mandatos con **Ud., Uds.** y **nosotros** son una función especial del presente del subjuntivo. Las formas del verbo son las que aprendimos en la lección 17, explicación II.

B. Varios ejemplos con cambios ortográficos

VERBOS EN **-car**

busco	bus**que** (Ud.)	bus**quen** (Uds.)	bus**quemos**
practico	practi**que**	practi**quen**	practi**quemos**

VERBOS EN **-gar**

llego	lle**gue**	lle**guen**	lle**guemos**
pago	pa**gue**	pa**guen**	pa**guemos**

VERBOS EN **-zar**

comienzo (comenzar)	comien**ce**	comien**cen**	comen**cemos**
almuerzo (almorzar)	almuer**ce**	almuer**cen**	almor**cemos**

C. Cinco mandatos irregulares

Los cinco mandatos irregulares son los verbos que **no** terminan en **-o** con el sujeto **yo** en el presente: **estar, ir, dar, ser, saber.**

PRESENTE	MANDATOS		
estoy	esté (Ud.)	estén (Uds.)	estemos
voy	vaya	vayan	vamos, no vayamos
doy	dé	den	demos
soy	sea	sean	seamos
sé	sepa	sepan	sepamos

De todos los mandatos con **Ud., Uds.** y **nosotros,** la única forma que no viene del presente del subjuntivo es la palabra **vamos** *(let's go).* Su forma negativa es **no vayamos.** Éste es el único caso en que la forma afirmativa es diferente de la forma negativa.

IV. El pluscuamperfecto

El pluscuamperfecto expresa una acción que había ocurrido en el pasado con anterioridad a (antes de) otra acción expresada en el pretérito o en el imperfecto.

haber + *participio*

había	
habías	
había	+ llegado, comido, ido
habíamos	
habíais	
habían	

Cuando llegué, Juan comía, pero yo ya **había comido** *(I had eaten).*

El pluscuamperfecto se forma con el imperfecto de **haber** y el participio. (Para repasar la formación del participio, vea la lección 14.)

EJERCICIOS ORALES O ESCRITOS

I. Expresiones de duda, incertidumbre e imposibilidad con el subjuntivo

A. *Complete la frase con el subjuntivo según el modelo.*

Modelo: Paco va al concierto. Dudo que . . .
Dudo que Paco vaya al concierto.

1. Los estudiantes contestan las preguntas. ¿Cree Ud. que . . . ?
2. Se prohibe comer en la clase. Es probable que . . .
3. El comportamiento allí los ha sorprendido. Es posible que . . .
4. Estamos en México. Es increíble que . . .
5. Ellos se han levantado antes de las diez. Es dudoso que . . .
6. Tienes que presentar el certificado de nacimiento. Dudamos que . . .
7. Los turistas llegan al museo a mediodía. Es imposible que . . .
8. Los habitantes duermen la siesta. No creo que . . .
9. Este drama es uno de los más interesantes. Es improbable que . . .
10. Los otros han entendido la lección. ¿Creen Uds. que . . . ?

B. *Complete la frase usando el presente del subjuntivo o el pretérito perfecto del subjuntivo.*

Modelo: Ella duda que Kathy *(ir)* . . .
Ella duda que Kathy vaya a México este verano.
Ella duda que Kathy haya ido a Puerto Vallarta.

1. No creo que ella *(tener)* . . .
2. ¿Cree Ud. que nosotros *(aprender)* . . . ?
3. Es dudoso que Marta *(leer)* . . .
4. Es imposible que él *(saber)* . . .
5. Es improbable que ellos *(llegar)* . . .
6. Diego no tiene coche, pero quizás su amigo *(poder)* . . .
7. Ellos dudan que yo *(conocer)* . . .
8. Es increíble que tú *(cantar)* . . .
9. ¿Es posible que Jorge *(estar)* . . . ?
10. Tal vez Esteban *(querer)* . . .

II. Expresiones impersonales con el subjuntivo

A. *Cambie el infinitivo entre paréntesis a la forma correspondiente del verbo: indicativo o subjuntivo.*

Modelo: Es necesario que nosotros *(trabajar)* de vez en cuando.
Es necesario que nosotros trabajemos de vez en cuando.

Es verdad que Elena *(conocer)* a Roberto.
Es verdad que Elena conoce a Roberto.

1. Es importante que Ud. *(ir)* al médico cuando está enfermo.
2. Conviene que ellos *(decir)* la verdad.
3. Es verdad que los mexicanos *(estar)* desarrollando el país.
4. ¿Será verdad que *(existir)* otros mundos como el nuestro?
5. Es cierto que nosotros *(llegar)* temprano.
6. Es bueno que los turistas *(poder)* ver los edificios viejos.
7. Es increíble que las diferencias de opinión *(haber)* causado la guerra.
8. Es mejor que lo *(hacer)* los niños.
9. Será difícil que los países hispanoamericanos *(unirse)*.
10. Es probable que *(nevar)* mucho en enero.
11. Es improbable que ellos *(levantarse)* a las 6:00.
12. Está claro que México *(producir)* mucho petróleo.

La Plaza Cibeles, una de las muchas hermosas fuentes de Madrid (España)

B. *Complete la frase con imaginación.*

Modelo: Es importante que yo *(aprender)* . . .
Es importante que yo aprenda las expresiones impersonales.

Es cierto que México *(haber)* . . .
Es cierto que México ha cambiado mucho recientemente.

1. Es bueno que muchos estudiantes *(hablar)* . . .
2. No es malo que nosotros *(comer)* . . .
3. Está claro que Ud. *(saber)* . . .
4. Es dudoso que ellos *(haber)* . . .
5. No es dudoso que ellos *(haber)* . . .
6. Es necesario que tú *(escribir)* . . .
7. Es verdad que la gasolina *(costar)* . . .
8. Es aconsejable que Uds. *(despertarse)* . . .
9. Será difícil que nosotros *(llegar)* . . .
10. No es verdad que yo *(cansarse)* . . .

III. Mandatos con **Ud., Uds.** y **nosotros**

A. *Conteste con el mandato correspondiente a* **Ud., Uds.** *o* **nosotros.**

Modelo: compro   *Compre (Ud.)/Compren (Uds.)/Compremos*
no voy   *No vaya (Ud.)/No vayan (Uds.)/No vayamos*

1. borro	6. construyo	11. no estoy
2. no pienso	7. no pago	12. sonrío
3. aprendo	8. explico	13. no duermo
4. no abro	9. almuerzo	14. repito
5. pongo	10. soy	15. busco

B. *Cambie la frase al mandato con* **Ud., Uds.** *y* **nosotros.**

Modelo: *(Contestar)* la pregunta con una frase completa.
Conteste (Ud.) la pregunta con una frase completa.
Contesten (Uds.) la pregunta con una frase completa.
Contestemos la pregunta con una frase completa.

No *(dormir)* todo el día.
No duerma (Ud.) todo el día.
No duerman (Uds.) todo el día.
No durmamos todo el día.

(Estar) aquí a las nueve.
Esté (Ud.) aquí a las nueve.
Estén (Uds.) aquí a las nueve.
Estemos aquí a las nueve.

1. *(Cambiar)* la frase al mandato con Ud.
2. *(Leer)* la lectura con cuidado.
3. *(Corregir)* los errores en la composición.
4. *(Aprender)* los cinco mandatos irregulares.
5. No *(cruzar)* la calle porque hay mucho tráfico.
6. *(Contar)* de uno a veinticinco.
7. *(Sonreír)* porque los mandatos son fáciles.
8. No *(volver)* tarde a casa esta noche.
9. *(Llegar)* temprano a la fiesta.
10. *(Tocar)* una canción en la guitarra.
11. No *(poner)* esos papeles encima de los otros.
12. *(Cerrar)* la puerta de la clase.
13. *(Ir)* a la conferencia del Prof. Rojas.
14. No *(tener)* miedo durante el examen oral.
15. *(Dar)* dinero a los pobres.
16. *(Comenzar)* su composición inmediatamente.
17. No *(practicar)* el piano a medianoche.
18. *(Mostrar)* los ejercicios escritos.
19. *(Pronunciar)* bien todas las vocales en español.
20. *(Seguir)* las instrucciones del paquete.

IV. El pluscuamperfecto

A. *Complete con la forma correspondiente del pluscuamperfecto.*

Modelo: Fui a la clase pero no *(estudiar)*.
         Fui a la clase pero no había estudiado.

1. Ella *(hablar)* con su profesor y por eso entendía bien la lección.
2. Cuando llegué, tú ya *(comenzar)* a comer.
3. Ana pensaba ayudar, pero nosotros ya lo *(hacer)* todo.
4. Los paquetes no estaban en el cuarto, aunque ellos los *(poner)* allí.
5. Cuando lo vi a Ud. ayer yo no *(preparar)* la composición.
6. Uds. *(ver)* la película y por eso yo quería su opinión.
7. Él sabía español pero no *(vivir)* en España.
8. Yo *(escribir)* mis ejercicios cuando Ud. me pidió ayuda.
9. Los estudiantes *(acostarse)* tarde y al día siguiente tenían sueño.
10. Yo *(despertarse)* a las cinco y por eso tenía sueño.

B. *Conteste con una frase completa.*

Modelo: ¿Qué lengua no había aprendido Ud. cuando estaba en el primer
         grado?
         No había aprendido español cuando estaba en el primer grado.

1. ¿Qué lección de español había estudiado Ud. cuando llegó a esta clase hoy?
2. ¿Qué refresco no había tomado Ud. cuando era joven?
3. Cuando Ud. tenía un año, ¿qué libros había leído?
4. ¿Qué no habían escrito Uds. antes de estudiar español?

5. ¿Qué cursos habías decidido estudiar cuando empezaste los estudios en la universidad?
6. ¿Cuántas horas había dormido Ud. cuando se levantó esta mañana?
7. ¿Cuánto dinero había gastado Ud. cuando salió de la librería universitaria la primera vez?
8. ¿Cuántos años había asistido Ud. a la escuela cuando tenía diez años?

LECTURA
El viajar

María, Guillermo y los profesores se habían sentado a tomar un refresco en un restaurante al aire libre. Estaban hablando de su proyectado viaje al Perú. Habían viajado en coche hasta México y tenían que prepararse para seguir su camino en avión. Guillermo mantenía que era mucho mejor viajar en coche; además, a él le daba miedo viajar en avión.

5

MARÍA —Pero, Guillermo, no creo que te des cuenta de lo absurdo que es tener miedo. Preste atención a lo que dice Guillermo, profesor.

Aeropuerto en Sevilla
(España)

GUILLERMO —Es posible que esté equivocado, pero tienes que admitir que cuando andas en tu propio coche puedes salir y regresar a tu gusto. No tienes
10 que estar sujeto a horarios. Además, yo no viajo en avión sin paracaídas.

MARÍA —Ah, sí, y quién lo dice. ¿Tendrías el valor de saltar del avión? En serio, Guillermo, vamos al caso. Según las estadísticas muchas más personas mueren en las carreteras. El problema es que los accidentes de avión reciben más atención en la televisión y en los periódicos porque mueren muchas per-
15 sonas al mismo tiempo. Pero si tú comparas el número total de muertes en accidentes de auto con el que ocurre en los de aviones, descubrirás que menos personas mueren en aviones. Dudo que el coche sea más seguro que el avión.

GUILLERMO —Tal vez tengas razón, pero la comodidad es importante también.

MARÍA —Un viaje en avión puede resultar muy cómodo, pero es necesario que
20 se prepare todo con anticipación. Consideremos mi viaje a España el año pasado. Me fue *(it went)* de lo más bien precisamente porque lo planeé con cuidado. Sin embargo, eso no quiere decir que no vayan a ocurrir demoras y aplazos. El buen viajero tiene que aprender a vivir con los percances y acep-tarlos.
25 GUILLERMO —Diga Ud., profesor, ¿qué piensa de todo esto?

EL PROFESOR —Pues te diré, Guillermo, que los viajes que yo he hecho en avión me han salido todos muy bien. Si se hacen los planes con anticipación se puede escoger un vuelo conveniente. El avión tiene sus inconveniencias, pero es una ventaja en cuanto al tiempo que se ahorra. Pero sigan hablando Uds.
30 porque estamos disfrutando mucho oyéndolos hablar.

GUILLERMO —Bueno, sigamos hablando. ¿Qué te pareció España?

MARÍA —España es un país divino, bello. Como hicimos una gira por toda la península tuve la oportunidad de apreciarla casi toda. Me encantó tanto el norte como el sur. Los campos y las playas son bellísimos. Lo único que no me
35 gustó es que algunos restaurantes incluían el servicio en la cuenta. A mí me gusta que me den el servicio primero y luego puedo decidir cuánto doy de propina *(tip)*.

GUILLERMO —Sí, estoy de acuerdo contigo. Algunos lugares aquí en México hacen lo mismo. ¿Te habías preparado bien para el habla de los españoles?
40 ¿Pudiste entenderlos?

MARÍA —¡Cómo no, aunque fue un poco difícil al principio!

GUILLERMO —¿Qué tal fue el vuelo?

MARÍA —Largo, larguísimo, pero con la anticipación de llegar a España, no fue malo.
45 EL PROFESOR —Bueno, pidamos la cuenta y vamos a reunirnos con Susana y Roberto. Prometimos verlos en la sala del hotel en veinte minutos. (Pausa.) ¿Cuánto dejamos de propina?

PREGUNTAS SOBRE LA LECTURA

1. ¿Qué hacen los dos estudiantes y los profesores?
2. ¿De qué están hablando?

3. ¿Qué habían hecho?
4. ¿Qué tenían que hacer?
5. ¿Quién tiene miedo de viajar en avión?
6. ¿Qué cree María?
7. ¿Qué le dice María al profesor?
8. Según Guillermo, ¿cuál es la desventaja *(disadvantage)* del avión?
9. ¿Con qué quiere viajar Guillermo en avión?
10. ¿Qué dice María?

EJERCICIOS SOBRE LA LECTURA

A. *Complete.*

1. Según las estadísticas muchas más personas . . .
2. Los accidentes de avión reciben más atención porque . . .
3. Si se compara, se descubrirá que . . .
4. María duda que el coche . . .
5. Guillermo dice que tal vez sea así, pero . . .
6. Para que un viaje en avión resulte cómodo, es necesario que . . .
7. Cuando se viaja en avión, siempre hay . . .
8. El buen viajero tendrá que aprender a vivir . . .

B. *Conteste si es* **verdad** *o* **mentira.**

_____ 1. Todos los viajes del profesor en avión habían salido bien.
_____ 2. El avión tiene sus conveniencias e inconveniencias.
_____ 3. A María no le gustó España.
_____ 4. Cuando María fue a España tuvo la oportunidad de viajar por toda la península.
_____ 5. A María le gusta la costumbre de que los restaurantes incluyan el servicio en la cuenta.
_____ 6. María no tuvo ninguna dificultad en entender el habla de los españoles porque se había preparado bien.
_____ 7. El vuelo de María a España fue larguísimo.
_____ 8. El profesor dice que es hora de irse y sugiere que dejen una buena propina.

Describa el dibujo en la página 284.

1. ¿Dónde estamos?
2. ¿Cuántas personas hay aquí?
3. ¿Cuáles son viajeros y cuáles son empleados *(employees)*?
4. ¿Qué hacen los empleados del aeropuerto?

5. ¿Qué hace cada viajero?
6. ¿Qué hora es?
7. ¿Qué vuelo esperan los pasajeros?
8. ¿Cómo lo sabe Ud.?
9. ¿Qué llevan los pasajeros?
10. ¿Cuándo piensan llegar a Madrid?
11. ¿Cuántos vuelos van a Europa hoy? ¿Cuáles son? (Lea el número de cada vuelo.)
12. ¿Cuántos vuelos van a Latinoamérica? ¿Cuáles son?
13. ¿En qué países se encuentran estas ciudades?
14. ¿Cuándo sale el avión para el Brasil (Venezuela, Italia, etc.)?
15. ¿Cómo piensan viajar estos viajeros?
16. ¿Qué es un vuelo internacional?
17. ¿Qué documento lleva el viajero internacional?
18. ¿Qué es la aduana?
19. ¿Dónde se encuentran las aduanas?
20. ¿Hay aduana aquí en _____? ¿Por qué?

▨ INTRODUCCIÓN A LA POESÍA HISPÁNICA ▨
(Parte 5ª)

No se puede esperar que todos los poetas sigan una forma rígida en todos sus poemas. Muchos de ellos son demasiado creadores para hacer las cosas de una manera solamente. A veces, simplemente deciden que van a hacer algo distinto de lo que se ha hecho antes. Además, existe la licencia poética y el verso libre que le dan al poeta libertad para expresarse como él desea, dentro o fuera de la forma poética. Por último, cabe *(it is fitting)* decir que cuando un verso termina con una palabra esdrújula, una palabra que se acentúa en la antepenúltima *(third from the last)* sílaba, se cuenta una sílaba menos en ese verso.

Las poesías que presentamos a continuación *(next)* las dejamos para su consideración.

LA GEOGRAFÍA

Salvador Novo (México)

Con estos cubos de colores
yo puedo construir un altar y una casa,
y una torre y un túnel,
y puedo luego **derribarlos**.   destruirlos
Pero en la escuela
querrán que yo haga un mapa con un lápiz,

querrán que yo trace el mundo
y el mundo me da miedo.

Dios creó el mundo,
yo sólo puedo
construir un altar y una casa.

Salvador Novo publicó este poema en mil novecientos veinticinco a los veintiún años de edad en un libro de versos autobiográficos titulado *XX Poemas*. El poema describe el mundo juvenil, un mundo muy grande y complicado que el niño del poema teme. (En *Poesía*, pág. 62, Fondo de Cultura Económica, México.)

CARTA DE AMIGO

Germán Pardo García (Colombia)

¡Tengo miedo!, me dices en tu carta.
Y no sabes por qué, **mas** lo sentimos: *but*
miedo de hablar, de oír cómo **se aparta**   *is separated*
la conciencia del mundo en que morimos.

Germán Pardo García expresa en su poesía preocupaciones de la vida contemporánea. Interpreta el estado de «progreso» de la humanidad en el siglo veinte. (En *Apolo Pankrátor*, pág. 1251, con el permiso del autor.)

MI REYECILLO

José Martí (Cuba)

	Sílabas	
—¡Cuando te vayas,	5	
Llévame, hijo!—	5	
Toca en mi frente	5	
Tu **cetro omnímodo.**	6 − 1 = 5	*all-embracing wand*
Úngeme siervo,	5	*anoint me servant*
Siervo sumiso.	5	
¡No he de cansarme	5	
De verme ungido!	5	

Los versos pares tienen rima asonante en **i-o:** hijo, omnímodo, sumiso, ungido. **Omnímodo** es palabra esdrújula.

COMPOSICIÓN ORAL O ESCRITA

Prepare una composición de 8 a 10 líneas sobre uno de los temas siguientes.

1. ¿Qué dudas tiene Ud. del futuro? Use expresiones de duda, incertidumbre y expresiones impersonales.
2. Ud. es el profesor o la profesora y da la tarea *(homework)* para la próxima clase. Use muchos mandatos.
3. Las conveniencias e inconveniencias de viajar en avión

VOCABULARIO

SUSTANTIVOS

SUSTANTIVOS MASCULINOS

el aplazo	el pasajero	el túnel
el cubo	el percance	el vuelo
el paracaídas	el poder	

SUSTANTIVOS FEMENINOS

la anterioridad	la imposibilidad	la posibilidad
la cuenta	la incertidumbre	la preocupación
la anticipación	la inconveniencia	la propina
la demora	la licencia	la sección
la geografía	la originalidad	la torre
la gira	la península	la ventaja

SUSTANTIVOS MASCULINOS Y FEMENINOS

el astronauta/la astronauta   el autor/la autora

ADJETIVOS

absurdo, -a	dudoso, -a	largo, -a
aconsejable	equivocado, -a	proyectado, -a
autobiográfico, -a	esdrújulo, -a	suelto, -a
conveniente	juvenil	sujeto, -a
creador(a)		

ADVERBIOS

acaso   cuanto

VERBOS

VERBOS EN **-ar**

ahorrar	interpretar	prepararse
apartarse	**marcar	**trazar
derribar		

VERBOS EN **-ir** O **-er**

admitir	**introducir	prometer
*convenir (ie)		

EXPRESIONES

al principio	darse cuenta de	en cuanto a
al aire libre	dar miedo	ir al caso
con cuidado		

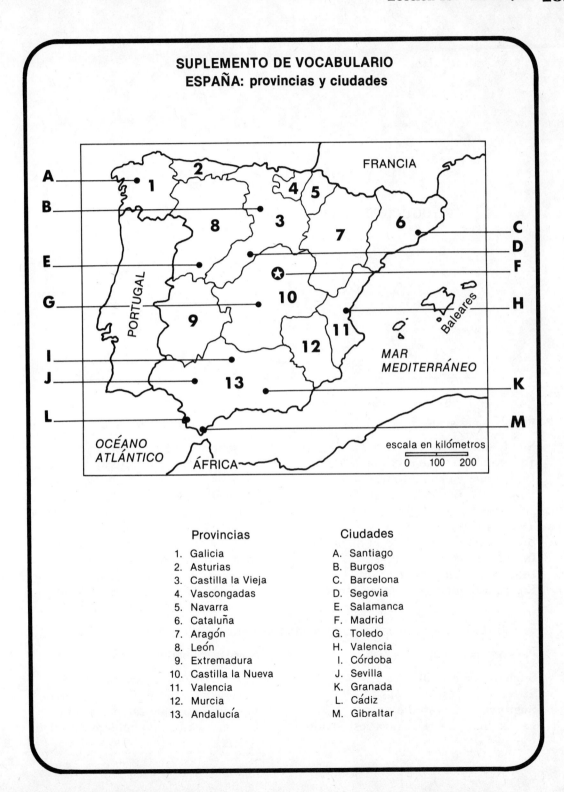

SUPLEMENTO DE VOCABULARIO
ESPAÑA: provincias y ciudades

Provincias	Ciudades
1. Galicia	A. Santiago
2. Asturias	B. Burgos
3. Castilla la Vieja	C. Barcelona
4. Vascongadas	D. Segovia
5. Navarra	E. Salamanca
6. Cataluña	F. Madrid
7. Aragón	G. Toledo
8. León	H. Valencia
9. Extremadura	I. Córdoba
10. Castilla la Nueva	J. Sevilla
11. Valencia	K. Granada
12. Murcia	L. Cádiz
13. Andalucía	M. Gibraltar

Lección 20

La leyenda negra

Introducción a la poesía hispánica (Parte 6ª)

 INTRODUCCIÓN

 I. El imperfecto (o pasado) del subjuntivo

PRESENTE DEL SUBJUNTIVO

Siento que no puedas venir.
Te recomiendo que digas la verdad.
Dudan que yo hable francés.
Es lástima que no haya estudiado.
¿No sugieres que trabajemos?
Yo no creo que ella sepa tanto.
Será bueno que Uds. me lo digan.
Insistiré en que me ayuden.
Dígales que tengan paciencia.
Sugiramos que nos dé más tiempo.

IMPERFECTO DEL SUBJUNTIVO

Yo sentía que no **pudieras** venir.
Te recomendé que **dijeras** la verdad.
Dudaban que yo **hablara** francés.
Era lástima que no **hubiera estudiado.**
¿No sugeriste que **trabajáramos?**
Yo no creía que ella **supiera** tanto.
Sería bueno que Uds. me lo **dijeran.**
Insistiría en que me **ayudaran.**
Les dije que **tuvieran** paciencia.
Sugerimos que nos **diera** más tiempo.

 II. Correlación de los tiempos con el subjuntivo

PRESENTE DEL SUBJUNTIVO

Sugiero que **estudie** más.
Sugeriré que **estudie** más.
Sugiramos que **estudie** más.
Es lástima que no **haya** estudiado más.

IMPERFECTO DEL SUBJUNTIVO

Sugería que **estudiara** más.
Sugerí que **estudiara** más.
Sugeriríamos que **estudiara** más.
Era lástima que no **hubiera** estudiado más.

Será importante que **estudiemos** más.

He **sugerido** que **estudie** más.

Sería importante que **estudiáramos** más.

Había sugerido que **estudiara** más.

III. Mandatos con **tú** y **vosotros**

MANDATOS AFIRMATIVOS CON TÚ

Habla lentamente.
Aprende bien la lección.
Escribe los ejercicios con pluma.
Piensa en la lección.

Vuelve a las seis.
Incluye más información.
Sigue trabajando.

Ten cuidado.
Pon la mesa.
Ven acá.
Sal del baño.
Haz la tarea más tarde.
Di la verdad.
Sé bueno.
Ve a la tienda.

MANDATOS NEGATIVOS CON TÚ

No **hables** rápidamente.
No **aprendas** eso.
No **escribas** con lápiz.
No **pienses** en el programa de televisión.
No **vuelvas** tarde.
No **incluyas** ideas complicadas.
No **sigas** hablando.

No **tengas** miedo.
No **pongas** los libros en la sala.
No **vengas** tarde.
No **salgas** antes de lavarte bien.
No **hagas** eso ahora.
No **digas** mentiras.
No **seas** malo.
No **vayas** ahora.

MANDATOS CON VOSOTROS

Entrad, amigos.
Volved pronto.
Venid a las seis.

No **entréis**, amigos.
No **volváis** allí.
No **vengáis** tarde.

IV. Pronombres con los mandatos

MANDATO AFIRMATIVO

Muéstre**nos** (Ud.) la foto.
Señores, díga**le** a Juan su número de teléfono.
María, da**me** (tú) las cartas.
Niños, decid**nos** (vosotros) la verdad.
Amigos, sent**aos** (vosotros) aquí, por favor.
Mostré**mosle** (nosotros) las flores a mamá.
Senté**monos** allí.
Díga**le** Ud. a Roberto que venga.

MANDATO NEGATIVO

Pero no **nos la** muestre ahora.
Pero no **se lo** digan (Uds.) ahora.

Pero no **me** des los sobres.
No **nos** digáis mentiras.
No **os** sentéis allí.

Pero no **se las** mostremos a papá.

No **nos** sentemos aquí.
Pero no **le** diga que venga en seguida.

EXPLICACIONES

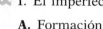 **I.** El imperfecto (o pasado) del subjuntivo

A. Formación

RADICAL	TERMINACIONES*	EJEMPLO
buscaŕóń	**-ra**	pidiera
comieŕóń	**-ras**	pidieras
pidieŕóń	**-ra**	pidiera
dijeŕóń	**-ramos**	pidiéramos
	-rais	pidierais
	-ran	pidieran

El radical del imperfecto del subjuntivo viene de la tercera persona del plural del pretérito indicativo menos **-ron.** Las terminaciones son las mismas para todos los verbos.

B. Repaso de complicaciones en el pretérito

1. Verbos de radical irregular en el pretérito

INFINITIVO	PRETÉRITO	IMPERFECTO DEL SUBJUNTIVO
andar	anduvieron	anduviera
dar	dieron	diera
decir	dijeron	dijera
estar	estuvieron	estuviera
haber	hubieron	hubiera
hacer	hicieron	hiciera
ir	fueron	fuera
poder	pudieron	pudiera
poner	pusieron	pusiera
querer	quisieron	quisiera
saber	supieron	supiera
ser	fueron	fuera
tener	tuvieron	tuviera
traer	trajeron	trajera
venir	vinieron	viniera
VERBOS EN **-ducir**	condujeron	condujera
	redujeron	redujera
	etc.	etc.

2. Verbos en que la **i** cambia en **y** entre vocales

INFINITIVO	PRETÉRITO	IMPERFECTO DEL SUBJUNTIVO
caer	cayeron	cayera
leer	leyeron	leyera
oír	oyeron	oyera

* El imperfecto del subjuntivo tiene otro grupo de terminaciones también: **-se, -ses, -se, -semos, -seis, -sen.**

Verbos en **-uir**	contribuyeron	contribuyera
	destruyeron	destruyera
	etc.	etc.

3. Verbos en **-ir** con cambios en el radical

Infinitivo	Pretérito	Imperfecto del subjuntivo
e > ie, i		
preferir	prefirieron	prefiriera
divirtir	divirtieron	divirtiera
etc.		
e > i, i		
servir	sirvieron	sirviera
seguir	siguieron	siguiera
etc.		
o > ue, u		
dormir	durmieron	durmiera
morir	murieron	muriera

Aunque la regla para la formación del imperfecto del subjuntivo no tiene excepciones, hay muchos verbos que tienen complicaciones en la tercera persona plural del pretérito.

C. Uso

Eduardo **quería** que **fuéramos** con él.
Me **dijo** que **viniera** a su casa a las nueve.
¿**Insistiría** él en que **trajeran** más dinero?
Me **había dicho** que **volviera** temprano.

El imperfecto del subjuntivo se usa de una manera semejante al presente del subjuntivo con una diferencia importante: Cuando el verbo de la cláusula principal está en el pasado (pretérito, imperfecto, pluscuamperfecto o el condicional) se usa el imperfecto del subjuntivo en la cláusula subordinada. Es decir, el concepto es igual pero se refiere al pasado en vez de al presente o al futuro.

II. Correlación de tiempos

Es (será) dudoso que ella **termine** pronto.
Es interesante que Laura **haya estudiado** eso.
Le **he dicho** a Juan que te **ayude**.
Dígale a Juan que le **ayude**.

Cuando la expresión que introduce el subjuntivo está en el tiempo presente, el perfecto, el futuro o es un mandato, se usa el presente del subjuntivo o el pretérito perfecto del subjuntivo en la cláusula subordinada.

> **Era (fue, sería)** dudoso que ella **terminara** pronto.
> **Era (fue)** interesante que Laura **hubiera estudiado** eso.

Cuando la expresión que introduce el subjuntivo está en el tiempo imperfecto, el pretérito, el pluscuamperfecto o el modo condicional, por lo general se usa el imperfecto del subjuntivo o el pluscuamperfecto del subjuntivo en la cláusula subordinada.

III. Mandatos con **tú** y **vosotros**

A. Mandatos afirmativos con **tú**

Miguel, **mira** (tú) la página número 182.
Carlos, **lee** la segunda pregunta.
Isabel, **escribe** la respuesta.

Los mandatos afirmativos que corresponden al sujeto **tú** se forman como la tercera persona singular del tiempo presente, con las siguientes excepciones:

tener	**ten**	salir	**sal**	ser	**sé**
poner	**pon**	hacer	**haz**	ir	**ve**
venir	**ven**	decir	**di**		

B. Mandatos negativos con **tú**

Roberto, no **hables** tanto.
No **leas** el periódico en clase.
No **escribas** la respuesta.
Hijo, no **digas** eso.

Los mandatos negativos que corresponden al sujeto **tú** se forman como los mandatos con el sujeto **Ud.** (vea la lección 19), pero con la adición de la letra **s.** Son iguales a la segunda persona singular del presente del subjuntivo.

C. Mandatos con **vosotros** (usados en España pero poco en Hispanoamérica)

Entrad. **Comed.** **Salid.**

Los mandatos afirmativos con el sujeto **vosotros** son como el infinitivo, pero terminan en **-d** en vez de **-r.**

No entréis. **No comáis.** **No salgáis.**

El mandato negativo con el sujeto **vosotros** se forma como el mandato con **Ud.** pero termina en **-éis** y **-áis** en vez de **-e** y **-a**, con la excepción de los verbos en **-ir** con cambios en el radical.

Infinitivo	Mandato: vosotros
divertirse (ie, **i**)	No os div**i**rtáis demasiado.
dormir (ue, **u**)	No d**u**rmáis tanto.
repetir (i, **i**)	No rep**i**táis tan despacio.

En los verbos en **-ir** que tienen cambio en el radical, hay un cambio de **e > i** y **o > u** en el radical del mandato negativo con el sujeto **vosotros**. Es igual a la forma del presente del subjuntivo con el sujeto **vosotros**.

IV. Pronombres con los mandatos

A. Con mandatos afirmativos

tú	Ud.	Uds.	vosotros
Mírala.	Mírela.	Mírenla.	Miradla.
Repítemelo.	Repítamelo.	Repítanmelo.	Repetídmelo.
Levántate.	Levántese.	Levántense.	Levantaos.

Los pronombres se añaden a los mandatos afirmativos. Nótese el acento escrito para indicar la sílaba acentuada.

B. Con mandatos negativos

tú	Ud.	Uds.	vosotros
No **la** mires.	No **la** mire.	No **la** miren.	No **la** miréis.
No **me lo** repitas.	No **me lo** repita.	No **me lo** repitan.	No **me lo** repitáis.
No **te** levantes.	No **se** levante.	No **se** levanten.	No **os** levantéis.

En los mandatos negativos, los pronombres preceden al verbo.

C. Omisión de una letra: **-s** o **-d**

Levantemos + nos = **levantémonos** (del verbo **levantarse**)
Demos + selo = **Démoselo** (del verbo **dar** con dos pronombres)

Se omite la **s** de la terminación **-mos** cuando se añade el pronombre **nos**. También se omite la **s** de la terminación **-mos** cuando se añade el pronombre **se**.

Levantad + os = **Levantaos** (del verbo **levantarse**)
Vestid + os = **Vestíos** (del verbo **vestirse**)

En los verbos reflexivos se omite la **-d** final del mandato afirmativo cuando se adjunta el pronombre **os**. La excepción es **idos** (de **ir**).

EJERCICIOS ORALES O ESCRITOS

I. El imperfecto (o pasado) del subjuntivo

A. *Complete con imaginación usando el imperfecto del subjuntivo.*

Modelo: hablar   . . . que Ud. *hablara*
        comer   . . . él *comiera*

1. *tomar*
   . . . que yo ———   . . . que él ———
   . . . que nosotros ———   . . . que Uds. ———
   . . . que tú ———

2. *aprender*
   . . . que ella _____
   . . . que yo _____
   . . . que ellos _____
   . . . que nosotros _____
   . . . que tú _____

3. *escribir*
   . . . que Ud. _____
   . . . que tú _____
   . . . que Uds. _____
   . . . que yo _____
   . . . que nosotros _____

B. *Complete con el imperfecto del subjuntivo.*

Modelo: . . . que Ud. *(tener)*   . . . *que Ud. tuviera*

1. . . . que él *(dormir)*
2. . . . que nosotros *(servir)*
3. . . . que tú *(pedir)*
4. . . . que Uds. *(repetir)*
5. . . . que Ud. *(ir)*
6. . . . que yo *(ser)*
7. . . . que ellos *(dar)*
8. . . . que ella *(salir)*
9. . . . que nosotros *(andar)*
10. . . . que tú *(decir)*

C. *Complete la frase con imaginación. Es necesario poner el verbo en el imperfecto del subjuntivo.*

Modelo: Ella dudaba que yo *(estar)* . . .
         Ella dudaba que yo estuviera con el presidente.

1. Ella quería que yo *(descansar)* . . .
2. Él me recomendó que *(aprender)* . . .
3. Habría sido imposible que nosotros *(venir)* . . .
4. El profesor sugirió que Uds. *(repasar)* . . .
5. Yo no creía que tú *(traer)* . . .
6. Estábamos contentos de que ella *(cantar)* . . .
7. Era posible que ellos *(llegar)* . . .
8. Ellos me habían aconsejado que *(dormir)* . . .
9. Era increíble que Ud. no *(haber)* . . .
10. Yo insistía en que él *(lavarse)* . . .
11. Teníamos miedo de que ellos *(tener)* . . .
12. Me alegraba de que tú *(poder)* . . .

II. Correlación de los tiempos con el subjuntivo

  A. *Complete la frase según el modelo.*

  Modelo: Insisto en que vaya él.
           Insistía en que *fuera* él.

           Es increíble que ella *haga* eso.
           Era increíble que ella hiciera eso.

1. Le ruego a Ud. que me lo diga todo.
   Le rogaba a Ud. que me lo _____ todo.
2. Él me dice que _____ otra carta.
   Él me dijo que escribiera otra carta.
3. Ellas me han sugerido que venga el sábado.
   Ellas me habían sugerido que _____ el sábado.

4. No creen que yo sepa hacerlo.
   No creían que yo _____ hacerlo.
5. Nadie les manda a los estudiantes que se diviertan.
   Nadie les mandó a los estudiantes que _____ .
6. Es imposible que él llegue a tiempo.
   Sería imposible que él _____ a tiempo.
7. Dígale a él que _____ antes del mediodía.
   Él me dijo que me levantara antes del mediodía.
8. El dramaturgo les ha prohibido que representen el drama.
   El dramaturgo les había prohibido que _____ el drama.
9. Me alegro de que Uds. estén aquí a la hora.
   Me alegraba de que Uds. _____ aquí a la hora.
10. Es necesario que yo _____ el coche en otro lugar.
    Era necesario que yo estacionara el coche en otro lugar.

B. *Cambie dos veces según el modelo.*

Modelo: Yo *(esperar)* que Ud. lo *(leer).*
            Yo espero que Ud. lo haya leído.
            Yo esperaba que Ud. lo hubiera leído.

1. Él *(dudar)* que ellos *(acusar)* a los españoles.
2. Yo *(alegrarse)* de que Uds. *(entender)* el modo subjuntivo.
3. *(Ser)* posible que ellos *(irse)* a México.
4. Ellos no *(creer)* que yo *(saber)* escoger bien.
5. La profesora *(temer)* que los estudiantes *(estudiar)* poco.
6. *(Ser)* increíble que tú *(tener)* tanta paciencia.

III. Mandatos con **tú** y **vosotros**

A. *Cambie el infinitivo al mandato afirmativo y negativo de* **tú.**

Modelo: *(Tomar)* el refresco.   *Toma el refresco./No tomes el refresco.*
            (Salir) a las ocho.   *Sal a las ocho./No salgas a las ocho.*

1. *(Pasar)* a la pizarra.
2. *(Aprender)* todas las palabras.
3. *(Salir)* a las siete.
4. *(Pensar)* en español.
5. *(Volver)* a las once.
6. *(Venir)* con nosotros.
7. *(Empezar)* el trabajo ahora.
8. *(Traer)* la maleta.
9. *(Ir)* a tu cuarto.
10. *(Explicar)* los cambios ortográficos.
11. *(Medir)* la distancia.
12. *(Tener)* mucha paciencia.
13. *(Pagar)* la cuenta.
14. *(Ser)* simpático.

B. *Cambie el mandato afirmativo a la forma negativa correspondiente a* **vosotros.**

Modelo: Charlad con vuestros amigos.
            No charléis con vuestros amigos.

1. Esperad a los otros.
2. Leed la novela.
3. Abrid los libros de texto.
4. Completad el trabajo.

5. Contad el dinero.
6. Salid.

7. Entrad en la casa.
8. Volved.

IV. Pronombres con los mandatos

A. *Cambie la expresión **vamos a** + infinitivo al mandato afirmativo y al mandato negativo correspondiente a **nosotros,** colocando correctamente los pronombres.*

Modelo: Vamos a borrarla.   *Borrémosla./No la borremos.*
            Vamos a decírselo.   *Digámoselo./No se lo digamos.*
            Vamos a acostarnos.   *Acostémonos./No nos acostemos.*

1. Vamos a verlo.
2. Vamos a saludarlas.
3. Vamos a sentarnos.
4. Vamos a escribírselo.
5. Vamos a practicarlas.
6. Vamos a hacérsela.
7. Vamos a recogerlos.
8. Vamos a empezarlo.
9. Vamos a dársela.
10. Vamos a divertirnos.
11. Vamos a comerlos.
12. Vamos a traérselas.
13. Vamos a levantarnos.
14. Vámonos.

B. *Repita la frase usando el pronombre en vez del complemento.*

Modelo: Borre (Ud.) la pizarra.   *Bórrela (Ud.)./No la borre (Ud.).*
            Léeme (tú) el libro.   *Léemelo (tú)./No me lo leas (tú).*
            Compremos los discos.   *Comprémoslos./No los compremos.*

1. Escriba (Ud.) las cartas.
2. Cierren (Uds.) los cuadernos.
3. Repíteme (tú) la palabra.
4. Hagamos el trabajo.
5. Pronúncienle (Uds.) la frase.
6. Díganos (Ud.) los secretos.
7. Traigamos el libro.
8. Sírveles (tú) la comida.
9. Explíquenme (Uds.) los mandatos.
10. Come (tú) la carne.
11. Tócame (tú) las canciones.
12. Contemos el dinero.
13. Muéstrenme (Uds.) las cosas.
14. Aprendan (Uds.) los mandatos.
15. Contesta (tú) la pregunta.
16. Sigamos el mapa.

C. *Cambie el infinitivo al mandato afirmativo y negativo del verbo, y substituya los complementos con los pronombres correctos.*

Modelo: (Escribirles) Uds. las cartas.   *Escríbanselas./No se las escriban.*
            (Servirnos) Ud. el café.   *Sírvanoslo./No nos lo sirva.*
            (Decirme) tú los secretos.   *Dímelos./No me los digas.*

1. (Comprarme) tú la tarjeta.
2. (Repetirle) Uds. el mandato.
3. (Hacernos) Ud. las maletas.
4. (Leerles) tú los cuentos.
5. (Venderme) Ud. el libro.
6. (Tocarle) vosotros las canciones.
7. (Traernos) Uds. los problemas.
8. (Sumarme) tú los números.
9. (Pagarles) Uds. el dinero.
10. (Abrirles) vosotros la puerta.
11. (Decirnos) Ud. cuáles son los días de fiesta.
12. (Pedirle) tú la información.
13. (Darme) tú el lápiz, por favor.
14. (Servirle) tú la carne.

LECTURA
La leyenda negra

Susana y Roberto estaban en el salón del hotel esperando cuando María, Guillermo y los profesores llegaron. Todos iban cargados de cosas que habían comprado durante la salida matinal y que estaban ansiosos de mostrar.

SUSANA —Mira, María, esta blusa lindísima que compré en el mercado. Iba a
5 comprar una para ti, pero quería que la vieras antes.
MARÍA —¡Qué linda, Susana! Déjame mostrarte una falda de lana que compré casi regalada *(for very little)* en una tiendecita.
GUILLERMO —Oye, Roberto, ¿cómo lo pasaron en el mercado? ¿Te gustó?
ROBERTO —De lo más bien. Pero quería comprar tantas cosas y no podía
10 hacerlo. Dime, ¿lo pasaron bien Uds.?
GUILLERMO —Por supuesto, hombre.

Después de un rato alguien sugirió que se sentaran en las butacas del salón a descansar y a charlar un poco con calma.

MARÍA —Profesor, si es que los latinoamericanos tienen tanto interés en la
15 literatura y producen tantas buenas obras de arte, ¿por qué tienen algunos en nuestro país un mal concepto de ellos?
EL PROFESOR —Pues, María, esa es una pregunta muy difícil de contestar. Puede haber muchas razones y contestaciones. Sin embargo, tal vez esto se deba más que nada a *la leyenda negra.*
20 ROBERTO —Profesor, por favor explique qué es *la leyenda negra.*
EL PROFESOR —Pues, Roberto, *la leyenda negra* es una manifestación que ha sido cuidadosa y detalladamente documentada por investigadores hispanos y angloamericanos. Se dice *leyenda* en primer lugar porque no es verdad. Se llama *negra* porque tiende a manchar la honra del pueblo hispano. La expre-
25 sión se usó por primera vez hace unos ochenta años, pero la leyenda tuvo su principio en el antagonismo que existía entre los grandes poderes del mundo durante los siglos XVI y XVII. Tengan presente *(keep in mind)* que en aquel entonces España era uno de los grandes poderes militares del mundo. Las naciones enemigas de España querían que se formara un concepto negativo
30 de los españoles. Por eso, comenzaron una campaña propagandista contra ellos, sobre todo en Inglaterra.
LA PROFESORA —Otros estímulos de *la leyenda negra* han sido la expulsión de los judíos de España en 1492 y las descripciones hechas por fray Bartolomé de las Casas sobre el mal trato sufrido por los indios a manos de los españoles. De
35 todos modos, hay muchos casos documentados donde se advierte claramente un intento de deslucir las contribuciones españolas en general. Por ejemplo, no se habla de la Inquisición europea sino de la Inquisición *española.* No hay razón para llamarla *española* si fue una manifestación general de Europa.
EL PROFESOR —Desgraciadamente *la leyenda negra* se ha conservado en los
40 libros de texto que se usan en las escuelas. Se encuentran conceptos como estos: Los españoles vinieron al Nuevo Mundo para buscar oro, para enriquecerse, mientras que los ingleses vinieron en busca de la libertad religiosa

D. FR. BARTHOLOME DE LAS CASAS
Del Orden de Predicadores, Obispo de Chiapa
Varon apostolico, y el mas zeloso de la felicidad
de los Indios.
Nació en Sevilla el año de 1474, y murió en Ma-
d el 1566

Bartolomé de las Casas (1470–1566)

o para establecer hogares. La verdad es que muchos colonos ingleses buscaron oro pero no lo encontraron. Los peregrinos, en particular los puritanos,
45   querían libertad religiosa para ellos, pero eran intolerantes de otras
religiones. Muchos años después, cuando al fin se descubrió oro en California,
muchos norteamericanos se olvidaron de todo: mujer, familia, hogares, para
ir en busca del metal precioso. También, se acusa a los españoles de haber
maltratado a los indios, sin mencionar que nuestro país ha pecado de la
50   misma manera.

    La profesora   —De hecho *(in fact)*, lo que hace *la leyenda negra* es señalar defec-
tos humanos que no son característicos de un pueblo en particular, sino de
todas las culturas del mundo.

PREGUNTAS SOBRE LA LECTURA

1. ¿Quiénes estaban esperando cuando llegaron María, Guillermo y los
   profesores al salón del hotel?
2. ¿De qué iban cargados?
3. ¿Qué había comprado Susana?
4. ¿Por qué no compró una para María?
5. ¿Qué no podía hacer Roberto en el mercado?
6. ¿Cómo lo pasaron Roberto y Guillermo?

   7. ¿Qué sugirió alguien?
   8. ¿Qué pregunta hace María?
   9. ¿Qué contesta el profesor?
10. Según la profesora, ¿qué señala *la leyenda negra*?

EJERCICIOS SOBRE LA LECTURA

A. *Complete.*

   1. Se dice *leyenda* porque . . .
   2. Se llama *negra* porque . . .
   3. La naciones enemigas de España querían que . . .
   4. Para lograrlo comenzaron una campaña . . .
   5. La expulsión de los judíos de España en 1492 fue . . .
   6. Hay muchos casos documentados donde se advierte . . .
   7. *La leyenda negra* se ha conservado . . .
   8. Muchos colonos ingleses buscaron . . .
   9. Cuando se descubrió oro en California muchos norteamericanos . . .
10. Se acusa a los españoles de haber maltratado a los indios sin mencionar que . . .

B. *Conteste si es **verdad** o **mentira**.*

_____ 1. Según el profesor, *la leyenda negra* ha sido cuidadosa y detalladamente documentada por investigadores hispanos y angloamericanos.
_____ 2. La expresión se usó por primera vez hace doscientos años.
_____ 3. *La leyenda negra* tuvo su principio durante la guerra entre los Estados Unidos y España.
_____ 4. Durante los siglos XVI y XVII España era uno de los grandes poderes del mundo.
_____ 5. Según la profesora, fray Bartolomé de las Casas escribió sobre el buen trato que los indios recibieron a manos de los españoles.
_____ 6. La Inquisición fue una institución puramente española.
_____ 7. Según el profesor, los españoles vinieron al Nuevo Mundo en busca de oro y para enriquecerse.
_____ 8. Los puritanos querían libertad religiosa para todo el mundo.

▨ INTRODUCCIÓN A LA POESÍA HISPÁNICA ▨
(Parte 6ª)

Para repasar los conceptos que se han presentado en las secciones anteriores relacionadas con la poesía hispánica, consideremos las siguientes preguntas.

   1. Por lo general ¿qué comunica la poesía lírica?
   2. ¿Cuáles son algunas de las técnicas que el poeta emplea para expresarse?
   3. ¿En qué consiste la forma de la poesía?
   4. ¿Cómo se cuentan las combinaciones de vocales entre palabras y dentro de ellas?

5. ¿Qué se hace cuando un verso termina en sílaba acentuada o cuándo termina en palabra esdrújula?
6. ¿Dónde empieza la rima? ¿Qué tipos de rima hay? ¿Cuál es la diferencia entre los dos tipos?
7. ¿Cuál es uno de los propósitos de la forma poética?
8. ¿Cuáles son algunos de los atractivos de la poesía?
9. ¿Qué le da libertad al poeta?
10. ¿Qué no se puede esperar de todos los poetas? ¿Por qué?

ROSARIO

Ramiro Lagos (Colombia)

Con qué aire de **rosas** me defines	*roses*
tu fragancia de **ensueño** en la **floresta**	fantasía, jardín
de mi ilusión **rosada,** flor de fiesta	color de rosa
florecida en un cielo de violines.	*blossomed*
¡Qué **soñado rosal** entre jazmines	imaginativo, *rosebush*
de **ruiseñor** y **alondra** en suave siesta!	aves que cantan
Jazmín y **rosaleda** abren la orquesta	color de rosa
primaveral de todos mis jardines.	
Me **recrea** el rosario de tus rosas:	divierte
las de tus dos **mejillas: temblorosas**	lados de la cara, *tremulous*
las que **apuntan** su **pico** a medio vuelo.	*point*, boca
Y en círculo de pétalos, rosada,	
yo presiento en tu mano **acariciada**	*caressed*
la rosa de fragancia y **terciopelo.**	*velvet*

Madrid, septiembre de 1957.

Ramiro Lagos nació en Bucaramanga, Colombia. Es profesor de literatura andina e hispanoamericana en la Universidad de Carolina del Norte en Greensboro. Ha publicado muchos libros de poesía, como *Ritmos de la vida cotidiana* (1966) y *Ráfagas y cántigas* (1974). Además, ha reunido una antología de poesía titulada *Mester de la rebeldía de la poesía hispanoamericana* (1973). (En *Ráfagas y cántigas*, pág. 55, con el permiso del autor.)

COMPOSICIÓN ORAL O ESCRITA

Prepare una composición de 8 a 10 líneas sobre uno de los temas siguientes.

1. Prepare un diálogo que requiera muchos verbos en el imperfecto del subjuntivo.
2. Dile a un amigo o una amiga cómo llegar de un lugar a otro. Usa muchos mandatos familiares.
3. *La leyenda negra*

VOCABULARIO

SUSTANTIVOS

SUSTANTIVOS MASCULINOS

el antagonismo	el hogar	el oro
el colono	el mercado	el salón
el defecto		

SUSTANTIVOS FEMENINOS

el ansia	la expulsión	la institución
la calma	la foto	la lana
la campaña	la honra	la manifestación
la correlación	la información	la salida
Europa	la Inquisición	la substitución

SUSTANTIVOS MASCULINOS Y FEMENINOS

el investigador/la investigadora	el peregrino/la peregrina
el judío/la judía	el puritano/la puritana

ADJETIVOS

ansioso, -a	documentado, -a	precioso, -a
cuidadoso, -a	enemigo, -a	propagandista
desgraciado, -a	intolerante	regalado, -a
detallado, -a	matinal	religioso, -a

VERBOS

VERBOS EN -ar

acusar	mencionar	repasar
maltratar	mostrar (ue)	señalar
manchar	**pecar	

VERBOS EN -ir O -er

advertir (ie, i)	**enriquecerse	tender (ie)

EXPRESIONES

en busca de	de hecho	tener presente

CUENTO CHISTOSO

UN PROBLEMA DE COMUNICACIÓN

José Sánchez-Boudy (Cuba)

El policía *(policeman)* norteamericano vigilaba todos los días por la pequeña Habana en Miami. Se sentía feliz. Le gustaba acercarse a las tiendas de café y ver a los cubanos pidiendo a la hermosa joven que preparaba el nectar: «Señorita, por favor, **me da un buchito*** *(a little sip)*».

5 Le gustaba ver a la gente reunida en las esquinas o jugando al dominó en el parque, o abrazándose por la alegría de encontrarse.

Le gustaba aquel gentío *(multitude)* que reía, que gritaba algunas veces, que caminaba rápido, que hacía gestos *(gestures)*. Le gustaba ver a las madres paseando a los niños.

10 Le gustaba el aroma que despedían (salía de) las cafeterías; los sandwiches llenos de carne y jamón *(jam);* los dulces *(candy)* blancos; los quesitos *(little pieces of cheese)* amarillos; el rosado *(pink)* de los panecitos de guayava *(guava apple)*.

Vigilar, para él, era pasear por un sitio lleno de colores y de vida. La 15 pequeña Habana le encantaba. Le parecía como miles de globos *(balloons)* con sus colores, flotando en el aire.

Y detuvo el automóvil. Aquellas frutas, en el estante *(shelf)* junto a la acera de la frutería, le fascinaban. ¡Qué aromas! Allí había bananas y **mameyes** y **zapotes** y **mamoncillos**** . . . toda la coloración del arco iris *(rainbow)*. Se bajó, 20 pues, del vehículo y dirigiéndose al cubano que vendía todo aquello, le gritó, por la felicidad que sentía: «AVOCADO, AVOCADO . . . »

El hombre lo miró con los ojos casi saliéndose de las órbitas y empezó a correr como alma que lleva el diablo *(as if his soul were possessed by the devil)*.

El policía, lleno de sorpresa, le preguntó a un jovencito en un español 25 malo: «¿Por qué huir? Yo querer avocado. ¡Cosa deliciosa!»

Y como le contestó te lo cuento: «Viejo, es que el hombre se creyó que tú decías ABOGADO en vez de *avocado* (aguacate en español). ¡Y como debe dinero del carro (coche)! Mira, policía, aprende bien el español, TIENES UN PROBLEMA DE COMUNICACIÓN».

José Sánchez-Boudy nació en la Habana, Cuba. Es profesor de literatura del caribe y de la prosa hispánica contemporánea en la Universidad de Carolina del Norte en Greensboro. Es uno de los autores más conocidos entre los escritores cubanos del exilio. Ha escrito libros de cuentos, novelas, poesías y un *Diccionario de cubanismos más usuales*, entre muchas otras obras.

* Significa que quiere una tacita de café.
****Mameyes, zapotes** y **mamoncillos** son frutas tropicales.

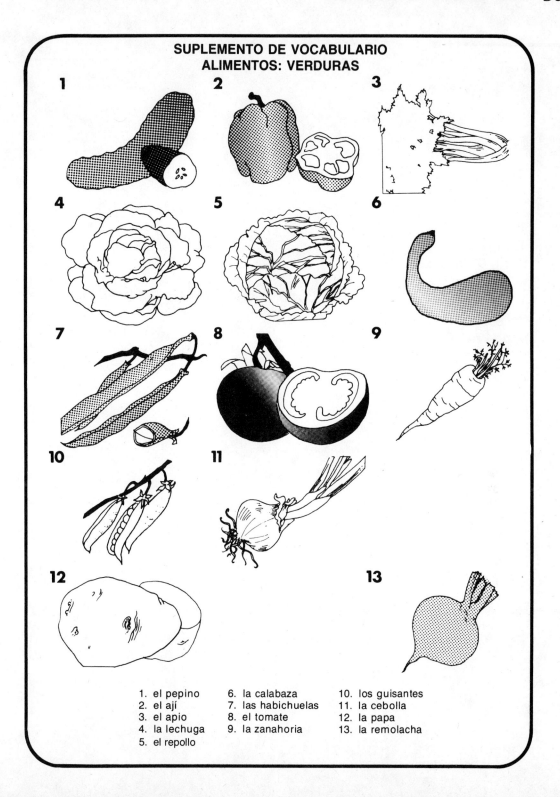

SUPLEMENTO DE VOCABULARIO
ALIMENTOS: VERDURAS

1. el pepino
2. el ají
3. el apio
4. la lechuga
5. el repollo
6. la calabaza
7. las habichuelas
8. el tomate
9. la zanahoria
10. los guisantes
11. la cebolla
12. la papa
13. la remolacha

Módulo 6

Estilo y situaciones

Lección 21

La conquista (primera parte)

Introducción a la prosa hispánica (Parte 1ª)

 INTRODUCCIÓN

DECLARACIÓN Y PREGUNTA	RESPUESTA

 I. El imperfecto del subjuntivo después de si y como si

¿Adónde **irían** Uds. **si tuvieran** un mes de vacaciones?

Si tuviéramos bastante dinero, **viajaríamos** por toda Europa.

¿Qué **haría** Ud. **si fuera** presidente?

Si yo **fuera** presidente, **reduciría** los programas innecesarios e ineficientes.

¿Cómo **vivirían** Uds. **si fueran** ricos?

Si fuéramos ricos, **viviríamos** en una casa enorme y **tendríamos** muchos sirvientes.

¿Qué clase de trabajo **haría** Ud. **si pudiera** hacer lo que quisiera.

Si yo **pudiera, tendría** un trabajo que me pagara para viajar a las principales ciudades del mundo.

¿Cómo habla ella?

Habla **como si** lo **supiera** todo. Habla **como si fuera** el jefe.

¿Cómo se visten ellos?

Se visten **como si** no **tuvieran** dinero. Se visten **como si estuvieran** en la playa.

 II. El condicional perfecto

¿Fueron ellos a España el año pasado?

No, pero **habrían ido** si hubieran ganado más dinero.

¿Entendieron Uds. todo?

No, señor. **Habríamos entendido** más si hubiera hablado más despacio.

¿Te acordaste de llamar a Josefina?

No, pero **habría recordado** llamarla si no estuviera tan ocupado.

III. Usos de **para** y **por**

¿**Para** dónde iba Juan?

Iba **para** la ciudad universitaria.

¿**Para** quién es ese regalo?

Es **para** mi novia.

¿**Para** cuándo son los boletos de la corrida?

Son **para** el domingo que viene.

¿**Para** qué salió tan temprano?

Para llegar allí a mediodía.

¿Cree Ud. que Daniel habla bien el inglés?

Sí, lo habla bien **para** ser mexicano.

¿Qué piensa Ud. del ballet mexicano?

Para mí fue magnífico.

¿**Por** dónde anda Bill?

Bill anda **por** el centro con Bob.

¿Cuándo es la recepción?

Es mañana **por** la noche.

¿Quién habla **por** nosotros en la recepción?

El señor Ramírez habla **por** nosotros.

¿**Por** qué no fue Ud. al centro?

No fui **por** falta de dinero.

¿Cuánto pagó Ud. **por** ese sombrero?

Pagué 24 pesos **por** él.

¿Cuánto hay que pagar **por** persona?

Hay que pagar cinco pesos **por** persona.

¿Cuánto tiempo estudió Ud. español?

Lo estudié **por** tres años.

¿**Por** quién votó Ud.?

Voté **por** Carlos **para** presidente.

¿Quién escribió ese poema?

Fue escrito **por** Guillermo.

¿Cuántos son tres **por** tres?

Tres **por** tres son nueve.

IV. Los pronombres relativos **que** y **quien**

¿Quién es Lupita?

Es una chica **que** vive en México.

Es la chica mexicana **de quien** nos habló Juanita ayer.

¿Quiénes son los señores Pérez?

Son unos señores **que** conocí recientemente.

Son los señores **con quienes** hablamos en la recepción.

¿Quién es el Sr. Chávez?

Es el profesor **que** nos saludó ayer en la biblioteca.

Es una persona **por quien** tengo mucho respeto.

¿Quiénes son esas chicas?

Son las **que** le ayudan a José con el álgebra.

Son las chicas **para quienes** Daniel compró los discos.

EXPLICACIONES

 I. El imperfecto del subjuntivo después de **si** y **como si** *(as if)*

A. Cláusulas con **si**

CERTEZA *(certainty)*	CONDICIÓN HIPOTÉTICA
Si Juan va, yo no voy.	**Si** Juan **fuera,** yo no iría.
Vendrá con nosotros si puede.	Vendría con nosotros **si pudiera.**

Si + el indicativo expresa certeza. Nunca se usa el presente del subjuntivo después de **si. Si** + el imperfecto del subjuntivo expresa una condición hipotética, una acción que no es real sino posible, y por lo tanto *(therefore)* requiere el condicional.

B. Cláusulas con **como si**

Él fuma **como si fuera** una chimenea.
Maneja el coche **como si hubiera manejado** toda su vida.

El imperfecto del subjuntivo o el pluscuamperfecto del subjuntivo siempre se emplea después de **como si,** porque expresa algo contrario a la realidad.

 II. El condicional perfecto

Linda **habría estado** allí si no se hubiera enfermado.
Si hubiéramos sabido eso, te lo **habríamos dicho.**

El condicional perfecto se forma con el modo condicional del verbo auxiliar **haber** y el participio. Se traduce *would have (+ past participle)*. Normalmente aparece en una frase con otro verbo después de **si** en el pluscuamperfecto del subjuntivo.

 III. Usos de **para** y **por**

A. Frecuentemente la preposición **para** señala algún destino *(destination)* o propósito.

(para quién)	Esto es **para** María.
(para qué lugar)	Mañana salimos **para** Guatemala.
(para cuándo)	Lean Uds. la lectura **para** el lunes.
(para qué)	Estudien Uds. **para** el examen.
(propósito)	Practico **para** hablar mejor.
(comparado con una norma)	El niño es grande **para** su edad.
(en la opinión de)	**Para** ella el ballet es muy interesante.

B. Algunos usos de **por**

(por dónde está la acción)	Bill anda **por** el parque.
(aproximadamente cuándo ocurre)	La conferencia es **por** la mañana.
(en nombre de)	El director habla **por** su departamento.

(por qué motivo)	Tengo dolor de cabeza y **por** eso no voy.
(a cambio de qué)	Tina compró una flor **por** dos pesos.
(per)	El tren iba a 60 millas **por** hora.
(durante cuánto tiempo)	Estuve allí **por*** varios días.
(a favor de)	No lo hice **por** mí, lo hice **por** mis padres.
(by: agente activo)	América fue descubierta **por** Cristóbal Colón.
(by: dimensiones)	El área del suelo es 4 metros **por** 5 metros.
(by: times)	Siete **por** tres son veintiuno.

La preposición **por** tiene una variedad de usos, pero ninguno coincide exactamente con los usos de **para.**

 IV. Los pronombres relativos **que** y **quien**

Victoria es una joven **que** tiene mucho talento.
Victoria es una joven **a quien** admiro mucho.

Ramón y Susana son dos amigos **que** trabajan conmigo.
Ramón y Susana son los amigos **con quienes** fui al cine ayer.

El pronombre relativo **que** *(that, who)* puede referirse a personas o cosas. Los pronombres relativos **quien** y **quienes** *(whom)* se usan después de una preposición; **quien** se refiere a una persona y **quienes** se refiere a más de una persona. El pronombre relativo no lleva acento.

EJERCICIOS ORALES O ESCRITOS

I. El imperfecto del subjuntivo después de **si** y **como si**

A. *Cambie los infinitivos entre paréntesis a la forma correcta del imperfecto del subjuntivo o al condicional.*

Modelo: Si yo *(tener)* mucho dinero, *(comprar)* una casa grande.
Si yo tuviera mucho dinero, compraría una casa grande.

Habla como si *(ser)* de Bogotá.
Habla como si fuera de Bogotá.

1. Si nosotros *(vivir)* en México, *(oír)* español todos los días.
2. La profesora te *(dar)* la nota «A» si *(escribir)* una composición excelente.
3. Gastaron dinero como si *(tener)* mucho.
4. Si ellas *(saber)* hablar español, yo *(poder)* hablarles.
5. Ud. se está divirtiendo como si esta noche *(ser)* la última.

* O «**Estuve allí varios días**». Muchos prefieren omitir **por** en expresiones como ésta.

6. Si Uds. *(encontrar)* un millón de dólares, ¿qué *(hacer)?*
7. Si Ud. ya *(saber)* el subjuntivo, ¿*(estudiar)* esta tarde?
8. Si ellos *(ver)* a un gigante, ¿*(morirse)* de miedo?
9. Ella sonrió como si *(estar)* contenta.
10. Él corría como si *(haber)* visto a un monstruo.
11. Si yo *(tener)* tanto sueño como tú, *(acostarse)* en seguida.
12. Si *(hacer)* buen tiempo, yo *(ir)* a la playa hoy.

B. *Complete con imaginación.*

Modelo: Si yo fuera rico . . .
        Si yo fuera rico, compraría un coche nuevo y mucha ropa.

        Yo iría a México si . . .
        Yo iría a México si alguien me acompañara.

1. Si yo tuviera más tiempo . . .
2. Si él pudiera . . .
3. Si ella me sonriera . . .
4. Estudiaríamos más si . . .
5. Si ellas no tuvieran miedo . . .
6. Si yo fuera profesor . . .
7. Me levantaría más temprano si . . .
8. Si Ud. estuviera en el Perú . . .
9. No moriríamos de miedo si . . .
10. Me sentaría enfrente si . . .
11. Si yo supiera hacerlo . . .
12. Él se casaría si . . .
13. Estaríamos contentos si . . .
14. Si yo fuera presidente . . .
15. Si Ud. tuviera más ambición . . .

II. El condicional perfecto

A. *Cambie el infinitivo entre paréntesis a la forma correspondiente del condicional perfecto.*

Modelo: Si Ud. me hubiera mencionado el nombre del autor, yo *(leer)* la novela.
        Si Ud. me hubiera mencionado el nombre del autor, yo habría leído la novela.

1. Si ella hubiera cantado en español, los jóvenes *(entender)* más.
2. Yo me *(preparar)* más si hubiera sabido lo del examen.
3. Si se hubiera quedado más tiempo, ellos *(recoger)* las cosas antes de irse.
4. Nosotros no *(ser)* tan intolerantes si hubiéramos pensado más en eso.
5. Los colonos *(enriquecerse)* si hubieran encontrado el oro.
6. Yo *(ir)* a Acapulco si hubiera tenido dinero suficiente.
7. Si el perro hubiera oído llegar al hombre, *(ladrar)* en seguida.
8. Ella *(levantarse)* más temprano si no hubiera tenido tanto sueño.

B. *Complete con imaginación empleando la forma correspondiente del pluscuamperfecto del subjuntivo y del condicional perfecto.*

Modelo: Yo *(estudiar)* más si *(tener)* . . .
        Yo habría estudiado más si hubiera tenido otro día antes del examen.

Ruinas del Templo Mayor de Tenochtitlán en la Ciudad de México

1. Nosotros *(ver)* una corrida de toros si *(estar)* . . .
2. Si ellos *(revisar)* los neumáticos del coche, no *(tener)* . . .
3. Si tú no *(acostarse)* tan tarde, no *(despertarse)* . . .
4. Yo *(salir)* con la nota «A» si *(estudiar)* . . .
5. Ud. *(romperse)* el brazo si *(caerse)* . . .
6. Si yo *(hacer)* esto más temprano, *(terminar)* . . .

III. Usos de **para** y **por**

A. *Conteste con una frase completa empleando la preposición* **para.**

Modelo: ¿Para dónde sale Ud.? (para qué lugar)
       Salgo para México.

1. ¿Para cuándo es la lectura de esta lección? (para cuándo)
2. ¿Para qué llegó Ud. tan temprano a la clase? (propósito)
3. ¿Para quién es mi próxima pregunta? (para quién)
4. ¿Para cuándo tenemos que saber *por* y *para?* (para cuándo)
5. ¿Para quiénes son los juguetes? (para quiénes)
6. ¿Para qué es una taza? (propósito)
7. ¿Para quién es complicada la química? (en la opinión de)
8. ¿Para qué estudian Uds. el español? (propósito)
9. ¿Para quiénes son estos ejercicios? (para quiénes)
10. ¿Quién habla bien el español para ser estudiante de primer año? (comparado con una norma)

B. *Conteste con una frase completa empleando la preposición* **por.**

Modelo: ¿Por dónde viaja Ud. este verano? (por dónde está la acción)
Viajo por la Argentina.

1. ¿Por cuánto dinero vendió Ud. el libro? (a cambio de que)
2. ¿A cuántas millas por hora va un Toyota? *(per)*
3. ¿Cuándo es la próxima conferencia? (aproximadamente cuándo)
4. ¿Por dónde van los jóvenes? (por dónde está la acción)
5. ¿Quién trabaja por Ud. cuando está enfermo (-a)? (en lugar de)
6. ¿Por qué se levantó Ud. tarde? (por qué motivo)
7. ¿Cuánto pagó Ud. por su bicicleta? (a cambio de qué)
8. ¿Por qué descansa Ud. ahora? (por qué motivo)
9. ¿Por quién fue preparado el último examen? *(by:* agente activo)
10. ¿Por cuántos días estuviste enfermo (-a) el año pasado? (durante cuánto tiempo)
11. ¿Cuántos son ocho por ocho? *(times)*
12. ¿Quién habló por Ud. cuando era muy joven? (en nombre de)

C. *Complete con* **por** *o* **para** *y explique el uso.*

Modelo: Iré *para* Costa Rica mañana.

1. Ud. pagó 20 dólares _____ su libro de biología.
2. El lápiz se usa _____ escribir.
3. Este paquete es _____ Andrés.
4. ¿_____ qué razón estudian ellos en la biblioteca?
5. Alicia iba andando _____ la calle con sus amigos.
6. Recuerdo cuando los astronautas salieron _____ la luna.
7. Él y ella caminan _____ la playa.
8. Ella habla bien el español _____ ser francesa.
9. La excursión era interesante _____ los estudiantes.
10. Tenemos que saber esta lección _____ el viernes.
11. Su coche puede ir a 70 millas _____ hora.
12. Nadie trabaja _____ mí cuando estoy enfermo (-a).
13. Esta silla es _____ ese cuarto.
14. La conferencia del Prof. Sánchez es _____ la mañana.
15. Compré los zapatos _____ 30 dólares.
16. Estuvieron en el laboratorio _____ dos horas ayer.
17. Cinco _____ cinco son veinticinco.

D. *Conteste las preguntas según el dibujo. Use* **para** *o* **por** *en cada respuesta.*

1. ¿Por dónde andan Elena y Juan? (por dónde está la acción)
2. ¿Cuánto tiene que pagar Elena por las naranjas? (a cambio de qué)
3. ¿Cuánto se paga por kilo? *(per)*
4. ¿Para qué sirven las naranjas? (para qué propósito)
5. ¿Cuándo habló Elena con Susana? (aproximadamente cuándo ocurre)
6. ¿Para quiénes son las naranjas? (para quién)

7. ¿Por quién compra Elena algunas naranjas? (en lugar de)
8. ¿Por qué no pudo salir Susana? (por qué motivo)
9. ¿Para dónde va Juan? (para qué lugar)
10. ¿Para cuándo necesita Juan estar en el aeropuerto? (para cuándo)
11. ¿Qué tiempo hace? (comparado con una norma)
12. ¿Qué le parece a Juan la temperatura? (en la opinión de)

IV. Los pronombres relativos **que** y **quien**

A. *Complete con las palabras* **que, quien** *o* **quienes.**

Modelo: Es el vuelo *que* llega a las once.

No conozco al novelista de *quien* hablaba el profesor.

1. Los turistas encontraron un hotel _____ era cómodo.
2. Es un autor famoso _____ nos interpretó el drama.
3. Ellos son los profesores _____ enseñan en la universidad.
4. Es la señorita con _____ fui al cine anoche.
5. Pancho Villa y Emiliano Zapata son dos personajes de _____ sabemos mucho.
6. *Don Quijote* es la novela de _____ hablábamos.

7. Hemos leído algo sobre los colonos a _____ mencionaron los escritores.
8. Ésa es la persona para _____ traduje el artículo.
9. El Dorado es una leyenda en la _____ creían los conquistadores.
10. Tomás y Guillermo eran los estudiantes con _____ viajaba yo por México.

B. *Combine las dos frases empleando* **que, quien** *o* **quienes.**

Modelo: España es un país. Era un gran poder en el siglo XVI.
España es un país que era un gran poder en el siglo XVI.

Son unos amigos. Ramón fue con ellos a Bolivia.
Son unos amigos con quienes Ramón fue a Bolivia.

1. Tocaban música. Era popular en el norte de México.
2. La Srta. López es una profesora mexicana. La conocí en Guadalajara.
3. Habían cruzado el Río Grande. Marca la frontera entre Texas y México.
4. Es verdad. José ha dicho eso.
5. Era una persona alegre. No sabemos mucho de ella.
6. Susana e Isabel son estudiantes. Viven en un apartamento pequeño.
7. Son dos viajeros colombianos. Hablé español con ellos ayer.
8. Ella me dio un regalo. Ella lo había comprado en Chile.

LECTURA
La conquista (primera parte)

El grupo de estudiantes viajó por las ciudades principales de México y quedaron muy impresionados con todo lo que vieron. Se habrían quedado allí si no hubieran hecho planes anteriormente para continuar el viaje. Su plan era el de pasar al Perú donde visitarían la capital, Lima, y las famosas ruinas de
5 Machu Picchu que están cerca de Cuzco.

Cuando llegaron a Cuzco, estaban muy emocionados por la anticipación de visitar las ruinas incaicas. La noche anterior a la excursión se reunieron los estudiantes con los profesores y les hicieron muchas preguntas sobre las antiguas civilizaciones indias como si fueran profesores de antropología.

10 SUSANA —Profesora, para mí es increíble que en América hayan existido civilizaciones tan avanzadas como la de los incas y la de los aztecas antes de introducirse la civilización europea.

LA PROFESORA —Sí, Susana, parece increíble, ¿verdad? Sin embargo, así sucedió. En México, Hernán Cortés quedó admirado (*astonished*) de la
15 civilización azteca que encontró. Por ejemplo, su capital Tenochtitlán era una ciudad tan grande y variada como cualquiera de Europa en esa época.

GUILLERMO —Profesora, yo no me explico (*do not understand*) cómo fue posible que unos quinientos españoles pudieran haber derrotado naciones de millones de indios como si no fueran nada.

20 LA PROFESORA —Pues esto se entiende cuando se considera que los indios

Encuentro de Moctezuma y Hernán Cortés

habían estado guerreando entre sí* desde hacía siglos antes de que Cortés llegara a México en 1519. Los indios que ayudaron a Cortés odiaban y temían más a los aztecas que a los españoles.

ROBERTO —¿Qué habrían hecho los aztecas para merecer tanto odio y temor?

25 EL PROFESOR —Los aztecas eran un pueblo que por razones religiosas permanecían en un estado constante de guerra. La llamada «guerra florida» de los aztecas les proveía de víctimas para sacrificios humanos en los que un sacerdote les abría el pecho y sacaba el corazón, todavía palpitando, a los enemigos que tenían la desgracia *(misfortune)* de ser capturados vivos. Si las

30 tribus rebeldes que colaboraron con Hernán Cortés no hubieran ayudado a los españoles, éstos no habrían podido conquistar a los aztecas. Además, el hecho de que el poder estaba concentrado en los caciques, hizo que la empresa fuera más fácil de lo que parece, porque fue cosa de substituir al jefe indio con otro líder fiel a los españoles.

PREGUNTAS SOBRE LA LECTURA

1. ¿Dónde se habrían quedado los estudiantes si no hubieran hecho planes anteriormente?
2. ¿Cuál era su plan? ¿Qué pensaban visitar en Perú?
3. ¿Por qué estaban muy emocionados los estudiantes?
4. ¿Qué hicieron la noche anterior?
5. ¿Cómo era la capital azteca?

* Después de una preposición, el pronombre **sí** es reflexivo y se refiere al sujeto del verbo anterior.

EJERCICIOS SOBRE LA LECTURA

A. *Conteste si es* **verdad** *o* **mentira.**

_____ 1. Los indios habían estado guerreando desde hacía siglos cuando Cortés llegó a México en 1519.

_____ 2. Los indios que ayudaron a Cortés a luchar en contra de los aztecas temían más a los españoles que a los aztecas.

_____ 3. Por razones religiosas los aztecas siempre buscaban la paz *(peace)*.

_____ 4. Si las tribus rebeldes no hubieran colaborado con Hernán Cortés, los españoles no habrían podido conquistar a los aztecas.

_____ 5. El hecho de que el poder estaba concentrado en los caciques hizo más fácil la conquista de los aztecas.

B. *Complete.*

1. Le parece increíble a Susana que . . .
2. Guillermo no se explica cómo fue posible que . . .
3. Roberto no comprende qué habrían hecho los aztecas para . . .

PROSA HISPÁNICA

Cuando Hernán Cortés conoció a Moctezuma, el español se le acercó al cacique indio para abrazarlo en la manera tradicional de los españoles, pero los indios alrededor del cacique lo detuvieron *(stopped)*. Moctezuma era una persona real *(royal)* y no se permitía a nadie que lo tocara. Cortés se comunicaba con Moctezuma con la ayuda de la Malinche, princesa india y concubina de Cortés, quien hablaba náhuatle y el idioma de los mayas. También aprendió español.

CARTA DE HERNÁN CORTÉS AL REY DE ESPAÑA ESCRITA EN 1519 (Adaptación)*

Moctezuma, el gran cacique de los aztecas me recibió con gran ceremonia y cortesía y me habló de esta manera:

  «Nuestros **antepasados** nos dijeron que nosotros, los aztecas, no somos **naturales** de esta tierra, sino extranjeros de
5 otras partes. Nuestro cacique de aquel entonces nos trajo aquí y luego volvió a su tierra. Siempre hemos creído que sus descendientes vendrían a dominar esta tierra y a nosotros como **vasallos.** Usted dice que viene de la parte donde **sale** el sol. Por eso y por las cosas que usted dice de ese gran
10 rey suyo, creemos y tenemos por cierto que él es nuestro **señor** natural. Y creemos así sobre todo porque usted dice

monarca

abuelos
nativos

sujetos
se levanta

jefe

---

* *The 16th century form of address* **vos,** *used as a polite "you," and the corresponding 2nd person verb forms, object pronouns and possessive adjectives have been changed to the contemporary* **usted** *and its corresponding forms.*

que desde hace tiempo él tiene noticia de nosotros. Por lo tanto, usted puede estar seguro de que **lo obedeceremos a usted** y lo tendremos por jefe en lugar de ese gran rey.

seguiremos su dirección

15   Puede usted mandar en todo mi imperio y lo que nosotros tenemos queda a su disposición. Está usted en su tierra y su casa. Descanse del trabajo, del camino y de las guerras que ha tenido en las otras ciudades. Yo sé que mis enemigos le han dicho muchas cosas malas de mí. No crea

20   más de lo que usted ve con sus ojos. Le han dicho que yo tenía casas con paredes de oro y muchas otras cosas de oro y que yo era y me consideraba dios, y otras mentiras. Pero usted ve que las casas son de **piedra** y tierra y que yo soy de carne y **hueso** como usted. Soy mortal y palpable. Usted ve

roca
esqueleto

25   que le han mentido. Es verdad que tengo algunas cosas de oro que me han quedado de mis abuelos. Todo lo que yo tengo, usted puede tener cada vez que lo quiera. Yo me voy a otra casa donde vivo. Aquí usted y su gente **serán proveídos de** todas las cosas necesarias.»

recibirán

Ruinas aztecas

Hernán Cortés (1485–1547) fue un capitán español. Conquistó Tenochtitlán, la capital de los aztecas, en 1521. Cortés escribió sobre sus experiencias en México en sus cartas a Carlos V (quinto), el monarca de España. Este pasaje describe la cordial recepción que el emperador de los aztecas, Moctezuma, le dio a Cortés al saludarlo por primera vez.

PREGUNTAS SOBRE LA PROSA HISPÁNICA

1. ¿Quién era el gran cacique de los aztecas?
2. ¿Cómo dice Cortés que lo recibió Moctezuma?
3. Según Moctezuma, ¿eran los aztecas naturales de la tierra que ocupaban?
4. ¿Qué hizo el cacique antiguo después de traer a los aztecas a esa tierra?
5. ¿Quién creía Moctezuma que era el rey de Cortés?

EJERCICIOS SOBRE LA PROSA HISPÁNICA

A. *Conteste si es* **verdad** *o* **mentira.**

_____ 1. Cortés le dijo a Moctezuma que ellos (los españoles) vinieron de donde sale el sol.

_____ 2. Cortés le dijo a Moctezuma que desde hace tiempo el rey de España tiene conocimiento de los aztecas.

_____ 3. Moctezuma declaró que los aztecas no obedecerían a los españoles de ninguna manera.

_____ 4. Moctezuma dijo que Cortés estaba en su tierra y en su casa.

B. *Complete.*

1. Moctezuma le dijo a Cortés que . . . del trabajo, del camino y de las guerras que había tenido en las otras ciudades.
2. Moctezuma sabía que sus enemigos le habían dicho muchas cosas . . . de él.
3. Le habían dicho que Moctezuma tenía casas con paredes de . . .
4. Pero se podía ver que sus casas eran de . . . y Moctezuma era de . . .
5. Lo que Moctezuma tenía de oro, según él, le había quedado . . .

 # COMPOSICIÓN ORAL O ESCRITA

Prepare una composición de 8 a 10 líneas sobre uno de los temas siguientes.

1. Si Ud. tuviera mucho dinero, ¿qué haría? ¿Qué no haría? Use muchas frases con el imperfecto del subjuntivo después de *si.*
2. Mañana salgo para . . . ¿Para qué va Ud.? ¿Por cuánto tiempo estará allí? Use otras frases con *para* y *por.*
3. ¿Qué le interesa a Ud. de la civilización azteca? ¿Por qué?

VOCABULARIO

SUSTANTIVOS

SUSTANTIVOS MASCULINOS

el agente
el antepasado
el azteca
el cacique
el capitán
el emperador
el hueso
el imperio

el inca
el líder
Moctezuma
el monarca
el motivo
el odio
el pasaje

el pecho
el Perú
el sacerdote
el sacrificio
el señor
el sirviente
el trabajo

SUSTANTIVOS FEMENINOS

la adaptación
el álgebra
la ambición
la carne
la certeza
la concubina
la conquista

la desgracia
la disposición
la distracción
la empresa
la ineficiencia
la norma
la paz

la piedra
la princesa
la realidad
la recepción
la tribu
la víctima

SUSTANTIVOS MASCULINOS Y FEMENINOS

el traductor/la traductora
el vasallo/la vasalla

ADJETIVOS

admirado, -a
avanzado, -a
constante
cualquier(a)
fiel

florido, -a
hipotético, -a
incaico, -a
natural
palpable

real
rebelde
variado, -a

ADVERBIOS

anteriormente
aproximadamente

PREPOSICIÓN

alrededor de

VERBOS

VERBOS EN -ar

**acercarse	derrotar	guerrear
capturar	dominar	palpitar

VERBOS EN -ir O -er

*detener	**obedecer	**substituir
**introducirse	proveer	suceder
**merecer		

EXPRESIONES

por lo tanto	tener por

SUPLEMENTO DE VOCABULARIO: EL CAMPO

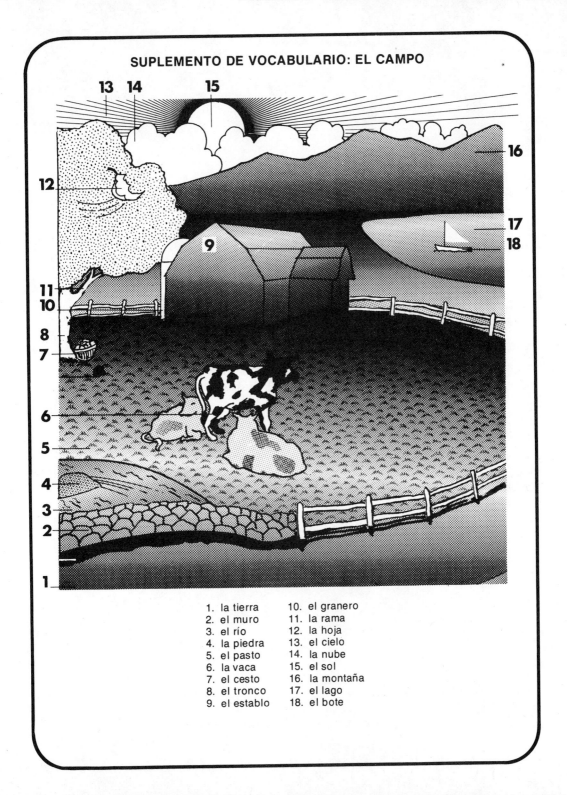

1. la tierra	10. el granero
2. el muro	11. la rama
3. el río	12. la hoja
4. la piedra	13. el cielo
5. el pasto	14. la nube
6. la vaca	15. el sol
7. el cesto	16. la montaña
8. el tronco	17. el lago
9. el establo	18. el bote

Lección 22

La conquista (segunda parte)

Introducción a la prosa hispánica (Parte 2ª)

INTRODUCCIÓN

DECLARACIÓN O PREGUNTA   **RESPUESTA**

I. Conjunciones de tiempo con el subjuntivo

¿Cuándo hablarás con Linda?	No sé exactamente. Hablaré con ella **cuando llegue.**
	Hablaré con ella **tan pronto como llegue.**
	Hablaré con ella **después de que llegue.**
¿Cuándo pensabas hablar con Linda?	Pensaba hablar con ella **cuando volviera.**
	Pensaba hablar con ella **tan pronto como volviera.**
	Pensaba hablar con ella **después de que volviera.**
¿Cuándo hablaste con Linda?	Hablé con ella **cuando (tan pronto como, después de que) llegó.**
¿Hasta cuándo se quedarán tus primas?	Se quedarán **hasta que** sus padres **vengan** por ellas.
¿Hasta cuándo pensaban quedarse tus primas?	Pensaban quedarse **hasta que** sus padres **vinieran** por ellas.
¿Hasta cuándo se quedaron tus primas?	Se quedaron **hasta que** sus padres **vinieron** por ellas.

324

II. El participio como adjetivo

¿Está **cerrada** la puerta?

Sí, fue **cerrada** por Ricardo. Entraba el aire frío por la **puerta abierta.**

¿Están **encendidas** las luces?

Sí, fueron **encendidas** por Isabel, porque ella no podía leer con las luces **apagadas.**

¿Está **roto** el juguete de Juanito?

Sí, fue **roto** por los niños mayores. ¿Sabe Ud. reparar juguetes **rotos?**

III. El adjetivo relativo **cuyo, -a, -os, -as**

¿Quién es esa señora **cuyo** coche está en frente de la casa?

Es una señora **cuyas** hijas conozco muy bien.

¿Es ella la señora **cuya** hija está casada con Julio?

Sí, y es la señora **cuyos** discos oímos en la fiesta el otro día.

IV. Uso impersonal de **haber**

¿Cuántos estudiantes **hay** en esta clase?

Es probable que **haya** más de treinta.

Yo no creía que **hubiera** tantos. Creía que **había** menos de treinta.

Habrá uno menos porque Pepe Gómez tuvo que volver a casa. **Hubo** una muerte en su familia.

¡Qué lástima! Pero así es la vida. Siempre **hay que** adaptarse.

Sí, y siempre **habrá que** adaptarse.

EXPLICACIONES

I. Conjunciones de tiempo con el subjuntivo

El futuro indefinido generalmente se expresa con conjunciones de tiempo y el subjuntivo. Las conjunciones de tiempo más frecuentes son **cuando, tan pronto como, después (de) que, en cuanto** y **hasta que.**

> Martín volverá **cuando esté** listo.
> Dímelo mañana **en cuanto** me **veas.**
> Martín pensaba volver **cuando estuviera** listo.

Cuando estas conjunciones de tiempo se refieren al futuro, el verbo que sigue está en el subjuntivo. No se usa el subjuntivo al referirse a una acción que ocurre con regularidad en el presente o que ya ha ocurrido.

> Martín siempre vuelve cuando termina de trabajar.
> Martín volvió cuando terminó de trabajar.

▓ II. El participio como adjetivo

En los tiempos compuestos con el verbo **haber** el participio siempre termina en **-o.** Pero el participio usado como adjetivo concuerda con el sustantivo que modifica.

A. Estar con el participio

La composición está **escrita** en español.
Las composiciones están **corregidas.**
Todo está **incluido** en el precio.
Mis abuelos están **muertos.**

Cuando se usa el participio como adjetivo, se combina con el verbo **estar** para describir una condición. Esta combinación no expresa una acción sino que describe un estado.

B. Ser con el participio (o la voz pasiva)

La ciudad fue casi **destruida** durante la guerra.
Las ciudades fueron casi **destruidas** durante la guerra.
El examen fue **corregido** por el profesor.
Los exámenes serán **corregidos** por el profesor.

Se usa el participio como adjetivo después del verbo **ser** para expresar una acción. La cosa o la persona que recibe la acción del verbo es el sujeto. Se expresa el agente de la acción después de **por.**

ESTRUCTURA: Sujeto/verbo/complemento

VOZ ACTIVA: Los españoles/hicieron/**el coche.**

VOZ PASIVA: **El coche**/fue hecho/por los españoles.

El complemento (*object*) de la voz activa se convierte en (*becomes*) el sujeto de la voz pasiva.

C. Sustantivo y participio

En Montana hay muchas montañas **nevadas.**
Antonio es un hombre **casado.**
Entra el aire frío por la ventana **abierta.**
Son países poco **desarrollados** industrialmente.

El participio se puede usar simplemente como adjetivo descriptivo.

▓ III. El adjetivo relativo **cuyo, -a, -os, -as**

Ése es el hombre **cuya** secretaria conocemos.
Ése es el autor **cuyos** cuentos leímos en clase.

Cuyo (*whose*) es un adjetivo relativo con carácter posesivo. Concuerda en género y número con el sustantivo que le sigue. No es el pronombre interrogativo *whose:* ¿**De quién** es este libro? ¿**De quiénes** son aquellos autos?

IV. Uso impersonal de **haber**

Las expresiones **hay** (*there is, there are*) y **hay que** (*one must*) son usos impersonales de **haber.** Hay expresiones correspondientes en los otros tiempos del verbo **haber.**

Hubo un incendio cerca de mi casa. (hubo = ocurrió)
Habrá que trabajar para no ser pobre.
Es posible que **haya** más de cien profesores aquí.
Había que trabajar constantemente en aquel entonces.
Habría menos problemas sociales si **hubiera** más gente culta.

La tercera persona singular de **haber (había, hubo, habría, haya, hubiera)** se usa como **hay** con uso impersonal.

EJERCICIOS ORALES O ESCRITOS

I. Conjunciones de tiempo

> **A.** *Cambie el infinitivo entre paréntesis a la forma correspondiente del verbo.*

> *Modelo:* Esperaré hasta que *(regresar)* el grupo.
> *Esperaré hasta que regrese el grupo.*
>
> Esperé hasta que *(regresar)* el grupo.
> *Esperé hasta que regresó el grupo.*
>
> Siempre espero hasta que *(regresar)* el grupo.
> *Siempre espero hasta que regresa el grupo.*

1. No venderán los libros cuando *(terminar)* el curso.
   No vendieron los libros cuando *(terminar)* el curso.
   Nunca venden los libros cuando *(terminar)* un curso.
2. Estudiaré hasta que *(cerrar)* la biblioteca.
   Casi siempre estudiaba hasta que *(cerrar)* la biblioteca.
   Por lo general, estudio hasta que *(cerrar)* la biblioteca.
3. Tan pronto como *(llegar)*, los visitaremos.
   Tan pronto como *(llegar)* ayer, los visitamos.
   Tan pronto como *(llegar)*, los visitábamos.
4. Comprenderemos eso después de que el profesor lo *(haber)* explicado.
   Comprendimos eso después de que el profesor lo *(haber)* explicado.
   Siempre comprendemos después de que el profesor lo *(haber)* explicado.
5. Miguel pensaba acostarse en cuanto ellos *(salir)*.
   Miguel se acostó en cuanto ellos *(salir)*.
   Miguel, acuéstate en cuanto ellos *(salir)*.

> **B.** *Complete con imaginación empleando el indicativo o el subjuntivo.*

> *Modelo:* Ella me visitará cuando . . .
> *Ella me visitará cuando esté en Carolina del Norte.*
>
> Hablamos con ellos ayer después de que . . .
> *Hablamos con ellos ayer después de que llegaron al aeropuerto.*

1. Él me sonrió tan pronto como yo . . .
2. Ellos quieren divertirse hasta que . . .
3. Mis amigos me esperaron hasta que yo . . .
4. Iremos al centro después de que Ud. . . .
5. Mi esposa siempre quiere algo cuando yo . . .
6. Sra. O'Higgins, llámeme en cuanto . . .
7. Nos habíamos ido cuando el grupo . . .
8. No podré dormir hasta que Uds. . . .
9. Nosotros siempre mencionábamos eso cuando ellos . . .
10. Se resolverán los problemas tan pronto como . . .

II. El participio como adjetivo

A. *Cambie el infinitivo entre paréntesis a la forma correspondiente del participio.*

Modelo: Esta frase está *(escribir)* en español.
Esta frase está escrita en español.

Las composiciones fueron *(preparar)* por los estudiantes.
Las composiciones fueron preparadas por los estudiantes.

1. El mercado estará *(abrir)* a las nueve.
2. La leyenda fue *(documentar)* por los investigadores.
3. Ellos prefieren hacer preguntas *(escribir)*.
4. Los judíos fueron *(expulsar)* de España en 1492.
5. En boca *(cerrar)* no entran moscas *(flies)*.
6. Guillermo y Teresa estaban *(sentar)* en el salón del hotel.
7. La morena es una mujer *(casar)*.
8. Antes del examen los estudiantes están un poco *(preocupar)*.
9. A mí me interesa la poesía *(recitar)*.
10. El libro fue *(revisar)* por los autores.

B. *Conteste con una frase completa según el modelo.*

Modelo: ¿Están abiertas o cerradas las ventanas?
Están cerradas (abiertas).

¿Quién las cerró? (Conteste con la voz pasiva.)
Fueron cerradas por el profesor.

¿Puede entrar el air fresco por una ventana cerrada?
No, el aire fresco no puede entrar por una ventana cerrada.

1. ¿En qué lengua está escrito nuestro libro?
¿Quiénes lo escribieron?
¿Le gustan a Ud. los exámenes escritos?
2. ¿Están estacionados muchos coches cerca de la universidad?
¿Quiénes los estacionaron?
¿Dónde se pueden encontrar muchos coches estacionados?

3. ¿Está corregido el último examen?
   ¿Quién lo corrigió?
   ¿Dónde están los exámenes corregidos?
4. ¿Están encendidas o apagadas las luces?
   ¿Quién las encendió?
   ¿Es difícil leer con las luces apagadas?
5. Por lo general, ¿está cerrado o abierto el libro del profesor?
   ¿Quién lo abrió?
   ¿Es posible estudiar con el libro cerrado?
6. ¿A qué hora estaba puesta la mesa en su casa ayer por la tarde?
   ¿Quién la puso?
   ¿Es agradable ver una mesa bien puesta?

III. El adjetivo relativo **cuyo**

A. *Complete la frase con* **de quién, de quiénes** *o con la forma correspondiente de* **cuyo.**

Modelo: ¿*De quién* es ese libro de texto?

Es de una persona *cuya* familia conozco bien.

1. ¿_____ es esta guitarra?
2. Es un novelista extraordinario _____ novelas tienen mucho valor.
3. ¿Quién es aquella señora _____ hijo está casado con Marta?
4. ¿_____ son los coches que están estacionados en frente de la casa?
5. Son leyendas _____ principios no se saben.
6. Ésa es la señora _____ esposo es poeta vanguardista.
7. ¿Sabe Ud. _____ es esta hamburguesa?
8. ¿Conoce Ud. al dramaturgo _____ dramas son los más imaginativos?

B. *Combine las dos frases empleando la forma correspondiente de* **cuyo.**

Modelo: Es un autor famoso. Su libro fue publicado recientemente.
Es un autor famoso cuyo libro fue publicado recientemente.

1. Es una agencia excelente. Su propaganda es bien conocida.
2. Son varios artículos largos. Sus puntos principales son difíciles de comprender.
3. Se dice que es un dramaturgo español. Sus dramas fueron prohibidos antes.
4. Hemos conocido a dos aventureros ingleses. Sus hazañas están bien documentadas.
5. Es un hombre casado. Su esposa trabaja como médica.
6. Han formado un comité. Sus recomendaciones serán un desastre.
7. Sufre de una enfermedad. La causa no se sabe.
8. Hay dos estrofas en el poema. Su sentido es difícil de explicar.

IV. Uso impersonal de **haber**

Complete con **hay, haya, había, hay que, había que, hubo** *o* **habrá.**

Modelo: Ahora *hay* 22 estudiantes en la clase.

1. Ayer _____ tres estudiantes ausentes.
2. _____ comer para vivir.
3. En el pasado no _____ estudiar tanto.
4. Se dice que no _____ mejor salsa *(sauce)* que el hambre.
5. Siempre esperamos que no _____ examen al día siguiente.
6. Ella me dijo que _____ un accidente anoche a las 11:30 de la noche.
7. Según las estadísticas _____ menos estudiantes de 18 años el año que viene.
8. Para pronunciar bien _____ practicar mucho.

 # LECTURA

La conquista (segunda parte)

ROBERTO —Aun así, profesor, me parece increíble que tan pocos españoles pudieran conquistar a tantos indios. Me gustaría comprender esto aunque me tome toda la noche.

MARÍA —Estoy segura de que los profesores te seguirán explicando hasta que
5   quedes satisfecho, Roberto. Habrá que decirle lo de la leyenda de Quetzal-coatl, ¿no, profesor?

EL PROFESOR —Cuéntasela tú, María.

MARÍA —Está bien. Entre los aztecas existía una leyenda antigua de que algún

Vista de Tenochtitlán, capital azteca, donde está la Ciudad de México ahora

10 día había de regresar «de allende los mares» *(from across the seas)* un dios
barbado de ojos azules llamado Quetzalcoatl. Moctezuma, el rey de los aztecas, creyó que Hernán Cortés era el emisario *(emissary)* de aquel dios.
Cuando descubrió que no lo era, fue demasiado tarde, pero Cortés supo
aprovecharse de la situación.

ROBERTO —¡Ah ya! Conocía esa leyenda pero se me había olvidado *(I had for-*
15 *gotten it).*

EL PROFESOR —Además, cuando Cortés llegó a México ordenó que se
destruyeran los barcos en que habían ido, con el propósito de que sus hombres no tuvieran otra alternativa más que seguir adelante. Tenían que conquistar o morir. No había manera de retirarse *(retreat).*

20 GUILLERMO —¿Y cómo se explica esto en el Perú? Se cree hoy día que Machu
Picchu era una especie de fortaleza cuyo propósito era vigilar la selva desde
esas alturas para prevenir un ataque sorpresivo.

LA PROFESORA —Es verdad, Guillermo, el imperio incaico era un fenómeno en
extensión y comunicación cuando llegó Pizarro hacia 1532. Pizarro se
25 aprovechó, primero, de una disputa en el liderazgo entre los incas y, segundo,
de que los incas eran una gente entre quienes casi no existía la mentira ni el
engaño. Tales cosas se castigaban severamente dentro de su cultura. Se ente-
raron demasiado tarde de que los europeos no tenían ese atributo. No creo
que la expedición de Pizarro hubiera triunfado sin convencer a los líderes
30 incaicos de que sus propósitos eran pacíficos. Es trágico que estas grandes
culturas fueran truncadas así porque quién sabe lo que hubieran podido
lograr con su ingenio único. Lo paradójico es que entre los españoles había
también un celo misionero. Consideraban a los indios como seres humanos
cuya alma querían salvar librándolos de sus costumbres paganas.

35 EL PROFESOR —En Chile la conquista fue más difícil. El español Alonso de
Ercilla y Zúñiga, que participó en la guerra contra los araucanos, describe
con verdadera admiración el valor y coraje de estos indios. Quizás Uds. hayan
leído su famosa obra épica *La araucana* escrita entre 1569 y 1589. Este poema
lo describe todo, aun la tortura y la ejecución del famoso líder araucano
40 Caupolicán a manos de los españoles.

LA PROFESORA —En Argentina y en Centroamérica la conquista no fue fácil
tampoco. No existía en estas áreas una organización imperial como la de los
aztecas o la de los incas. Cuando los españoles triunfaban en una parte tenían
que seguir adelante, y la parte que había sido dominada antes se rebelaba.
45 Los españoles nunca llegaron a controlar estos indios totalmente.

PREGUNTAS SOBRE LA LECTURA

1. ¿Qué le parece increíble todavía a Roberto?
2. ¿Qué sugiere María que le diga el profesor?
3. ¿Quién era Quetzalcoatl?
4. ¿Por qué ordenó Cortés que destruyeran los barcos en que llegaron los españoles a México?
5. ¿Qué se cree hoy día que era Machu Picchu?

EJERCICIOS SOBRE LA LECTURA

A. *Conteste si es* **verdad** *o* **mentira.**

_____ 1. Moctezuma pensó que Hernán Cortés era Quetzalcoatl.

_____ 2. El imperio incaico era un fenómeno en extensión y comunicación cuando llegó Pizarro.

_____ 3. Entre los españoles había también un celo religioso.

_____ 4. En su obra *La araucana* Alonso de Ercilla y Zúñiga describe con admiración el valor y coraje del indio araucano.

_____ 5. La conquista de los indios de Argentina fue más fácil que la conquista de los aztecas y la de los incas.

B. *En el espacio escriba la letra que corresponde al número.*

_____ 1. Roberto quiere comprender bien la conquista . . .

a. aunque le tome toda la noche.

b. aunque su comprensión sea parcial.

c. aunque nadie más hable esa noche.

Machu Picchu, antiguo sitio inca cerca de Cuzco (Perú)

_____ 2. María le asegura a Roberto que . . .
a. nunca podrá comprender.
b. es algo que no se puede comprender.
c. los profesores le seguirán explicando hasta que quede satisfecho.

_____ 3. Para conquistar a los incas Pizarro se aprovechó de . . .
a. que entre los incas casi no existían la mentira y el engaño.
b. que había una disputa entre los incas sobre el liderazgo.
c. que existía una situación semejante a la de las letras a y b.

_____ 4. Es trágico que estas grandes culturas fueran . . .
a. truncadas así.
b. consideradas así.
c. designadas así.

_____ 5. Fue difícil conquistar a los indios argentinos y centroamericanos porque . . .
a. estos indios se resistieron más.
b. no existía en estas áreas una organización imperial como la de los aztecas o la de los incas.
c. los españoles se cansaron *(grew tired)* de la conquista.

PROSA HISPÁNICA

EXTRACTO DE LOS *COMENTARIOS REALES*

El inca Garcilaso de la Vega (Perú)
El pasaje describe la primera comunicación «directa» entre el rey de los incas, Atahualpa, y el representante de Pizarro, fray Vicente de Valverde, en el año 1532. La **entrevista** *(interview)* terminó trágicamente porque los dos hombres tuvieron que comunicarse por medio del intérprete inepto que trajeron los españoles; **por lo cual** (por esta razón) no se entendieron.

El intérprete de los españoles se llamaba Felipillo, un indio **trujamán, natural** de la isla de Puna, y de gente muy **plebeya, mozo** que **aún apenas** tenía veinte y dos años, tan mal **enseñado en** la lengua general de los incas como en la de los españoles. Aunque era **bautizado,** había sido sin ninguna **enseñanza** de la religión cristiana. Hizo una interpretación muy mala y de contrario sentido porque no entendía lo que interpretaba y porque aquel lenguaje indiano no tenía las palabras necesarias para hablar de las cosas de nuestra **santa** religión. Su manera de interpretar fue más **oscurecer** que declarar la oración del buen religioso fray Vicente de Valverde.

El rey Atahualpa, habiendo oído la oración, respondió lo siguiente [en quechua]: «Gran contento sería para mí que

nombre de una tribu; nativo; low class; joven; solamente; enterado de; baptized; educación

holy
causar confusión

5

10

15 me concediérais hablarme por intérprete más **sabio** y **experimentado** y más **fiel,** que aunque **seáis dotados de** muy grandes virtudes, si no me las declaráis por palabras, no podré entenderlas fácilmente. Si estos **tales** se quieren **tratar** y hablar por mensajeros e intérpretes ignorantes de
20 una lengua y de otra, será tanto como hablarse por bestias domésticas.

knowledgeable
experienced; exacto;
tengáis

señores
comunicar

Me ha dicho vuestro **faraute** que me proponéis cinco **varones señalados** que debo conocer. El primero es el Dios Tres y Uno, que son cuatro, a quien llamáis Creador del
25 Universo. El segundo es el que dices que es el Padre de todos los otros hombres. Al tercero llamáis Jesucristo. Al cuarto nombráis **Papa.** El quinto es **Carlos,** poderosísimo monarca del Universo y supremo a todos. Deseo saber si **tenéis por** dioses a estos cinco que me habéis propuesto,
30 pues los honráis tanto; porque si es así tenéis más dioses que nosotros, que no adoramos más que al Pachacamac por supremo dios, y al sol por su inferior, y a la luna por hermana y mujer suya. **Holgara en extremo** que me **dierais a entender** estas cosas por otro mejor faraute, para que yo
35 las supiera y obedeciera vuestra voluntad.»

mensajero
hombres
importantes

Pope; Carlos V, rey de
España hasta 1556

consideráis

Me gustaría mucho;
explicaráis

A este tiempo los españoles, no pudiendo sufrir la **prolijidad** del **razonamiento,** salieron de sus puestos y **arremetieron con** los indios para **pelear** con ellos y quitarles las muchas **joyas** de oro, y de **plata,** y **piedras**
40 **preciosas** que habían **echado sobre sus personas** para más solemnizar el **mensaje. Pasaron** de cinco mil indios los que murieron aquel día, muchos de ellos viejos, mujeres, muchachos y niños.

extensión; comentario
atacaron; luchar
jewelry; silver; precious
stones; vestido
communication;
fueron más

El inca Garcilaso de la Vega (1539–1616) fue hijo de madre inca y padre español. Se crió *(grew up)* poco después de la conquista del Perú en un ambiente bilingüe y bicultural. Escribió varios volúmenes sobre la historia de los incas y de la conquista. Sus **fuentes** *(sources)* de información eran tanto las historias incaicas como las españolas. Su versión de la entrevista entre fray Vicente de Valverde y Atahualpa **discrepa** *(disagrees)* seriamente con la versión «oficial» española. Esto se debe principalmente a la falta de **entendimiento** (comprensión) entre las dos culturas.

PREGUNTAS SOBRE LA PROSA HISPÁNICA

1. ¿Cómo se llamaba el intérprete de los españoles?
2. ¿Cómo se llamaba el rey de los incas?
3. ¿Quién era el representante de Pizarro?
4. ¿Por qué le pidió Atahualpa más explicaciones a fray Vicente?
5. ¿Por qué se impacientaron los españoles?

EJERCICIOS SOBRE LA PROSA HISPÁNICA

Conteste si es **verdad** *o* **mentira.**

_____ 1. El intérprete de los españoles era muy mozo y de gente plebeya.

_____ 2. El intérprete era bautizado y muy instruido en la religión cristiana.

_____ 3. Atahualpa le llama faraute al intérprete.

_____ 4. Atahualpa entendió que fray Vicente le hablaba de cinco varones señalados: Dios en tres personas, el Papa y Carlos V.

_____ 5. Los indios se habían puesto muchas joyas de oro y de plata con piedras preciosas para más solemnizar el mensaje.

 # COMPOSICIÓN ORAL O ESCRITA

Prepare una composición de 8 a 10 líneas sobre uno de los temas siguientes.

1. «Cuando yo termine mis estudios . . . ». Use varias conjunciones de tiempo.
2. Hay que ganar dinero porque . . .
3. La conquista

 # VOCABULARIO

SUSTANTIVOS

SUSTANTIVOS MASCULINOS

el abrigo	el entendimiento	el Papa
Atahualpa	el faraute	Perú
el ataque	el fenómeno	Pizarro
el atributo	Jesucristo	el precio
el barco	el lenguaje	Quetzalcoatl
Carlos V	el liderazgo	el razonamiento
Caupolicán	Machu Picchu	el rey
el celo	el mensaje	el sentido
el coraje	el mozo	el universo
el creador	Pachacamac	el volumen
el emisario		

SUSTANTIVOS FEMENINOS

la admiración	la entrevista	la mosca
la alternativa	la expedición	la organización
la bestia	la extensión	la plata
la disputa	la fortaleza	la prolijidad
la ejecución	la fuente	la versión
la enseñanza	la joya	la virtud

ADJETIVOS

araucano, -a	ignorante	plebeyo, -a
barbado, -a	indiano, -a	relativo, -a
centroamericano, -a	inepto, -a	sabio, -a
cristiano, -a	instruido, -a	santo, -a
cuyo, -a	misionero, -a	señalado, -a
doméstico, -a	pacífico, -a	sorpresivo, -a
enseñado, -a	pagano, -a	supremo, -a
épico, -a	paradójico, -a	trágico, -a

ADVERBIOS

adelante	demasiado	severamente
apenas		

CONJUNCIONES

después de que	hasta que	tan pronto como
en cuanto		

VERBOS

VERBOS EN -ar

**apagar	discrepar	retirarse
aprovecharse	dotar	salvar
**bautizar	**holgar (ue)	**solemnizar
**castigar	honrar	torturar
combinar	impacientarse	triunfar
considerar	ordenar	**truncar
controlar	rebelarse	vigilar
declarar	recitar	

VERBOS EN -ir o -er

conceder	**oscurecer	*prevenir
convertirse (ie, i)		

EXPRESIONES

a manos de	por medio de	quedar satisfecho

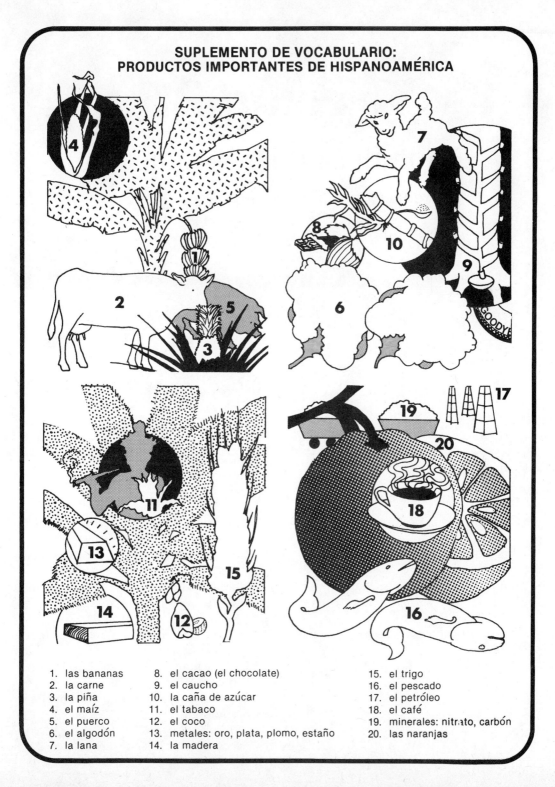

SUPLEMENTO DE VOCABULARIO:
PRODUCTOS IMPORTANTES DE HISPANOAMÉRICA

1. las bananas
2. la carne
3. la piña
4. el maíz
5. el puerco
6. el algodón
7. la lana
8. el cacao (el chocolate)
9. el caucho
10. la caña de azúcar
11. el tabaco
12. el coco
13. metales: oro, plata, plomo, estaño
14. la madera
15. el trigo
16. el pescado
17. el petróleo
18. el café
19. minerales: nitrato, carbón
20. las naranjas

Lección 23

La mujer en Latinoamérica

Introducción a la prosa hispánica (Parte 3ª)

 INTRODUCCIÓN

DECLARACIÓN O PREGUNTA	RESPUESTA

I. Conjunciones que requieren el subjuntivo

¿Cuándo empezará el programa?	Empezará **antes de que** yo **pueda** llegar.
¿Cuándo empezó el programa?	Empezó **antes de que** yo **pudiera** llegar.
¿Bajo qué condiciones hablará Ud. con él?	Hablaré con él **sin que** Elvira lo **sepa.**
	Hablaré con él **con tal que** Elvira no lo **sepa.**
¿Bajo qué condiciones no hablaría Ud. con él?	No hablaría con él **a menos que fuera** en confianza.
¿Por qué espera Ud. aquí?	Espero aquí **en caso de que** Carmen **quiera** ir conmigo.
	Espero aquí **para que** Carmen **pueda** ir conmigo.

II. Expresiones de sucesos accidentales con **se**

¿Qué buscas en el césped?	Busco mi anillo. **Se me cayó** en la hierba.
	Busco mis llaves. **Se me cayeron** en la hierba.
¿Qué le pasó al vaso?	**Se me rompió.**
Señores, ¿tienen Uds. los boletos?	¡Ay, caramba! **Se nos olvidaron.**
	¡Ay, caramba! **Se nos quedaron** en casa.
¿Dónde está el sobre que Diego me iba a dar?	No sé. **Se le perdió.**
	No hay. **Se le acabaron** los sobres.

III. **Pero** y **sino**

¿Es hoy lunes o martes?	No es lunes **sino** martes. No es lunes **pero** lo parece.
¿Quién es ella? ¿Es Vilma o su hermana?	No es Vilma **sino** su hermana. No es Vilma **pero** es bonita como Vilma.

IV. Pronombres recíprocos: **nos** y **se**

Tom, ¿sabes si Bárbara conoce a Juanita?	Sí, ya **se** conocen.
¿**Se** ven Uds. con frecuencia?	Sí, **nos** vemos en clase tres días por semana.
¿Tienen Uds. la oportunidad de hablar**se** a menudo?	No, casi nunca podemos hablar**nos.**

EXPLICACIONES

I. Conjunciones que requieren el subjuntivo

A. Ciertas conjunciones siempre introducen un elemento subjetivo y por eso siempre están seguidas del subjuntivo. Estas conjunciones son:

antes de que	a menos que *(unless)*
sin que	en caso de que *(in case)*
con tal (de) que *(provided that)*	para que *(so that)*

Llamé a casa antes de que **llegara** Carolina.
Me ayudaría sin que yo se lo **pidiera.**
Tengo varios, en caso de que Juan **necesite** uno.

EXPRESIONES DE SUCESOS ACCIDENTALES

Singular

Se me cayó el libro.　Se te cayó el libro.

Plural

Se me cayeron los libros.　Se te cayeron los libros.

¡Ay! Se me rompió el reloj.　Se le rompió el reloj.

Se me perdieron las llaves.　Probablemente se te quedaron en el coche.

¿Recuerdan Uds. el número?　No, se me olvidó.

Pronombre Plural

Sí, se nos olvidó.　Se les olvidó el número.

II. Expresiones de sucesos *(happenings)* accidentales con **se**

se me cayó (cayeron)   se nos quedó (quedaron)
se te rompió (rompieron)   se os perdió (perdieron)
se le olvidó (olvidaron)   se les acabó (acabaron)

Los verbos que expresan sucesos accidentales son impersonales (tercera persona). El pronombre **me, te, le, nos, os** o **les** indica a quién le ocurrió el suceso.

ESTRUCTURA: **Se**/pronombre indirecto/verbo/sujeto.

EJEMPLOS: Se/me/rompió/el reloj.
                    Se/le/rompieron/los platos.

III. **Pero** y **sino**

Ese hombre no es mi hermano **pero** lo conozco.
Ese hombre no es mi hermano **sino** mi primo.
Ese hombre no sube **sino que** baja.

Sino siempre aparece en una frase negativa cuando *but = but rather*. **Sino** y **sino que** se usan para corregir la información de la frase anterior. La palabra **que** siempre introduce un verbo conjugado diferente del primer verbo.

IV. Pronombres recíprocos: **nos** y **se** *(each other)*

Ellos **se** escriben todas las semanas. (Uno escribe al otro, y viceversa.)
Nosotros **nos** vemos en clase. (Yo lo veo a Ud., y Ud. me ve a mí.)

EJERCICIOS ORALES O ESCRITOS

I. Conjunciones que requieren el subjuntivo

    A. *Complete la frase con una de las conjunciones siguientes:* **antes de que, sin que, con tal (de) que, a menos que, en caso de que** *o* **para que.**

    Modelo: No puedo terminar el trabajo <u>*a menos que*</u> me ayuden.

    1. Los padres trabajaron mucho _____ sus hijos pudieran estudiar una profesión.
    2. _____ insistamos, no nos enviará nada.
    3. A veces ella abre la puerta _____ yo pueda hacerlo.
    4. Hemos escrito estas frases _____ Uds. aprendan el subjuntivo.
    5. El pobre estudiante no pudo salir de la clase _____ lo viera el profesor.
    6. No voy a charlar contigo _____ nos sentemos al sol.
    7. Déjeme ir con Uds. _____ ellos no lleguen a tiempo.
    8. Ésta será la última pregunta _____ Ud. conteste bien.

B. *Cambie el infinitivo entre paréntesis a la forma correspondiente del subjuntivo y complete con imaginación.*

Modelo: Iré con ellos con tal que *(ir)* . . .
Iré con ellos con tal que vayan en coche.

Ella los saludó antes de que *(entrar)* . . .
Ella los saludó antes de que entraran en la oficina.

1. El padre trabaja mucho para que sus hijos *(poder)* . . .
2. No trabajaremos más, a menos que nos *(pagar)* . . .
3. Me compraron algo sin que yo *(saber)* . . .
4. Voy a mencionárselo en caso de que él *(tener)* . . .
5. Iría con tal que ellos *(ir)* . . .
6. Él siempre me saludaba antes de que yo *(entrar)* . . .
7. Nosotros nos fuimos temprano para que tú *(poder)* . . .
8. No hablo con él a menos que *(ser)* . . .

II. Expresiones de sucesos accidentales con **se**

A. *Complete la frase con* **me, te, le, nos** *o* **les.**

Modelo: No tengo mi llave.   Se *me* perdió.
Varios juguetes de los niños están rotos.   Se *les* rompieron.

1. No traje mi libro de texto. Se _____ olvidó.
2. Ellos buscan sus llaves. Se _____ cayeron en la hierba.
3. No tenemos nuestros boletos. Se _____ olvidaron.
4. ¿Dónde está tu reloj? ¿Se _____ perdió?
5. María ya no ofrece refrescos. Se _____ acabaron.
6. Rafael y Beatriz no tienen sus pasaportes. Se _____ quedaron en el hotel.

B. *Conteste con una expresión de suceso accidental.*

Modelo: ¿Por qué no tiene Ud. su cuaderno?   *Se me olvidó esta mañana.*

1. ¿Qué pasó con tu juguete?
2. ¿Dónde están las llaves de Ud.?
3. ¿Por qué no sirven Uds. más refrescos?
4. ¿Cómo se rompieron los platos?
5. ¿Por qué busca él algo en la hierba?
6. ¿Dónde están las maletas de él?
7. ¿Por qué vuelves a casa ahora?
8. ¿Dónde está su composición escrita?

III. Pero y sino

A. *Complete con* **pero** *o* **sino.**

Modelo: Me gusta la hora *pero* no puedo asistir a la clase.
No es el curso *sino* la hora lo que no me gusta.

1. El español es fonético _____ no se pronuncia la letra hache.
2. El español no es difícil _____ fácil, claro y lógico.

3. El circo no incluye tigres _____ queremos verlo.
4. No me fijo en él _____ en ella.
5. Me levanto temprano los lunes _____ no me gusta.
6. No es un deporte _____ un arte.

B. *Complete la frase.*

Modelo: No es mi padre sino . . .
No es mi padre sino mi tío.

No es mi padre pero . . .
No es mi padre pero lo conozco.

Mi padre no grita sino que . . .
Mi padre no grita sino que habla en voz alta.

1. No es mi madre sino . . .
No es mi madre pero . . .
Mi madre no está durmiendo sino que . . .
2. No son mis cosas sino . . .
No son mis cosas pero . . .
Mis cosas no están recogidas sino que . . .
3. No es mi enemigo sino . . .
No es mi enemigo pero . . .
Mis enemigos no me ayudan sino que . . .
4. No vuelve a las cinco sino . . .
No vuelve a las cinco pero . . .
No vuelve a las cinco sino que . . .

Farmacia en Huancayo (Perú)

IV. Pronombres recíprocos: **nos** y **se**

A. *Complete con el uso recíproco de* **nos** *o* **se.**

Modelo: Ella y yo <u>nos</u> hablamos todos los días.
Marta y Anita <u>se</u> escriben todas las semanas.

1. Ud. y yo _____ veremos el semestre que viene.
2. Paco y María _____ miraban frecuentemente.
3. Mis padres _____ respetan.
4. Nosotros _____ conocimos en la clase de español.
5. Hay personas que no _____ entienden.
6. Los estudiantes y yo _____ saludamos siempre.
7. Los novios _____ sonríen.
8. Los estudiantes y los profesores _____ influyen.

B. *Complete la frase incluyendo un pronombre recíproco.*

Modelo: Tomás y Rafael . . . *(conocer)*
Tomás y Rafael se conocen muy bien.

1. Ud. y yo . . . *(ver)*
2. Pablo y Rosa no tienen mucha oportunidad de . . . *(hablar)*
3. Ella y él . . . *(escribir)*
4. Tú y yo . . . *(conocer)*
5. Ellos y yo . . . *(saludar)*
6. Los novios . . . *(abrazar)*
7. Los padres y los niños . . . *(escuchar)*
8. Él y yo . . . *(mirar)*

LECTURA
La mujer en Latinoamérica*

Los estudiantes y los profesores están en una heladería. Han pedido helados de diferentes sabores que intercambian entre sí para que cada uno pueda probar el del otro.

SUSANA —¡Oye, María, dame de tu helado que el mío se me cayó!
5 ROBERTO —Toma el mío, Susana. Se me había olvidado que la fresa me hace daño, a menos que quieras que te compre otro.
SUSANA —No es la fresa la que te hace daño, Roberto, sino el chocolate. ¡Gracias, tú siempre eres tan atento!
MARÍA —Roberto, acuérdate que Susana tiene un chico español con quien se
10 escribe a menudo.

---

* Esta lectura fue escrita originalmente y revisada para la 3ª edición por Maritza B. Almeida de Guilford College.

En Santiago (Chile)

SUSANA —María, ¿por qué tienes que salir con estas cosas?

ROBERTO —No te preocupes. Yo sé que Susana y Juan Antonio se escriben y no estoy celoso de él. Al contrario, pienso que es una persona magnífica. Ojalá él pudiera estar con nosotros ahora.

15 SUSANA —*(Con énfasis)* Ves, María . . . Bueno, cambiemos de tema. En los países que hemos visitado he visto que muchas mujeres se ocupan en diversos oficios.

MARÍA —Es cierto, y lo que me ha sorprendido es que muchas de estas mujeres sean casadas.

20 ROBERTO —Yo pensaba que la mujer latinoamericana no trabajaba después de casada *(after marrying)*.

LA PROFESORA —Anteriormente la función de la mujer se limitaba casi exclusivamente al hogar: casarse y criar hijos. Por esta razón, los padres daban a sus hijas una preparación mínima. Muchos pensaban que enviar a

25 una muchacha a la universidad para que luego se casara era malgastar

tiempo y dinero. Pero esta actitud va cambiando. Ahora la mayoría de los padres, aún los más conservadores, animan a sus hijas para que sigan una carrera. Algunos opinan que en caso de que las hijas se casen y el matrimonio no resulte *(is not successful)*, es difícil que solas puedan abrirse camino *(make*
30 *their way)* a menos que tengan una educación. Por otra parte, la mujer latinoamericana ha tomado conciencia de sí misma y desea superarse. Muchas persiguen y aspiran a una meta más allá de las tareas domésticas.

Por estas razones el número de mujeres que se gradúa de las universidades aumenta cada año. Como resultado, encontramos a muchas mujeres que
35 trabajan en diferentes profesiones como medicina, odontología, abogacía, ingeniería y otras que se dedican a la política.

GUILLERMO —¿Qué opinan los hombres de esta nueva orientación en la mujer? Según tengo entendido, a muchos de ellos no les gusta que su mujer trabaje.

LA PROFESORA —La preparación universitaria ha sido una gran ayuda para que
40 la mujer se independice del papel sumiso y secundario que tenía en la sociedad. Ahora muchos hombres reconocen y respetan a una mujer capacitada. No hay que olvidar tampoco que el factor económico, el alza del costo de vida, también ha influido para que muchos esposos sean más comprensivos y acepten este cambio.

45 SUSANA —¿Existen facilidades para el cuidado de los niños a fin de que (= para que) las madres puedan trabajar?

LA PROFESORA —Bueno, generalmente en las casas de familia hay una o dos criadas que cuidan a los niños y hacen las tareas domésticas. Existen también las guarderías infantiles. En México, por ejemplo, el gobierno provee este
50 servicio gratis a sus empleadas.

MARÍA —Pues, me alegro mucho de que estos cambios estén ocurriendo en Latinoamérica. La sociedad, para progresar, necesita que tanto hombres como mujeres desarrollen su capacidad individual.

PREGUNTAS SOBRE LA LECTURA

1. ¿Dónde están los estudiantes y qué están haciendo?
2. ¿Qué le pasó al helado de Susana?
3. ¿Qué le ofrece Roberto?
4. ¿Con quién se escribe Susana?
5. ¿Lo sabe Roberto? ¿Qué dice Roberto de Juan Antonio?

EJERCICIOS SOBRE LA LECTURA

A. *Conteste si es* **verdad** o **mentira.**

_____ 1. Susana y María han observado en los países que han visitado que muchas mujeres casadas trabajan.

_____ 2. Ahora la función de la mujer se limita casi exclusivamente al hogar: casarse y criar hijos.

_____ 3. El número de mujeres que se gradúa de las universidades en los países latinos aumenta cada año.

_____ 4. Según Guillermo, a los hombres latinos les gusta que la mujer trabaje.

_____ 5. Ahora, la mayoría de los padres animan a las hijas para que sigan una carrera.

B. *Complete.*

1. Muchos padres pensaban que enviar a una muchacha a la universidad para que luego . . . era malgastar tiempo y dinero.
2. Hoy día vemos a muchas mujeres que trabajan en diferentes profesiones como . . .
3. El alza del costo de vida ha influido para que muchos esposos . . .
4. Muchas familias tienen criadas que hacen tareas domésticas y . . .
5. La sociedad, para progresar, necesita que tanto los hombres como las mujeres . . .

 PROSA HISPÁNICA

AL COLEGIO (Selección de un cuento)

Carmen Laforet (España)

Vamos **cogidas de la mano** en la mañana. Hace fresco, el | mano en mano
aire está sucio de **niebla.** Las calles están húmedas. Es muy | fog
temprano. . . . Por primera vez en la vida vamos **al colegio.** | a la escuela
Al colegio, le digo, no se puede ir en taxi. Hay que correr un
5 poco por las calles, hay que tomar el **metro,** hay que | subway
caminar luego, en un sitio determinado, a un autobús. Es
que yo he escogido un colegio muy **lejano** para mi niña, ésa | que está lejos
es la verdad; un colegio que me gusta mucho, pero que está
muy lejos. Sin embargo, yo no estoy impaciente hoy, ni
10 cansada, y la niña lo sabe. Es ella ahora la que inicia una
caricia tímida con su manita dentro de la mía; y por primera vez me doy cuenta de que su mano de cuatro años es
igual a mi mano grande: tan decidida, tan poco **suave,** tan | soft
nerviosa como la mía. Sé por este contacto de su mano que
15 le **late** el corazón al saber que empieza su vida de trabajo | palpita
en la tierra, y sé que el colegio que le he buscado le gustará,
porque me gusta a mí, y que aunque está tan lejos, le
parecerá bien ir a buscarlo cada día, conmigo, por las
calles de la ciudad. **Que** Dios pueda explicar el porqué de | Quizás
20 esta sensación de orgullo que nos **llena** y nos iguala du- | fills
rante todo el camino . . .

Carmen Laforet nació en Barcelona en 1921 y desde 1942 ha vivido en Madrid. Ha combinado la vocación doméstica con una carrera literaria. Es madre de cinco hijos y autora de novelas y cuentos. Ha ganado varios importantes premios literarios. (En *Novelas,* pág. 311, Editorial Planeta, S.A.)

PREGUNTAS SOBRE LA PROSA HISPÁNICA

1. ¿Qué tiempo hace?
2. ¿Qué hora del día es?
3. ¿Adónde van la niña y su mamá?
4. ¿Cómo hay que ir al colegio?
5. ¿Cuántos años tiene la niña?

EJERCICIOS SOBRE LA PROSA HISPÁNICA

A. *Conteste si es* **verdad** *o* **mentira.**

_____ 1. El colegio que la madre ha escogido para su niña está muy cerca.
_____ 2. La madre está impaciente y muy cansada esta mañana.
_____ 3. La niña es la que inicia una caricia tímida con su manita.
_____ 4. La madre se fija por primera vez en que la manita de la hija es igual a la mano suya.
_____ 5. Hoy es el día en que la niña empieza su vida de trabajo en la tierra.

B. *Complete.*

1. La madre sabe que el colegio que ella le ha buscado a su hija le gustará, porque . . .
2. Cree que a la hija le parecerá bien ir . . .
3. Sólo Dios puede explicar la sensación de . . . que llena a las dos.
4. Carmen Laforet es madre de . . . hijos.

COMPOSICIÓN ORAL O ESCRITA

Prepare una composición de 8 a 10 líneas sobre uno de los temas siguientes.

1. «¡Ay! Se me perdieron las llaves del coche y tengo que estar en clase antes de que llegue la profesora.» Use unas expresiones de sucesos accidentales y unas conjunciones que requieran el subjuntivo.
2. La mujer y el trabajo

VOCABULARIO

SUSTANTIVOS

SUSTANTIVOS MASCULINOS

el autobús	el daño	el papel
el colegio	el helado	el sabor
el contacto	el metro	el sitio
el corazón	el oficio	el suceso
el costo	el orgullo	

SUSTANTIVOS FEMENINOS

la abogacía	la fresa	la niebla
el alza	la guardería infantil	la odontología
la caricia	la heladería	la orientación
la carrera	la ingeniería	la sensación
la confianza	la manita	la vocación
la facilidad		

SUSTANTIVOS MASCULINOS Y FEMENINOS

el criado/la criada   el empleado/la empleada

ADJETIVOS

atento, -a	diverso, -a	mínimo, -a
capacitado, -a	exclusivo, -a	recíproco, -a
celoso, -a	húmedo, -a	suave
decidido, -a	impaciente	sumiso, -a
determinado, -a	lejano, -a	tímido, -a

ADVERBIOS

gratis   viceversa

CONJUNCIONES

a menos que	con tal (de) que	para que
antes de que	en caso de que	sin que

PREPOSICIÓN

bajo

VERBOS

VERBOS EN **-ar**

cuidar	**independizar	llenar
**enviar	iniciar	malgastar
**graduarse	limitar	probar (ue)
igualar		

VERBOS EN **-ir** O **-er**

**coger	latir	requerir (ie, i)

EXPRESIONES

al contrario	como resultado	tener entendido

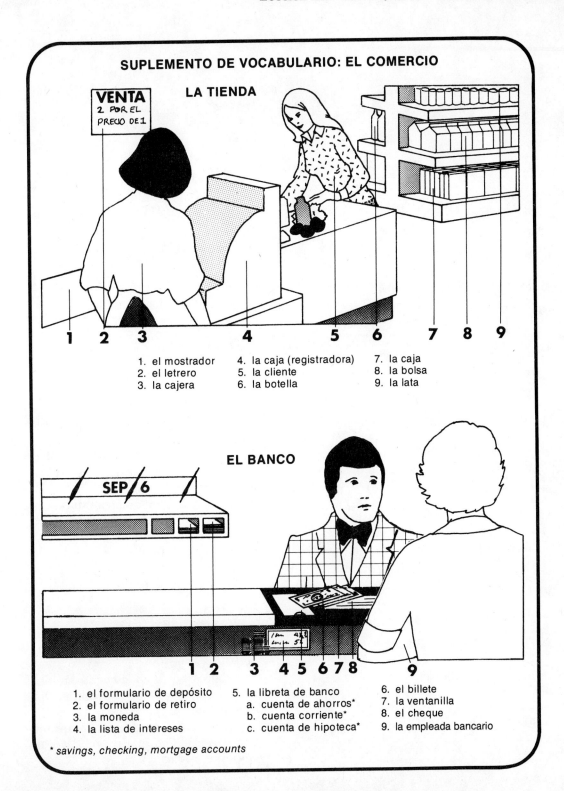

SUPLEMENTO DE VOCABULARIO: EL COMERCIO

LA TIENDA

VENTA
2 POR EL
PRECIO DE 1

1. el mostrador
2. el letrero
3. la cajera
4. la caja (registradora)
5. la cliente
6. la botella
7. la caja
8. la bolsa
9. la lata

EL BANCO

SEP/6

1. el formulario de depósito
2. el formulario de retiro
3. la moneda
4. la lista de intereses
5. la libreta de banco
   a. cuenta de ahorros*
   b. cuenta corriente*
   c. cuenta de hipoteca*
6. el billete
7. la ventanilla
8. el cheque
9. la empleada bancario

savings, checking, mortgage accounts

Lección 24

Mañana regresamos

Introducción a la prosa hispánica (Parte 4ª)

DECLARACIÓN Y PREGUNTA	**RESPUESTA**

I. El antecedente indefinido o negativo con el subjuntivo

¿Hay alguien aquí que **hable** inglés?	No, no hay nadie aquí que **hable** inglés.
	Sí, hay alguien aquí que habla inglés.
¿Ve Ud. algún abrigo que le **guste**?	No, no veo ninguno que me **guste.**
	Sí, veo uno que me gusta.
¿Qué buscaban ellos?	Buscaban a alguien que **trabajara** allí.
	Buscaban a un amigo que trabajaba allí.
¿Tiene Ud. una pluma que me **pueda** prestar?	No, no tengo ninguna que te **pueda** prestar.
	Sí, tengo una que te puedo prestar.

II. Frases con dos o más verbos en el subjuntivo

¿Qué quieres que yo haga?	Quiero que te **quedes** aquí hasta que **vuelva** Gregorio.
¿Por qué te preocupas?	Temo que Alberto no **encuentre** a ningún mecánico que **trabaje** los domingos.
Busco cierto anuncio pero no lo encuentro.	Es posible que Gloria **haya comprado** algún periódico que **tenga** el anuncio que buscas.

Tengo hambre.

Comamos en la pizzaría a menos que no **quieras** pizza.

Dicen que la actriz se sentía mal pero no parecía.

Si la actriz **se sintiera** mal, tendría que sonreír como si **estuviera** bien.

III. Omisión del adjetivo posesivo con ropa y partes del cuerpo

¿Qué tiene Juan en **la** mano?
¿Por qué no se pone **el** sombrero?

Tiene **el** sombrero en **la** mano.
Porque le duele **la** cabeza.

IV. Las conjunciones **e** y **u**

No la conozco pero se dice que es inteligente y bonita.

Es verdad. Es bonita **e** inteligente.

¿Es verdad que se habla español en Hispanoamérica y España?

Sí, se habla español en España **e** Hispanoamérica.

¿Cuántos hermanos tiene ella, ocho o siete?

No sé si tiene siete **u** ocho.

¿Son hombres o mujeres?

Desde aquí es imposible ver si son mujeres **u** hombres.

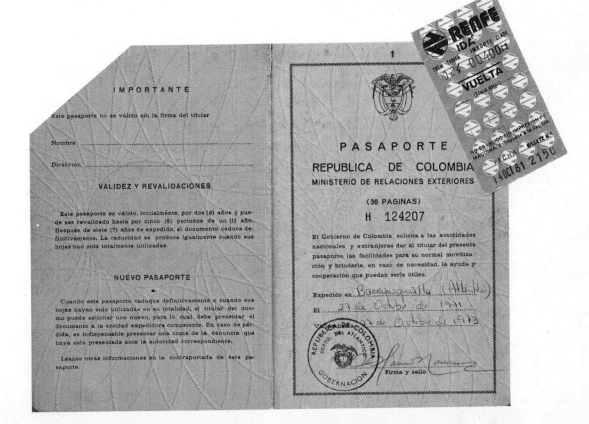

EXPLICACIONES

 I. El antecedente indefinido o negativo con el subjuntivo

INDEFINIDO	ESPECÍFICO
Prefiero **un restaurante que tenga** ambiente exótico. (cualquier restaurante)	Trabaja en **un restaurante que tiene** ambiente exótico. (un restaurante específico)
Ella busca **un coche** rojo **que sea** económico.	Ella compró **un coche** rojo **que es** económico.
¿Hay **un profesor** allí **que sepa** portugués?	Sí, hay **varios que saben** portugués.
No había **ninguna antología** allí **que incluyera** ese cuento.	Había **una antología que incluía** ese cuento.

Hay que usar el subjuntivo en la cláusula subordinada cuando la cláusula principal contiene un antecedente indefinido o negativo. Se usa el indicativo cuando el antecedente es específico.

 II. Frases con dos o más verbos en el subjuntivo

A. Repaso de situaciones que requieren el subjuntivo

1. En cláusulas subordinadas a expresiones de voluntad, emoción, duda o ciertas expresiones impersonales
2. Después de ciertas conjunciones
3. Después de **como si** y después de **si** en frases condicionales
4. Después del antecedente indefinido o negativo
5. En los mandatos

B. Ejemplos de combinaciones de estas situaciones en una frase

Quiero que Alberto **traiga** los refrescos y que Elena **prepare** los tacos. (Dos cláusulas subordinadas al verbo de voluntad.)

Es posible que Ana **esté** aquí cuando usted **llegue.** (Subjuntivo después de una expresión impersonal; subjuntivo después de una conjunción de tiempo.)

Dudo que mi mamá **insista** en que yo **vuelva** temprano. (Subjuntivo después de un verbo de duda; subjuntivo después de un verbo de voluntad.)

Era posible que ella **quisiera** que nos **quedáramos** hasta que **volviera** José. (Subjuntivo después de una expresión impersonal; subjuntivo después de una expresión de voluntad; subjuntivo después de una conjunción de tiempo.)

Compre un coche que **sea** bueno. (Mandato; subjuntivo después de un antecedente indefinido.)

Ojalá **hayas entendido** todo como si **fueras** un nativo. (Subjuntivo después de una expresión de emoción; subjuntivo después de **como si.**)

Es posible que una frase con varias cláusulas tenga varios verbos en el subjuntivo con tal que estén presentes las circunstancias necesarias.

III. Omisión del adjetivo posesivo con ropa y partes del cuerpo

Me cogió **del brazo.** (En vez de: Cogió mi brazo.)
Me robó **la billetera.**
Se quitaron **el sombrero.** (Se entiende: Cada uno se quitó su propio sombrero.)
Levantaron **la mano.**
Le duele **la cabeza.**

Cuando se habla de ropa y partes del cuerpo, generalmente se omite el adjetivo posesivo, indicando el poseedor *(possessor)* con **me, te, le, nos, os** o **les.** Pero en ciertos casos hay que usar el adjetivo posesivo para evitar ambigüedad:

Le gusta ponerse **mis** zapatos. (Si no se aclara con **mis,** se entiende que le gusta ponerse sus propios zapatos.)
Tu sombrero está en la mesa. (**El sombrero** no indica quién es el poseedor.)

IV. Las conjunciones **e** y **u**

A. y, e

madre y padre   interesante y fácil
padre **e hi**jo   fácil **e i**nteresante

La palabra **e** significa **y.** Por razones fonéticas se usa **e** en vez de **y** antes del sonido *i.*

B. o, u

agosto o septiembre   días o semanas
septiembre **u o**ctubre   minutos **u h**oras

La palabra **u** significa **o.** Por razones fonéticas se usa **u** en vez de **o** antes del sonido *o.*

EJERCICIOS ORALES O ESCRITOS

I. El antecedente indefinido o negativo con el subjuntivo

> **A.** *Cambie el infinitivo entre paréntesis a la forma correspondiente del verbo, según el modelo.*

> *Modelo:* ¿Conoce Ud. a un señor que *(hablar)* portugués?
> *¿Conoce Ud a un señor que hable portugués?*

> No, no conozco a nadie que *(hablar)* portugués.
> *No, no conozco a nadie que hable portugués.*

> Conozco a un señor que *(hablar)* portugués.
> *Conozco a un señor que habla portugués.*

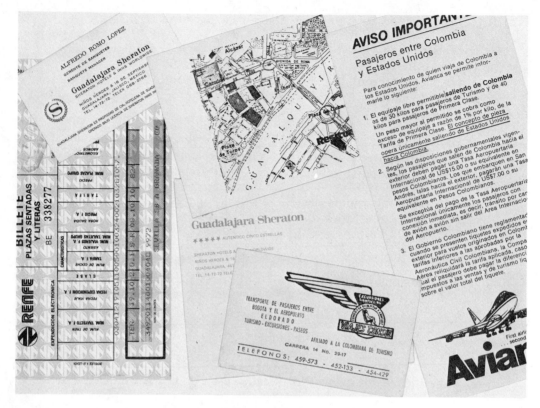

1. ¿Hay alguien aquí que *(saber)* preparar tacos?
   No, no hay nadie aquí que *(saber)* prepararlos.
   Sí, hay alguien aquí que *(saber)* prepararlos.

2. ¿Busca Ud. un coche que *(ser)* económico?
   Ya tengo uno que *(ser)* económico.
   No he visto ninguno que *(ser)* económico.

3. ¿Ve Ud. algo que le *(interesar)*?
   No, no veo nada que me *(interesar)*.
   Sí, veo algo que me *(interesar)*.

4. ¿Necesita Ud. una casa que *(tener)* cuatro dormitorios?
   Sí, necesito una que *(tener)* cuatro dormitorios.
   Vivo en una casa que *(tener)* cuatro dormitorios.

5. ¿Hay otro restaurante que te *(gustar)*?
   No hay ninguno que me *(gustar)* más.
   Hay varios que me *(gustar)* más.

6. ¿Asiste Ud. a alguna clase en que *(haber)* señoritas?
   Sí, asisto a dos en que *(haber)* señoritas.
   No, no asisto a ninguna en que *(haber)* señoritas.

7. ¿Recordaron ellos alguna canción que Uds. *(haber)* cantado?
   No, no recordaron ninguna que Uds. *(haber)* cantado.
   Sí, recordaron una que Uds. *(haber)* cantado.

8. ¿Busca Ud. alguna ocupación que *(pagar)* bien?
   Sí, busco alguna que *(pagar)* bien.
   No busco ninguna que *(pagar)* mal.

B. *Complete con imaginación.*

Modelo: No hay nadie aquí que . . .   *No hay nadie aquí que haya ido a*
                                                  la luna.

            Conozco a alguien que . . .   *Conozco a alguien que sabe hablar*
                                                  tres lenguas.

            ¿Ve Ud. algo que . . . ?   *¿Ve Ud. algo que no cueste tanto?*

1. No conozco a nadie que . . .   7. No conozco ninguna ocupación
2. ¿Sabe Ud. algo que . . . ?   que . . .
3. Necesito un suéter que . . .   8. He visto algo que . . .
4. Tenemos una clase que . . .   9. No hay ningún verbo que . . .
5. ¿Conoce Ud. a alguien que . . . ?   10. Hemos aprendido algo que . . .
6. Hay alguien en esta clase que . . .

II. Frases con dos o más verbos en el subjuntivo

A. *Cambie el infinitivo entre paréntesis a la forma correspondiente del verbo.*

Modelo: Ella insiste en que yo *(venir)* temprano y que Marcos *(traer)* su gui-
            tarra.
            Ella insiste en que yo venga temprano y que Marcos traiga su guitarra.

1. Espero que Ud. *(llegar)* a casa antes de que *(salir)* sus parientes.
2. La profesora quiere que nosotros *(aprender)* los verbos para que *(poder)* usar-
   los en frases.
3. Es probable que Uds. no *(tener)* las mismas opiniones cuando nosotros *(volver)* a nuestro país.
4. Ella me aconseja que *(hablar)* solamente español con él cuando lo *(ver)*.
5. La madre no quería que los niños *(acostarse)* hasta que *(llegar)* los abuelos.
6. Los padres les sugerían que *(levantarse)* temprano para que *(estudiar)* más.
7. Cuando *(terminar)* mis estudios espero que mis tíos ricos me *(regalar)* un
   coche nuevo.
8. Es probable que ella *(buscar)* un libro que le *(ayudar)* cuando ella *(regresar)* de
   Europa.

B. *Complete con dos o más verbos en el subjuntivo.*

Modelo: Es probable que la profesora *(insistir)* en que nosotros *(aprender)* . . .
            Es probable que la profesora insista en que nosotros aprendamos los
            usos del subjuntivo.

1. Quiero que Ud. *(hablar)* para que los estudiantes *(oír)* . . .
2. Era posible que Mateo y Juan no *(volver)* hasta que tú *(llegar)* . . .

3. Ellos se alegran de que yo *(levantarse)* antes de que ellos *(irse)* . . .
4. Hemos preparado las frases para que tú *(poder)* estudiar el subjuntivo cuando *(tener)* . . .
5. *(Practicar)* Ud. los mandatos para que nosotros *(hacer)* lo que nos *(mandar)*.
6. Espero que Uds. *(encontrar)* algo que *(ser)* . . .
7. Gregorio buscaba a alguien que le *(ayudar)* en caso de que *(necesitar)* . . .
8. Si yo *(ser)* Ud., iría en coche a menos que no *(tener)* ninguno que *(funcionar)* . . .

III. El artículo definido con ropa y partes del cuerpo.

A. *Complete con el artículo definido correspondiente.*

Modelo: La señora se quitó __el__ sombrero.

1. Alfredo dice que le duele _____ cabeza.
2. La chica no sabía quitarse _____ zapatos.
3. El señor gritó que le habían robado _____ billetera.
4. Por lo general los niñitos no pueden quitarse _____ ropa solos.
5. Hizo mucho frío y por eso todos se pusieron _____ abrigo.
6. La mamá cogió a su hijo de _____ brazo.
7. El niño no sabía lo que su abuelo tenía en _____ mano.
8. Al salir a la calle los señores se pusieron _____ sombrero.

B. *Forme una frase empleando un artículo de ropa o parte del cuerpo.*

Modelo: A él le duele . . .   *A él le duele la cabeza.*

1. Isabel levantó . . .
2. Me duelen . . .
3. Hacía calor y los hombres se quitaron . . .
4. Él me cogió de . . .
5. A ella se le rompió . . .
6. Antes de salir los niños se ponen . . .
7. Alguien le robó . . .
8. Tiene muchos anillos . . .

IV. Las conjunciones **e** y **u**

*Complete con **y, e, o** o **u.***

Modelo: Ella completa la frase con la conjunción **y** __u__ **o.**
      Es importante __y__ necesario que aprendamos las excepciones.

1. Es necesario _____ importante que nos divirtamos de vez en cuando.
2. Había diez _____ once personas en la oficina.
3. Todos los huéspedes eran padres _____ hijos.

4. Los días _____ las semanas se pasan.
5. Las oportunidades son para las mujeres _____ los hombres.
6. Aparecieron 70 _____ 80 soldados en el pueblo.
7. Inglaterra _____ España son países importantes.
8. En los siglos XVI _____ XVII España _____ Inglaterra eran naciones muy poderosas.
9. Hay que distinguir entre las conjunciones **o** _____ **y** y **u** _____ **o**.
10. Se habla francés en Francia _____ Haití.

LECTURA
Mañana regresamos

Todos están en sus respectivas habitaciones empacando *(packing)* para el viaje de regreso que emprenderán mañana.

SUSANA —María, ¿has visto los zapatos azules que compré en México? No los encuentro.

5 MARÍA —Sí, Susana, aquí los tengo en la mano. ¿Es ése el sombrero que compré en el mercado?

SUSANA —Sí, me lo puse para ver cómo me quedaba *(looked)*.

. . .

ROBERTO —A ver, he empacado todas las camisas, siete pares de calcetines y los pantalones, pero no sé si traje siete u ocho pares de calcetines. Ah sí, tengo
10 uno puesto.

GUILLERMO —Espero que no se me haya olvidado nada.

. . .

(No hablaremos de los problemas que los profesores tuvieron en empacar.)
    Poco después, el grupo está comiendo en la pensión donde se ha quedado los últimos días en Lima.

15 EL PROFESOR —En cuanto lleguemos a México recogeremos los coches para volver a los Estados Unidos. Quisiera (me gustaría) que me dijeran lo que han aprendido Uds. durante nuestro viaje por Latinoamérica. ¿Les parece que han cambiado algunas de sus impresiones previas?

MARÍA —A mí me parece que ésta ha sido una de las experiencias más valiosas
20 de mi vida. He aprendido muchísimo de lo que verdaderamente es Latinoamérica y, más importante aún, ahora la veo como es y cómo llegó a ser así.

(Todos asienten.)

GUILLERMO —Yo he quedado verdaderamente sorprendido con todo lo que he
25 visto. Antes yo tenía algunas dudas pero ahora me he aficionado a todo lo que

sea hispánico. No creo que hubiera cambiado de opinión si no lo hubiera visto todo con mis propios ojos.

ROBERTO —Me parece que ésa es la diferencia. Ya no hay muchos estudiantes que crean simplemente lo que se les diga. La mayor parte quiere verlo por sí
30 solos y experimentarlo todo ellos mismos. Tal vez la televisión tenga algo que ver con eso. Sin duda, el viaje ha sido provechoso e interesante.

SUSANA —Aunque he gozado muchísimo de todo lo que hemos visto, sobre todo de Machu Picchu, para mí lo más valioso ha sido las charlas que hemos tenido con los profesores. Aun así, nos ayuda mucho ver lo que se nos explica.
35 MARÍA —Profesora, en septiembre u octubre después de que volvamos a la universidad debemos reunirnos para ver las fotografías que hemos sacado.

LA PROFESORA —Sin duda podremos reservar una tarde para hacer eso. A mí me gustaría decirles que este viaje ha sido un placer para mí y que voy a lamentar mucho que se termine. Ojalá que Uds. se hayan divertido tanto como yo.

PREGUNTAS SOBRE LA LECTURA

1. ¿Qué están haciendo todos?
2. ¿Quién tiene los zapatos de Susana?
3. ¿Quién tiene el sombrero de María?
4. ¿Qué espera Guillermo?
5. Después, cuando están comiendo, ¿qué les pregunta el profesor?

EJERCICIOS SOBRE LA LECTURA

A. *Conteste si es* **verdad** *o* **mentira.**

_____ 1. María cree que el viaje ha sido una de las experiencias más valiosas de su vida.

_____ 2. Guillermo cree que habría cambiado de opinión aunque no hubiera visto todo con sus propios ojos.

_____ 3. Roberto cree que los estudiantes de hoy creen todo lo que se les dice.

_____ 4. María quiere reunirse con todos en septiembre u octubre para ver las fotografías que han sacado.

_____ 5. La profesora va a lamentar mucho que se termine el viaje.

B. *Complete.*

1. Roberto no está seguro si trajo siete . . . calcetines.
2. Roberto dice que el viaje por Latinoamérica ha sido . . .
3. Para Susana, lo más valioso del viaje ha sido . . .
4. Aun así, Susana cree que ayuda mucho . . .
5. La profesora dice finalmente que . . .

PROSA HISPÁNICA

LOS DOS REYES Y LOS DOS LABERINTOS*   *labyrinth, maze*

Jorge Luis Borges (Argentina)

Cuentan los hombres **dignos de fe** (pero Alá sabe más) que   respetables
en los primeros días hubo un rey de las **islas** de Babilonia   *islands*
que congregó a sus arquitectos y **magos** y les mandó con-   sabios
struir un laberinto tan perplejo y sutil que los **varones** más   hombres
5 prudentes no se aventuraban a entrar, y los que entraban
se perdían. Esa obra era un escándalo, porque la confusión
y la maravilla son operaciones propias de Dios y no de los
hombres. Con el **andar** del tiempo vino a su corte un rey de   pasar
los árabes, y el rey de Babilonia (para hacer **burla** de la   broma
10 simplicidad de su huésped) lo hizo penetrar en el laberinto,
donde **vagó afrentado** y confundido hasta la declinación de   anduvo insultado
la tarde. Entonces imploró **socorro** divino y **dio con** la   ayuda; descubrió
puerta. **Sus labios no profirieron queja ninguna,** pero le   no protestó
dijo al rey de Babilonia que él en Arabia tenía un laberinto
15 mejor y que, si Dios era servido, se lo daría a conocer algún
día. Luego regresó a Arabia, **juntó** sus capitanes y sus **al-**   reunió
caldes y **estragó** los reinos de Babilonia con tan **venturosa**   jefes; destruyó; feliz
fortuna que **derribó** sus castillos, rompió sus gentes e hizo   destruyó
cautivo al mismo rey. Lo **amarró** encima de un camello   *tied*
20 **veloz** y lo llevó al desierto. **Cabalgaron** tres días, y le dijo: rápido; iban montados
«¡Oh, rey del tiempo y substancia y **cifra** del siglo!, en   símbolo
Babilonia me quisiste perder en un laberinto de bronce con
muchas **escaleras,** puertas y **muros;** ahora el Poderoso ha   *stairs;* paredes
tenido a bien que te muestre el mío, donde no hay escaleras   permitido
25 que subir, ni puertas que forzar, ni fatigosas **galerías** que   *passageways*
recorrer, ni muros que te **veden** el paso.»   andar; prohiban
Luego le **desató las ligaduras** y lo abandonó en **mitad** del   *untied;* medio
desierto, donde murió de hambre y de sed. La gloria sea
con Aquél que no muere.

Jorge Luis Borges es un maestro del tipo de cuento en que la mente del protagonista
crea la realidad en que vive. Borges penetra en la conciencia, conocimiento y lógica
de sus personajes. Este cuento sobre los dos reyes apareció en su tercera colección de
cuentos, *El Aleph*, en 1949.

---

* En *El Aleph*, Emecé Editores, S.A., Buenos Aires, 1957.

PREGUNTAS SOBRE LA PROSA HISPÁNICA

1. ¿Qué hizo el rey cuando regresó a Arabia?
2. ¿Qué reinos estragó?
3. ¿A quién dejó en medio del desierto?
4. ¿De qué murió el rey de Babilonia?
5. ¿Quién es Aquél que no muere?

EJERCICIOS SOBRE LA PROSA HISPÁNICA

A. *En el espacio escriba la letra que corresponde al número.*

_____ 1. En los primeros días un rey de las islas de Babilonia . . .
_____ 2. Les mandó construir . . .
_____ 3. Los que entraban en el laberinto . . .
_____ 4. Esa obra era un escándalo porque . . .
_____ 5. Con el andar del tiempo vino a su corte . . .

a. se perdían.
b. un rey de los árabes.
c. congregó a sus arquitectos y magos.
d. ha tenido bien que te muestre el mío.
e. un laberinto tan perplejo y sutil que los varones más prudentes no se aventuraban a entrar.
f. la confusión y la maravilla son operaciones propias de Dios.

B. *Complete.*

1. El rey de Babilonia hizo penetrar en el laberinto al rey de los arabés para . . . de la simplicidad de su huésped.
2. El rey de los árabes vagó afrentado y confundido hasta . . . de la tarde.
3. Dio con la puerta sólo después de implorar . . . divino.
4. Sus labios no profirieron . . . ninguna.
5. Pero le dijo al rey de Babilonia que si Dios era servido algún día le daría a conocer un . . . suyo.

COMPOSICIÓN ORAL O ESCRITA

Prepare una composición de 8 a 10 líneas sobre uno de los temas siguientes.

1. Los deseos, dudas, temores *(fears)* y esperanzas que mi familia tiene con respecto a mí
2. Un diálogo: «Busco un coche que sea . . . »
3. Tema libre

VOCABULARIO

SUSTANTIVOS

SUSTANTIVOS MASCULINOS

el alcalde	el conocimiento	el par
Alá	el desierto	el paso
el antecedente	el escándalo	el personaje
el árabe	el laberinto	el regreso
el bronce	el labio	el reino
el calcetín	el mago	el socorro
el camello	el mecánico	el taco
el castillo	el muro	

SUSTANTIVOS FEMENINOS

la antología	la declinación	Lima
Babilonia	la escalera	la pensión
la canción	la habitación	la queja
la confusión	la isla	la simplicidad
la corte	la ligadura	la substancia

SUSTANTIVOS MASCULINOS Y FEMENINOS

el arquitecto/la arquitecta	el poseedor/la poseedora
el maestro/la maestra	el protagonista/la protagonista

ADJETIVOS

afrentado, -a	perplejo, -a	prudente
cautivo, -a	poderoso, -a	valioso, -a
exótico, -a	previo, -a	veloz
fatigoso, -a	provechoso, -a	venturoso, -a

CONJUNCIONES

y > **e**   o > **u**

VERBOS

VERBOS EN -ar

abandonar	**congregar	lamentar
aficionarse a	desatar	penetrar
amarrar	**empacar	probar (ue)
aventurarse	implorar	**vagar
**cabalgar	juntar	vedar

Verbos en **-er** o **-ir**

asentir (ie, i)	proferir (ie, i)	subir
emprender	recorrer	

Expresiones

andar del tiempo	dar con	por sí solo, -a
dar a conocer	hacer burla	

SUPLEMENTO DE VOCABULARIO: EL COCHE

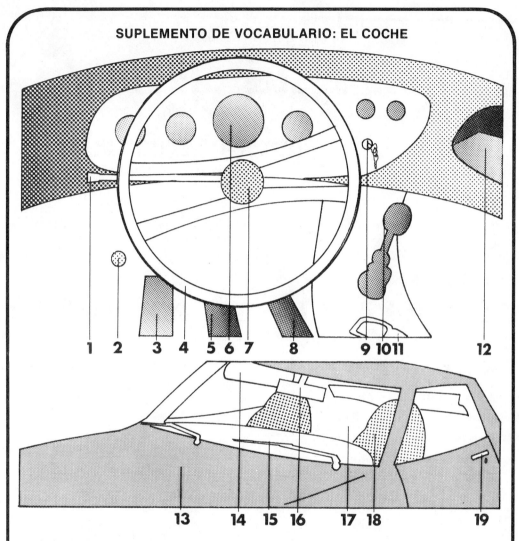

1. la palanca de señales
2. el freno de emergencia
3. el embrague
4. el volante
5. el freno (frenar)
6. el tablero de instrumentos: el velocímetro, el odómetro
7. la bocina
8. el acelerador
9. el arranque (arrancar)
10. la palanca de velocidades
11. el cinturón de seguridad
12. la guantera
13. la cubierta
14. la visera
15. el limpiaparabrisas
16. el espejo
17. el parabrisas
18. el asiento
19. la manilla

Apéndice A

Verbos regulares e irregulares

	-ar *(example)*	**-er**	**-ir**
INFINITIVO	**hablar** *(to speak)*	**comer**	**vivir**
GERUNDIO	hablando *(speaking)*	comiendo	viviendo
PARTICIPIO	hablado *(spoken)*	comido	vivido

TIEMPOS DEL MODO INDICATIVO

PRESENTE	hablo *(I speak)*	como	vivo
	hablas *(you speak)*	comes	vives
	habla *(he speaks)*	come	vive
	hablamos *(we speak)*	comemos	vivimos
	habláis *(you speak)*	coméis	vivís
	hablan *(they speak)*	comen	viven
IMPERFECTO	hablaba *(used to speak)*	comía	vivía
	hablabas	comías	vivías
	hablaba	comía	vivía
	hablábamos	comíamos	vivíamos
	hablabais	comíais	vivíais
	hablaban	comían	vivían
PRETÉRITO	hablé *(spoke)*	comí	viví
	hablaste	comiste	viviste
	habló	comió	vivió
	hablamos	comimos	vivimos
	hablasteis	comisteis	vivisteis
	hablaron	comieron	vivieron

FUTURO	hablaré *(will speak)*	comeré	viviré
	hablarás	comerás	vivirás
	hablará	comerá	vivirá
	hablaremos	comeremos	viviremos
	hablaréis	comeréis	viviréis
	hablarán	comerán	vivirán
CONDICIONAL	hablaría *(would speak)*	comería	viviría
	hablarías	comerías	vivirías
	hablaría	comería	viviría
	hablaríamos	comeríamos	viviríamos
	hablaríais	comeríais	viviríais
	hablarían	comerían	vivirían

PRETÉRITO PERFECTO	he has ha hemos habéis han	hablado *(have spoken)*	comido	vivido
PLUSCUAMPERFECTO	había habías había habíamos habíais habían	hablado *(had spoken)*	comido	vivido
FUTURO PERFECTO	habré habrás habrá habremos habréis habrán	hablado *(will have spoken)*	comido	vivido
CONDICIONAL PERFECTO	habría habrías habría habríamos habríais habrían	hablado *(would have spoken)*	comido	vivido

TIEMPOS DEL MODO SUBJUNTIVO

PRESENTE	hable *(may speak)*	coma	viva
	hables	comas	vivas
	hable	coma	viva
	hablemos	comamos	vivamos
	habléis	comáis	viváis
	hablen	coman	vivan

IMPERFECTO	hablara *(might speak)*	comiera	viviera
	hablaras	comieras	vivieras
	hablara	comiera	viviera
	habláramos	comiéramos	viviéramos
	hablarais	comierais	vivierais
	hablaran	comieran	vivieran

PRETÉRITO PERFECTO	haya hayas haya hayamos hayáis hayan	hablado *(may have spoken)*	comido	vivido

PLUSCUAMPERFECTO	hubiera hubieras hubiera hubiéramos hubierais hubieran	hablado *(might have spoken)*	comido	vivido

MANDATOS

TÚ	(afirmativo)	habla *(speak)*	come	vive
	(negativo)	no hables *(don't speak)*	no comas	no vivas
VOSOTROS	(afirmativo)	hablad *(speak)*	comed	vivid
	(negativo)	no habléis *(don't speak)*	no comáis	no viváis
UD.		hable *(speak)*	coma	viva
UDS.		hablen *(speak)*	coman	vivan
NOSOTROS		hablemos *(let's speak)*	comamos	vivamos

MODELOS PARA VERBOS CON CAMBIOS EN EL RADICAL (terminaciones regulares)

VERBOS QUE TERMINAN EN -ar Y -er

	MODELO 1	MODELO 2
INFINITIVO	**entender (e > ie)**	**mostrar (o > ue)**
GERUNDIO	entendiendo	mostrando
PARTICIPIO	entendido	mostrado

PRESENTE DEL INDICATIVO	entiendo	muestro
	entiendes	muestras
	entiende	muestra
	entendemos	mostramos
	entendéis	mostráis
	entienden	muestran
PRESENTE DEL SUBJUNTIVO	entienda	muestre
	entiendas	muestres
	entienda	muestre
	entendamos	mostremos
	entendáis	mostréis
	entiendan	muestren

1. Otros verbos como el modelo 1 (e > ie): cerrar, comenzar, contener,* despertar, empezar, encender, entender, nevar, pensar, perder, querer,* sentar, sostener,* tender, tener.*
2. Otros verbos como el modelo 2 (o > ue): acostar, almorzar, aprobar, concordar, contar, costar, disolver, doler, encontrar, llover, mostrar, poder,* recordar, resolver, rogar, volar, volver.

VERBOS QUE TERMINAN EN -ir

	MODELO 3	MODELO 4	MODELO 5
INFINITIVO	**preferir** (e > ie, i)	**dormir** (o > ue, u)	**pedir** (e > i, i)
GERUNDIO	prefiriendo	durmiendo	pidiendo
PRESENTE DEL INDICATIVO	prefiero	duermo	pido
	prefieres	duermes	pides
	prefiere	duerme	pide
	preferimos	dormimos	pedimos
	preferís	dormís	pedís
	prefieren	duermen	piden
PRETÉRITO	preferí	dormí	pedí
	preferiste	dormiste	pediste
	prefirió	durmió	pidió
	preferimos	dormimos	pedimos
	preferisteis	dormisteis	pedisteis
	prefirieron	durmieron	pidieron
PRESENTE DEL SUBJUNTIVO	prefiera	duerma	pida
	prefieras	duermas	pidas
	prefiera	duerma	pida
	prefiramos	durmamos	pidamos
	prefiráis	durmáis	pidáis
	prefieran	duerman	pidan

* Tiene algunas formas irregulares. Vea el índice de verbos irregulares.

IMPERFECTO DEL SUBJUNTIVO	prefiriera	durmiera	pidiera
	prefirieras	durmieras	pidieras
	prefiriera	durmiera	pidiera
	prefiriéramos	durmiéramos	pidiéramos
	prefirierais	durmierais	pidierais
	prefirieran	durmieran	pidieran

3. Otros verbos como el modelo 3 (e > ie, i): advertir, asentir, concernir, divertir, mentir, preferir, referir, requerir, sentir, sugerir, venir.*

4. Otro verbo como el modelo 4 (o > ue, u): morir.*

5. Otros verbos como el modelo 5 (e > i, i): conseguir, corregir, decir,* elegir, impedir,* predecir,* reír, rendir, repetir, seguir, servir, sonreír, vestir.

VERBOS IRREGULARES

abrir
PARTICIPIO   abierto

andar
PRETÉRITO   anduve, anduviste, anduvo, anduvimos, anduvisteis, anduvieron

caber
PRESENTE   quepo, cabes, cabe, cabemos, cabéis, caben
PRETÉRITO   cupe, cupiste, cupo, cupimos, cupisteis, cupieron
FUTURO   cabré, cabrás, cabrá, cabremos, cabréis, cabrán
CONDICIONAL   cabría, cabrías, cabría, cabríamos, cabríais, cabrían

caer
PRESENTE   caigo, caes, cae, caemos, caéis, caen

cubrir (descubrir)
PARTICIPIO   cubierto

dar
PRESENTE   doy, das, da, damos, dais, dan
PRES. DEL SUB.   dé, des, dé, demos, deis, den
PRETÉRITO   di, diste, dio, dimos, disteis, dieron

decir (predecir)
GERUNDIO   diciendo
PARTICIPIO   dicho
PRESENTE   digo, dices, dice, decimos, decís, dicen
PRETÉRITO   dije, dijiste, dijo, dijimos, dijisteis, dijeron
FUTURO   diré, dirás, dirá, diremos, diréis, dirán
CONDICIONAL   diría, dirías, diría, diríamos, diríais, dirían
MANDATO (tú)   di

disolver
PARTICIPIO   disuelto

* Tiene algunas formas irregulares. Vea el índice de verbos irregulares.

escribir

PARTICIPIO — escrito

estar

PRESENTE — estoy, estás, está, estamos, estáis, están
PRES. DEL SUB. — esté, estés, esté, estemos, estéis, estén
PRETÉRITO — estuve, estuviste, estuvo, estuvimos, estuvisteis, estuvieron

haber

PRESENTE — he, has, ha, hemos, habéis, han
PRES. DEL SUB. — haya, hayas, haya, hayamos, hayáis, hayan
PRETÉRITO — hube, hubiste, hubo, hubimos, hubisteis, hubieron
FUTURO — habré, habrás, habrá, habremos, habréis, habrán
CONDICIONAL — habría, habrías, habría, habríamos, habríais, habrían

hacer

PARTICIPIO — hecho
PRESENTE — hago, haces, hace, hacemos, hacéis, hacen
PRETÉRITO — hice, hiciste, hizo, hicimos, hicisteis, hicieron
FUTURO — haré, harás, hará, haremos, haréis, harán
CONDICIONAL — haría, harías, haría, haríamos, haríais, harían
MANDATO (tú) — haz

ir

PRESENTE — voy, vas, va, vamos, vais, van
PRES. DEL SUB. — vaya, vayas, vaya, vayamos, vayáis, vayan
IMPERFECTO — iba, ibas, iba, íbamos, ibais, iban
PRETÉRITO — fui, fuiste, fue, fuimos, fuisteis, fueron
MANDATO (tú) — ve

morir

PARTICIPIO — muerto

oír

PRESENTE — oigo, oyes, oye, oímos, oís, oyen

poder

GERUNDIO — pudiendo
PRETÉRITO — pude, pudiste, pudo, pudimos, pudisteis, pudieron
FUTURO — podré, podrás, podrá, podremos, podréis, podrán
CONDICIONAL — podría, podrías, podría, podríamos, podríais, podrían

poner (componer, descomponer, exponer, imponer, oponer, proponer, suponer)

PARTICIPIO — puesto
PRESENTE — pongo, pones, pone, ponemos, ponéis, ponen
PRETÉRITO — puse, pusiste, puso, pusimos, pusisteis, pusieron
FUTURO — pondré, pondrás, pondrá, pondremos, pondréis, pondrán
CONDICIONAL — pondría, pondrías, pondría, pondríamos, pondríais, pondrían
MANDATO (tú) — pon

querer

PRETÉRITO   quise, quisiste, quiso, quisimos, quisisteis, quisieron
FUTURO   querré, querrás, querrá, querremos, querréis, querrán
CONDICIONAL   querría, querrías, querría, querríamos, querríais, querrían

resolver

PARTICIPIO   resuelto

romper

PARTICIPIO   roto

saber

PRESENTE   sé, sabes, sabe, sabemos, sabéis, saben
PRES. DEL SUB.   sepa, sepas, sepa, sepamos, sepáis, sepan
PRETÉRITO   supe, supiste, supo, supimos, supisteis, supieron
FUTURO   sabré, sabrás, sabrá, sabremos, sabréis, sabrán
CONDICIONAL   sabría, sabrías, sabría, sabríamos, sabríais, sabrían

salir

PRESENTE   salgo, sales, sale, salimos, salís, salen
FUTURO   saldré, saldrás, saldrá, saldremos, saldréis, saldrán
CONDICIONAL   saldría, saldrías, saldría, saldríamos, saldríais, saldrían
MANDATO (tú)   sal

ser

PRESENTE   soy, eres, es, somos, sois, son
PRES. DEL SUB.   sea, seas, sea, seamos, seáis, sean
IMPERFECTO   era, eras, era, éramos, erais, eran
PRETÉRITO   fui, fuiste, fue, fuimos, fuisteis, fueron
MANDATO (tú)   sé

tener (contener, mantener, retener, sostener)

PRESENTE   tengo, tienes, tiene, tenemos, tenéis, tienen
PRETÉRITO   tuve, tuviste, tuvo, tuvimos, tuvisteis, tuvieron
FUTURO   tendré, tendrás, tendrá, tendremos, tendréis, tendrán
CONDICIONAL   tendría, tendrías, tendría, tendríamos, tendríais, tendrían
MANDATO (tú)   ten

traer (atraer)

PRESENTE   traigo, traes, trae, traemos, traéis, traen
PRETÉRITO   traje, trajiste, trajo, trajimos, trajisteis, trajeron

valer

PRESENTE   valgo, vales, vale, valemos, valéis, valen
FUTURO   valdré, valdrás, valdrá, valdremos, valdréis, valdrán
CONDICIONAL   valdría, valdrías, valdría, valdríamos, valdríais, valdrían

venir (convenir)

GERUNDIO	viniendo
PRESENTE	vengo, vienes, viene, venimos, venís, vienen
PRETÉRITO	vine, viniste, vino, vinimos, vinisteis, vinieron
FUTURO	vendré, vendrás, vendrá, vendremos, vendréis, vendrán
CONDICIONAL	vendría, vendrías, vendría, vendríamos, vendríais, vendrían
MANDATO (tú)	ven

ver

PARTICIPIO	visto
PRESENTE	veo, ves, ve, vemos, veis, ven
IMPERFECTO	veía, veías, veía, veíamos, veíais, veían

volver

PARTICIPIO	vuelto

MODELOS PARA VERBOS CON CAMBIOS ORTOGRÁFICOS

-car (qu- antes de **e** o **i)**

PRETÉRITO	busqué, buscaste, buscó, buscamos, buscasteis, buscaron
PRES. DEL SUB.	busque, busques, busque, busquemos, busquéis, busquen

-cer, -cir (zc- antes de **o** o **a)**

PRESENTE	traduzco, traduces, traduce, traducimos, traducís, traducen
PRES. DEL SUB.	traduzca, traduzcas, traduzca, traduzcamos, traduzcáis, traduzcan

-gar (gu- antes de **e)**

PRETÉRITO	pagué, pagaste, pagó, pagamos, pagasteis, pagaron
PRES. DEL SUB.	pague, pagues, pague, paguemos, paguéis, paguen

-ger, -gir (j- antes de **o** o **a)**

PRESENTE	cojo, coges, coge, cogemos, cogéis, cogen
PRES. DEL SUB.	coja, cojas, coja, cojamos, cojáis, cojan

-guar (gü- antes de **e)**

PRETÉRITO	averigüé, averiguaste, averiguó, averiguamos, averiguasteis, averiguaron
PRES. DEL SUB.	averigüe, averigües, averigüe, averigüemos, averigüéis, averigüen

-guir (se omite la **u** antes de **o** o **a)**

PRESENTE	sigo, sigues, sigue, seguimos, seguís, siguen
PRES. DEL SUB.	siga, sigas, siga, sigamos, sigáis, sigan

-zar (c- antes de **e)**

PRETÉRITO	empecé, empezaste, empezó, empezamos, empezasteis, empezaron
PRES. DEL SUB.	empiece, empieces, empiece, empecemos, empecéis, empiecen

░ OTRAS IRREGULARIDADES SISTEMÁTICAS ░

-uir (se añade **y** en el presente)

PRESENTE incluyo, incluyes, incluye, incluimos, incluís, incluyen

-ducir (radical con **j** en el pretérito)

PRETÉRITO conduje, condujiste, condujo, condujimos, condujisteis, condujeron

(**i** cambia en **y** entre vocales)

GERUNDIO cayendo
PRETÉRITO caí, caíste, cayó, caímos, caísteis, cayeron

-uar, -iar (nótese el acento)

PRESENTE continúo, continúas, continúa, continuamos, continuáis, continúan
PRES. DEL SUB. continúe, continúes, continúe, continuemos, continuéis, continúen
PRESENTE envío, envías, envía, enviamos, enviáis, envían
PRES. DEL SUB. envíe, envíes, envíe, enviemos, enviéis, envíen

Apéndice B

Spanish pronunciation

Spanish pronunciation is best learned by listening carefully and imitating your instructor, and by repeated practice in the language laboratory. The following comparison of the Spanish and English sounds is not to be considered exact, as few sounds are identical in the two languages.

SPANISH VOWELS

a: as **a** in *father:* **ca-sa, ma-ña-na, gra-cias**

e: 1. as **e** in *they* (but without the glide sound that follows **e** in English) when it ends a syllable or is followed by **d, m, n, s,** or **z: le, pe-ro, me-sa, tren**
2. as **e*** in *let* in all other cases: **el, co-mer, ver-dad**

i and **y:** as **i** in *machine:* **si, es-cri-bir, y**

o: 1. as **o** in *over* (but without the glide sound that follows **o** in English) when it ends the syllable: **no, co-mo, to-mo**
2. as **o**** in *for* when a consonant ends the syllable: **son, con, im-por-tan-te**

u: as **oo** in *cool:* **un, es-cu-char, al-gu-nos**

* A single **e** sound, somewhere between the two sounds given above, is also considered correct by some Spanish-speaking persons.
** A single **o** sound, somewhere between the two sounds given above, is also considered correct by some Spanish-speaking persons.

SPANISH DIPHTHONGS

A diphthong is composed of two vowels in the *same* syllable. The three possible vowel combinations are a weak (**i** or **u**) plus a strong (**a, e** or **o**), a strong plus a weak, or two weak vowels. At the end of a word the letter **y** serves as a weak vowel. In a diphthong the strong vowel receives the stress; if there is no strong vowel, the second of two weak vowels is stressed. Two adjacent strong vowels form separate syllables, never a diphthong.

WEAK-STRONG		STRONG-WEAK		WEAK-WEAK	
ia	gra-cias	ai, ay	bai-le hay	iu	ciu-dad
ua	cuan-do	au	au-tor	ui, uy	cui-dar muy
io	a-diós	oi, oy	oi-go soy		
uo	an-ti-guo	ei, ey	vein-te ley		
ie	sie-te	eu	Eu-ro-pa		
ue	cuen-to				

SPANISH CONSONANTS

b and **v** (pronounced alike):
1. as **b** in *boat* when initial in a breath group or after **m** or **n** (but without the breathy sound as in English): **bo-ni-to, voy, tam-bién**
2. as English **b** but without fully closing lips: **ha-bla, u-vas, e-le-va-da**

c (before **e** and **i**) and **z** (pronounced alike): as **c** in *city* in Spanish America and southern Spain; as **th** in *thin* in most of Spain: **cen-tro, na-ción, ti-za**

c (before all other letters), **k** and **qu**: as **c** in *come* (but without the breathy sound as in English): **ca-sa, cin-co, cul-tu-ra, ki-ló-me-tro, que**

ch: as in *church*: **mu-cho, le-che, mu-cha-cho**

d: 1. as **d** in *do* (with the tip of the tongue touching the upper front teeth) when initial in a breath group or following **l** or **n**: **de, don-de, fal-da**
2. as **th** in *they* in all other cases: **us-ted, co-mi-do, Ma-drid**

f: as in *fun*: **ca-fé, flor, di-fe-ren-te**

g (before **e** or **i**) and **j** have no English equivalent. They are pronounced approximately like an exaggerated **h** in *halt* but are more guttural: **ge-ne-ral, re-gión, Jor-ge**

g (before **a, o, u, ue, ui** or a consonant):

1. as **g** in *go* at the beginning of a breath group or following **n: ga-to, ten-go, gus-tar, gue-rra, gran-de**
2. when not at the beginning of a breath group or following **n**, as a much weaker sound in that some breath is allowed to escape as the **g** is pronounced: **ha-go, a-gua, la gui-ta-rra, ti-gre, si-gue**

h always silent: as in *hour:* **ha-blar, a-ho-ra, hoy**

j *see under* **g** (before **e** and **i**)

k *see under* **c, k** and **qu**

l: as in *least:* **la, pe-lí-cu-la, pa-pel**

ll: as **y** in *young* in most of Spanish America and in some sections of Spain; as **lli** in *million* in most parts of Spain: **lla-ma, e-lla, mi-llo-nes**

m: as in *meet:* **muy, A-mé-ri-ca, to-man**

n: 1. as **n** in *no:* **na-da, no, a-ni-mal**
2. as **m** before **b, v, m** and **p: en-viar, con Ma-rí-a, un plan**
3. as **n** in *sing* before **c, qu, g** and **j: blan-ca, ten-go, con Jorge**

ñ: as **ni** in *onion:* **ni-ño, ma-ña-na, se-ñor**

p: as in *pet* (but without the breathy sound which often follows in English): **pe-ro, ca-pi-tal, pa-pel**

q (always written **qu**) *see under* **c, k** and **qu**

r with a single tap of the tongue, somewhat like **dd** in *Teddy,* except at the beginning of a word or after **n, l** or **s: ha-blar, pe-ro, cul-tu-ra**

rr (and **r** when initial or after **n, l** or **s**) is trilled (pronounced with three to four rapid vibrations of the tongue): **ri-co, sie-rra, En-ri-que**

s: 1. as **s** in *sent:* **sie-te, ca-sa, es-tas**
2. as **s** in *rose* (before voiced **b, d, g, l, ll, m, n, r, v** or **y**): **mis-mo, es ver-dad, des-de**

t: as in *tall* (but without the breathy sound which often follows in English): **tres, cen-tro, par-te**

v *see under* **b**

x*: 1. as **s** in *sent* before a consonant: **ex-pli-ca, ex-plo-rar, ex-ce-len-te**
2. as the English combination **gs: e-xa-men** *(eg-sa-men),* **ex-hi-bir, é-xi-to**

y before a vowel: as a strong **y** in *you:* **yo, ma-yo, de-sa-yu-no**

z *see under* **c** (before **e** and **i**)

---

* Some Spanish Americans pronounce this sound as **x** in *express.* In some Mexican words **x** is pronounced like the Spanish **j**; when initial, **x** is pronounced like **s: Xochimilco.**

Diccionario

The number(s) included with each meaning (or meanings) refer to the lesson in which the word or phrase first appears with the meaning. Meanings of words appearing in different lessons are separated by a semicolon.

To look up a phrase, look up the noun. If the phrase contains no noun, look up the verb. If no verb is present, look under the adjective or adverb.

English nouns in the English–Spanish section of the dictionary are designated as *m* or *f* (instead of *n* for noun) in anticipation of the gender of the Spanish noun. This designation makes it unnecessary to look up the gender of a Spanish noun in the Spanish–English part of the dictionary once one has looked up the Spanish equivalent of an English noun.

ABBREVIATIONS

abr	abbreviation	*def*	definite
adj	adjective	*dem*	demonstrative
adv	adverb	*dir*	direct
amb	ambiguous	*expr*	expression
apoc	apocopated form	*f*	feminine noun
art	article	*fam*	familiar
aux	auxiliary verb	*fpl*	feminine plural noun
(coll)	colloquial	*freq*	frequently
com	command	*fut*	future
con	contraction	*ger*	present participle
conj	conjunction	*(gram)*	grammatical term
conjug	conjugate	*(i)*	e > i stem change

378

(ie)	e > ie stem change
imperf	imperfect
indef	indefinite
inf	infinitive
interj	interjection
interr	interrogative
irreg	irregular
m	masculine noun
mand	command
masc	masculine
mf	masculine or feminine noun
mpl	masculine plural noun
neg	negative
neut	neuter
obj	object
part	participle
per	person
pers	personal
pert	pertaining
pl	plural
poss	possessive
prep	preposition
pres	present tense
pret	preterite tense
pron	pronoun
ref	reference
reflex	reflexive
rel	relative
sing	singular
subj	subject
subjun	subjunctive
(u)	o > u stem change
(ue)	o > ue stem change
v	verb
vr	reflexive verb

SYMBOLS

* Irregular verb; for conjugation see pages 370–374.
** Spelling-changing verbs; for model conjugation see pages 373–374.
; Used between each part of speech and between words that are not synonymous in Spanish usage.
-a Indicates corresponding feminine form for either a noun or an adjective.

See the *Índice del suplemento de vocabulario* for the supplementary vocabulary lists that appear at the end of each chapter.

Diccionario español–inglés

A

a *prep* to 8
abandonar *v* abandon 24
abierto -a *adj* open 5; *part* opened (of **abrir**) 14
abogacía *f* law 23
****abrazar** *v* embrace 14
abreviado -a *adj* abbreviated 12
abreviatura *f* abbreviation 3
abrigo *m* coat, overcoat 22
abril *m* April 2
abrir *v* open 10

abstracto -a *adj* abstract 9
absurdo -a *adj* absurd 19
abuelo -a *mf* grandfather, grandmother 6
Acapulco *m* beach resort in Mexico 10
acaso *adv* perhaps, maybe 19
accidente *m* accident 12
acción *f* action 9
aceite *m* oil 16
acento *m* accent 2
acentuado -a *adj* accented 2
****acentuar** *v* accent 14

aceptación *f* acceptance 10
aceptar *v* accept 13
acera *f* sidewalk 6
**acercarse *v* approach 21
aclarar *v* clarify 9
acompañar *v* accompany 7
aconsejable *adj* advisable 19
aconsejar *v* advise 17
acostarse (ue) *v* go to bed 15
acostumbrado -a *adj* accustomed 12
acostumbrar *v* accustom 12
actitud *f* attitude 16
actividad *f* activity 9
actriz *f* actress 6
acuerdo *m* de — con according to 14
acumulación *f* accumulation 18
acusar *v* accuse 20
Adán *m* Adam 17
adaptación *f* adaptation 21
adecuado -a *adj* adequate 13
adelantarse *v* get ahead of 18
adelante *adv* onward, forward, ahead 22
ademán *m* gesture 3
además *adv* moreover, furthermore 10
adherir (ie, i) *v* adhere 17
adición *f* addition 8
adiós *interj* good-bye 1
adjetivo *m* adjective 2
adjuntar *v* attach 14
administración *f* administration 3
admiración *f* admiration 22
admirado -a *adj* astonished 21
admitir *v* admit 19
adónde *adv* where 6
adorar *v* worship 22
aduana *f* customs 16
aduanero *mf* customs officer 16
adverbio *m* adverb 1
advertencia *f* warning 15
advertir (ie, i) *v* tell, inform, notify 12; notice, note 20
aeropuerto *m* airport 12
afán *m* eagerness, zeal 17
afectar *v* affect 11
aficionado -a *mf* fan; — a a fan of 9
aficionarse a *v* become fond of 24
afirmar *v* affirm 15
**afligir *v* afflict 17
afrentado -a *adj* insulted 24
agencia *f* agency 10

agente *m* agent 21
agosto *m* August 2
agradable *adj* agreeable 6
agricultura *f* agriculture 19
agua *f* water 11
ahora *adv* now 4
ahorrar *v* save (time or money) 19
aire *m* air; — acondicionado air conditioning 8; al — libre open air 19
al *con* (contraction a + el) to the 2
Alá *m* Allah 24
álbum *m* album 4
alcalde *m* magistrate 24
alcanzar *v* reach 8
alcoba *f* bedroom 6
alegrarse de *v* be happy, feel glad 18
alegre *adj* cheerful 5
alegría *f* happiness, gaiety 14
alfabeto *m* alphabet 2
Alfredo *m* Alfred 5
álgebra *f* algebra 21
algo *indef pron* something 10
algún *adj* some 10
alguien *pron* someone 24
alguno -a *adj, pron* some 10
Alicia *f* Alice 1
alistar *v* enlist 21
aliviar *v* lessen 10
alivio *m* relief 16
alma *f* soul 17
**almorzar (ue) *v* eat lunch 7
almuerzo *m* lunch 14
alojamiento *m* lodging 12
alrededor de *prep* around 21
alternativa *f* alternative 22
altísimo -a *adj* very, very high 13
altitud *f* altitude 13
alto -a *adj* tall 5
altura *f* height 13
alumno -a *mf* pupil 1
alza *m* rise, increase 23
allá *adv* over there 3; más — further 11
allí *adv* there 2
amarillo -a *adj* yellow 5
amarrar *v* tie 24
ambición *f* ambition 21
ambiente *m* atmosphere 12
ambigüedad *f* ambiguity 16
americano -a *adj* American 3; *mf* 13
amigo -a *mf* friend 3

amistad *f* friendship 12

amor *m* love 17

amplio -a *adj* ample, broad 12

Ana *f* Ann 1

analfabetismo *m* illiteracy 13

*****andar** *v* walk 9; **— del tiempo** passing of time 24

Andrés *m* Andrew 5

ángel *m* angel 16

angloamericano -a *adj* Anglo-American 10; *mf* 15

anglosajón -ona *adj* Anglo-Saxon 12

anillo *m* ring 1

animado -a *adj* lively 16

animar *v* animate, enliven 10

Anita *f* Annie 1

anoche *adv* last night 9

ansia *f* anxiety 20

ansioso -a *adj* anxious 20

antagonismo *m* antagonism 20

antecedente *m* antecedent 24

antena *f* antenna 4

antepasado *m* ancestor 21

antepenúltimo -a *adj* antepenultimate 15

anterioridad *f* **con —a** beforehand 19

anteriormente *adv* previously 21

antes *adv* before, formerly; **— de** before 10

anticipación *f* anticipation 19

antiesclavista *adj* antislavery 16

antiguo -a *adj* old, ancient 12

antipoético -a *adj* antipoetic, unpoetic 18

antología *f* anthology 24

antropología *f* anthropology 17

anuncio *m* announcement 10

añadir *v* add 5

año *m* year 2; **tener . . . —s** be . . . years old 7

apagar *v* turn off 22

******aparecer** *v* appear 14

apartamento *m* apartment 4

apartarse *v* separate 19

apasionamiento *m* passion 9

apellido *m* surname, family name 10

apenas *adv* scarcely 22

apéndice *m* appendix 7

aplazo *m* postponement 19

aplicar *v* apply 10

apóstol *m* apostle 15

apreciar *v* appreciate 16

aprender *v* learn 5

apropiado -a *adj* appropriate 3

aprovecharse *v* take advantage 22

aproximadamente *adv* approximately 21

aquel(la) *adj* that over there 11

aquél(la) *dem* former 11

aquello *pron* that over there (neut form) 11

aquí *adv* here 2

árabe *m* Arab 10

araucano -a *adj* Araucanian 22

árbol *m* tree 3

área *f* area 2

argentino -a *adj* Argentine 5

arqueológico -a *adj* archeological 17

arquitecto -a *mf* architect 24

arte *mf* art 5

artículo *m* article 1

artista *mf* artist 18

Arturo *m* Arthur 1

ascendencia *f* ancestry 15

asentir (ie, i) *v* assent, agree 24

así *adv* so, thus, like this 3; **— como** just as 6; **— que** so that 13

asimilación *f* assimilation 12

asimilar *v* assimilate 18

asistir *v* attend 9

asociar *v* associate 10

asonante *adj* assonant 17

aspecto *m* aspect 12

aspirina *f* aspirin 7

astronauta *mf* astronaut 19

astucia *f* astuteness, cleverness 17

asumir *v* assume 10

asunto *m* affair, business 10

Atahualpa *m* leader of the Incas 22

ataque *m* attack 22

atención *f* attention; **prestar —** pay attention 16

atento -a *adj* attentive, courteous 23

atractivo -a *m* attractiveness, attraction 15; *adj* attractive 18

*****atraer** *v* attract 9

atributo *m* attribute 22

aula *f* classroon 5

aumentar *v* augment, increase 10

aún *adv* still; even, also (sin acento) 9; **— así** even so 13

aunque *conj* although 9

ausente *adv* absent 1

autobiográfico -a *adj* autobiographical 19
autobús *m* bus 23
autodefensa *f* self-defense 9
autor(a) *mf* author 19
auxiliar *adj* auxiliary, helping 13
avanzado -a *adj* advanced 21
aventurarse *v* venture, take a risk 24
aventurero -a *mf* adventurer 15
avería *f* breakdown 16
avión *m* plane 16
aviso *m* notice 15
ayer *adv* yesterday 9
ayuda *f* help 7
ayudar *v* help 7
azteca *m* Aztec 21
azul *adj* blue (color) 5
B

Babilonia *f* Babylon 24
bajo *prep* under, below 23
banco *m* bank 12
bañarse *v* bathe 15
baño *m* bathroom 10
barba *f* chin; beard 22
barbado -a *adj* bearded 22
Bárbara *f* Barbara 3
barco *m* boat, ship 22
basado -a *adj* based 1
basarse *v* base 18
basquetbol *m* basketball 9
batería *f* car battery 16
bautizar *v* baptize 22
Beatriz *f* Beatrice 3
beber *v* drink 5
beisbol *m* baseball 9
bélico -a *adj* warlike, bellicose 17
bestia *f* beast 22
biblioteca *f* library 6
bicicleta *f* bicycle 5
bien *adv* well 1
bilingüismo *m* bilingualism 14
billón *m* million millions 10
biología *f* biology 4
blanco -a *adj* white 5
blusa *f* blouse 5
boca *f* mouth 10
boleto *m* ticket 17
bonito -a *adj* pretty 5
botella *f* bottle 10
boxeo *m* boxing 9

bracero *m* migrant worker 12
Brasil *m* Brazil 13
bravo -a *adj* brave 15
brazo *m* arm 1
breve *adj* brief, short 15
broma *f* joke 16
bronce *m* bronze 24
buen *adj* good 12
bueno -a *adj* good 1
burla *f* **hacer — de** make fun of, mock 24
busca *f* **en — de** in search of 20
**buscar *v* look for 4
butaca *f* chair (easy) 13
C

**cabalgar *v* ride 24
*caber *v* fit 16
cabo *m* **llevar a —** carry out
cacique *m* Indian chieftain 21
cada *adj* each 2
cadáver *m* cadaver, corpse, body 17
*caer *v* fall 8
*caerse *v* fall 17
cafetería *f* cafeteria 5
calcetín *m* sock 24
calendario *m* calendar 5
caliente *adj* hot 11
calificar *v* classify 13
calificativo -a *adj* qualifier, modifier 15
calle *f* street 4
calma *mand* calm down 3; *f* calmness 20
calmar *v* calm 10
calor *m* hot, heat; **tener —** be hot 7
cama *f* bed 7
camarero -a *mf* waiter, waitress 8
cambiar *v* change, alter; **— de** change 17
cambie *mand* change 9
camello *m* camel 14
caminante *m* traveler 16
caminar *v* walk 9
camino *m* road 13; path, way 16
camisa *f* shirt 5
campaña *f* campaign 20
campeonato *m* championship 9
campesino -a *mf* farmer 16
campo *m* field (of play) 9; countryside 16
Canadá *m* Canada 9
canadiense *adj* Canadian 13
cancha *f* court (for tennis) 9
canción *f* song 24

cansado -a   *adj* tired 5
cansarse   *v* become tired 15
cantar   *v* sing 18
cantor(a)   *mf* singer 18
capacidad   *f* capacity 10
capacitado -a   *adj* capable 23
capitán   *m* captain, leader 21
capturar   *v* capture 21
carácter   *m* character 18
característica   *f* characteristic 5
caramba   *interj* Good gracious! Great Scott! 4
cargado -a   *adj* loaded, full 11
caricia   *f* caress 23
cariñoso -a   *adj* affectionate, loving 11
Carlos   *m* Charles 5
Carlos V   *m* King of Spain until 1556 22
carne   *f* flesh, meat 21
caro -a   *adj* expensive 10
Carolina   *f* Caroline 1
carrera   *f* career 23
carretera   *f* highway 13
carta   *f* letter (for mailing) 1
cartero   *m* postman 9
casa   *f* house 1; **estar en —** be home 3
casado -a   *adj* married 6; *mf* married person 23
casarse   *v* marry 15
casi   *adv* almost, nearly 2
casita   *f* little house 8
caso   *m* case, circumstance 10; **en — de** in case of 23
**castigar   *v* punish 22
castillo   *m* castle 24
categoría   *f* category 2
católico   *m* Catholic 12
catorce   *adj, m* fourteen 2
Caupolicán   *m* Araucanian Indian Chief 22
cautivo -a   *adj* captive 24
celebrar   *v* celebrate, take place 9
celo   *m* zeal 22
celoso -a   *adj* jealous, envious 23
cenar   *v* eat supper 15
censo   *m* census 10
centro   *m* center, downtown 11
Centroamérica   *f* Central America 9
centroamericano -a   *adj* Central American 22
cerca   *prep* close, **— de** close to 6
cero   *adj, m* zero 2

cerrado -a   *adj* closed 5
cerrar (ie)   *v* close 7
cerro   *m* hill 16
certeza   *f* certainty 21
certificado   *m* certificate 16
césped   *m* grass 6
ciclo   *m* cycle 17
cielo   *m* sky 5
cien   *adj, m* one hundred 10
ciencia   *f* science 9
ciento   *m* one hundred; **por —** percent 10
cierto -a   *adj* certain 2
cifra   *f* number, cipher, figure 10
cinco   *adj, m* five 2
cincuenta   *adj, m* fifty 10
cine   *m* cinema, movies 6
circo   *m* circus 14
circulación   *f* traffic 6
circunstancia   *f* circumstance 18
ciudad   *f* city 1
ciudadano -a   *mf* citizen 10
civilización   *f* civilization 12
claridad   *f* clarity 3
clase   *f* class 1
clásico -a   *adj* classical 8
**clasificar   *v* classify 9
cláusula   *f* clause 15
cliente   *mf* client 8
clima   *m* climate 13
coche   *m* car 1
cocina   *f* kitchen 6
**coger   *v* catch, seize 23
colección   *f* collection 16
colegio   *m* school 23
coliseo   *m* coliseum 14
**colocar   *v* place 15
colombiano -a   *adj* Colombian 13
colonia   *f* residential section of city 6
colono   *m* colonist, settler 20
columna   *f* column (support) 11
combinación   *f* combination 3
combinado -a   *adj* combined 10
combinar   *v* combine 22
comedor   *m* dining room 6
**comenzar   *v* begin 9
comer   *v* eat 5
comida   *f* meal 9
comité   *m* committee 13
como   *adv* as 9
cómo   *adv* how 1; **¿ — estás?** How are you? 3

cómoda *f* chest of drawers 5
cómodo -a *adj* comfortable 5
compañero -a *mf* companion, friend 5
compañía *f* company 16
comparación *f* comparison 10
comparar *v* compare 9
comparativo -a *adj* comparative 10
compartir *v* share
competencia *f* competition 9
competente *adj* competent 7
competición *f* competition 9
complacer *v* please 15
complejo *m* complex 12
complemento *m* object 6; modifier 11
completar *v* complete 4
completo -a *adj* complete 4; **por —** completely 12
complicado -a *adj* complicated 9
comportamiento *m* conduct, behavior 17
comprar *v* buy 8
comprender *v* understand, comprehend 5
comprensión *f* comprehension 12
comprensivo -a *adj* understanding 11
computador(a) *adj* computer 8
común *adj* common 6
comunicación *f* communication 7
**comunicar *v* communicate 15
con *prep* with 1
conceder *v* concede, grant 22
concentrado -a *adj* concentrated 21
concentrar *v* concentrate, center 14
concepto *m* concept 5
concernir (ie) *v* concern 13
conciencia *f* conscience 14
concierto *m* concert 17
**concluir *v* conclude 8
concordancia *f* agreement 3
concordar *v* agree 16
concubina *f* concubine, mistress 21
condición *f* condition 3
condicional *adj, m* conditional (tense) 16
conducir *v* drive (a car) 10
conferencia *f* lecture 9
conferenciante *mf* lecturer 13
confianza *f* confidence, trust 23
confundido -a *adj* poetic: entwined 17; confused 24
confundir *v* confuse, perplex 13
confusión *f* confusion 24
confuso -a *adj* confusing 3

**congregar *v* congregate 24
**conjugado -a *adj* conjugated 23
conjugar *v* conjugate 10
conmigo *pron* with me, with myself 11
conocedor(a) *mf* knowing, expert 10
**conocer *v* know, be aquainted with 8
conocimiento *m* knowledge 24
conquista *f* conquest 21
consecuentemente *adv* consequently 15
conseguir (i, i) *v* obtain 16
consejo *m* advice 17
conservar *v* conserve, preserve 10
consideración *f* consideration 11; **tener — a** be considerate of 8
considerar *v* consider 22
consiguiente *adj* **por —** consequently 2
consistente *adj* consistent 14
consonante *f* consonant 2; *adj* consonantal 17
constante *adj* constant 21
constitución *f* constitution 17
**constituir *v* constitute 8
construcción *f* construction 6
**construir *v* construct 8
consulte *mand* consult
consultorio *m* office (of doctor) 6
contacto *m* contact 23
contado -a *adj* counted 10
contar (ue) *v* count 10; tell (a story) 12
contemporáneo -a *adj* contemporary 15
*contener (ie) *v* contain 14
contento -a *adj* content, happy 3
contestación *f* answer 5
contestar *v* answer 4
conteste *mand* answer 2
contexto *m* context 6
contigo *pron* with you, with yourself 14
continente *m* continent 17
**continuar *v* continue 6
contra *prep* **en — de** against 12
contracción *f* contraction 6
*contraer *v* contract; **— matrimonio** marry 10
contraparte *f* counterpart 18
contrario -a *adj* contrary; **lo —** the contrary 15; **al —** on the contrary 23
contraste *mand* contrast 12
contraste *m* contrast 4
**contribuir *v* contribute 8
controlar *v* control 22

****convencer** *v* convince 10
conveniencia *f* convenience 11
conveniente *adj* convenient 19
***convenir** *v* be advisable 9; be convenient 19
conversación *f* conversation 4
convertirse (ie, i) *v* become 22
coraje *m* bravery 22
corazón *m* heart 23
corbata *f* tie 5
correcto -a *adj* correct 5
****corregir (i, i)** *v* correct 7
correlación *f* correlation 20
correr *v* run 10
corresponde *v* corresponds 1
correspondiente *adj* corresponding 1
corrida *f* bullfight 9
corriente *adj* ordinary 6
corte *f* court 24
cortina *f* curtain 7
cosa *f* thing 5
cosmopolita *adj* cosmopolitan 14
costar (ue) *v* cost 7
costo *m* cost 23
costumbre *f* custom 8; practice 12
creación *f* creation 18
creador(a) *adj* creative 19; *mf* creator 22
crear *v* create
****crecer** *v* grow 14
creer *v* believe 5; **ya lo —** of course 18
criado -a *mf* servant 23
****criarse** *v* grow up, be raised 22; *vt* 23
cristiano -a *adj* Christian 22
****cruzar** *v* cross 16
cuaderno *m* notebook 1
cuál *pron* which 5
cualidad *f* quality 5
cualquier(a) *adj* any 21
cuando *conj* when 3
cuándo *adv* when 8
cuanto *adv* as, as much as; **en — a** in regard to 10
cuánto -a *adj* how many 2; *pron*
cuarenta *adj, m* forty 10
cuarto *m* room 7; one quarter (1/4) 8
cuatro *adj, m* four 2
cuatrocientos -as *adj, m* four hundred 10
cubano -a *mf* Cuban 14
cubierto *part* covered (of **cubrir**) 14
cubo *m* block, cube 19

***cubrir** *v* cover 14
cuchara *f* spoon 11
cuenta *f* check, bill 19
cuento *m* story 11
cuestionario *m* questionnaire 10
cuidado *m* care, caution; **tener —** be careful 7; **con —** carefully 19
cuidadoso -a *adj* carefully 20
cuidar *v* look after, take care of 23
cultivar *v* cultivate 16
cultura *f* education, culture 18
cumpleaños *m* birthday 2
cuñado -a *mf* brother-in-law, sister-in-law 6
curioso -a *adj* curious 17
curso *m* course 18
cuyo -a *adj* whose 22
Chapultepec *m* Park in Mexico City 10
chaqueta *f* jacket 5
charla *f* talk 13
charlar *v* converse 9
chicano -a *mf* Mexican-American 12
chico, -a *mf* boy, girl 6
chileno -a *adj* Chilean 17
chimenea *f* chimney 6
chino -a *adj* Chinese 10; *mf* 15
chiquito -a *adj* tiny, very small 6
chiste *m* joke 3
chistoso -a *adj* funny 16
D

daño *m* harm, injury 23
***dar** *v* give 8; **—se cuenta de** notice 19; **— a entender** explain 22; **— con** find 24; **— a conocer** let it be known 24; **— un paseo** take a walk
dato *m* fact, data (pl) 14
de *prep* of 1; from 3; about 4
dé *v* give 2
debajo de *prep* underneath 4
deber *v* should, ought; **deber** + *inf* 7
decadencia *f* decadence 8
decidido -a *adj* decided, resolute 23
decidir *v* decide 5
décimo -a *adj* tenth 11
***decir (i)** *v* say; **es —** that is to say 7
declarar *v* declare 22
declinación *f* decline 24
****dedicarse** *v* to dedicate 20
dedo *m* finger 2

defecto *m* defect 20
definición *f* definition 1
definido -a *adj* definite 1
definir *v* define 18
dejar *v* leave 10
del *cont* contraction **de + el** of the 3
delante de *prep* in front of 3
deletree *mand* spell 2
delfín *m* dolphin 9
demasiado *adv* too much 22
demora *f* delay 19
demostrativo -a *adj* demonstrative 11
denotar *v* denote 15
dentista *mf* dentist 9
dentro de *prep* inside 4
denunciar *v* report 10
departamento *m* department 13
depender *v* depend 7
deporte *m* sport 7
deportista *mf* sportsman 5
deportivo -a *adj* sporting 9
derecho -a *adj* right; **a la —** right side 4
derecho *m* right 8
deriva *f* **ir a la —** drifting 13
derivar *v* derive 4
derribar *v* knock down, demolish 19
derrotar *v* defeat 21
**desaparecer *v* disappear 10
desarrollar *v* develop 13
desarrollo *m* development 14
desastre *m* disaster 8
desatar *v* untie 24
desayunar *v* eat breakfast 15
descansar *v* rest 12
*descomponer *v* break down 16
describa *mand* describe 2
descripción *f* description 5
descriptivo -a *adj* descriptive 5
*descubrir *v* discover 13
desde *prep* since 3; from 6
desear *v* desire 5
deseo *m* desire 8
desgracia *f* misfortune 21
desierto *m* desert 24
designar *v* designate 13
desigualdad *adj* inequality 10
desorientado -a *adj* disoriented 3
despertar (ie) *v* awaken 9; *vr* 15
después *adv* later 3
después de *prep* after 2

**destruir *v* destroy 8
detalle *m* detail 14
*detener *v* stop 21
determinado -a *adj* definite, specific 23
determinar *v* determine 10
detrás de *prep* behind 4
deuda *f* debt 13
día *m* day 1; **— de fiesta** holiday 7
diario -a *adj* daily 6
dibujo *m* drawing 2
diccionario *m* dictionary 9
dicho *part* said (of **decir**) 14
dicho -a *adj* said; **mejor —** that is to say 13
diciembre *m* December 2
diecinueve *adj, m* nineteen 2
dieciocho *adj, m* eighteen 2
dieciséis *adj, m* sixteen 2
diecisiete *adj, m* seventeen 2
diez *adj, m* ten 2
diferencia *f* difference 5
diferente *adj* different 1
difícil *adj* difficult 2
diminutivo -a *adj* diminutive 11
dinero *m* money 9
Dios *m* God 12
diplomático -a *mf* diplomat 17
diptongo *m* diphthong 15
directo -a *adj* direct 7
disciplina *f* discipline 18
discoteca *f* discotheque, record shop 8
discrepar *v* differ, disagree 22
discriminación *f* discrimination 12
disfrutar *v* enjoy, reap benefits 11
disgusto *m* annoyance 4
disposición *f* disposal 21
disputa *f* dispute 22
distancia *f* distance 7
**distinguir *v* distinguish 10
distinto -a *adj* different, distict 10
distracción *f* distraction 21
diversión *f* diversion 7
diverso -a *adj* diverse 23
divertirse (ie, i) *v* enjoy oneself, have a good time 15
divida *mand* divide 6
divinidad *f* divinity 18
divino -a *adj* divine 16
división *f* division 7
doble *adj* double 2

doce *adj, m* twelve 2
documentado -a *adj* documented 20
documento *m* document 17
dólar *m* dollar 9
doler (ue) *v* hurt 9
dolor *m* pain; **tener —** have pain, **— de cabeza** headache 7
doméstico -a *adj* domestic 22
dominar *v* dominate, know well 7
domingo *m* Sunday 2
dominicano -a *adj* Dominican; person from the Dominican Republic 14
donde *conj* where 6
dónde *adv* where 3
dormir (ue, u) *v* sleep 7
dormitorio *m* bedroom 7
dos *adj, m* two 2
doscientos -as *adj, m* two hundred 10
dotar *v* endow, bequeath 22
dramaturgo *m* dramatist 18
dudar *v* doubt 17
dudoso -a *adj* doubtful 19
duración *f* duration 12
durante *prep* during 9
durar *v* last, endure
durmiendo *ger* sleeping 13
E

e *conj* and (used before **i-** or **hi-** instead of **y**) 5
economía *f* economy 18
económico -a *adj* economic 5
edad *f* age 7
edición *f* edition 17
edificio *m* building 11
Eduardo *m* Edward 3
educación *f* education 12
EE. UU. *m abr of* **Estados Unidos** 8
efecto *m* **en —** in fact 6; effect 11
eficazmente *adv* effectively 10
ejecución *f* execution 22
ejemplo *m* example 4
**ejercer *v* practice, exercise 12
ejercicio *m* exercise 1
ejército *m* army 15
ejido *m* small community 16
el *art* the *(masc def art)* 1
él *pron* he 2
elefante *m* elephant 14
elegante *adj* elegant 5

**elegir (i, i) *v* elect 12
Elena *f* Helen 9
ellos -as *pron* they 3
ella *pron* she 1
ellos *pron* they 3; **— mismos** they themselves 10
embargo *m* **sin —** nevertheless 10
emergencia *f* emergency 16
eminente *adj* eminent 12
emisario *m* emissary 22
emoción *f* emotion 9
emocionado -a *adj* moved, thrilled 14
**empacar *v* pack 24
emperador *m* emperor 21
**empezar (ie) *v* begin 8
empleado -a *mf* employee 23
emplear *v* use, employ 10
emprender *v* undertake 24
empresa *f* undertaking 21
en *prep* in 2; on 4
encantar *v* enchant 9
encima de *prep* on top of 4
encontrar (ue) *v* find 7
enemigo -a *adj* enemy 20
energía *f* energy 13
enero *m* January 2
enfado *m* anger
énfasis *m* emphasis 3
enfático -a *adj* emphatic 15
enfermedad *f* sickness 12
enfermo -a *adj* sick 6
enojado -a *adj* angry 5
enorme *adj* enormous 16
Enrique *m* Henry 7
**enriquecerse *v* become rich 20
ensalada *f* salad 7
ensayista *m* essayist 18
enseñado -a *adj* taught 22
enseñanza *f* instruction 22
entender (ie) *v* understand 7
entendimiento *m* understanding 22
enterar *v* inform 14
entrada *f* entrance 6; admittance 12
entrar *v* enter 4
entre *prep* between 3
entrevista *f* interview 22
entrevistar *v* interview 10
entusiasmo *m* enthusiasm 9
enumerador(a) *mf* enumerator, counter (for census) 10

****enviar** *v* send 23
épico -a *adj* epic 22
época *f* epoch, time 11
equipo *m* team 9
equivalente *f* equivalent 3
equivaler *v* equal 10
equivocado -a *adj* mistaken 19
es *v* is 1
escalera *f* staircase 6; ladder 24
escándalo *m* scandal 24
****escoger** *v* choose 14
escolar *adj* scholastic, academic 17
escriba *mand* write 2
***escribir** *v* write 5
escrito -a *adj* written 2; *part* written (of escribir) 14
escritor(a) *mf* writer 17
escritorio *m* desk 4
escuchar *v* listen, hear 4
escuela *f* school 6
esdrújulo -a *adj* word accented on 3rd from last syllable 19
ese -a *adj* that 11
ése -a *pron* that 11
esfuerzo *m* effort 10
eso *pron* that (neut form) 1; **por —** for that reason 6
espacio *m* space 6
España *f* Spain 3
español *m* Spanish language 1
español(a) *adj* Spanish 4; *mf* Spanish person 5
especialmente *adv* especially 6
especie *f* species, type 18
específico -a *adj* specific 24
espectáculo *m* spectacle 9
Esperanza *f* Hope 8
esperar *v* expect 9; hope 17
espontáneo -a *adj* spontaneous 17
esposo -a *mf* husband, wife 6
esquema *f* plan, outline, sketch 15
esquí *m* skiing 9
****esquiar** *v* ski 13
esquina *f* corner (of a street) 6
está *v* are 1
establecido -a *adj* established 3
estación *f* station 16; season (of year)
estacionar *v* park 16
estadio *m* stadium 9
estadística *f* statistic 14

estado *m* state; condition 12
Estados Unidos *m* United States 8
estadounidense *adj* person from U.S.A.
***estar** *v* be (infinitive) 3; **— de acuerdo** be in agreement 12
este -a *adj* this 11
éste -a *pron* this, he, she, latter 11
Esteban *m* Stephen 2
estímulo *m* stimulus 13
esto *pron* this (neuter form) 1
estornudar *v* sneeze
estrategia *f* strategy 15
estrofa *f* verse 15
estudiante *mf* student 1
estudiantil *adj* student 3
estudiar *v* study 4
estudio *m* study 7
estudioso -a *adj* studious 9
etapa *f* stage, period of time 17
Europa *f* Europe 20
europeo -a *adj* European 9
Eva *f* Eve 17
evidente *adj* evident 6
exactamente *adv* exactly 10
exacto -a *adj* exact 10
examen *m* test, exam 5
excepción *f* exception; **con — de** except for 2
exclamación *f* exlamation 2
exclamativo -a *adj* exclamatory 6
exclusivo -a *adj* exclusive 23
excursión *f* excursion 10
excusa *f* excuse 9
exigente *adj* exigent, demanding 13
****exigir** *v* demand, require 8
existe *v* exists 4
existencia *f* existence 4
existir *v* exist 7
exótico -a *adj* exotic 24
expedición *f* expedition 22
experiencia *f* experience 9
explicación *f* explanation 1
****explicar** *v* explain 9
explotación *f* development 13
exposición *f* exposition 8
expresa *v* expresses 3
expresar *v* express 5; *vr* 18
expresión *f* expression 3
expulsión *f* expulsion 20
extensión *f* extension 22

extranjero -a   *adj* foreigner 16
extraordinario -a   *adj* extraordinary 17
F

fácil   *adj* easy 2
facilidad   *f* facility 23
falda   *f* skirt 5
falta   *f* lack 13
fama   *f* fame, reputation 18
familia   *f* family 3
famoso -a   *adj* famous
fanático -a   *adj, mf* fanatic 9
fantasía   *f* fantasy 11
faraute   *m* courier, messenger 22
fatigoso -a   *adj* fatiguing, tiring 24
favor   *m* **por** — please (as a favor) 4
favorito -a   *adj* favorite 3
febrero   *m* February 2
fecha   *f* date 2
Federico   *m* Frederick 3
Felipe   *m* Philip 7
feliz   *adj* happy; *pl* felices 6
femenino -a   *adj* feminine 1
fenómeno   *m* phenomenon 22
feroz   *adj* ferocious 6
fiel   *adj* faithful 21
figurativo -a   *adj* figurative 11
fijarse   *v* notice 15
filosofía   *f* philosophy
fin   *m* end 9; purpose 12
fino -a   *adj* refined 17
físico -a   *adj* physical 5
flor   *f* flower 9
florido -a   *adj* florid, flowering 21
fonético -a   *adj* phonetic 9
forastero -a   *adj* foreigner, alien 10
forma   *f* form 2
formar   *v* form 10
fortaleza   *f* fort 22
**forzar   *v* force 24
foto   *f* photo 5
fotografía   *f* photograph 4
fracasar   *v* fail 10
francés -esa   *adj, mf* French 5
frase   *f* phrase, sentence 2
fraternidad   *f* fraternity 2
fray   *m* friar 20
frecuencia   *f* frequency 5
frecuente   *adj* common, frequent 3
frecuentemente   *adv* frequently 5

frente   *m* **en** — **de** in front of 6
fresa   *f* strawberry 23
fresco   *m* cool 13
frijol   *m* bean 14
frío   *m* cold; **tener** — be cold 7
frívolo -a   *adj* frivolous 8
frontera   *f* border 16
fuente   *f* source 22
fuera de   *prep* outside 13
fuerza   *f* strength 13
función   *f* function 3
fundar   *v* found, establish 16
fútbol   *m* football 9
futuro -a   *adj, m* future (tense) 11
G

ganar   *v* win 9; *vr* earn; — **la vida** earn a
   living 16
garaje   *m* garage 5
gasolina   *f* gasoline 16
gastar   *v* spend 8
gato -a   *mf* cat 4
gaucho   *m* Argentine cowboy 18
general   *expr* **por lo** — in general
generalmente   *adv* generally 1
género   *m* gender 1; genre 18
generosidad   *f* generosity 2
genial   *adj* brilliant 12
geografía   *f* geography 19
gerundio   *m* present participle 8
gigante   *m* giant 10
gira   *f* tour, excursion 19
gloria   *f* glory, heaven 17
gobierno   *m* government 10
**gozar   *v* enjoy 6
gracias   *f* thank you *(pl)* 1
graduado -a   *adj* graduate 10
**graduarse   *v* graduate 23
gráfico -a   *adj* graphic
gran   *adj* great 12
grande   *adj* big, large 5
gratis   *adv* gratis, free 23
gris   *adj* grey 5
gritar   *v* shout 10
grupo   *m* group 5
guapo -a   *adj* good-looking, attractive 5
guardar   *v* save, guard 16
guardería infantil   *f* day care center 23
guatemalteco -a   *adj* Guatemalan 13
guerra   *f* war 14

guerrear *v* wage war 21
Guillermo *m* William 3
guitarra *f* guitar 14
gustar *v* like, be pleasing 9
gusto *m* pleasure, delight 18
H

***haber** *v* — **que** + *inf* be necessary 11; — **de** will, would 16
habilidad *f* ability 12
habitación *f* room 24
habitante *m* inhabitant 10
habla *f* speaking 10
hablar *v* speak, talk 4
***hacer** *v* **tanto que** — so much to do 3; make, do 8; — **un viaje** take a trip 10
Haití *m* Haiti 13
hallar *v* find 10
hambre *f* hunger; **tener** — be hungry 7
hamburguesa *f* hamburger 7
hasta *prep* until 1
hay *v* there is, there are 2; — **que** one must 8
hecho *part* done (of **hacer**) 14; **de** — in fact 20
heladería *f* ice cream store 23
helado *m* ice cream 23
hemisferio *m* hemisphere 9
hermano -a *mf* brother, sister 6
héroe *m* hero 15
herrero -a *mf* ironworker 9
hierba *f* grass 6
hijo -a *mf* son, daughter 6
hipérbole *f* hyperbole, exaggeration 18
hipotético -a *adj* hypothetical 21
hispánico -a *adj* Hispanic 9
hispano -a *adj* Hispanic 4
Hispanoamérica *f* Spanish America 3
hispanoamericano -a *adj* Spanish American 13
hispanohablante *adj, mf* speaker of Spanish 10
historia *f* history 6; story, tale 22
histórico -a *adj* historical 13
hogar *m* home 20
hola *interj* hello, hi 3
****holgar (ue)** *v* be glad or happy 22
hombre *m* man 9
honra *f* honor 20
honrar *v* honor 22
hora *f* hour, time 8; **a la** — on time 9

horario *m* schedule 8
hoy *adv* today 2
hueso *m* bone 21
huésped *mf* guest 12
****huir** *v* flee 8
humanidad *f* humanity 6
húmedo -a *adj* humid 23
humilde *adj* humble 12
I

identifica *v* identifies 3
identificación *f* identification 1
identificar *v* identify 10
identifique *mand* identify 1
idioma *m* language 8
ignorancia *f* ignorance 12
ignorante *adj* ignorant, unlearned 22
ignorar *v* ignore (not know) 11
igual *adj* equal, same 8
igualar *v* equate 23
igualdad *f* equality 10
ilegal *adj* illegal 10
ilusión *f* dream, hope 8; illusion 16
imagen *f* image 18
imaginativo -a *adj* imaginative 18
impacientar *v* become impatient 22
impaciente *adj* impatient 23
imperfecto -a *adj, m* imperfect (tense) 11
imperio *m* empire 21
implorar *v* implore 24
***imponer** *v* impose 18
importancia *f* importance 10
importar *v* be important, matter 9
imposibilidad *f* impossibility 19
imprescindible *adj* indispensable 16
impresión *f* impression 13
impulsado -a *adj* driven 9
impulso *m* impulse 14
impulsor (a) *mf* driving force, impeller 17
inaccesible *adj* inaccessible 13
inca *m* Inca 21
incaico -a *adj* Incan 21
incertidumbre *f* uncertainty 19
incidente *m* incident 18
****incluir** *v* include 8
inclusive *adv* inclusive 9
inconveniencia *f* inconvenience 19
inconveniente *m* inconvenience 12
incorrecto -a *adj* incorrect 7
increíble *adj* incredible 12
indefinido -a *adj* indefinite 1

independencia *f* independence 15
independiente *adj* independent
****independizar** *v* emancipate, liberate 23
indiano -a *adj* Indian 22
indica *v* indicates 1
indicación *f* indication 12
indicar *v* indicate 7
indicativo *m, adj* indicative 17
indio -a *mf* Indian 10
indirecto -a *adj* indirect 9
indiscutible *adj* indisputable 11
indocumentado -a *adj* undocumented 10
industria *f* industry 16
ineficiencia *f* inefficiency 21
inepto -a *adj* inept 22
infeliz *adj* unhappy 19
inferioridad *f* inferiority 12
infinitivo *m* infinitive (general form of verb) 3
influencia *f* influence 17
****influir** *v* influence 8
información *f* information 20
informar *v* inform 10
ingeniería *f* engineering 23
Inglaterra *f* England 12
inglés *m* English language 2
inglés -esa *adj, mf* English, English person 5
iniciar *v* initiate 23
iniciativa *f* initiative 13
inmediatamente *adv* immediately 7
inmediato -a *adj* immediate 10
inmenso -a *adj* immense 12
inmortal *adj* immortal 17
innovador(a) *adj* innovative 18
Inquisición *f* Inquisition 20
insistir *v* insist 5
inspección *f* inspection 16
inspirado -a *adj* inspired 17
inspirar *v* inspire 9; *vr* 18
instalarse *v* install 15
institución *f* institution 20
instruido -a *adj* instructed 22
instrumento *m* instrument 4
inteligencia *f* intelligence 8
inteligente *adj* intelligent 5
intento *m* intention 10
interés *m* **tener —** be interested 7; interest 12
interesado -a *adj* interested 11
interesante *adj* interesting 7

interesar *v* be of interest 9
intermedio -a *adj* intermediate 12
interpretación *f* interpretation 6
interpretar *v* interpret 19
intérprete *m* interpreter 22
interrogativo -a *adj* interrogative, question 2
intolerante *adj* intolerant 20
introducción *f* introduction 1
****introducirse** *v* introduce 21
investigación *f* investigation 8
investigador(a) *mf* researcher 20
invitar *v* invite 7
***ir** *v* go 6; **— al caso** get to the point 19
irónico -a *adj* ironic 18
***irse** *v* leave 15
isla *f* island 24
Italia *f* Italy 12
italiano -a *adj, mf* Italian 10
itinerario *m* itinerary 12
izquierdo -a *adj* left; **a la —a** left side 4
J

Jaime *m* James 1
jardín *m* yard, garden 6
Jesucristo *m* Jesus Christ 22
Jorge *m* George 1
José *m* Joseph, Joe 2
joven *adj, mf* young, young person 2
joya *f* jewel 22
Juan *m* John 1
Juana *f* Jane 3
Juanito *m* Johnny 1
judío -a *mf* Jew 20
juego *m* game 9
jueves *m* Thursday 2
****jugar (ue)** *v* play; **— a** (game or sport) 9
juguete *m* toy 11
julio *m* July 2
junio *m* June 2
juntar *v* gather 24
justo -a *adj* just; reasonable
juvenil *adj* youthful 19
juventud *f* youth 18
****juzgar** *v* judge 18
L

la *art* the *(fem def art)* 1; *ob, pron* it, her, you 7
laberinto *m* labyrinth 24
labio *m* lip 24
laboratorio *m* laboratory 6

lado *m* **al — de** beside 4; **por otro —** on the other hand 11
ladrar *v* bark 14
ladrido *m* bark 14
lamentar *v* lament 24
lamer *v* lick 14
lámpara *f* lamp 2
lana *f* wool 20
lápiz *m* pencil 1; *pl* **lápices** 2
largo -a *adj* long 19
las *art* the *(fem pl)* 2; *obj pron* them, you 7
lástima *f* pity 2; **¡Qué — !** What a pity! 7
latín *m* latin 4
Latinoamérica *f* Latin America 9
latinoamericano -a *adj* Latin American 9
latir *v* pulsate 23
le *obj pron* him, her 9
lea *mand* read 4
lección *f* lesson 1
leche *f* milk 10
lector(a) *mf* reader 18
lectura *f* reading 1
leer *v* read 5
lejano -a *adj* distant 23
lejos *adv* far away 6; **a lo —** in the distance 11
lengua *f* tongue, language 1
lenguaje *m* language 22
les *obj pron* to (you) them, you 9
letra *f* letter (of alphabet) 2
levantarse *v* get up 15
leyenda *f* legend 17
liberar *v* free, liberate 18
libertad *f* liberty 2
librar *v* save, rescue, deliver 18
libre *adj* free 7
librería *f* bookstore
libro *m* book 1
licencia *f* license 19
líder *m* leader 21
liderazgo *m* leadership 22
ligadura *f* bond (rope) 24
Lima *f* capital of Peru 24
limitar *v* limit 23
límite *m* limit 12
limpiar *v* clean 16
línea *f* line 4
lírico -a *adj* lyric 18
lista *f* list, roll 2
listo -a *adj* ready 16

literatura *f* literature 4
lo *obj pron* it, him, her, you 7; *art* **— que** what (relative) 9; neut form used with *adj* 18
loco -a *adj* crazy, mad 9
locutor *m* announcer 16
lógico -a *adj* logical 3
lograr *v* achieve, attain 10; **— +** *inf* manage to 17
los *art* the *(masc pl)* 2; *obj pron* them, you 7
lucha *f* struggle 15
luego *adv* then, later, afterward 7
lugar *m* place, location 4; **en — de** in place of 12
Luis *m* Louis 1
luna *f* moon 16
lunes *m* Monday 2
luz *f* light 16
Luzbel *m* Lucifer, Satan 18
LL

llama *v* call; **se —** is/are called 1
llamar *v* call 9
llamarse *vr* be called 15
llamo *v* call; **me —** my name is 1
llave *f* key 1
**llegar *v* arrive 4
llenar *v* fill 23
lleno -a *adj* full 17
llevar *v* wear 5
llorar *v* cry, weep 18
llover (ue) *v* rain 11
lluvia *f* rain 11
M

Machu Picchu *m* Incan fort 22
madre *f* mother 6
maestro -a *mf* master, teacher 24
Magda *f abr* of Magdalena (Magdalene) 6
magnífico -a *adj* magnificent 2
mago *m* magician 24
mal *adj* bad 12; *m* evil 18
maleta *f* suitcase 7
malgastar *v* waste 23
malo -a *adj* bad 7
maltratar *v* mistreat 20
manchar *v* tarnish 20
mandar *v* send 9; order, command 17
manera *f* way, manner, mode 10
mango *m* tropical fruit 14

manifestación *f* manifestation 20
manita *f* little hand 23
mano *f* hand 1; **a —s de** at the hands of 22
manso -a *adj* tame 6
mantener (ie) *v* keep, maintain 11
manzana *f* apple 8
mañana *adv* tomorrow 2; *f* morning 8
mapa *m* map 1
máquina *f* machine 8
maravilla *f* marvel 7
marcado -a *adj* marked 8
****marcar** *v* mark 19
María *f* Mary 1
marino -a *adj* navy 5
Marta *f* Martha 1
martes *m* Tuesday 2
marzo *m* March 2
más *adv* plus, more 2; **— . . . que** more than 3; **— de** more than (used before numbers) 9
masculino -a *adj* masculine 1
matar *v* kill 15
matemáticas *f* mathematics 4
materia *f* matter 17
matinal *adj* pert. to morning 20
matrimonio *m* marriage, matrimony 10
Mauricio *m* Maurice 6
mayo *m* May 2
mayor *adj* greater, larger; **el —** the biggest, the oldest 10; principal 17
mayoría *f* majority 4
mayúsculo -a *adj* capital (letter) 5
me *obj pron* me 7; to (for) me 9; myself 15
mecánico *m* mechanic 24
medianoche *f* midnight 8
medicina *f* medicine
médico -a *mf* doctor 6
medio -a *adj* half 8
mediodía *m* noon 8
medios *m* means 13
medir (i, i) *v* measure 7
meditar *v* meditate 18
mediterráneo -a *adj* Mediterranean 10
mejor *adj* best 9
mejorar *v* improve 10
mencionar *v* mention 20
menor *adj* younger 6
menos *adv* minus, less 2; **— que** less than 10; **— de** less than (used before numbers) 8; **a — "que"** unless 23

mensaje *m* communication, message 22
mentalidad *f* mentality 18
mentir (ie, i) *v* tell lies 12
mentira *f* lie, untruth, fib 9
menú *m* menu 8
menudo *expr* **a —** often 23
mercado *m* flea market, market 20
mercenario -a *adj* mercenary 15
****merecer** *v* deserve 21
mes *m* month 2
mesa *f* table 1
mesilla *f* small table 10
metáfora *f* metaphor 18
método *m* method 6
metro *m* subway 23
mexicanismo *m* Mexicanism 12
mexicano -a *adj, mf* Mexican 4
mexicanoamericano -a *adj, mf* Mexican American 12
México *m* Mexico 3
mezcla *f* mixture 10
mezclar *v* mix 12
mi *adj* my 6
mí *pron* me *(obj of prep)* 2
miedo *m* fear; **tener —** be afraid 7; **dar —** be frightening 19
miembro *m* member (used only in *masc sing*) 6
mientras (que) *adv* while 9
miércoles *m* Wednesday 2
Miguel *m* Michael 1
mil *adj, m* thousand 10
mil millones *adj, m* billion 10
militar *adj* military 15
millón *m* million 10
mínimo -a *adj* minimum 23
minoría *f* minority 10
minúsculo -a *adj* lowercase (letter) 5
mirar *v* look at 7; *vr* 15
misión *f* mission 15
misionero -a *adj* missionary 22
mismo -a *expr* **yo —** I myself 9; **ellos —s** they themselves 10
mitad *f* half 12; middle 24
Moctezuma *m* leader of the Aztecs 21
modelo *m* model, pattern 1
modernismo *m* literary movement 18
moderno -a *adj* modern 8
modesto -a *adj* modest 10
****modificar** *v* modify 9

modo *m* way, method 12; *adj* modal 14;
 de — que thus 16; mood 17
momento *m* moment 12
monarca *m* monarch, king 21
monstruo *m* monster 11
montaña *f* mountain 13
moreno -a *adj* dark-skinned, brunette 5
morir (ue, u) *v* die 19
mosca *f* housefly 22
mostrar (ue) *v* show 20
motivo *m* motive 21
mozo *m* youth, lad 22
muchacho -a *mf* young person 11
mucho -a *adj* much, a lot 3
muebles *m* furniture 7
muerte *f* death 15
muerto *part* died (of **morir**) 14
mujer *f* woman 8
mundial *adj* world 9; world-wide 17
mundo *m* world; **todo el —** everybody 6
muro *m* wall 24
museo *m* museum 17
música *f* music 4
muy *adv* very 1
N

nacimiento *m* birth 16
nación *f* nation 1
nacionalidad *f* nationality 5
**nacionalizar *v* nationalize 16
nada *expr* **de —** you are welcome 4; *f*
 nothing 11
nadie *pron* anyone, no one 9
narrador(a) *mf* narrator 11
natación *f* swimming 9
nativo -a *adj* native 10
natural *adj* natural, native 21
naturaleza *f* nature 18
naturalmente *adv* naturally 6
necesario -a *adj* necessary 2
necesitar *v* need 7
negativo -a *adj* negative 5
negro -a *adj* black 5; *mf* black person 10
nervioso -a *adj* nervous 7
neumático *m* tire 16
neutro -a *adj* neuter 18
nevar (ie) *v* snow 13
nevera *f* refrigerator 6
ni *conj* nor 5
niebla *f* fog, mist 23

ningún *adj* no, not any, none 12
ninguno -a *adj, pron* none 12
niñez *f* childhood 11
nivel *m* level 8
noche *f* night 8
nombrar *v* name 14
nombre *m* name 1; noun 2
nopal *m* cactus 16
norma *f* norm 21
norte *m* north
Norteamérica *f* North America 13
norteamericano -a *adj, mf* North American 9
nos *pron* us 7; to (for) us 9; ourselves, each
 other 15
nosotros -as *pron* we, us 3
nota *f* grade 5; note
novecientos -as *adj, m* nine hundred 10
novela *f* novel 7
novelista *m* novelist 18
noveno -a *adj* ninth 11
noventa *adj, m* ninety 10
noviembre *m* November 2
novillero -a *mf* novice bullfighter 15
novio -a *mf* fiancé(e); groom, bride 6; boyfriend, girlfriend 16
nube *f* cloud 11
nublado *adj* cloudy 13
nuestro -a *adj* our 6
nueve *adj, m* nine 2
nuevo -a *adj* new (when used after noun)
 5; different, used (before) 15
número *m* number 2
numeroso -a *adj* numerous 14
nunca *adv* never 8
O

**obedecer *v* obey 21
objeto *m* object 1
obligación *f* obligation 11
obra *f* work (such as book) 14
observar *v* observe 9
observen *mand* observe 14
octavo -a *adj* eighth 11
octubre *m* October 2
ocupación *f* occupation 12
ocupado -a *adj* busy 6
ocupar *v* hire 10
ocurrir *v* occur 7
ochenta *adj, m* eighty 10

ocho *adj, m* eight 2
ochocientos -as *adj, m* eight hundred 10
odiar *v* hate 11
odio *m* hate 21
odontología *f* dentistry 23
oeste *m* west 6
ofender *v* offend 12
ofertorio *m* offertory 17
oficina *f* office 3
oficio *m* occupation, job, work 23
**ofrecer *v* offer 15
ofrezca *mand* offer 18
*oír *v* hear 8
ojalá *interj* God willing, I hope so 18
olimpiadas *f* Olympic games 9
olvidar *v* forget 11; *vr* 20
omisión *f* omission 3
omitir *v* omit 13
once *adj, m* eleven 2
opinar *v* think, opine 8
opinión *f* opinion 10
oportunidad *f* opportunity 8
oración *f* sentence 10; prayer 16
ordenar *v* order 22
organización *f* organization 22
orgullo *m* pride 23
orgulloso -a *adj* proud 8
orientación *f* orientation 23
origen *m* origin 3
originalidad *f* originality 19
originar *v* originate 18
oro *m* gold 20
ortografía *f* spelling 9
ortográfico -a *adj* orthographic (spelling) 9
os *pron* you *(fam pl)* 7; to (for) you 9; ourselves 15
**oscurecer *v* darken, obscure 22
oscuro -a *adj* dark 10
oso -a *mf* bear 9
otoño *m* autumn 18
otro -a *adj* another 2
oye *mand* listen 3
P

Pablo *m* Paul 5
Pachacamac *m* god of the Incas 22
paciencia *f* patience 17
pacífico -a *adj* pacific 22
padre *m* father 6

pagano -a *adj* pagan 22
**pagar *v* pay 9
página *f* page
país *m* country 5
paisaje *m* scenery 16
palabra *f* word 1
palomitas *f* popcorn 8
palpable *adj* palpable, touchable 21
palpitar *v* beat (as the heart) 21
panamericano -a *adj* Pan American 9
pantalones *m* pants 5
Papa *m* Pope 22
papá *m* father 6
papel *m* paper 1
paquete *m* package 9
Paquito *m* little Paco 3
par *m* pair 24
para *prep* for 3; for the purpose of 8; — **que** so that 23
parabrisas *m* windshield 16
paracaídas *m* parachute 19
parada *f* stop 16
paradoja *f* paradox, contradiction 18
paradójico -a *adj* paradoxical 22
parar *v* stop 16
parcial *adj* partial 12
pardo -a *adj* brown 5
parear *v* pair 17
parecer *v* seem 9
pared *f* wall 4
paréntesis *m* parenthesis 7
pariente *m* relative 6
parte *f* part 7; **por otra** — on the other hand 12
participar *v* participate 9
participio *m* participle 10
partido *m* game 9
pasado *m* past 8
pasaje *m* passage 21
pasajero -a *mf* passenger 19
pasar *v* spend 5
pasatiempo *m* pastime 8
pase *mand* go, pass 4
pasear *v* stroll 15
paso *m* way, movement 24
patrulla *f* patrol 16
payaso -a *mf* clown 14
paz *f* peace 21
**pecar *v* sin 20
pecho *m* chest, breast 21

pedir (i, i) *v* ask for 7
pedregoso -a *adj* rocky 16
peinarse *v* comb 15
peligroso -a *adj* dangerous 12
penetrar *v* penetrate 24
península *f* peninsula 19
pensamiento *m* thought 11
pensar (ie) *v* think 7
pensión *f* boarding house 24
penúltimo -a *adj* penultimate, next-to-last 2
peor *adv* worse; **el —** worst 10
Pepe *m* Joey 1
Pepita *f* Josie 7
pequeño -a *adj* small 5
percance *m* mishap 19
perder (ie) *v* lose 10
peregrino -a *mf* pilgrim 20
perfecto -a *adj* perfect 14
periódico *m* newspaper 1
permiso *m* permit 16
permitir *v* permit 8
pero *conj* but 3
perplejo -a *adj* perplexed, confused 24
perro -a *mf* dog 4
persona *f* person 1
personaje *m* character (of novel) 24
personificación *f* personification 18
**pertenecer *v* own 15
perteneciente *adj* pertaining, belonging 10
Perú *m* Peru 21
peruano -a *adj, mf* Peruvian 15
pesar *expr* in spite of **a — de**
petróleo *m* petroleum 16
petrolero -a *adj* petroleum 16
pie *m* foot; **estar de —** be standing 5
piedra *f* rock 21
piel *f* skin 9
pintoresco -a *adj* colorful 17
piscina *f* swimming pool 6
piso *m* floor 6
pizarra *f* blackboard 1
Pizarro *m* Spanish conqueror of Incan Empire 22
planear *v* plan 15
plata *f* silver, money 22
plato *m* plate 8
playa *f* beach 16
plebeyo -a *adj* plebeian 22

pleno -a *adj* full 16
pluma *f* pen 1
pobre *adj* poor 13; pitiful 15
poder *m* power, strength
*poder (ue, u) *v* be able 7
poema *m* poem 16
poesía *f* poetry 15
poeta *m* poet 16
poético -a *adj* poetic 15
política *f* politics 8
*poner *v* put 8
*ponerse *v* put on (clothes) 15
por *prep* for; **— qué** why 3; **— poco** almost 9; **— lo tanto** therefore 21; **— medio de** through 22
porque *conj* because 4
portero *m* doorman 12
portugués *m* Portuguese language 13
poseedor(a) *mf* possessor 24
poseer *v* possess 14
poseído -a *adj* possessed 16
posesión *f* possession (in all senses) 1
posesivo -a *adj* possessive 6
posibilidad *f* possibility 16
posición *f* position 4
postre *m* dessert 16
**practicar *v* practice 9
práctico -a *adj* practical 5
preceder *v* precede 14
precio *m* price 22
precioso -a *adj* precious 20
preciso -a *adj* precise 12
precursor(a) *adj* precursor 18
*predecir (i) *v* predict 17
preferible *adj* preferable 6
preferir (ie, i) *v* prefer 7
pregunta *f* question 1; **hacer una —** ask a question 11
pregunta *v* he, she asks 3
prejuicio *m* prejudice 12
premio *m* prize 16
preocupación *f* concern, worry 19
preocupado -a *adj* worried 5
preocuparse *v* worry 16
preparación *f* preparation 15
preparar *v* prepare 8; *vr* 19
prepare *mand* prepare 2
preposición *f* preposition 1
presenciar *v* be present at 9
presentar *v* present 15

presente *adv* present (for roll call) 1; *adj;*
  m present (tense) 4
presidente *m* president 10
presión *f* pressure 16
prestar *v* lend 24
pretérito *m* preterite, past (tense) 9
*__**prevenir (ie)** *v* prevent 22
previo -a *adj* previous 24
primavera *f* spring 18
primer *adj* first (*apoc* of **primero**) 12
primero -a *adj, m* first (masc used for first
  of month) 2
primo -a *mf* cousin 6
princesa *f* princess 21
principio *expr* **al —** at the beginning 3; *m*
  principle 17
prisa *f* hurry; **tener —** be in a hurry 7
probable *adj* probable 12
probablemente *adv* probably 4
probar (ue) *v* taste 23; prove 24
problema *m* problem 3
problemático -a *adj* problematic 10
procurar *v* try 10
producción *f* production 14
***producir** *v* produce 10
productor(a) *adj* producing 16
proferir (ie, i) *v* utter 24
profesión *f* profession 6
profesor(a) *mf* professor 1
profesorado *m* faculty 9
profundo -a *adj* profound 18
programa *m* program 7
progresar *v* progress 17
progresivo -a *adj* progressive 12
prohibir *v* prohibit 14
prolijidad *f* extensiveness 22
prometedor(a) *adj* promising 13
prometer *v* promise 19
pronombre *m* pronoun 3
pronto *adv* soon 8; quickly 16
pronunciación *f* pronunciation 2
pronunciar *v* pronounce 4
pronuncie *mand* pronounce 2
propagandista *adj* propagandistic 20
propina *f* gratuity, tip 19
propio -a *adj* own 8
*__**proponer** *v* propose 18
propósito *expr* **a —** on purpose 8; *m* purpose 10
protagonista *m* protagonist 24

protección *f* protection 11
protesta *f* protest 4
provechoso -a *adj* beneficial, advantageous 24
proveer *v* provide 21
provocado -a *adj* provoked 15
proyectado -a *adj* projected, planned 19
proyecto *m* project 16
prudente *adj* prudent 24
*___*publicar** *v* publish 17
público *m* public 15
pueblo *m* town 16; people 17
puerta *f* door 1
puertorriqueño -a *adj, mf* Puerto Rican 14
pues *adv* well 3
puesto put (part of **poner**) 14; *m* position
punto *m* point 16
puntuación *f* punctuation 2
pupila *f* pupil (of eye) 17
puritano -a *adj, mf* Puritan 20
puro -a *adj* pure 10
Q

que *pron* that *(rel pron)* 3
qué *pron* what 1; *adj* what 3
qué *expr* ¿ **— tal?** How are you? 3
quedar *v* stay, remain, be situated 6; *vr*
  15; **— satisfecho -a** be satisfied 22
queja *f* complaint 24
*__**querer (ie)** *v* want, wish 7
querido -a *adj* dear, dearest 11
Quetzalcoatl *m* legendary Aztec god 22
quién *pron* who 1; **a —** whom 10
química *f* chemistry 7
quince *adj, m* fifteen 2
quinientos -as *adj, m* five hundred 10
quinto -a *adj* fifth 11
quitarse *v* take off (clothes) 15
quizás *adv* maybe, perhaps 10
R

racional *adj* rational 15
radical *m* stem 4
radio *f* radio (program); *m* (apparatus);
  poner la — turn on the radio 16
raíz *f* root 6
Ramón *m* Ramon 3
ranchero -a *adj* ranch, western 16
rápidamente *adv* rapidly 7
rápido -a *adj* rapid 10
raqueta *f* racket 7

raro -a *adj* rare, strange 12
rato *m* moment, little while 8
Raúl *m* Raul 6
rayo *m* ray 16
raza *f* race (human) 10
razón *f* reason 13
razonamiento *m* reasoning 22
real *adj* real, royal 21
realidad *f* reality 21
rebelarse *v* rebel 22
rebelde *adj* rebellious 21
recepción *f* reception 21
recibir *v* receive 5
recientemente *adv* recently 9
recíproco -a *adj* reciprocal 23
recitar *v* recite 22
recobrar *v* recover, recuperate 13
****recoger** *v* pick up 8
recomendar (ie) *v* recommend, advise 17
****reconocer** *v* recognize 10
recordar (ue) *v* remember 7
recorrer *v* traverse, cross 24
recuerdo *m* recollection 11
recurso *m* resource 13
****rechazar** *v* reject 12
****reducir** *v* reduce 10
referir (ie, i) *v* relate 12; *vr* 16; refer 21
reflexión *f* reflection 18
reflexivo -a *adj* reflexive 15
refresco *m* refreshment 5
regalado -a *adj* given 20
regalo *m* gift 17
región *f* region 10
registrar *v* examine, check 16
regla *f* rule
regresar *v* return 5
regreso *m* return 24
reino *m* kingdom 24
reír (í, i) *v* laugh
relación *f* relation 6
relacionado -a *adj* related (subject) 10
relativamente *adv* relatively 7
relativo -a *adj* relative *(gram)* 22
religión *f* religion 12
religioso -a *adj* religious 20
reloj *m* wristwatch, clock 2
remoto -a *adj* remote 10
rendirse (i, i) *v* surrender 15
repasar *v* review 20
repetición *f* repetition 2

repetir (i, i) *v* repeat 7
representación *f* performance 18
representar *v* represent; perform (a play) 7
requerir (ie, i) *v* require 23
resentimiento *m* resentment 15
residencia *f* residence, dormitory 3
residente *m* resident 2
residir *v* reside 10
resistir *v* resist 14
respetar *v* respect 11
respeto *m* respect 11
responda *mand* respond 2
responder *v* respond 5
respuesta *f* response 1
reste *mand* subtract 2
resto *m* rest 6
resultado *m* result; **como —** as a result 23
retirarse *v* retreat 22
reunión *f* meeting 13
reunir *v* reunite, meet 12; *vr* 15
revelar *v* reveal 8
revisar *v* check 16
revista *f* magazine 7
revolución *f* revolution 15
revolucionario -a *mf* revolutionary 17
rey *m* king 22
Ricardo *m* Richard 3
rico -a *adj* rich 6
rígido -a *adj* rigid 18
rima *f* rhyme 17
robar *v* rob, steal 17
Roberto *m* Robert 1
****rogar (ue)** *v* beg, entreat, implore 17
rojo -a *adj* red 5
***romper** *v* break 8; *vr* 18
ropa *f* clothes, clothing (collective noun) 5
ropero *m* closet 24
Rosa *f* Rose 1
roto *part* broken (of **romper**) 14
rubio -a *adj* blond 5
ruido *m* noise 10
rumbo *expr* **—a** in the direction of 9; *m* course, direction 17
rústico -a *adj* rustic 17
S

S. A. *f* Sociedad Anónima 17
sábado *m* Saturday 2
***saber** *v* know 8; **—** + *inf* know how to

sabio -a *mf* wise man or woman 11; *adj* learned 22

sabor *m* flavor 23

sacerdote *m* priest 21

sacrificio *m* sacrifice 21

sala *f* living room, room 5

salida *f* sally, outing 20

*salir *v* go out, leave 8

salón *m* reception room 20

saltar *v* jump 19

saludar *v* greet 12

salvadoreño -a *adj* Salvadoran 5

salvar *v* save 22

santo -a *adj* holy 22

satisfecho -a *adj* satisfied 10

se *pron* equivalent to impersonal "one" or "they" 5; *reflex pron* —self; each other 15

sé *v* I know 2; *fam mand* be 20

sección *f* section 19

secretario -a *mf* secretary 13

secreto *m* secret 14

secundario -a *adj* secondary 6

sed *f* thirst; **tener —** be thirsty 7

seguida *expr* **en —** immediately 5

seguir (i, i) *v* follow, continue 7

según *prep* according to 6

segundo -a *adj* second 10

seguro -a *adj* sure, certain 12; safe 16

seis *adj, m* six 2

seiscientos -as *adj, m* six hundred 10

selección *f* selection 16

seleccionar *v* select, choose 10

selva *f* jungle 13

semana *f* week 2

semejante *adj* similar 18

semestre *m* semester 3

sensación *f* sensation 23

sensibilidad *f* sensitivity 17

sentado -a *adj* seated 5

sentarse (ie) *v* sit 15

sentido *m* sense 22

sentimiento *m* sentiment 15

sentir (ie, i) *v* feel 10; be sorry 18

señalado -a *adj* notable, distinguished 22

señalar *v* point out 20

señor *m* lord 21

señor(a) *mf* sir, mister, gentleman; madam, Mrs., lady 1

señores *m* Mr. & Mrs. 4; gentlemen

señorito -a *mf* master; Miss; (coll) *m* dandy 1

septiembre *m* September 2

séptimo -a *adj* seventh 11

*ser *v* be (infinitive) 3; *m* being 22

sereno -a *adj* serene 9

serie *f* series, group 12

serio -a *adj* serious 10

servir (i, i) *v* serve 7

sesenta *adj, m* sixty 10

setecientos -as *adj, m* seven hundred 10

setenta *adj, m* seventy 10

severamente *adv* severely 22

sexto -a *adj* sixth 11

si *conj* if 2

sí *adv* yes 2

siempre *adv* always 3

siéntese *mand* sit down 6

sierra *f* jagged mountain range 10

siervo *m* servant 19

siglo *m* century

significa *v* means 1

significado *m* meaning 6

siguiente *adj* following 2

sílaba *f* syllable 2

silábico -a *adj* syllabic 16

silencio *m* silence 10

silla *f* chair 1

simbolismo *m* symbolism 15

**simbolizar *v* symbolize 15

símbolo *m* symbol 15

simpático -a *adj* pleasant, nice 5

simplicidad *f* simplicity 24

sin *prep* without 2; **— embargo** nevertheless 10

singularidad *f* uniqueness 15

sino *conj* but (rather) 23

sirviente *m* servant 21

sistema *m* system 9

sitio *m* place 23

sobre *m* envelope 1; *prep* on, above 2

sobrino -a *mf* nephew, niece 17

sociedad *f* society 14

sociología *f* sociology 6

socorro *m* help 24

**sofocar *v* put down, suffocate 15

sol *m* sun 11

solamente *adv* only 9

**solemnizar *v* solemnize 22

sólo *adv* only 10

solo -a *adj* sole, only 3; alone 11; **por sí —** himself, herself 24

solución *f* solution 8

solucionar *v* solve 10

sombrero *m* hat 1

son *v* are 2

sonido *m* sound 10

sonreír (í, i) *v* smile 12

sonrisa *f* smile 11

sorprenderse *v* become surprised 15

sorpresa *f* surprise 4

sorpresivo -a *adj* surprising 22

Sr. *abr* señor 4

Sra. *abr* señora 4

Srta. *abr* señorita 4

su *adj* your (formal) 2; his, her, their, its 6

suave *adj* soft, smooth 23

subir *v* go up 24

subjuntivo *m, adj* subjunctive 17

subordinado -a *adj* subordinated 17

subordinar *v* subordinate 17

subraye *mand* underline 2

substancia *f* substance 24

substitución *f* substitution 20

**substituir *v* substitute 21

substituya *mand* substitute 7

suceder *v* happen 9

sucesivamente *adv* successively 9; **y así —** and so on 13

suceso *m* event 23

sucio -a *adj* dirty 17

Sudamérica *f* South America 9

sudamericano -a *adj* South American 13

sudoeste *m* southwest 12

suelo *m* floor, ground 4

suelto -a *adj* loose 19

sueño *m* sleep; **tener —** be sleepy 7

suerte *f* luck; **tener —** be lucky 7

suéter *m* sweater 5

suficiente *adj* sufficient 10

sufijo *m* suffix 9

sufrir *v* suffer 5

sugerir (ie, i) *v* suggest 12

suicidarse *v* commit suicide 17

sujeto *m* subject 3

sujeto -a *adj* subject to 19

Sultán *m* Sultan 6

sume *mand* add 2

sumiso -a *adj* submissive, docile 23

superar *v* surpass 12

superlativo -a *adj* superlative 10

supremo -a *adj* supreme 22

supuesto *expr* **por —** of course 9

sur *m* south 9

**surgir *v* arise 13

Susana *f* Susan 1

sustantivo *m* substantive, noun 1

sutil *adj* subtle 15

suyo -a *adj* his, hers, yours, theirs, its, one's 16

T

taco *m* Mexican sandwich, made with meat, beans, or sliced chicken, etc. wrapped in a tortilla 24

tal *adj* such, such as 12; **con — de** provided that 23

tamaño *m* size 11

también *adv* also 2

tampoco *adv* either, neither 18

tan *adv* so, as 10; **— pronto como** as quickly as 22

tanto -a *adj* so much; **— como** as much as 10

tantos -as *adj* so many; **— como** as many as 10

tarde *adv* late 6; *f* afternoon 8

tarea *f* assignment 7; task, chore 23

tarjeta *f* card 16

Taxco *m* town in México 10

taza *f* cup 11

te *pron* you *(fam sing)* 7; to (for) you 8; yourself 15

teatro *m* theater 17

técnica *f* technique 18

techo *m* ceiling 16

tejado *m* roof 6

tejano -a *adj, mf* Texan 15

teléfono *m* telephone 1

televisión *f* television (program) 4

televisor *m* television set 1

tema *m* subject, theme 8

temer *v* fear 12

temor *m* fear 17

templo *m* temple 17

temporada *f* season 15

temprano *adv* early 7

tendencia *f* tendency 18

tender (ie) *v* tend 20

*tener (ie) *v* be, have 7; **— en cuenta** bear in mind 12; **— por** consider 21; **— entendido** understand 23

tenis *m* tennis 7

Tenochtitlán *m* ancient city of Aztecs 17

Teotihuacán *m* site of ancient Mexican civilizations 17

tercer *adj* third (*apoc* of **tercero**) 3

tercero -a *adj* third 5

termina *v* ends 1

terminación *f* ending 1

terminado -a *adj* finished 9

terminar *v* end, finish 4

término *m* term (word) 13

terreno *m* land 16

tesoro *m* treasure 18

tiburón *m* shark 11

tiempo *m* tense 3; weather 8; **al mismo —** at the same time 13

tiene *v* has 6

tierra *f* earth 11; land 16

tigre *m* tiger 14

tímido -a *adj* timid 23

tío -a *mf* uncle, aunt 6

típico -a *adj* typical 4

tipo *m* type 10

tiranía *f* tyranny 15

título *m* title 4

tiza *f* chalk 4

tocadiscos *m* record player 7

**tocar *v* play (a musical instrument) 4

todavía *adv* still 10

todo *pron* all, everything 3

todo -a *adj* all 6

tomar *v* take (food or drink) 4; **— parte** take part 9; **— por asalto** take by assault 15; **— el pelo** joke with 16; **— en cuenta** take into account

Tomás *m* Thomas 3

tomo *m* volume 17

tonto -a *adj* silly, foolish, stupid 8

toreo *m* bullfighting 15

torero -a *mf* bullfighter 15

toro *m* bull 9

torre *f* tower 19

torturar *v* torture 22

trabajar *v* work 4

trabajo *m* work 6; job 21

tradición *f* tradition 14

tradicional *adj* traditional 8

**traducir *v* translate 8

traductor(a) *mf* translator 21

*traer *v* bring 8

trágico -a *adj* tragic 22

traje *m* suit; dress 5

tranquilo -a *adj* tranquil 5

transitivo -a *adj* transitive 15

transitorio -a *adj* transitory, temporary 17

tratar *v* try 10; address (a person) 22

través *expr* **a — de** by means of 10

**trazar *v* trace 19

trece *adj, m* thirteen 2

treinta *adj, m* thirty 2

tremendo -a *adj* tremendous 6

tres *adj, m* three 2

trescientos -as *adj, m* three hundred 10

tribu *f* tribe 21

triste *adj* sad 5

triunfar *v* triumph 22

triunfo *m* triumph 15

trompeta *f* trumpet 4

**truncar *v* truncate 22

tu *adj* your (familiar) 6

tú *pron* you (familiar) 3

túnel *m* tunnel 19

turista *mf* tourist 15

tuyo -a *adj* yours (familiar) 16

U

u *conj* or (used before **o-** or **ho-** instead of **o**) 24

Ud. *pron abr* of **usted** 3

Uds. *pron abr* of **ustedes** 3

últimamente *adv* lately 10

último -a *adj* last 2

un *art* one, a, an (*masc indef art*) 1

una *art* one, a, an (*fem sing*) 2

ungido -a *adj* anointed 19

único -a *adj* only 13

unidad *f* unity 14

universidad *f* university 3

universitario -a *adj* university 6

universo *m* universe 22

uno *adj, m* one 2

urgente *adj* urgent 13

usar *v* use 5

uso *m* use 3

usted *pron* you (formal, *sing*) 1

ustedes *pron* you (formal, *pl*) 3

utensilio *m* utensil, tool 11

V

vacación *f* vacation (*pl* used often) 7

vacío -a *adj* empty 14

**vagar *v* roam, wander 24

vago -a *adj* vague 15
valer *v* be worth 16
valiente *adj* valiant 15
valioso -a *adj* valuable 24
valor *m* value 15
vanguardia *f* vanguard, avant-garde 18
vaquero -a *mf* cowboy, cowgirl 9
variación *f* variation 10
variado -a *adj* varied 21
variante *m* variant 10
**variar *v* vary 13
variedad *f* variety 8
varios -as *adj* various 6
varón *m* male (person) 10
vasallo -a *mf* vassal, subject 21
vea *mand* see 2
vedar *v* forbid 24
veinte *adj, m* twenty 2
veinticinco *adj, m* twenty-five 2
veinticuatro *adj, m* twenty-four 2
veintidós *adj, m* twenty-two 2
veintinueve *adj, m* twenty-nine 2
veintiocho *adj, m* twenty-eight 2
veintiséis *adj, m* twenty-six 2
veintisiete *adj, m* twenty-seven 2
veintitrés *adj, m* twenty-three 2
veintiuno *adj, m* twenty-one 2
veloz *adj* fast 24
vender *v* sell 5
venezolano -a *adj* Venezuelan 12
*venir *v* come 8
ventaja *f* advantage 19
ventana *f* window 1
venturoso -a *adj* fortunate 24
*ver *v* see 8
verano *m* summer 9
verbo *m* verb 3
verdad *f* true 9
verdadero -a *adj* real 11
verde *adj* green 5
versión *f* version 22
verso *m* line of poetry 15
vestido *m* dress, suit 5
vestirse (i, i) *v* dress 15

vez *f* time; **a veces** sometimes 4; **alguna —** some time, **tal —** perhaps 8; **en — de** instead of 10; **a la —** at the same time 13; **de — en cuando** from time to time 16
viajar *v* travel 9
viaje *m* trip 9
viceversa *adv* vice versa 23
víctima *f* victim 21
viejo -a *adj* old 6
viento *m* wind 10
viernes *m* Friday 2
vigilar *v* guard, watch 22
vino *m* wine 10
violento -a *adj* violent 9
virtud *f* virtue 22
visión *f* vision 16
visitar *v* visit 9
vista *expr* **hasta la —** until we see each other again 1
visto *part* seen (of **ver**) 14
viveza *f* quickness; cleverness 18
vivir *v* live 5
vocabulario *m* vocabulary 1
vocación *f* vocation 23
vocal *f* vowel 2
volumen *m* volume (such as book) 22
voluntad *f* volition, will 17
*volver (ue) *v* return 7; **— a** + *inf* do again 18
vosotros -as *pron* you *(fam pl)* 3
voz *f* voice, **— pasiva** passive voice 5
vuelo *m* flight 19
vuelto *part* returned (of **volver**) 14
vuestro -a *adj* your *(fam pl)* 6
X

Xochimilco *m* floating gardens in Mex. 10
Y

y *conj* and 2
ya *expr* **— que** since 10
yudo *m* judo 9
Z

zapato *m* shoe 2

Diccionario inglés–español

A

a *art* un 1; una 3
a hundred *adj* cien, ciento 10
abandon *v* abandonar 24
abbreviated *adj* abreviado -a 12
abbreviation *f* abreviatura 3
ability *f* habilidad 12
about *prep* de 4
above *prep* sobre 2
absent *adv* ausente 1
abstract *adj* abstracto -a 9
absurd *adj* absurdo -a 19
accent *m* acento 2; *v* acentuar** 14
accented *adj* acentuado -a 2
accept *v* aceptar 13
acceptance *f* aceptación 10
accident *m* accidente 12
accompany *v* acompañar 7
according to *prep* según 6; *expr* de acuerdo
   con 14
accustom *v* acostumbrar 12
accustomed *adj* acostumbrado -a 12
accumulation *f* acumulación 18
accuse *v* acusar 20
action *f* acción 9
activity *f* actividad 9
actress *f* actriz 6
Adam *m* Adán 17
adaptation *f* adaptación 21
add *mand* sume 2; *v* añadir 5
addition *f* adición 8
adequate *adj* adecuado -a 13
adhere *v* adherir (ie, i) 17
adjective *m* adjetivo 2
administration *f* administración 3
admiration *f* admiración 22
admit *v* admitir 19
adore *v* adorar 19
advanced *adj* avanzado -a 21
advantage *f* ventaja 19
advantageous *adj* provechoso -a 24
adventurer *mf* aventurero -a 15
adverb *m* adverbio 1
advice *m* consejo 17
advisable *adj* aconsejable 19

advise *v* aconsejar 17
affect *v* afectar 11
affectionate *adj* cariñoso -a 11
affirm *v* afirmar 15
afflict *v* afligir** 17
after *prep* después de 2
afterward *adv* luego 7
again *expr* volver (ue) a + *inf* 18; *adv* otra
   vez
against *prep* contra, en contra de 12
age *f* edad 7
agency *f* agencia 10
agent *m* agente 21
agree *v* concordar (ue) 16
agreeable *adj* agradable 6
agreement *f* concordancia 3
agriculture *f* agricultura 19
air conditioning *m* aire acondicionado 8
airport *m* aeropuerto 12
album *m* álbum 4
Alfred *m* Alfredo 5
algebra *f* álgebra 21
Alice *f* Alicia 1
all *m* todo 3; *adj* todo -a 6
Allah *m* Alá 24
almost *adv* casi 2
alone *adj* solo -a 11
alphabet *m* alfabeto 2
also *adv* también 2
alternative *f* alternativa 22
although *conj* aunque 9
altitude *f* altitud 13
always *adv* siempre 3
ambiguity *f* ambigüedad 16
ambition *f* ambición 21
American *adj, mf* americano -a 3
ample *adj* amplio -a 12
ancestor *m* antepasado 21
ancestry *f* ascendencia 15
ancient *f* antigua
and *conj* y 2; e (antes de i- o hi-) 5
Andrew *m* Andrés 5
angel *m* ángel 16
anger *m* enfado

Anglo-American   *adj* angloamericano -a 10

Anglo-Saxon   *adj* anglosajón -ona 12

angry   *adj* enojado -a 5

Ann   *f* Ana 1

Annie   *f* Anita 1

announcement   *m* anuncio 10

announcer   *m* locutor 16

annoyance   *m* disgusto 4

another   *adj* otro -a 2

answer   *v* contestar 4; *f* contestación 5; *mand* conteste 9

antagonism   *m* antagonismo 20

antecedent   *m* antecedente 24

antenna   *f* antena 4

antepenultimate   *adj* antepenúltimo -a 15

anthology   *f* antología 24

anthropology   *f* antropología 17

anticipation   *f* anticipación 19

antipoetic   *adj* antipoético -a 18

antislavery   *adj* antiesclavista 16

anxiety   *f* ansia 20

anxious   *adj* ansioso -a 20

any   *adj* cualquier(a) 21

anyone   *pron* nadie (forma *neg*) 9

apartment   *m* apartamento 4

apostle   *m* apóstol 15

appear   *v* aparecer** 14

appendix   *m* apéndice 7

apple   *f* manzana 8

apply   *v* aplicar 10

appreciate   *v* apreciar 16

approach   *v* acercarse**21

appropriate   *adj* apropiado -a 3

approximately   *adv* aproximadamente 21

April   *m* abril 2

Arab   *m* árabe 24

Arabic   *adj* árabe 10

Araucanian   *adj* araucano -a 22

archeological   *adj* arqueológico -a 17

architect   *mf* arquitecto -a 24

are   *v* Ud. está 1; son 2

area   *f* área 2

Argentine   *adj* argentino -a 5

Argentine cowboy   *m* gaucho 18

arise   *v* surgir** 13

arm   *m* brazo 1

army   *m* ejército 15

around   *prep* alrededor de 21

arrive   *v* llegar** 4

art   *f* arte 5

Arthur   *m* Arturo 1

article   *m* artículo 1

artist   *mf* artista 18

as   *adv* como 9; tan 10; cuanto 19

ask   *v* preguntar;— **for (something)** pedir (i, i)

aspect   *m* aspecto 12

aspirin   *f* aspirina 7

assent   *v* asentir (ie, i) 24

assignment   *f* tarea 7

assimilate   *v* asimilar 18

assimilation   *f* asimilación 12

associate   *v* asociar 10

assonant   *adj* asonante 17

assume   *v* asumir 10

astonished   *adj* admirado -a 21

astronaut   *mf* astronauta 19

astuteness   *f* astucia 17

atmosphere   *m* ambiente 12

attach   *v* adjuntar 14

attack   *m* ataque 22

attain   *v* lograr 10

attend   *v* asistir 9

attention   *f* atención 16

attentive   *adj* atento -a 23

attitude   *f* actitud 16

attract   *v* atraer* 9

attractiveness   *m* atractivo 18

attribute   *m* atributo 22

augment   *v* aumentar 10

August   *m* agosto 2

aunt   *mf* tía 6

author   *mf* autor(a) 19

autobiographical   *adj* autobiográfico -a 19

autumn   *m* otoño 18

auxiliary   *adj* auxiliar 13

awaken   *v* despertar (ie) 9

Aztec   *m* azteca 21

B

Babylon   *f* Babilonia 24

bad   *adj* malo -a 7

bank   *m* banco 12

baptize   *v* bautizar 22

Barbara   *f* Bárbara 3

bark   *v* ladrar, *m* ladrido 14

base   *v* basarse 18

baseball   *m* beisbol 9

based   *adj* basado -a 1

basketball *m* basquetbol 9
bathe *v* bañarse 15
bathroom *m* baño 10
battery *f* batería (para auto) 16
be *v* ser*, estar** 3; tener . . . 7; hacer . . . 13
be able *v* poder* (ue, u) 5
be advisable *v* convenir** 9
be called *vr* llamarse 15
be convenient *v* convenir** 19
be glad *v* holgar** (ue) 22
be happy *v* alegrarse de 18
be important *v* importar 9
be of interest *v* interesar 9
be present at *v* presenciar 9
be satisfied *v* quedar satisfecho 22
beach *f* playa 16
bean *m* frijol 14
bear *mf* oso -a 9
beard *f* barba 22
bearded *adj* barbudo -a 22
beast *f* bestia 22
beat *v* palpitar (del corazón) 21
Beatrice *f* Beatriz 3
because *conj* porque 4
become *v* convertirse (ie, i) 22
become fond of *v* aficionarse a 24
become impatient *v* impacientarse 22
become rich *v* enriquecerse** 20
become surprised *v* sorprenderse 15
become tired *v* cansarse 15
bed *f* cama 7
bedroom *f* alcoba 6; *m* dormitorio 7
before *adv* antes 10
beforehand *adv, adj* con anterioridad 19
beg *v* rogar** 17
begin *v* empezar** (ie) 8; comenzar** 9
behind *prep* detrás de 4
being *m* ser 22
believe *v* creer 5
below *prep* bajo 23
best *adj* mejor 9
between *prep* entre 3
bicycle *f* bicicleta 5
bilingualism *m* bilingüismo 14
bill *f* cuenta 19
billion *adj, m* mil millones 10
biology *f* biología 4
birth *m* nacimiento 16
birthday *m* cumpleaños 2

black *adj* negro -a 5; *n* **black person** 10
blackboard *f* pizarra 1
blond *adj* rubio -a 5
blouse *f* blusa 5
blue *adj* azul 5
boarding house *f* pensión 24
boat *m* barco 22
bone *m* hueso 21
book *m* libro 1
border *f* frontera 16
bottle *f* botella 10
boxing *m* boxeo 9
boy *m* chico 6
boyfriend *m* novio 16
brave *adj* valiente 15
bravery *m* coraje 22
Brazil *m* Brasil 13
break *v* romper* 8; *vr* 18
breakdown *f* avería, *v* descomponer* 16
breast *m* pecho 21
bride *f* novia 6
brief *adj* breve 15
bring *v* traer* 8
broad *adj* amplio -a 12
broken *part* roto (de romper) 14
bronze *m* bronce 24
brother *m* hermano 6
brother-in-law *m* cuñado 6
brown *adj* pardo -a 5
building *m* edificio 11
bull *m* toro 9
bullfight *f* corrida 9
bullfighter *mf* torero -a 15
bullfighting *m* toreo 15
bus *m* autobús 23
business affair *m* asunto 10
busy *adj* ocupado -a 6
but *conj* pero 3
but rather *conj* sino 23
buy *v* comprar 8
C

cactus *m* nopal 16
cadaver *m* cadáver 17
cafeteria *f* cafetería 5
calendar *m* calendario 5
call *v* llamar 9
calm *v* calmar 10
calm down *mand* calme 3

calmness *f* calma 20
camel *m* camello 14
campaign *f* campaña 20
Canada *m* Canadá 9
Canadian *adj* canadiense 13
capable *adj* capacitado -a 23
capital *adj* mayúsculo -a (letra) 5
captain *m* capitán 21
captive *adj* cautivo -a 24
capture *v* capturar 21
car *m* coche 1
card *f* tarjeta 16
care *m* cuidado 7
career *f* carrera 23
careful *adj* cuidadoso -a 20
carefully *adv* con cuidado 20
caress *f* caricia 23
Caroline *f* Carolina 1
case *m* caso 10
castle *m* castillo 24
cat *mf* gato -a 4
catch *v* coger** 23
category *f* categoría 2
Catholic *m* católico 12
ceiling *m* techo 16
celebrate *v* celebrar 9
census *m* censo 10
center *m* centro (comercial) 11
Central America *f* Centroamérica 9
Central American *adj* centroamericano -a 22
century *m* siglo
certain *adj* cierto -a 2, seguro -a 12
certainty *f* certeza 21
certificate *m* certificado 16
chair *f* silla 1; butaca 13
chalk *f* tiza 4
championship *m* campeonato 9
change *mand* cambie 9; *v* cambiar de 17
character *m* carácter 18; personaje (de novela) 24
characteristic *f* característica 5
Charles *m* Carlos 5
check *v* revisar 16; *f* cuenta 19
cheerful *adj* alegre 5
chemistry *f* química 7
chest *m* pecho 21
chest of drawers *f* cómoda 5
chieftain *m* cacique (líder de indios) 21
childhood *f* niñez 11

Chilean *adj* chileno -a 17
chimney *f* chimenea 6
chin *f* barba 22
Chinese *adj,* 10; chino -a *mf* 15
choose *v* escoger** 14
Christian *adj* cristiano -a 22
cinema *m* cine 6
circumstance *m* caso 10; *f* circunstancia 18
circus *m* circo 14
citizen *mf* ciudadano -a 10
city *f* ciudad 1
civilization *f* civilización 12
clarify *v* aclarar 9
clarity *f* claridad 3
class *f* clase 1
classical *adj* clásico -a 8
classify *v* clasificar** 9; calificar** 13
classroom *m* aula 5
clause *f* cláusula 15
clean *v* limpiar 16
cleverness *f* astucia 17; viveza 18
client *mf* cliente 8
climate *m* clima 13
clock *m* reloj 2
close *prep* cerca 6; *v* cerrar (ie) 7
close to *prep* cerca de 6
closed *adj* cerrado -a 5
closet *m* ropero 24
clothes *f* ropa *(sing)* 5
cloud *f* nube 11
cloudy *adj* nublado -a 13
clown *mf* payaso -a 14
coat *m* abrigo 22
cold *m* frío 7
coliseum *m* coliseo 14
collection *f* colección 16
Colombian *adj* colombiano -a 13
colonist *m* colono 20
colorful *adj* pintoresco -a 17
column *f* columna 11
comb *v* peinarse 15
combination *f* combinación 3
combine *v* combinar 22
combined *adj* combinado -a 10
come *v* venir* 8
comfortable *adj* cómodo -a 5
commit suicide *v* suicidarse 17
committee *m* comité 13
common *adj* común 6

communicate *v* comunicar** 15
communication *f* comunicación 7
companion *mf* compañero -a 5
company *f* compañía 16
comparative *adj* comparativo -a 10
compare *v* comparar 9
comparison *f* comparación 10
competent *adj* competente 7
competition *f* competencia, competición 9
complaint *f* queja 24
complete *adj* completo -a 4
completely *adv* por completo 12
complex *m* complejo 12
complicated *adj* complicado -a 9
comprehend *v* comprender 5
comprehension *f* comprensión 12
computer *adj* computador(a) 8
concentrate *v* concentrar 14
concentrated *adj* concentrado -a 21
concept *m* concepto 5
concern *v* concernir (ie) 13
concert *m* concierto 17
conclude *v* concluir** 8
concubine *f* concubina 21
condition *f* condición 3; *m* estado 12
conditional *adj* condicional 16
conduct *m* comportamiento 17
confidence *f* confianza 23
confuse *v* confundir 13
confused *adj* confundido -a 24
confusing *adj* confuso -a 3
confusion *f* confusión 24
congregate *v* congregar** 24
conjugate *v* conjugar** 10
conjugated *adj* conjugado -a 23
conquest *f* conquista 21
conscience *f* conciencia 14
consequent *adj* consecuente 15
consequently *adv* por consiguiente 2
conserve *v* conservar 10
consider *v* considerar 22
consideration *f* consideración 11
consistent *adj* consistente 14
consonant *f* consonante 2
consonantal *adj* consonante 17
constant *adj* constante 21
constitute *v* constituir** 8
constitution *f* constitución 17
construct *v* construir** 8

construction *f* construcción 6
consult *mand* consulte
contact *m* contacto 23
contain *v* contener* (ie) 14
contemporary *adj* contemporáneo -a 15
context *m* contexto 6
continent *m* continente 17
continue *v* continuar** 6; seguir** (i, i) 7
contraction *f* contracción 6
contrary *adj* contrario -a 15
contrast *m* contraste 4; *mand* contraste 12
contribute *v* contribuir** 8
control *v* controlar 22
convenience *f* conveniencia 11
convenient *adj* conveniente 19
conversation *f* conversación 4
converse *v* charlar 9
convince *v* convencer** 10
cool *m* fresco 13
corner *f* esquina 6
correct *adj* correcto -a 5; *v* corregir** (i, i) 7
correlation *f* correlación 20
corresponding *adj* correspondiente 1
corresponds *v* corresponde 1
cosmopolitan *adj* cosmopolita 14
cost *v* costar (ue) 7; *m* costo 23
count *v* contar (ue) 10
counted *adj* contado -a 10
counter *mf* enumerador(a) (para el censo) 10
counterpart *f* contraparte 18
country *m* país 5
course *m* curso 18
court *f* cancha (de tenis) 9; corte 24
courteous *adj* atento -a 23
cousin *mf* primo -a 6
cover *v* cubrir* 14
covered *part* cubierto (de cubrir) 14
cowboy *m* vaquero 9
cowgirl *f* vaquera 9
crazy *adj* loco -a 9
create *v* crear
creation *f* creación 18
creative *adj* creador(a) 19
creator *mf* creador(a) 22
cross *v* cruzar** 16
cry *v* llorar 18
Cuban *adj, mf* cubano -a 14
cube *m* cubo (forma) 19

cultivate *v* cultivar 16
culture *f* cultura 18
cup *f* taza 11
curious *adj* curioso -a 17
curtain *f* cortina 7
custom *f* costumbre 8
customs *f* aduana 16
customs officer *mf* aduanero 16
cycle *m* ciclo 17
D

daily *adj* diario -a 6
dangerous *adj* peligroso -a 12
dark *adj* oscuro -a 10
dark-skinned *adj* moreno -a 5
date *f* fecha 2
daughter *f* hija 6
day *m* día 1
day care center *f* guardería infantil 23
dear *adj* querido -a 11
death *f* muerte 15
debt *f* deuda 13
decadence *f* decadencia 8
December *m* diciembre 2
decide *v* decidir 5
decided *adj* decidido -a 23
declare *v* declarar 22
decline *f* declinación 24
dedicate *v* dedicarse** 20
defeat *v* derrotar 21
defect *m* defecto 20
define *v* definir 18
definite *adj* definido -a 1
definition *f* definición 1
delay *f* demora 19
demand *v* exigir** 8
demanding *adj* exigente 13
demonstrative *adj* demostrativo -a 11
denote *v* denotar 15
dentist *mf* dentista 9
dentistry *f* odontología 23
department *m* departamento 13
depend *v* depender 7
derive *v* derivar 4
describe *mand* describa 2
description *f* descripción 5
descriptive *adj* descriptivo -a 5
desert *m* desierto 24
deserve *v* merecer** 21
designate *v* designar 13

desire *v* desear 5; *m* deseo 8
desk *m* escritorio 4
dessert *m* postre 16
destroy *v* destruir** 8
detail *m* detalle 14
detailed *adj* detallado -a 20
determine *v* determinar 10
develop *v* desarrollar 13
development *f* explotación 13; *m* desarrollo 14
dictionary *m* diccionario 9
died *part* muerto (de morir) 14
difference *f* diferencia 5
different *adj* diferente 1; distinto -a 10
difficult *adj* difícil 2
diminutive *adj* diminutivo -a 11
dining room *m* comedor 6
diphthong *m* diptongo 15
diplomat *mf* diplomático -a 17
direct *adj* directo -a 7
direction *expr* rumbo a 9; *m* rumbo 17
dirty *adj* sucio -a 17
disagree *v* discrepar 22
disappear *v* desaparecer** 10
disaster *m* desastre 8
discipline *f* disciplina 18
discotheque *f* discoteca 8
discover *v* descubrir* 13
discrimination *f* discriminación 12
disoriented *adj* desorientado -a 3
disposal *f* disposición 21
dispute *f* disputa 22
distance *f* distancia 7
distant *adj* lejano -a 23
distinguish *v* distinguir** 10
distinguished *adj* señalado -a 22
distraction *f* distracción 21
diverse *adj* diverso -a 23
diversion *f* diversión 7
divide *mand* divida 6
divine *adj* divino -a 16
divinity *f* divinidad 18
division *f* división 7
doctor *mf* médico -a 6
document *m* documento 17
documented *adj* documentado -a 20
dog *mf* perro -a 4
dollar *m* dólar 9
dolphin *m* delfín 9
domestic *adj* doméstico -a 22

dominate *v* dominar 7
done *part* hecho (de hacer) 14
door *f* puerta 1
doorman *m* portero 12
dormitory *f* residencia 3
double *adj* doble 2
doubt *v* dudar 17
doubtful *adj* dudoso -a 19
downtown *m* centro (comercial) 11
dramatist *m* dramaturgo 18
drawing *m* dibujo 2
dress *m* vestido 5; *v* vestirse (i, i) 15
drink *v* beber 5
drive *v* conducir** (un auto) 10
driven *adj* impulsado -a 9
driving force *mf* impulsor(a) 17
duration *f* duración 12
during *prep* durante 9
E

each *adj* cada 2
eagerness *m* afán 17
early *adv* temprano 7
earn *v* ganarse (la vida) 16
earth *f* tierra 11
easy *adj* fácil 2
eat *v* comer 5
eat breakfast *v* desayunar 15
eat dinner *v* cenar 15
eat lunch *v* almorzar** (ue) 7
economic *adj* económico -a 5
economy *f* economía 18
edition *f* edición 17
education *f* educación 12; cultura 18
Edward *m* Eduardo 3
effect *m* efecto 11
effectively *adv* eficazmente 10
effort *m* esfuerzo 10
eight *adj, m* ocho 2
eight hundred *adj, m* ochocientos -as 10
eighteen *adj, m* dieciocho 2
eighty *adj, m* ochenta 10
eighth *adj* octavo -a 11
elect *v* elegir** (i, i) 12
elegant *adj* elegante 5
elephant *m* elefante 14
eleven *adj, m* once 2
embrace *v* abrazar** 14
emergency *f* emergencia 16
eminent *adj* eminente 12

emissary *m* emisario 22
emotion *f* emoción 9
emperor *m* emperador 21
emphasis *m* énfasis 3
emphatic *adj* enfático -a 15
empire *m* imperio 21
employee *mf* empleado -a 23
empty *adj* vacío -a 14
enchant *v* encantar 9
end *v* terminar 4; *m* fin 9
ending *f* terminación 1
endow *v* dotar 22
ends *v* termina 1
endure *v* durar 11
enemy *adj* enemigo -a 20
energy *f* energía 13
engineering *f* ingeniería 23
England *f* Inglaterra 12
English *m* inglés (lengua) 2; *adj, mf* inglés -esa 5
enjoy *v* gozar** 6; disfrutar de 11
enlist *v* alistar 21
enliven *v* animar 10
enormous *adj* enorme 16
enter *v* entrar 4
enthusiasm *m* entusiasmo 9
entrance *f* entrada 6
envelope *m* sobre 1
envious *adj* celoso -a 23
epic *adj* épico -a 22
epoch *f* época 11
equal *adj* igual 8; *v* equivaler 10
equality *adj* igualdad 10
equate *v* igualar 23
equivalent *m* equivalente 3
especially *adv* especialmente 6
essayist *m* ensayista 18
establish *v* fundar 16
established *adj* establecido -a 3
Europe *f* Europa 20
European *adj* europeo -a 9
Eve *f* Eva 17
even *adv* aun 9
event *m* suceso 23
everybody *m* todo el mundo 6
everything *m* todo 3
evident *adj* evidente 6
evil *m* mal 18
exact *adj* exacto -a 10
exactly *adv* exactamente 10

exam *m* examen 5
examine *v* registrar 16
example *m* ejemplo 4
exception *f* excepción 2
exclamation *f* exclamación 2
exclamatory *adj* exclamativo -a 6
exclusive *adj* exclusivo -a 23
excursion *f* excursión 10; gira 19
excuse *f* excusa 9
execution *f* ejecución 22
exercise *m* ejercicio 1
exist *v* existir 7 **exists** *v* existe 4
existence *f* existencia 4
exotic *adj* exótico -a 24
expect *v* esperar 9
expedition *f* expedición 22
expensive *adj* caro -a 10
experience *f* experiencia 9
explain *v* explicar** 9
explanation *f* explicación 1
exposition *f* exposición 8
express *v* expresar 5; *vr* 18
express an opinion *expr* opinar 8
expression *f* expresión 3
expulsion *f* expulsión 20
extension *f* extensión 22
extensiveness *f* prolijidad 22
extraordinary *adj* extraordinario -a 17
F

facility *f* facilidad 23
fact *m* dato, hecho 14
faculty *m* profesorado 9
fail *v* fracasar 10
faithful *adj* fiel 21
fall *v* caer* 8; caerse* 17
fame *f* fama 18
family *f* familia 3
famous *adj* famoso -a
fan *mf* aficionado -a 9
fanatic *mf* fanático -a 9
fantasy *f* fantasía 11
far away *adv* lejos 6
farmer *mf* campesino -a 16
fast *adj* veloz 24
father *m* padre, papá 6
favorite *adj* favorito -a 3
fear *m* miedo 7; *v* temer 12; *m* temor 17
February *m* febrero 2
feel *v* sentir (ie, i) 10

feminine *adj* femenino -a 1
ferocious *adj* feroz 6
fiancé(e) *mf* novio -a 6
field *m* campo (para deportes) 9
fifteen *adj, m* quince 2
fifth *adj* quinto -a 11
fifty *adj, m* cincuenta 10
figurative *adj* figurativo -a 11
fill *v* llenar 23
find *v* encontrar (ue) 7; hallar 10
finger *m* dedo 2
finished *adj* terminado -a 9
first *adj, m* primero -a 2; *m* principio 3; *adj* primer *(apoc)* 12
fit *v* caber* 16
five *adj, m* cinco 2
five hundred *adj, m* quinientos -as 10
flavor *m* sabor 23
flee *v* huir** 8
flesh *f* carne 21
flight *m* vuelo 19
floor *m* suelo 4; piso
flower *f* flor 9
flowering *adj* florido -a 21
fog *f* niebla 23
follow *v* seguir** (i, i) 7
following *adj* siguiente 2
foolish *adj* tonto -a 8
foot *m* pie 5
football *m* fútbol 9
for *prep* para, por 3
forbid *v* prohibir 14; vedar 24
force *v* forzar** (ue) 24
foreigner *adj* forastero -a 10; extranjero -a 16
forget *v* olvidar 11; *vr* 20
form *f* forma 2; *v* formar 10
former *pron* aquél(la) 16
fort *f* fortaleza 22
fortunate *adj* venturoso -a 24
forty *adj, m* cuarenta 10
four *adj, m* cuatro 2
four hundred *adj, m* cuatrocientos -as 10
fourteen *adj, m* catorce 2
fraternity *f* fraternidad 2
Frederick *m* Federico 3
free *adj* libre 7; *v* liberar 18; *adv* gratis 23
French *adj, mf* francés -esa 5
frequency *f* frecuencia 5
frequent *adj* frecuente 3

frequently *adv* frecuentemente 5
friar *m* fray 20
Friday *m* viernes 2
friend *mf* amigo -a 3; compañero 5
friendship *f* amistad 12
frivolous *adj* frívolo -a 8
from *prep* de 3; desde 6
full *adj* pleno -a 16; lleno -a 17
function *f* función 3
funny *adj* chistoso -a 16
furniture *m* muebles 7
further *adv* más allá 11
furthermore *adv* además 10
future *adj, m* (tiempo) futuro -a 11
G

game *m* juego, partido 9
garage *m* garaje 5
gasoline *f* gasolina 16
gather *v* juntar 24
gender *m* género 1
generally *adv* generalmente 1
generosity *f* generosidad 2
genre *m* género 18
gentleman *mf* señor, caballero 1
geography *f* geografía 19
George *m* Jorge 1
gesture *m* ademán 3
get ahead *v* adelantarse 18
get to the point *expr* ir* al caso 19
get up *v* levantarse 15
giant *m* gigante 10
gift *m* regalo 17
girl *f* chica 6
girlfriend *f* novia 16
give *v* dé 2; dar* 8
given *adj* regalado -a 20
go *mand* pase 4; *v* ir* a 6
go to bed *v* acostarse (ue) 15
go up *v* subir 24
God *m* Dios 12
God willing *interj* ojalá 18
gold *m* oro 20
good *adj* bueno -a 1; buen 12
Good gracious! *interj* ¡Caramba! 4
good-bye *interj* adiós 1
good-looking *adj* guapo -a 5
government *m* gobierno 10
grade *f* nota 5; grado 11
graduate *v* graduarse** 23

graduated *adj* graduado -a 10
grandfather *m* abuelo 6
grandmother *f* abuela 6
grant *v* conceder, dar 22
graphic *adj* gráfico -a 14
grass *f* hierba, *m* césped 6
great *adj* gran 12
Great Scott! *interj* ¡Caramba! 4
green *adj* verde 5
greet *v* saludar 12
grey *adj* gris 5
groom *m* novio 6
ground floor *f* planta baja 6
group *m* grupo 5
grow *v* crecer** 14
grow up *v* criarse** 22
Guatemalan *adj* guatemalteco -a 13
guest *mf* huésped(a) 12
H

Haiti *m* Haití 13
half *adj* medio -a 8; *f* mitad 12
hamburger *f* hamburguesa 7
hand *f* mano (f) 1; manita (diminutivo) 23
happen *v* suceder 9
happiness *f* alegría 14
happy *adj* contento -a 3; feliz (*pl* felices) 6
harm *m* daño 23
has *v* tiene 6
hat *m* sombrero 1
hate *v* odiar 11; *m* odio 21
have *v* tener* (ie, i) 7
have a good time *v* divertirse (ie, i) 15
he *pron* él 2
headache *m* dolor de cabeza 7
hear *v* oír* 8
heart *m* corazón 23
heat *m* calor 7
heaven *f* gloria 17
height *f* altura 13
Helen *f* Elena 9
hello *interj* hola 3
help *f* ayuda; *v* ayudar 7; *m* socorro 24
hemisphere *m* hemisferio 9
Henry *m* Enrique 7
here *adv* aquí 2
hero *m* héroe 15
highway *f* carretera 13
hill *m* cerro 16
hire *v* ocupar 10

Hispanic *adj* hispano -a 4; hispánico -a 9
historical *adj* histórico -a 13
history *f* historia 6
holiday *m* día de fiesta 7
holy *adj* santo -a 22
honor *f* honra 20; *v* honrar 22
Hope *f* Esperanza 8
hope *f* ilusión *(dream)* 8; *v* esperar 17
hot *adj* caliente 11
house *f* casa 1; casita (diminutivo) 8
housefly *f* mosca 22
how *adv* cómo 1
how many *adj* cuántos -as 2
humanity *f* humanidad 6
humble *adj* humilde 12
humid *adj* húmedo -a 23
hundred *adj, m* cien, ciento 10
hurry *f* prisa 7
hurt *v* doler (ue) 9
husband *m* esposo 6
hyperbole *f* hipérbole, exageración 18
hypothetical *adj* hipotético -a 21
I

ice cream *m* helado 23
ice cream store *f* heladería 23
identification *f* identificación 1
identifies *v* identifica 3
identify *mand* identifique 1; *v* identificar** 10
if *conj* si 2
ignorance *f* ignorancia 12
ignorant *adj* ignorante 22
ignore *v* ignorar (no saber) 11
illegal *adj* ilegal 10
illiteracy *m* analfabetismo 13
illusion *f* ilusión 16
image *f* imagen 18
imaginative *adj* imaginativo -a 18
immediate *adj* inmediato -a 10
immediately *adv* en seguida 5; inmediatamente 7
immense *adj* inmenso -a 12
immortal *adj* inmortal 17
impatient *adj* impaciente 23
imperfect *m* imperfecto 11
implore *v* implorar 24
importance *f* importancia 10
impose *v* imponer* 18
impossibility *adj* imposibilidad 19

impression *f* impresión 13
improve *v* mejorar 10
impulse *m* impulso 14
in *prep* en 2
in front of *prep* delante de 3
inaccessible *adj* inaccesible 13
Inca *m* inca 21
Incan *adj* incaico -a 21
incident *m* incidente 18
include *v* incluir** 8
including *adv* incluso 14
inclusive *adv* inclusive 9
inconvenience *f* inconveniencia 19
inconvenient *adj* inconveniente 12
incorrect *adj* incorrecto -a 7
increase *v* aumentar 10
incredible *adj* increíble 12
indefinite *adj* indefinido -a 1
independence *f* independencia 15
independent *adj* independiente
Indian *mf* indio -a 10; *adj* indiano -a 22
indicate *v* indicar** 7
indicates *v* indica 1
indication *f* indicación 12
indicative *m, adj* indicativo 17
indirect *adj* indirecto -a 9
indispensable *adj* indispensable, imprescindible 16
indisputable *adj* indiscutible 11
industry *f* industria 16
inefficiency *f* ineficiencia 21
inept *adj* inepto -a 22
inequality *adj* desigualdad 10
inferiority *f* inferioridad 12
infinitive *m* infinitivo 3
influence *v* influir** 8; *f* influencia 17
inform *v* informar 10; advertir (ie, i) 12; enterar 14
information *f* información 20
inhabitant *m* habitante 10
initiate *v* iniciar 23
initiative *f* iniciativa 13
injury *m* daño 23
innovative *adj* innovador(a) 18
Inquisition *f* Inquisición 20
inside *prep* dentro de 4
insist *v* insistir 5
inspection *f* inspección 16
inspire *v* inspirar 9
inspired *adj* inspirado -a 17

install *v* instalarse 15
institution *f* institución 20
instructed *adj* instruido -a 22
instruction *f* enseñanza 22
instrument *m* instrumento 4
insulted *adj* afrentado -a 24
intelligence *f* inteligencia 8
intelligent *adj* inteligente 5
intensity *f* intensidad 19
intention *m* intento 10
interest *m* interés 7
interested *adj* interesado -a 11
interesting *adj* interesante 7
intermediate *adj* intermedio -a 12
interpret *v* interpretar 19
interpretation *f* interpretación 6
interpreter *m* intérprete 22
interrogative *adj* interrogativo -a 2
interview *v* entrevistar 10; *f* entrevista 22
intolerant *adj* intolerante 20
introduce *v* introducirse** 21
introduction *f* introducción 1
investigation *f* investigación 8
invite *v* invitar 7
ironic *adj* irónico -a 18
ironworker *mf* herrero -a 9
is *v* es 1
island *f* isla 24
Italian *adj* italiano -a 10
Italy *f* Italia 12
itinerary *m* itinerario 12
J

jacket *f* chaqueta 5
James *m* Jaime 1
Jane *f* Juana 3
January *m* enero 2
jealous *adj* celoso -a 23
Jesus Christ *m* Jesucristo 22
Jew *mf* judío -a 20
jewel *f* joya 22
job *m* trabajo 21
Joey *m* Pepe 1
John *m* Juan 1
Johnny *m* Juanito 1
joke *m* chiste 3; *f* broma 16
Joseph *m* José 2
Josie *f* Pepita 7
judge *v* juzgar** 18
judo *m* yudo 9

July *m* julio 2
June *m* junio 2
jungle *f* selva 13
just *adj* justo -a
K

key *f* llave 1
kill *v* matar 15
king *m* rey 22
kingdom *m* reino 24
kitchen *f* cocina 6
knock down *v* derribar 19
know *v* conocer**, saber* 8
knowing *mf* conocedor(a) 10
knowledge *m* conocimiento 24
L

laboratory *m* laboratorio 6
labyrinth *m* laberinto 24
lack *f* falta 13
lad *m* mozo 22
ladder *f* escalera 24
lament *v* lamentar 24
lamp *f* lámpara 2
land *m* terreno 16
language *f* lengua 1; *m* idioma 8; *m* lenguaje 22
large *adj* grande 5
larger *adj* mayor 10
last *adj* último -a 2
late *adv* tarde 6
lately *adv* últimamente 10
later *adv* después 3
latin *m* latín 4
Latin America *f* Latinoamérica 9
Latin American *adj* latinoamericano -a 9
latter *pron* éste -a 11
law *f* abogacía 23
leader *m* líder 21
leadership *m* liderazgo 22
learn *v* aprender 5
leave *v* salir* 8; dejar 10; irse* 15
lecture *f* conferencia 9
lecturer *mf* conferenciante 13
left *adj* izquierdo -a 4
legend *f* leyenda 17
lend *v* prestar 24
less *adv* menos 2
lessen *v* aliviar 10
lesson *f* lección 1

letter *f* carta (no letra) 1; letra (del alfabeto) 2
level *m* nivel 8
liberate *v* independizar** 23
liberty *f* libertad 2
library *f* biblioteca 6
license *f* licencia 19
lick *v* lamer 14
lie *f* mentira 9
light *f* luz 16
like *v* gustar 9
limit *m* límite 12; *v* limitar 23
line *f* línea 4
line of poetry *m* verso 15
lip *m* labio 24
listen *mand* oye 3; *v* escuchar 4
literature *f* literatura 4
little Paco *m* Paquito 3
live *v* vivir 5
lively *adj* animado -a 16
loaded *adj* cargado -a 11
lodging *m* alojamiento 12
logical *adj* lógico -a 3
long *adj* largo -a 19
look *v* mirar 7; *vr* 15
look after *v* cuidar 23
look for *v* buscar** 4
loose *adj* suelto -a 19
lord *m* señor 21
lose *v* perder (ie) 10
Louis *m* Luis 1
love *m* amor 17
lowercase *adj* minúsculo -a (letra) 5
luck *f* suerte 7
lunch *m* almuerzo 14
lyric *adj* lírico -a 18
M

machine *f* máquina 8
madam *f* señora 1
magazine *f* revista 7
magician *m* mago 24
magistrate *m* alcalde 24
magnificent *adj* magnífico -a 2
maintain *v* mantener* (ie) 11
majority *f* mayoría 4
make fun of *expr* hacer burla de 24
male *m* varón 10
man *m* hombre 9
manifestation *f* manifestación 20

map *m* mapa 1
March *m* marzo 2
mark *v* marcar** 19
marked *adj* marcado -a 8
market *m* mercado 20
married *adj* casado -a 6
marry *v* contraer matrimonio 10; casarse 15
Martha *f* Marta 1
marvel *f* maravilla 7
Mary *f* María 1
master *mf* señorito -a 1; *m* maestro 24
mathematics *f* matemáticas 4
matrimony *m* matrimonio 10
matter *f* materia 17
Maurice *m* Mauricio 6
May *m* mayo 2
me *pron* mí 2; me 7
meal *f* comida 9
meaning *m* significado 6
means *v* significa 1; *m* medios 13
measure *v* medir (i, i) 7
meat *f* carne 21
mechanic *m* mecánico 24
medicine *f* medicina 23
meditate *v* meditar 18
Mediterranean *adj* mediterráneo -a 10
meet *v* reunir 12; *vr* 16
meeting *f* reunión 13
member *m* miembro (sólo *masc*) 6
mentality *f* mentalidad 18
mention *v* mencionar 20
menu *m* menú 8
mercenary *adj* mercenario -a 15
message *m* mensaje 22
messenger *m* faraute 22
metaphor *f* metáfora 18
method *m* método 6; modo 12
Mexican *mf* mexicano -a 4
Mexican American *mf* mexicanoamericano -a, chicano -a 12
Mexicanism *m* mexicanismo 12
Mexico *m* México 3
Michael *m* Miguel 1
middle *f* mitad 24
midnight *f* medianoche 8
military *adj* militar 15
milk *f* leche 10
million *adj, m* millón 10
minimum *adj* mínimo -a 23

minority *f* minoría 10
minus *adv* menos 2
misfortune *f* desgracia 21
mishap *m* percance 19
mission *f* misión 15
missionary *adj* misionero -a 22
mistaken *adj* equivocado -a 19
mistreat *v* maltratar 20
mistress *f* concubina 21
mix *v* mezclar 12
mixture *f* mezcla 10
modal *adj* modo 14
model *m* modelo 1
modern *adj* moderno -a 8
modest *adj* modesto -a 10
modifier *m* complemento 11; *adj* calificativo -a 15
modify *v* modificar** 9
moment *m* rato 8; momento 12
monarch *m* monarca 21
Monday *m* lunes 2
money *m* dinero 9
monster *m* monstruo 11
month *m* mes 2
mood *m* modo 17
moon *f* luna 16
more *adv* más 2
mother *f* madre 6
motive *m* motivo 21
mountain *f* montaña 13
mountain range *f* sierra 10
mouth *f* boca 10
moved *adj* emocionado -a 14
movies *m* cine 6
Mr. & Mrs. *m* señores 4
much *adj* mucho -a 3
museum *m* museo 17
music *f* música 4
my *adj* mi 6
N

name *m* nombre 1; *v* nombrar 14
narrator *mf* narrador(a) 11
nation *f* nación 1
nationality *f* nacionalidad 5
nationalize *v* nacionalizar** 16
native *adj* nativo -a 10; natural 21
naturally *adv* naturalmente 6
nature *f* naturaleza 18
navy *adj* marino -a 5

nearly *adv* casi 2
necessary *adj* necesario -a 2
need *v* necesitar 7
negative *adj* negativo -a 5
neither *adv* tampoco 18
nephew *m* sobrino 17
nervous *adj* nervioso -a 7
neuter *adj* neutro -a 18
never *adv* nunca 8
nevertheless *adv* sin embargo 10
new *adj* nuevo -a 5
newspaper *m* periódico 2
nice *adj* simpático -a 5
niece *f* sobrina 17
night *f* noche 8; **last —** anoche 9
nine *adj, m* nueve 2
nine hundred *adj, m* novecientos -as 10
nineteen *adj, m* diecinueve 2
ninth *adj* noveno -a 11
ninety *adj, m* noventa 10
no *adj* ningún 12
noise *m* ruido 10
none *adj* ninguno -a 12
noon *m* mediodía 8
nor *conj* ni 5
norm *f* norma 21
north *m* norte
North America *f* Norteamérica 13
North American *adj* norteamericano -a 9
not any *adj* ningún 12
note *f* nota (mensaje) 4; *v* advertir (ie, i) 20
notebook *m* cuaderno 1
nothing *f* nada 11
notice *m* aviso, *v* fijarse 15; darse cuenta
   de 19; *v* advertir (ie, i) 20
notify *v* advertir (ie, i) 12
noun *m* nombre 1
novel *f* novela 7
novelist *m* novelista 18
November *m* noviembre 2
novice bullfighter *mf* novillero -a 15
now *adv* ahora 4
number *m* número 2; *f* cifra 10
numerous *adj* numeroso -a 14
O

obey *v* obedecer** 21
object *m* objeto 1; complemento 6
obligation *f* obligación 11
obscure *v* oscurecer** 22

observe *v* observar 9; *mand* observe 14
obtain *v* conseguir** 16
occupation *f* ocupación 12; *m* oficio 23
occur *v* ocurrir 7
October *m* octubre 2
of *prep* de 1
offend *v* ofender 12
offer *v* ofrecer** 15; *mand* ofrezca 18
offertory *m* ofertorio 17
office *f* oficina 3; *m* consultorio (de médico) 6
often *adv* a menudo 23
oil *m* aceite 16
old *adj* viejo -a 6
older *adj* mayor
Olympic games *f* olimpiadas 9
omission *f* omisión 3
omit *v* omitir 13
on *prep* sobre 2; en 4
on top of *prep* encima de 4
one *adj, m* uno 2
one hundred *m* ciento 10
only *adj* solo -a 3; *adv* solamente 9; sólo 10; *adj* único -a 13
onward *adv* adelante 22
open *adj* abierto -a 5; *v* abrir 10
open air *m* al aire libre 19
opened *part* abierto (de abrir) 14
opinion *f* opinión 10
opportunity *f* oportunidad 8
or *conj* o; u (antes de **o-** u **ho-**) 24
order *v* mandar (*mand*) 17; ordenar 22
ordinary *adj* corriente 6
organization *f* organización 22
orientation *f* orientación 23
origin *m* origen 3
originality *f* originalidad 19
originate *v* originar 18
orthographic *adj* ortográfico -a 9
ought *v* deber + *inf* 7
our *adj* nuestro -a 6
outing *f* salida 20
outline *f* esquema 15
outside *adv* fuera 13
over there *adv* allá 3
own *adj* propio -a 8; *v* pertenecer** 15
P

pacific *adj* pacífico -a 22
pack *v* empacar** 24

package *m* paquete 9
pagan *adj* pagano -a 22
page *f* página
pain *m* dolor 7
pair *m* par 24
pairs *v* parear 17
Pan American *adj* panamericano -a 9
pants *m* pantalones 5
paper *m* papel 1
parachute *m* paracaídas 19
paradox *f* paradoja (contradicción) 18
paradoxical *adj* paradójico -a 22
parenthesis *m* paréntesis 7
park *v* estacionar 16
part *f* parte 7
partial *adj* parcial 12
participate *v* participar 9
participle *m* participio 10
passage *m* pasaje 21
passenger *m* pasajero 19
passion *m* apasionamiento 9
past *m* pasado 8
pastime *m* pasatiempo 8
pastoral poem *m* idilio 19
patience *f* paciencia 17
patrol *f* patrulla 16
Paul *m* Pablo 5
pay *v* pagar** 9
pay attention *expr* prestar atención 16
peace *f* paz 21
pen *f* pluma 1
pencil *m* lápiz 1; *pl* lápices 2
penetrate *v* penetrar 24
peninsula *f* península 19
penultimate *adj* penúltimo -a 2
people *f* gente 7; *m* pueblo 17
percent *m* por ciento 10
perfect *adj* perfecto -a 14
performance *f* representación 18
perhaps *adv* tal vez 8; quizás 10; acaso 19
permit *v* permitir 8; *m* permiso 16
perplexed *adj* perplejo -a 24
person *f* persona 1
personification *f* personificación 18
pertaining *adj* perteneciente 10
Peru *m* Perú 21
Peruvian *mf* peruano -a 15
petroleum *m* petróleo; *adj* petrolero -a 16
phenomenon *m* fenómeno 22
Philip *m* Felipe 7

philosophy *f* filosofía
phonetic *adj* fonético -a 9
photo *f* foto 5
photograph *f* fotografía 4
phrase *f* frase 2
physical *adj* físico -a 5
pick up *v* recoger** 8
pity *f* lástima 2
place *m* lugar 4; colocar** 15; *m* sitio 23
plan *v* planear 15
plane *m* avión 16
plate *m* plato 8
play *v* tocar** (instrumento musical) 4; jugar** (ue) a 9
please *v* complacer 15
pleasure *m* gusto 18
plebeian *adj* plebeyo -a 22
poem *m* poema 16
poet *m* poeta 16
poetic *adj* poético -a 15
poetry *f* poesía 15
point *m* punto 16
point out *v* señalar 20
politics *f* política 8
poor *adj* pobre 13
popcorn *f* palomitas 8
Pope *m* papa 22
Portuguese *m* portugués 13
position *f* posición 4; *m* puesto
possess *v* poseer 14
possessed *adj* poseído -a 16
possession *f* posesión 1
possessive *adj* posesivo -a 6
possessor *mf* poseedor(a) 24
possibility *f* posibilidad 16
postman *m* cartero 9
postponement *m* aplazo 19
power *m* poder 7
practical *adj* práctico -a 5
practice *v* practicar** 9; ejercer** 12
prayer *f* oración 16
precede *v* preceder 14
precious *adj* precioso -a 20
precise *adj* preciso -a 12
precursor *adj* precursor(a) 18
predict *v* predecir* 17
prefer *v* preferir (ie, i) 7
preferable *adj* preferible 6
prejudice *m* prejuicio 12
preparation *f* preparación 15

prepare *mand* prepare 2; *v* preparar 8; *vr* 19
preposition *f* preposición 1
present *adv* presente 1; *m* (tiempo) presente 4; *v* presentar 15
present participle *m* gerundio 8
president *m* presidente 10
pressure *f* presión 16
preterite *adj, m* (tiempo) pretérito 9
pretty *adj* bonito -a 5
prevent *v* prevenir 22
previous *f* anterioridad 19; *adj* previo -a 24
previously *adv* anteriormente 21
price *m* precio 22
pride *m* orgullo 23
priest *m* sacerdote 21
princess *f* princesa 21
principal *adj* mayor 17
principle *m* principio 17
prize *m* premio 16
probable *adj* probable 12
probably *adv* probablemente 4
problem *m* problema 3
problematical *adj* problemático -a 10
produce *v* producir** 10
producing *adj* productor(a) 16
production *f* producción 14
profession *f* profesión 6
professor *mf* profesor(a) 1
profound *adj* profundo -a 18
program *m* programa 7
progress *v* progresar 17
progressive *adj* progresivo -a 12
prohibit *v* prohibir 14
project *m* proyecto 16
projected *adj* proyectado -a 19
promise *v* prometer 19
promising *adj* prometedor(a) 13
pronoun *m* pronombre 3
pronounce *mand* pronuncie 2; *v* pronunciar 4
pronunciation *f* pronunciación 2
propagandistic *adj* propagandista 20
propose *v* proponer* 18
protagonist *m* protagonista 24
protection *f* protección 11
protest *f* protesta 4
proud *adj* orgulloso -a 8
prove *v* probar (ue) 24

provide *v* proveer 21
provoked *adj* provocado -a 15
prudent *adj* prudente 24
public *m* público 15
publish *v* publicar** 17
Puerto Rican *mf* puertorriqueño -a 14
pulsate *v* latir 23
punctuation *f* puntuación 2
punish *v* castigar** 22
pupil *mf* alumno -a 1; *f* pupila (del ojo) 17
pure *adj* puro -a 10
Puritan *mf* puritano -a 20
purpose *m* propósito 8; fin 12
put *v* poner* 8; *part* 14
put on *v* ponerse* (ropa) 15

Q

qualifier *adj* calificativo -a 15
quality *f* cualidad 5
quarter *m* cuarto 8
question *f* pregunta 1
questionnaire *m* cuestionario 10
quickly *adv* pronto 16

R

race *f* raza (humana) 10
racket *f* raqueta 7
radio *m* radio (aparato), *f* radio (programas) 16
rain *v* llover (ue), *f* lluvia 11
Ramon *m* Ramón 3
ranch *adj* ranchero -a 16
rapid *adj* rápido -a 10
rapidly *adv* rápidamente 7
rational *adj* racional 15
Raul *m* Raúl 6
ray *m* rayo 16
reach *v* alcanzar** 8
read *mand* lea 4; *v* leer 5
reader *mf* lector(a) 18
reading *f* lectura 1
ready *adj* listo -a 16
real *adj* verdadero -a 11; real 21
reality *f* realidad 21
reason *f* razón 13
reasoning *m* razonamiento 22
rebel *v* rebelarse 22
rebellious *adj* rebelde 21
receive *v* recibir 5
recently *adv* recientemente 9
reception *f* recepción 21
reception room *m* salón 20

reciprocal *adj* recíproco -a 23
recite *v* recitar 22
recognize *v* reconocer** 10
recollection *m* recuerdo 11
recommend *v* recomendar (ie) 17
record player *m* tocadiscos 7
recuperate *v* recobrar 13
red *adj* rojo -a 5
reduce *v* reducir** 10
refer *v* referir (ie, i) 21
refined *adj* fino -a 17
reflection *f* reflexión 18
reflexive *adj* reflexivo -a 15
refreshment *m* refresco 5
refrigerator *f* nevera 6
region *f* región 10
reject *v* rechazar** 12
relate *v* referir (ie, i) 12; *vr* 16
related *adj* relacionado -a 10
relation *f* relación (acción) 6
relative *m* pariente 6; *adj* relativo -a *(gram)* 22
relatively *adv* relativamente 7
relief *m* alivio 16
religion *f* religión 12
religious *adj* religioso -a 20
remain *v* quedar 6; *vr* 15
remember *v* recordar (ue) 7
remote *adj* remoto -a 10
repeat *v* repetir (i, i) 7
repetition *f* repetición 2
report *v* denunciar 10
represent *v* representar 7
require *v* requerir (ie, i) 23
rescue *v* librar 18; salvar 22
researcher *mf* investigador(a) 20
resentment *m* resentimiento 15
reside *v* residir 10
resident *m* residente 2
residential section *f* colonia 6
resist *v* resistir 14
resource *m* recurso 13
respect *v* respetar, *m* respeto 11
respond *mand* responda 2; *v* responder 5
response *f* respuesta 1
rest *m* resto 6; *v* descansar 12
result *m* resultado 14; resultar 19
retreat *v* retirarse 22
return *v* regresar 5; volver* (ue) 7; *m* regreso 24
returned *part* vuelto (del volver) 14

reveal *v* revelar 8
review *v* repasar 20
revolution *f* revolución 15
revolutionary *mf* revolucionario -a 17
rhyme *f* rima 17
rich *adj* rico -a 6
Richard *m* Ricardo 3
ride *v* cabalgar** 24
right *adj* derecho -a 4; *m* derecho 8
rigid *adj* rígido -a 18
ring *m* anillo 1
rise *m* alza 23
road *m* camino 13; path, way 16
roam *v* vagar** 24
rob *v* robar 17
Robert *m* Roberto 1
rock *f* piedra 21
rocky *adj* pedregoso -a 16
roll *f* lista 2
roof *m* tejado 6
room *f* sala 5; *m* cuarto 7; *f* habitación 24
root *f* raíz 6
rope *f* ligadura 24
Rose *f* Rosa 1
royal *adj* real 21
rule *f* regla 14
run *v* correr 10
rustic *adj* rústico -a 17
S

sacrifice *m* sacrificio 21
sad *adj* triste 5
safe *adj* seguro -a 16
said *adj* dicho -a 13; *part* dicho (de decir)
　14
salad *f* ensalada 7
Salvadoran *adj* salvadoreño -a 5
Satan *m* Luzbel 18
satisfied *adj* satisfecho -a 10
Saturday *m* sábado 2
save *v* guardar 16; ahorrar 19; salvar 22
say *v* decir* (i) 7
scandal *m* escándalo 24
scarcely *adv* apenas 22
scenery *m* paisaje 16
schedule *m* horario 8
scholastic *adj* escolar 17
school *f* escuela 6; *m* colegio 23
science *f* ciencia 9
season *f* temporada 15; estación (del año)
seated *adj* sentado -a 5

second *adj* segundo -a 10
secondary *adj* secundario -a 6
secret *m* secreto 14
secretary *mf* secretario -a 13
section *f* sección 19
see *mand* vea 2; *v* ver* 8
seem *v* parecer** 9
seen *part* visto (de ver) 14
seize *v* coger** 23
select *v* seleccionar 10
selection *f* selección 16
self-defense *f* autodefensa 9
sell *v* vender 5
semester *m* semestre 3
send *v* mandar 9; enviar** 23
sensation *f* sensación 23
sense *m* sentido 22
sensitivity *f* sensibilidad 17
sentence *f* oración 10
sentiment *m* sentimiento 15
separate *v* apartarse 19
September *m* septiembre 2
serene *adj* sereno -a 9
series *f* serie 12
serious *adj* serio -a 10
servant *m* sirviente 21; *mf* criado -a 23
serve *v* servir (i, i) 7
settler *m* colono 20
seven hundred *adj, m* setecientos -as 10
seventeen *adj, m* diecisiete 2
seventh *adj* séptimo -a 11
seventy *adj, m* setenta 10
severely *adv* severamente 22
share *v* compartir
shark *m* tiburón 11
she *pron* ella 1
ship *m* barco 22
shirt *f* camisa 5
shoe *m* zapato 2
should *v* deber 7
shout *v* gritar 14
show *v* mostrar (ue) 20
sick *adj* enfermo -a 6
sickness *f* enfermedad 12
side *m* lado 11
sidewalk *f* acera 6
silence *m* silencio 10
silly *adj* tonto -a 8
silver *f* plata (metal y dinero) 22
similar *adj* semejante 18
simplicity *f* simplicidad 24

sin *v* pecar** 20
since *prep* desde 3; *conj* ya que 10
sing *v* cantar 18
singer *mf* cantor(a) 18
sister *f* hermana 6
sister-in-law *f* cuñada 6
sit *v* sentarse (ie) 15
sit down *mand* siéntese 6
six *adj, m* seis 2
six hundred *adj, m* seiscientos -as 10
sixteen *adj, m* dieciséis 2
sixth *adj* sexto -a 11
sixty *adj, m* sesenta 10
size *m* tamaño 11
sketch *m* esquema 15
ski *v* esquiar** 13
skiing *m* esquí 9
skin *f* piel 9
skirt *f* falda 5
sky *m* cielo 5
sleep *v* dormir (ue, u), *m* sueño 7
sleeping *ger* durmiendo 13
small community *m* ejido 16
smile *f* sonrisa 11; *v* sonreír (í, i) 12
sneeze *v* estornudar 12
snow *v* nevar (ie) 13
so *adv* así 3; tan 22
so many *adj* tanto -a 8
society *f* sociedad 14
sociology *f* sociología 6
sock *m* calcetín 24
soft *adj* suave 23
solemnize *v* solemnizar** 22
solution *f* solución 8
solve *v* solucionar 10
some *adj, pron* alguno -a, *adj* algún *(apoc)* 10
something *pron* algo 10
sometimes *adv* a veces 4
son *m* hijo 6
song *f* canción 24
soon *adv* pronto 8
soul *f* alma 17
sound *m* sonido 10
source *f* fuente 22
south *m* sur 9
South America *f* Sudamérica 9
South American *adj* sudamericano -a 13
southwest *m* sudoeste 12
space *m* espacio 6
Spain *f* España 3

Spanish *adj* español(a) 4
Spanish America *f* Hispanoamérica 3
Spanish American *adj* hispanoamericano -a 13
Spanish language *m* español 1
speaking *f* habla 10
species *f* especie 18
specific *adj* determinado -a 23; específico -a 24
spectacle *m* espectáculo 9
spell *mand* deletree 2
spelling *f* ortografía 9
spend *v* pasar (tiempo) 5; gastar (dinero) 8
spontaneous *adj* espontáneo -a 17
spoon *f* cuchara 11
sport *m* deporte 7
sporting *adj* deportivo -a 9
sportsman *mf* deportista 5
spring *f* primavera 18
stadium *m* estadio 9
stage *f* etapa (de tiempo *[time]*) 17
staircase *f* escalera 6
station *f* estación 16
statistic *f* estadística 14
stem *m* radical 4
Stephen *m* Esteban 2
still *adv* aún 9; todavía 10
stimulus *m* estímulo 13
stop *v* parar, *f* parada 16; *v* detener* 21
story *m* cuento 11; *f* historia (cuento) 22
strange *adj* raro -a 12
strategy *f* estrategia 15
strawberry *f* fresa 23
street *f* calle 4
strength *f* fuerza 13
stroll *v* pasear 15
struggle *f* lucha 15
student *mf* estudiante 1; *adj* estudiantil 3
studious *adj* estudioso -a 9
study *v* estudiar 4; *m* estudio 7
subject *m* sujeto 3; *adj* sujeto -a 19
subjunctive *m, adj* subjuntivo 17
submissive *adj* sumiso -a 23
subordinate *v* subordinar 17
subordinated *adj* subordinado -a 17
substance *f* substancia 24
substantive *m* sustantivo 1
substitute *mand* substituya 7; *v* substituir** 21
substitution *f* substitución 20

subtle *adj* sutil 15
subtract *v* restar 2
subway *m* metro 23
successively *adv* sucesivamente 9
such *adj* tal 23
suffer *v* sufrir 5
sufficient *adj* suficiente 10
suffix *m* sufijo 9
suffocate *v* sofocar** 15
suggest *v* sugerir (ie, i) 12
suit *m* traje, vestido 5
suitcase *f* maleta 7
Sultan *m* Sultán 6
summer *m* verano 9
sun *m* sol 11
Sunday *m* domingo 2
superlative *adj* superlativo -a 10
supreme *adj* supremo -a 22
surname *m* apellido 10
surpass *v* superar 12
surprise *f* sorpresa 4
surprising *adj* sorpresivo -a 22
surrender *v* rendirse (i, i) 15
Susan *f* Susana 1
sweater *m* suéter 5
swimming *f* natación 9
swimming pool *f* piscina 6
syllabic *adj* silábico -a 16
syllable *f* sílaba 2
symbol *m* símbolo 15
symbolism *m* simbolismo 15
symbolize *v* simbolizar** 15
system *m* sistema 9
T

table *f* mesa 1; mesilla (diminutivo) 10
take *v* tomar 4
take a risk *expr* aventurarse 24
take a trip *v* hacer* un viaje 10
take advantage *v* aprovecharse 22
take care of *v* cuidar 23
take off *v* quitarse (ropa) 15
take part *expr* tomar parte 16
talk *v* hablar 4; *f* charla 13
tall *adj* alto -a 5
tame *adj* manso -a 6
tarnish *v* manchar 20
task *f* tarea 23
taste *v* probar (ue) 23
taught *adj* enseñado -a 22
team *m* equipo 9

technique *f* técnica 18
telephone *m* teléfono 1
television *f* televisión (programas) 4
television set *m* televisor (aparato) 1
tell *v* advertir (ie, i), contar (ue) 12
tell lies *v* mentir (ie, i) 12
temple *m* templo 17
ten *adj, m* diez 2
tend *v* tender (ie) 20
tendency *f* tendencia 18
tennis *m* tenis 7
tense *m* tiempo 3
tenth *adj* décimo -a 11
term *m* término (palabra) 13
test *f* prueba
Texan *mf* tejano -a 15
thank you *f* gracias 1
that *pron* eso 1; que 3
that over there *pron neut* aquello, *adj* aquel(la), ese -a, *pron* ése -a 11
the *art* el, la 1
theater *m* teatro 17
theme *m* tema 8
then *adv* entonces 11
there *adv* allí 2
there is, are *v* hay (una forma para cada tiempo [*tense*]) 2
they *pron* ellos -as 3
thing *f* cosa 5
think *v* pensar (ie) 7
third *adj* tercer (*apoc*) 3; *adj, pron* tercero -a 5
thirst *f* sed 7
thirteen *adj, m* trece 2
thirty *adj, m* treinta 2
this *pron* esto 1; éste -a, *adj* este -a 11
Thomas *m* Tomás 3
thought *m* pensamiento 11
thousand *adj, m* mil 10
three *adj, m* tres 2
three hundred *adj, m* trescientos -as 10
Thursday *m* jueves 2
thus *adv* así 3
ticket *m* boleto 17
tie *f* corbata 5; *v* amarrar 24
tiger *m* tigre 14
time *f* vez 4; hora 8
timid *adj* tímido -a 23
tiny *adj* chiquito -a 6
tip *f* propina 19
tire *m* neumático 16

tired *adj* cansado -a 5
title *m* título 4
to *prep* a 8
today *adv* hoy 2
tomorrow *f* mañana 2
too *adv* demasiado 22
torture *v* torturar 22
touchable *adj* palpable 21
tourist *m* turista 15
tower *f* torre 19
town *m* pueblo 16
toy *m* juguete 11
trace *v* trazar** 19
tradition *f* tradición 14
traditional *adj* tradicional 8
traffic *f* circulación 6
tragic *adj* trágico -a 22
tranquil *adj* tranquilo -a 5
transitive *adj* transitivo -a 15
transitory *adj* transitorio -a 17
translate *v* traducir** 8
translator *mf* traductor(a) 21
travel *v* viajar 9
traveler *m* caminante 16
traverse *v* recorrer 24
treasure *m* tesoro 18
tree *m* árbol 3
tremendous *adj* tremendo -a 6
tribe *f* tribu 21
trillion *m, adj* billón 10
trip *m* viaje 9
triumph *m* triunfo 15; *v* triunfar 22
true *f* verdad 9
trumpet *f* trompeta 4
truncate *v* truncar 22
try *v* tratar, procurar 10
Tuesday *m* martes 2
tunnel *m* túnel 19
turn off *v* apagar** 22
twelve *adj, m* doce 2
twenty *adj, m* veinte 2
twenty-eight *adj, m* veintiocho 2
twenty-five *adj, m* veinticinco 2
twenty-four *adj, m* veinticuatro 2
twenty-nine *adj, m* veintinueve 2
twenty-one *adj, m* veintiuno 2
twenty-seven *adj, m* veintisiete 2
twenty-six *adj, m* veintiséis 2
twenty-three *adj, m* veintitrés 2
twenty-two *adj, m* veintidós 2

two *adj, m* dos 2
two hundred *adj, m* doscientos -as 10
type *m* tipo 10
typical *adj* típico -a 4
tyranny *f* tiranía 15
U

uncertainty *adj* incertidumbre 19
uncle *m* tío 6
under *prep* bajo 23
underline *mand* subraye 2
underneath *prep* debajo de 4
understand *v* comprender 5; entender (ie) 7
understanding *adj* comprensivo -a 11; *m* entendimiento 22
undertake *v* emprender 24
undertaking *f* empresa 21
undocumented *adj* indocumentado -a 10
unfortunate *adj* desgraciado -a 20
unhappy *adj* infeliz 19
uniqueness *f* singularidad 15
United States *m* Estados Unidos 8
unity *f* unidad 14
universe *m* universo 22
university *f* universidad 3; *adj* universitario -a 6
untie *v* desatar 24
until *prep* hasta 1
urgent *adj* urgente 13
us *pron* nos 7
use *m* uso 3; *v* usar 5; emplear 10
utensil *m* utensilio 11
utter *v* proferir (ie, i) 24
V

vacation *f* vacación (frecuente *pl*) 7
vague *adj* vago -a 15
valiant *adj* valiente 15
valuable *adj* valioso -a 24
value *m* valor 15
vanguard *f* vanguardia 18
variant *m* variante 10
variation *f* variación 10
varied *adj* variado -a 21
variety *f* variedad 8
various *adj* vario -a 6
vary *v* variar** 13
vassal *mf* vasallo -a 21
Venezuelan *adj* venezolano -a 12
venture *v* aventurarse 24

verb *m* verbo 3
verse *f* estrofa 15
version *f* versión 22
very *adv* muy 1
vice versa *adv* viceversa 23
victim *f* víctima 21
violent *adj* violento -a 9
virtue *f* virtud 22
vision *f* visión 16
visit *v* visitar 9
vocabulary *m* vocabulario 1
vocation *f* vocación 23
volition *f* voluntad 17
volume *m* tomo 17; volumen (libro) 22
vowel *f* vocal 2
W

wage war *v* guerrear 21
waiter *m* camarero 8
waitress *f* camarera 8
wake up *v* despertarse (ie) 15
walk *v* andar, caminar 9
wall *f* pared 4; *m* muro 24
want *v* querer* (ie) 7
war *f* guerra 14
warlike *adj* bélico -a 17
warning *f* advertencia 15
waste *v* malgastar 23
watch *v* vigilar 22
water *f* agua 11
way *f* manera 10; *m* paso 24
we *pron* nosotros -as 3
wear *v* llevar 5
weather *m* tiempo 8
Wednesday *m* miércoles 2
week *f* semana 2
welcome *expr* **you are —** de nada 4
well *adv* bien 1; pues 3
west *m* oeste 6
what *pron* qué 1; *adj* 3
when *conj* cuando 3; *adv* cuándo 8
where *adv* dónde 3; adónde; *conj* donde 6
which *pron* cuál 5
while *adv* mientras (que) 9
white *adj* blanco -a 5
who *pron* quién 1
whom *pron* a quién 10
whose *pron, adj* cuyo -a 22

wife *f* esposa 6
William *m* Guillermo 3
win *v* ganar 9
wind *m* viento 10
window *f* ventana 1
windshield *m* parabrisas 16
wine *m* vino 10
wise man or woman *mf* sabio -a 11
with *prep* con 1
without *prep* sin 2
woman *f* mujer 8
wool *f* lana 20
word *f* palabra 1
work *v* trabajar 4; *m* trabajo 6; *f* obra (como libro) 14
worker *mf* bracero 12; trabajador(a)
world *m* mundo 6; *adj* mundial 9
world-wide *adj* mudial 17
worried *adj* preocupado -a 5
worry *v* preocuparse 16; *f* preocupación 19
worse *adv* peor 10
worship *v* adorar 22
wrist watch *m* reloj 2
write *mand* escriba 2; *v* escribir* 5
writer *mf* escritor(a) 17
written *adj* escrito -a 2; *part* escrito (de escribir) 14
Y

yard *m* jardín 6
year *m* año
yellow *adj* amarillo -a 5
yes *adv* sí 2
yesterday *adv* ayer 9
you *pron* usted 1; tú, ustedes, vosotros -as 3; te, os 7
young *adj, m* joven 2
young person *mf* muchacho -a 11
younger *adj* menor 6
your *adj* su 2; tu, vuestro -a 6; tuyo -a 16
youth *f* juventud 18
youthful *adj* juvenil 19
Z

zeal *m* celo 22
zero *adj, m* cero 2

Índice del suplemento de vocabulario

Lección 1 El aula (*The classroom*), 11

Lección 2 Las estaciones (*The seasons*), 25

Lección 3 Posiciones del cuerpo (*Positions of the body*), 35

Lección 4 La cabeza y la cara (*The head and the face*), 49

Lección 5 La ropa (*Clothing*), 65

Lección 6 La casa y los cuartos (*The house and the rooms*), 79

Lección 7 El trabajo (*Work*), 97

Lección 8 El cuarto (*The room*), 113

Lección 9 Europa: países y nacionalidades (*Europe: countries and nationalities*), 131

Lección 10 Medidas (*Measurements*), 147

Lección 11 La mesa (*The table*), 163

Lección 12 El transporte (*Transportation*), 175

Lección 13 Sudamérica: países, nacionalidades y capitales hispanoamericanos (*South America: Spanish American countries, nationalities and capitals*), 195

Lección 14 Actividades (*Activities*), 209

Lección 15 La América Central y las islas del Caribe: países, nacionalidades y capitales hispanoamericanos (*Central America and the Caribbean Islands: Spanish American countries, nationalities and capitals*), 225

Lección 16 Viajando en coche (*Traveling by car*), 241

Lección 17 Tiendas y negocios especializados (*Specialized stores and businesses*), 257

Lección 18 Las artes (*The arts*), 271

Lección 19 España: provincias y ciudades (*Spain: provinces and cities*), 289

Lección 20 Alimentos: verduras (*Foods: vegetables*), 305

Lección 21 El campo (*The countryside*), 323

Lección 22 Productos importantes de Hispanoamérica (*Important products of Spanish America*), 337

Lección 23 El comercio (*Business*), 351

Lección 24 El coche (*The car*), 365

Índice de materias

Para encontrar el uso de palabras específicas que no se encuentren en este índice, consulte el DICCIONARIO.

A (preposición personal), 86
Acento escrito, 15–16, 67
  al adjuntar pronombres
    al gerundio, 198
    al infinitivo, 198
    al mandato, 295
  en combinaciones de vocales, 69
Adjetivos
  con forma abreviada (**algún,** etc.), 167
  con **ser** y **estar,** 55
  demostrativos, 151
  descriptivos, 54
  formas plurales de, 54
  masculinos y femeninos, 54
  posesivos, 68
  posición, 54, 214–215
  que cambian de significado, 215
  relativo **cuyo,** 326
  resumen de los calificativos del
    sustantivo, 214–215
Ago, 214
Alfabeto, 13
Artículo
  definido, 4, 15, 39
  indefinido, 4

Cambios
  en el radical (la vocal acentuada)
    e > ie, o > ue, e > i, 83–84, Apéndice
      A: 368–370
    e > i, o > u, 167, Apéndice A: 369–370

    en el radical del subjuntivo, 247,
      Apéndice A: 369–370
  i > y entre vocales, 80
    en el gerundio, 180
    en el pretérito, 119
  ortográficos (cambio de consonantes)
    en el presente, 100, 246–247
    en el pretérito, 119
    en los mandatos, 276
    Apéndice A: 373
Cien, ciento, 167
Comparaciones
  con **más,** 120–121, 136
  con **menos, menor, mayor, mejor, peor,**
    136–137
  con **tan . . . como, tanto (-a) . . . como,**
    136–137
  superlativo, 121, 136
Complemento del verbo
  directo, 85–86
  dos pronombres como complemento del
    verbo, 150, 198
  indirecto, 120
  indirecto con ciertos verbos como **me**
    gusta, etc., 120
  pronombre indirecto (**le** o **les**) que repite
    el complemento, 120
Concordancia: sujeto y verbo, 29
Condicional, 229, Apéndice A: 367
  probabilidad en el pasado, 230
Condicional perfecto, 310

Conjugación de verbos regulares e
    irregulares, Apéndice A: 366–374
Conjunciones **e** y **u,** 355
Contracciones
  al, 67
  del, 40
Cuál y **qué,** 135–136
Cuento chistoso, 304
Cuyo, 326

Demostrativos (adj. y pron.), 151–152
Días, 13, 15

Estar, 27–28, 326

Fecha, 14
Frases
  exclamativas, 69
  interrogativas, 69
  negativas con **no,** 55
Futuro
  con **ir a** (+ inf.), 102
  formación regular, 228
  futuro perfecto, 229–230, Apéndice A:
    367
    para expresar probabilidad en el
      pasado, 230
    para expresar probabilidad en el
      presente, 230
  irregular, 229

Género de sustantivos y adjetivos, 4, 54
Gerundio, 180
  con el pronombre adjunto, 198
  con los tiempos progresivos, 180
Gran y **grande,** 167

Haber (verbo auxiliar), Apéndice A: 367–
    368
  condicional perfecto, 310, Apéndice A:
    367
  futuro perfecto, 230, Apéndice A: 367
  pluscuamperfecto, 276, 294
  pretérito perfecto, 197, 260
  uso impersonal, 331
Hace
  en expresiones de tiempo (*time*), 214
  en expresiones de tiempo (*weather*), 181–
    182
Hay, 14, 40
  hay y **está,** 40
  hay que, 103
Hora, 101, 150

-iar (verbos en), Apéndice A: 374

Imperfecto
  de **ir, ser** y **ver,** 150
  en verbos de descripción y estado
    mental, 150
  formación, 150
  imperfecto y pretérito, 166
  imperfecto progresivo, 180
  para acción progresiva, 150
  para acción acostumbrada, 150
  para expresar la hora en el pasado, 150
  presente progresivo, 180
Infinitivo
  después de preposiciones, 102
  después de verbos auxiliares, 182
Ir a (usos de), 67, 102

Lo (pronombre neutro), 261

Mandatos
  con **Ud., Uds.** y **nosotros,** 275–276
  con pronombres, 295
  con **tú** y **vosotros,** 294–295
Mapas
  España, 289
  Europa, 131
  La América Central, 225
  Sudamérica, 195
Meses, 13

Negación
  con **no,** 55
  con otras formas negativas, 260–261
Números
  concordancia de género, 135
  de cero a treinta y uno, 12
  después de 31, 134–135
  la **y** en los números, 135
  ordinales, 152

Oír en el presente, 101
Ojalá (que), 259

Para y **por,** 310–311
Participio
  como adjetivo, 325
  formación, 197–198
Plural
  adjetivos, 54
  artículos y sustantivos, 13
Pluscuamperfecto, 276, 294
Poesía hispánica, 222, 237–238, 254–255,
    285–286, 301–302
Posesión
  con **de,** 4, 40
  con **mi, tu, su,** etc., 68–69

con **mío, tuyo, suyo,** etc., 230–231
con ropa y partes del cuerpo, 355
Pregunta (formación), 69
Preposiciones
    con el infinitivo, 102
    con pronombres personales, 198–199
    de posición, 39
Presente
    irregular con el sujeto **yo,** 100
    presente progresivo, 180
    verbos con cambios en el radical (**e** > **ie,**
        o > **ue, e** > **i**), 83–84
    verbos en **-uir** (excepto **seguir**), 102
    verbos regulares en **-ar,** 38
    verbos regulares en **-er** e **-ir,** 53–54
Pretérito
    pretérito e imperfecto, 166
    pretérito perfecto, 197, 260
    verbos con cambio ortográfico, 119
    verbos con cambios en el radical (**e** > **i,**
        o > **u**), 167
    verbos en **-ducir,** 134
    verbos en **-uir,** 119
    verbos irregulares, 134
    verbos regulares, 118–119
Probabilidad con el futuro y el
    condicional, 230
Pronombres
    como complemento directo, 85–86
    como complemento indirecto, 120
    concordancia con el verbo, 29
    con el infinitivo, 198
    con el gerundio, 198
    con los mandatos, 295
    demostrativos, 151–152
    dos complementos con el verbo, 150,
        198
    formas de *you,* 29
    personales, 28–29
    posesivos (**el mío,** etc.), 230–231
    preposicionales, 198–199
    recíprocos **se** y **nos,** 341
    reflexivos, 212–214
    relativos **que** y **quien,** 311
Pronunciación, Apéndice B: 375–377
Prosa hispánica, 318–320, 333–335, 347–
    348, 361–362
Puntuación, 6, 69

Relativo
    cuyo, 326
    que y **quien,** 311

Se
    en expresiones de sucesos accidentales,
    340–341

en lugar de **le** o **les,** 151
impersonal, 55
recíproco, 341
reflexivo, 212–214
Ser y **estar** (uso comparativo), 27, 326
Sí (para énfasis en el verbo), 74
Sino y **pero** (uso comparativo), 341
Subjuntivo
    con conjunciones de tiempo, 325
    con expresiones de emoción, 259
    con expresiones de duda, incertidumbre
        e imposibilidad, 274
    con expresiones de voluntad, 247–248
    con expresiones impersonales, 274–275
    concepto de, 245–246
    correlación de tiempos, 293–294
    después de ciertas conjunciones, 325,
        339
    después del antecedente indefinido o
        negativo, 354
    imperfecto del
        después de **si** y **como si,** 310
        formación, 292–293
        presente del, 246–247
    subjuntivo e indicativo, 245–246
Sufijos
    -ísimo, 121
    -ito, 152
    -mente, 168
Sustantivo
    género, 4
    omisión del (**el de, el que,** etc.), 248
    plural, 15

Tener, 84
    expresiones con, 84–85
    tener que, 102
Tiempo
    time con **hace,** 214
    weather, 181, 182

-uar (verbos en), Apéndice A: 374
-uir (verbos en), Apéndice A: 373

Verbos
    auxiliares con el gerundio, 180
    auxiliares con el infinitivo, 182
    con una forma irregular, 100
    conjugaciones, Apéndice A: 366–374
    reflexivos y transitivos, 212–214
Voz pasiva, 326

You
    como sujeto, 29
    impersonal, 55